Gabriel Kuhn

Tier-Werden, Schwarz-Werden, Frau-Werden

UNRAST

»Tier-Werden, Schwarz-Werden, Frau-Werden« richtet sich in politischer Absicht vor allem an Aktivist/innen und Wissenschaftler/innen in linken und linksradikalen Zusammenhängen. Es sieht sich als Handbuch, das Hilfestellung leisten will zum Verständnis poststrukturalistischer Theorienbildung und ihrer revolutionären Potentiale, sowie zur Entfaltung eigener revolutionärer Theorie und Praxis.

Das Buch ist wesentlich darum bemüht, das oft als schwer zugänglich beschriebene poststrukturalistische Theoriengebäude zugänglicher zu machen, ohne es dabei zu trivialisieren. Einer spezifischeren Auseinandersetzung mit den explizit politischen Dimensionen poststrukturalistischen Denkens ist eine Auseinandersetzung mit seinen allgemeineren theoretischen Grundlagen vorangestellt. Die Einführung eignet sich so für alle, die an poststrukturalistischer Theorie Interesse pflegen und nach einer Einstiegshilfe in poststrukturalistische Theorienbildung suchen.

Gabriel Kuhn

Tier-Werden, Schwarz-Werden, Frau-Werden

Eine Einführung in die politische Philosophie des Poststrukturalismus

UNRAST

Bibliographische Information Der Deutschen Bibliothek
Die Deutsche Bibliothek verzeichnet diese Publikation in der Deutschen Nationalbibliografie; detaillierte bibliographische Daten sind im Internet über http://dnb.ddb.de abrufbar.

Gabriel Kuhn - Tier-Werden, Schwarz-Werden, Frau-Werden
1. Auflage, Oktober 2005
ISBN 3-89771-441-8

Postfach 8020, 48043 Münster – Tel. (0251) 66 62 93
info@unrast-verlag.de
www.unrast-verlag.de
Mitglied in der *assoziation Linker Verlage* (aLiVe)

Umschlag: Dieter Kaufmann, March
Satz: UNRAST-Verlag, Münster
Druck: Interpress, Budapest

Inhalt

Vorwort 7

Anmerkungen des Autors zur Veröffentlichung des Textes 9

I. Einleitung 13
I.1 Vorbemerkungen 13
I.2 Sozialhistorische Zusammenhänge 14
I.3 Wissenschaftshistorische Zusammenhänge 17
Anmerkungen 19

II. Denkformen 21
II.1 Allgemeines 21
II.2 Zur Analyse herrschender Denkformen 26
II.2.1 Wahrheit, Universalität, Moral 27
II.2.2 Die Einheit als Identität, das Ganze und seine Teile, die Teile und ihr Ganzes, oder einfach: der Baum 31
II.2.3 Kontinuität und Kausalität 34
II.2.4 Das autonome Subjekt 36
II.2.5 Logozentrismus 41
II.2.6 Der Phallus 42
II.2.7 Signifikant und Repräsentation 44
II.2.8 Die Präsenz und der Phonozentrismus 49
Anhang: Zur Psychoanalyse 51
II.3 Poststrukturalistisches Denken 56
II.3.1 Ereignisse, Singularitäten, Intensitäten, Moleküle 58
II.3.2 Mannigfaltigkeiten, Vielheiten, Differenzen 60
II.3.3 Felder, Plateaus, organlose Körper, Konsistenzebenen 62
II.3.4 Rhizomatik 63
II.3.5 Wunsch 65
II.3.6 Nomadismus 68
II.3.7 Diskurs 68
II.3.8 Dekonstruktion und Asignifikanz 71
Anhang: Poststrukturalismus in der feministischen Rezeption 77
Anmerkungen 90

III. Politische Philosophie 113
III.1 Allgemeines 113
III.2 Zur Analyse herrschender Lebens- und Organisationsformen 114
III.2.1 Macht als produktives Netz 115
III.2.2 Die Disziplinar-Gesellschaft und die Bio-Macht 120
III.2.3 Die vielen Gesichter des Ödipus, oder: Es gibt kein Entkommen! 127
III.2.4 Vom Mikrobereich bis zur globalen Ordnung: der Staat 129
III.2.5 Kapitalismus als formale Axiomatik 131
Ergänzung: Zum Verhältnis von Kapitalismus und Staat 135
III.2.6 Der paranoid-reaktionäre Wunsch 138
III.3 Zu alteritären Lebensformen und revolutionärem Widerstand 142
III.3.1 Der schizo-revolutionäre Wunsch 144
III.3.2 Das Außen 148
III.3.3 Aktion statt Repräsentation 149
III.3.4 Lokale, spezifische, unmittelbare Kämpfe 153
III.3.5 Die nomadische Einheit 155
III.3.6 Minoritäten 157
III.3.7 Affirmation statt Kritik 161
III.3.8 Theorie und Praxis 164
III.3.9 Die Grenze und die energetischen Potentiale des Kapitalismus 168
III.3.10 Zum Umgang mit den Axiomen 170
III.3.11 »... wenn sie nur radikal sind« 172
III.3.12 Der ewige Krieg 174
III.3.13 Tier-Werden, Schwarz-Werden, Frau-Werden 177
III.3.14 Die Schizo-Analyse 183
III.3.15 Subjektivierung und Ethik 185
III.3.16 Hoffnungsvoller Zynismus: Baudrillard 189
Anmerkungen 195

Literatur 219

Vorwort

In der politisch-theoretischen Tradition, aus der ich komme, schreibt man eher diese Sätze über poststrukturalistische Theorie: »Die ›Nomaden‹ brauchen sich auch nicht wirklich zu bewegen, sie entziehen sich nur den Codes der Sesshaften, indem sie ›trips of intensity‹ unternehmen. ... Krieg und Kriegsmaschine sind lautstarke Metaphern, die einem esoterischen philosophischen Diskurs den revolutionären Gestus eines Guerillakriegs verschaffen sollen.«[1] Warum hat mir dann das vorliegende Buch so gut gefallen? Nicht, weil es mich dazu bewegt hat, mit fliegenden Fahnen zum Poststrukturalismus überzugehen und meine marxistischen, sozialistisch-feministischen Perspektiven in den Wind zu schreiben. Zunächst einmal hat mir die Schreibweise des Textes großen Spaß gemacht und mich mit Leichtigkeit vom Anfang bis an den Schluss des damals noch 400 Seiten starken Manuskripts getragen. Die Schreibweise entspricht dem Gegenstand: Fundstellen aus einer breiten Auswahl poststrukturalistischer Texte werden unter zentralen Begriffen zusammengestellt. So entsteht ein Kaleidoskop vielfältiger Argumentationen, jeweils verknüpft durch kritische Fragen aus der Debatte, die die vorgestellten AutorInnen hervorgerufen haben, wie z.B.: Führt die Kritik des Wahrheitsbegriffs nicht zu einer kriterienlosen Beliebigkeit? Bedeutet der »Tod des Subjekts« nicht die Aufgabe der Vorstellung aktiv handelnder Individuen, und wie kann eine sich als revolutionär definierende Theorie das handelnde Subjekt ad acta legen? Hat Foucault in seinen letzten beiden Büchern dieser Kritik schließlich nachgegeben und eine »Wende zum Subjekt« vollzogen? Unterminiert die Abkehr vom Subjekt-Begriff gerade in dem Augenblick, in dem Frauen beginnen, sich als Subjekte zu konstituieren, nicht die feministischen Kämpfe? Ist die Aufforderung »Frau, Schwarz, Tier« zu werden, nicht eine Anbiederung weißer dominanter Männer an die Marginalisierten?

All diese Fragen werden nicht ›beantwortet‹ in dem Sinn, dass der Autor uns mitteilt, wie wir seiner Meinung nach die Texte lesen sollten, um die richtige Antwort zu finden. Vielmehr eröffnet er uns durch die kommentierende Zusammenstellung von Textstellen, die für die Diskussion dieser Fragen relevant sind, einen eigenen Zugang zu den Argumentationsweisen der poststrukturalistischen AutorInnen. Wir können uns einen Überblick verschaffen und entscheiden, ob und wo wir eingehender im Original nachlesen wollen oder ob wir mit der angebotenen Darstellung zufrieden sind. Der argumentierende Kontext, in dem die Texte vorgestellt werden, ermöglicht einen konstruktiven Umgang mit ihnen. Man könnte die Darstellungsweise als konstruktive Dekonstruktion bezeichnen.

Vielleicht sind inzwischen die AnhängerInnen poststrukturalistischen Denkens (zumindest unter den sich als progressiv verstehenden Studierenden und Lehrenden) zahlreicher als zu der Zeit, in der dieses Buch ursprünglich entstanden ist. Aber wie dies so oft bei kritischen (und weniger kritischen) Theorien der Fall ist, hat diese Verallgemeinerung auch zu einer Verflachung geführt: Dass es keine objektive Wahrheit gibt, sondern dass wir die Welt konstruieren, dass Subjekte unterworfene und nicht autonome AutorInnen ihres Handelns sind, dass alles im Fluss, im Werden ist, dass wir Differenzen respektieren müssen, statt auf einer einzigen Wahrheit zu beharren – solche Prinzipien sind inzwischen zu Mantras bzw. zum Gegenstand stets aufs Neue wiederholter Kritik geworden, ohne dass die ProtagonistInnen oder KritikerInnen je einen Blick in die Originalschriften geworfen hätten, weil die Texte nur noch durch ihre InterpretInnen zur Kenntnis genommen werden. Dieser Unsitte wird hier entgegengewirkt, indem die AutorInnen selbst zu Wort kommen. Der Charakter einer Einführung in die Texte stellt sich über die Kommentare und Zusammenfassungen her, die Klarheit schaffen, wo die Originalzitate für sich genommen zuweilen verwirren. Es wird jedoch kein Poststrukturalismus ›light‹ serviert. Die Anstrengung des Denkens ist nicht suspendiert, sondern es werden Wege ins Dickicht geschlagen, die die Anstrengung lohnend machen.
Wie immer man am Ende diese Theorien beurteilen mag, für mich hat der Autor gezeigt, dass sie Begründungen oder Perspektiven für Formen gesellschaftsverändernder (der Begriff ist mir lieber, weil bescheidener als ›revolutionär‹) Praxis liefern. Grund genug, sich mit ihnen auseinander zu setzen und sie in die interne Diskussion um Formen kritischer Theorie und Praxis einzubeziehen, selbst wenn man der Meinung bleibt, dass bestimmte Aspekte ebenso gut nach links wie nach rechts ausschlagen können – aber welche Theorie wäre dagegen ein für alle mal gefeit?

Nora Räthzel

Anmerkungen

[1] Jan Rehmann: Postmoderner Links-Nietzscheanismus. Deleuze & Foucault. Eine Dekonstruktion. Hamburg: Argument-Verlag. S. 8

Anmerkungen des Autors zur Veröffentlichung des Textes

Die erste Fassung des hier vorgelegten Textes wurde vor etwa zehn Jahren als Universitätsarbeit geschrieben. Eine Publikation der Arbeit hatte damals (und in den folgenden Jahren) keine Priorität, und so kam es nicht dazu. Nichtsdestotrotz verbreitete sich der Text in Form von Handkopien, als Lehrveranstaltungsunterlage, über Bibliotheken. Ich stieß immer wieder auf Menschen, die meinten, die Arbeit sei für sie in der ein oder anderen Form hilfreich gewesen, während ich mich wunderte, woher sie die Arbeit überhaupt kannten. Was mir diese Begegnungen zudem jeweils in Erinnerung riefen, war, dass die Arbeit an Relevanz wenig einzubüßen schien: Tatsächlich scheint sich in den letzten fünfzehn Jahren im Rahmen so genannter kritischer Theorienbildung kein entscheidender Paradigmenwechsel vollzogen zu haben, und viele linke/linksradikale AktivistInnen wie WissenschaftlerInnen scheinen nach wie vor Anleihen bei poststrukturalistischer Theorie zu suchen – ohne dass ein spezifisch für sie geschriebener Einführungstext zur Verfügung stünde.
Hätte es die erwähnten Begegnungen in ihrer Regelmäßigkeit nicht gegeben, ich hätte die Arbeit wohl gut und gerne in irgendeiner Schublade vermodern lassen. So machte ich mich jedoch vor etwa drei Jahren daran, den Text noch einmal zu überarbeiten. Ich nahm dabei teils weit reichende Kürzungen vor und dämpfte an vielen Stellen den jugendlichen Eifer des Stils, der zwar ab und an durchaus inspirierend auf die LeserInnen gewirkt haben mag, mir allerdings mittlerweile meist eher peinlich war. Daraufhin begann ich, unter Ermutigungen von GenossInnen, mich noch einmal ernsthafter nach Publikationsmöglichkeiten umzusehen.
Dass es nun zu einer Publikation im Unrast Verlag kommt, freut mich insofern besonders, als dass dieser quasi ein ideales Forum bietet, um den Text in jener Weise einem breiteren Publikum zugänglich zu machen, in der ich mir das wünschen würde: Es ging mir in meiner theoretischen Arbeit immer wesentlich darum, Menschen in linken und linksradikalen Zusammenhängen zu erreichen, in der Hoffnung, deren Tätigkeiten (als AktivistInnen, ForscherInnen, ArbeiterInnen, etc.) analytisch bereichern und/oder intellektuell anregen zu können. (Mehr dazu in den *Vorbemerkungen* der Arbeit.)
Als sich die Veröffentlichung des Textes konkretisierte, stellte sich notgedrungen die Frage, bis zu welchem Grade ich die Arbeit noch einmal einer Überarbeitung unterziehen wollte. Selbst die Überarbeitung, die ich vor etwa drei Jahren vornahm, war eher formaler und stilistischer denn inhaltlicher Natur. Die Frage hatte für mich vor allem zwei Dimensionen: Er-

stens: Wäre es notwendig, die zum Thema im letzten Jahrzehnt erschienene Literatur einzuarbeiten? Zweitens: Sollte ich noch einmal wesentlich bestimmte Inhalte bzw. bestimmte inhaltliche Fokussierungen ändern?
Die Beantwortung der ersten Frage fiel mir relativ leicht: Ich hielt eine diesbezügliche Überarbeitung für nicht notwendig. Für das Thema wesentliche Primärtexte sind im letzten Jahrzehnt nicht erschienen (die einzigen im Text wiederholt zitierten Autoren, die noch regelmäßig publizistisch tätig waren, waren Jacques Derrida, Julia Kristeva und Jean Baudrillard, ohne dabei jedoch die tragenden Ideen ihres Denkens entscheidend zu modifizieren). Was die Sekundärliteratur anlangt, so ließen sich mittlerweile zur Rezeptionsgeschichte des Poststrukturalismus eigene Bände schreiben, aber das ist nicht Absicht dieses Textes. Absicht dieses Textes ist es, einen Überblick über poststrukturalistische Theorienbildung zu ermöglichen, mit besonderem Augenmerk auf deren politische Dimensionen bzw. auf die Möglichkeiten, poststrukturalistische Theorie in linken/linksradikalen Zusammenhängen fruchtbar werden zu lassen. Dies soll geschehen im Rahmen des Versuchs, komplexe und sprachlich oft etwas verschlüsselte theoretische Konzepte zugänglicher zu machen, ohne sie dabei zu trivialisieren. Der Bezug auf Sekundärliteratur scheint mir für diese Aufgaben nicht von entscheidender Rolle zu sein.
Ich tat mich schwerer mit der Beantwortung der zweiten Frage, da die Arbeit einige inhaltliche Dimensionen enthält (manchmal subtil, aber doch), die ich ihr so heute nicht mehr geben würde. Namentlich: 1. Die Abgrenzung des Poststrukturalismus als revolutionärer Theorie zum Marxismus spielt vor allem in der Einleitung eine große Rolle, zu einem Grade, der meine Absichten als ›anti-marxistische‹ erscheinen lassen könnte. Dies wäre heute sicherlich nicht meine Intention; im Gegenteil, ich bin heute eher geneigt, mich gegen alle platten Anti-Marxismen jedweder Couleur zu verwehren und einzustehen für die Aufrechterhaltung einer kritischen marxistischen Tradition und Analyse. 2. Eine in diesem Zusammenhang manchmal immer noch bemerkbare Tendenz (trotz der diesbezüglichen Überarbeitung – und trotz gegenteiliger Behauptungen im Text selbst), den Poststrukturalismus als *den* neuen revolutionären Theorienkomplex zu präsentieren. 3. Damit einhergehend das Fehlen eines kritischen Tones, wo er mir aus heutiger Sicht angebracht schiene (etwa was die »libidinöse« Analyse des Kapitalismus anlangt; oder eine Terminologie, die positiven Bezug auf »Kriegsmaschinen« nimmt). 4. Ein manchmal ins Polemische ausartender Ton gegen alle (wahren oder vermeintlichen) Feinde poststrukturalistischer Theorie.
Zu guter letzt habe ich mich dann jedoch auch hier entschlossen, wenn überhaupt, dann nur geringfügige Änderungen vorzunehmen bzw. eine bescheidene Zahl aktueller Anmerkungen anzufügen. Der Grund war, dass

mir die Leidenschaft, die damals Anfang der 90er Jahre in das Verfassen dieser Arbeit geflossen ist, aus heutiger Distanz zwar überzogen vorkommen mag, ich sie jedoch gleichzeitig wesentlich mit dieser Arbeit verbunden sehe. »Authentizität« ist ein schwieriges Konzept, und ich scheue davor zurück, mich auf ein solches zu berufen; aber in gewissem Sinne geht es mir wohl wirklich darum, die Arbeit der Intentionen, mit denen sie damals geschrieben wurden, nicht völlig zu berauben: Politisch gesehen war ich ein mich bedingungslos der autonomen Szene zurechnender Frühzwanzigjähriger, der meinte, dass das revolutionäre Potential des Marxismus tatsächlich versiebt war, und der demnach Ausschau hielt nach alternativen revolutionären theoretischen Konzepten und glaubte, diese im Rahmen poststrukturalistischer Theorie gefunden zu haben. Akademisch gesehen studierte ich die PoststruktualistInnen in einem universitären Klima, in dem diese, ihre Texte, so wie jene, die sie studierten, nicht nur auf wissenschaftliche Skepsis oder Ablehnung stießen, sondern oft genug auf schlichte ideologische Anfeindung. (Die Debatte, die sich letztes Jahr um den in der New York Times von Jonathan Kandell veröffentlichten Nachruf auf Jacques Derrida entspann, war in vielfacher Hinsicht ein Vermächtnis dessen, was im angelsächsischen Raum als die *cultural wars* bekannt wurde.) So schiene es mir der Arbeit gegenüber tatsächlich ungerecht, ihr jede Erinnerung an diese persönlichen wie sozialen Bedingungen zu entziehen, unter denen sie nicht nur entstand, sondern die in vielerlei Hinsicht die Motivationen waren, sie überhaupt in Angriff zu nehmen. In diesem Sinne lässt sich die Arbeit wohl auch als eine Art Zeitdokument einer um ihre Behauptung in politischen wie wissenschaftlichen Zusammenhängen kämpfenden Denkbewegung lesen.

Was mir in jedem Fall positiv an der Publikation von *Tier-Werden Schwarz-Werden Frau-Werden* zum jetzigen Zeitpunkt erscheint, ist, dass sie in eine Zeit fällt, in der poststrukturalistische Theorie auf der einen Seite allzu oft feuilletonistisch als auslaufende französische Modeerscheinung trivialisiert und verniedlicht wird – und sich auf der anderen vielfach im Zuge einer Einbindung in akademische Lehrkanons institutionalisiert und verharmlost findet. Ich denke, es wäre höchst bedauerlich, wenn wir dadurch die aufrührerischen und subversiven Potentiale poststrukturalistischer Theorie aus den Augen verlieren würden, an die ich – bei allen Perspektivierungen, die ich vorzunehmen gewillt bin – heute noch so stark glaube wie vor zehn Jahren und die mir an Bedeutung nichts zu verlieren scheinen, solange wir mit einem ökonomisch-politischen Apparat zu kämpfen haben, der uns ein Leben in Selbstbestimmung, Solidarität und sozialer Gerechtigkeit verunmöglicht.

Ich bedanke mich an dieser Stelle noch einmal bei jenen, die mich (vor nunmehr schon recht langer Zeit) in unterschiedlicher Form beim Schreiben der ersten Fassung dieser Arbeit wesentlich unterstützt haben: Verena,

Bernhard, Christian; bei allen, die aufgrund ihrer anhaltenden Lektüre und positiver Rückmeldung mein Interesse an einer Publikation der Arbeit aufrechterhielten; bei Willi, Martin und dem Unrast Verlag dafür, das Projekt schließlich aufzugreifen; und bei Nora, ohne deren hartnäckige Ermutigung und unermüdliches Engagement es letztlich trotz allem nicht dazu gekommen wäre.

Gabriel Kuhn, Juni 2005

I. Einleitung

I.1 Vorbemerkungen

Mein Verständnis des Begriffs *Poststrukturalismus* ist inhaltlich schwach und bescheiden. (»Du kannst jederzeit ein Wort durch ein anderes ersetzen. Wenn das eine dir nicht gefällt, dir nicht paßt, dann nimm ein anderes und setz es an dessen Stelle.«[1]) Er wird hier vornehmlich als deskriptiver Gruppenname verwendet, um anzudeuten, worum es in dem von ihm überschriebenen Text gehen soll – nämlich um das Denken jener Frauen und Männer, die im allgemeinen als PoststrukturalistInnen gehandelt werden: Gilles Deleuze, Félix Guattari, Michel Foucault, Jean-François Lyotard, Jacques Derrida, Roland Barthes, Jean Baudrillard, Luce Irigaray, Julia Kristeva, Hélène Cixious. Die Arbeiten dieser Männer und Frauen – und die Verbindungslinien, die ich zwischen ihnen ziehen will – werden den Text im Wesentlichen ausmachen. Dabei sollen Gemeinsamkeiten in ihrem Denken greifbar werden und mein Bild eines »poststrukturalistischen Denkens« entstehen. Letztlich wird wohl alleine deshalb vom Poststrukturalismus gesprochen, »weil es angenehm ist, wie jedermann zu reden und zu sagen, die Sonne geht auf, wo doch jeder weiß, daß das nur eine Redensart ist«[2].

Die Rede von einer politischen Philosophie des Poststrukturalismus mag unangebracht erscheinen, zumal dann, wenn wir mit Deleuze und Guattari übereinstimmen, die meinen: »alles ist politisch«[3]. Doch will ich das Politische nicht kategorisieren, sondern als Präzisierung verstanden wissen – als Erinnerung daran, was Philosophie ist: eben immanent politisch. Dass das Denken der PoststrukturalistInnen in dieser Arbeit vor allem in Zusammenhang mit konkreten Lebensverhältnissen gebracht wird, scheint, in dieser Hinsicht, bloße Konsequenz der Betonung dieses immanenten politischen Charakters des Philosophierens.

Warum ich über die politische Philosophie des Poststrukturalismus schreibe, hat einen einfachen Grund: Ich halte viele seiner Gedanken für wichtig, wenn es um den Kampf gegen reaktiv-faschistoide und zerstörerische Denk-, Lebens- und Organisationsformen geht. Mit dieser Überzeugung als Basis werde ich versuchen, so mit den DenkerInnen des Poststrukturalismus zu arbeiten, dass das Bild eines Denkens entsteht, dass sich gegen den Staat bzw. alles Staatliche richtet (vgl. III,2,5).

Das einzige formale Ziel der Arbeit besteht in der Entfaltung einer Schreibweise, für die gelten könnte: »Sie stellt sich außerhalb eines Textes und schafft ihm eine neue Äußerlichkeit, indem sie Texte aus Texten schreibt.«[4] »Es geht uns gewiß nicht um interpretierende Deutung nach dem Muster:

Dieses bedeutet jenes.«[5] Dass das dabei entstehende Bild des Poststrukturalismus nur eine unter unzähligen möglichen Perspektiven sein wird, versteht sich von selbst.[6] Wobei sich die Perspektiven hoffentlich schon während der Lektüre zu multiplizieren wissen, denn »die Funktion des Werkes kann es nicht sein, denen den Mund zu verschließen, die es lesen«[7]: »Man nimmt das Buch als kleine asignifikante Maschine. Das einzige Problem ist, ob und wie sie funktioniert. Wie funktioniert sie für Euch? Wenn sie nicht funktioniert, wenn nichts passiert, muß man zu einem anderen Buch greifen. Jene andere Lektüre ist intensiv. Entweder kommt was rüber oder nicht. Es gibt nichts zu erklären, zu verstehen, zu interpretieren. Wie bei elektrischen Schaltungen.«[8]

I.2 Sozialhistorische Zusammenhänge

Poststrukturalistische AutorInnen beschreiben das politische Klima, in dem sie als Intellektuelle sozialisiert wurden, als von einem humanistisch argumentierenden Marxismus dominiertes. »Das Milieu, in dem ich zu schreiben begonnen habe«, meint etwa Derrida, »war sehr stark geprägt, um nicht zu sagen eingeschüchtert, vom Marxismus«[9], während Baudrillard vom »Imperialismus von Freud- und Marxinterpretationen«[10] spricht, und für Lyotard »der Marxismus … der letzte Zweig des doppelten Stamms von Aufklärung und Christentum«[11] ist. Foucault meint etwas zurückhaltender: »In den Jahren zwischen 1945 und 1965 (ich beziehe mich hier auf Europa) gab es eine bestimmte Art und Weise, richtig zu denken, einen bestimmten Stil des politischen Diskurses, eine bestimmte Ethik des Intellektuellen. Man mußte wohlvertraut sein mit Marx.«[12] In Frankreich war dieser Sachverhalt in der Zeit nach dem Zweiten Weltkrieg besonders spürbar, da es der kommunistischen Partei (CPF) und den mit ihr verbundenen Intellektuellen gelang, ihr Engagement in der Résistance wirksam auszuspielen, wenn es darum ging, sich als ehrliche und entschlossene Bewegung zur Befreiung der Menschheit darzustellen. »Angelehnt an die Résistance und gestützt auf die UdSSR und das ›Sozialistische Lager‹ als alleinigem Besitzer der ›wahren Lehre‹ war die kommunistische Partei gleich dreifach legitimiert: historisch, politisch und theoretisch. Sie stellte das Gesetz für alles auf, was sich links gab – indem sie es ihm entweder unterordnete oder mit dem Bannstrahl traf. Sie magnetisierte gleichsam das politische Feld, indem sie die Eisenfeilspäne der Umgebung ausrichtete und ihnen einen Sinn auferlegte; man war entweder dafür oder dagegen, Verbündeter oder Gegner.«[13] Aus dieser marxistischen Stärke stiegen Leute wie Maurice Merleau-Ponty oder vor allem Jean-Paul Sartre zu beinahe unantastbaren Autoritäten in moralisch-politischen Fragen auf (Foucault-Biograph Eribon spricht von einer »ungeteilten Herrschaft, die Sartre fünfundzwanzig Jahre lang auf intellektuellem Gebiet in Frankreich ausgeübt hat«[14]), zumal dann, wenn sie (wie die beiden Erwähnten es taten) durch Kritik am real existierenden Sowjetsozialismus und bestimmten Strukturen der CPF jeden Anschein eines dogmatischen Stalinismus von sich weisen konnten. Foucault: »Als ich jung war, war gerade er (Sartre) es und alles, was er repräsentierte, der Terrorismus von *Les Temps modernes*, wovon ich mich befreien wollte.«[15] Barthes: »Meine Generation hatte das Bedürfnis, Sartres Unternehmung, die den Menschen in das Halseisen der historischen Dialektik einschließt, zu erschüttern.«[16]

Gleichzeitig sah mensch sich am Ende der 60er Jahre neuen Herausforderungen gegenüber: der Totalisierung des Sowjetblocks; der zunehmenden Angepasstheit der eurokommunistischen Parteien; der immer bedrohlicheren Stärke des imperialistischen Kapitalismus; der sozialen und ökonomischen Probleme der entkolonialisierten Länder; der Stagnierung sozialistischer Befreiungsbewegungen in der Dritten Welt; der Stärkung neuer selbstbewusster Bewegungen, die sich nicht mehr mit einer Nebenwiderspruchsposition abfinden wollten (die Frauenbewegung, Black Power Bewegungen, die SchwulenLesbenbewegung – als Beispiele); der veränderten politischen Situation in den westlichen Industriestaaten (»Sozialdemokratisierung«); dem empirischen Verschwinden einer Arbeiterklasse als Revolutionssubjekt; Problemkreisen neuer Dringlichkeit (ökologische Katastrophen, Aufrüstung, selbstzerstörerische Tendenzen in der Metropolenjugend) und auch neuen wissenschaftlicher Arbeiten (vgl. I,3). Die Frage, inwieweit ein humanistischer Marxismus noch in der Lage war, auf diese Entwicklungen zu antworten, wurde unausweichlich. Zumal, da immer offensichtlicher zu werden schien, wie festgefahren die gesamte marxistische Bewegung zu dieser Zeit bereits war: »Gewerkschaften trugen dazu bei, die Ausbeutung der Arbeitskraft zu steuern, die Partei diente dazu, die Entfremdung des Bewusstseins zu modulieren, Sozialismus war ein totalitäres Regime, und Marxismus war nichts anderes mehr als ein ... Raster von Worten.«[17] Die Tatsache, dass einige Intellektuelle, von obigen Fragestellungen ausgehend, kein Vertrauen mehr in den Marxismus und Humanismus setzten und nach neuen bzw. anderen theoretischen Perspektiven suchten, um den genannten Herausforderungen gewappnet begegnen zu können, war zweifelsohne eine wichtige Bedingung der Entwicklung poststrukturalistischen Denkens. »Vielleicht seit der Oktoberrevolution in Rußland 1917 ... gibt es zum ersten Mal auf der Welt nicht einen einzigen Punkt, durch den das Licht einer Hoffnung scheinen könnte. Es gibt keine Orientierung mehr. Auch nicht in der Sowjetunion, das versteht sich von selbst ... Es gibt keine einzige revolutionäre Bewegung, erst recht kein einziges ›sozialistisches‹ Land, auf das wir uns berufen könnten ... Wir sind zurückgeworfen auf das Jahr 1830, das heißt: Wir müssen neu beginnen. ... Wir müssen ganz von vorne anfangen und fragen: Von wo aus kann man die Kritik an unserer Gesellschaft leisten, ... da ja alles, was diese sozialistische Tradition in der Geschichte hervorgebracht hat, zu verurteilen ist.«[18] Es verbreitete sich ein entschlossener anti-marxistischer Elan: »Man kann sagen, daß das, was seit 68 geschehen ist - und wahrscheinlich dasjenige, was 68 vorbereitet hat -, zutiefst antimarxistisch war. Wie werden die revolutionären Bewegungen Europas sich vom ›Marx-Effekt‹ freimachen können, von den dem Marxismus des 19. und 20. Jahrhunderts eigenen Institutionen? Das war die Ausrichtung dieser Bewegung. Bei diesem Wieder-in-Frage-Stellen der Identität Marxismus=revolutionärer Prozeß, eine Identität, die eine Art Dogma bildete«[19], kam es zu einer »theoretischen Revolution, die sich nicht nur gegen bürgerliche Staatstheorien richtet, sondern auch gegen die marxistische Konzeption der Macht und ihrer Beziehungen zum Staat. Es hat den Anschein, als ob endlich etwas Neues seit Marx auftauchte. Es sieht so aus, als sei die Komplizenschaft hinsichtlich des Staates zerrissen.«[20]

Das Ereignis, das diese Entwicklung radikaler und revolutionärer, aber deshalb gerade nicht marxistischer Theorien ganz entscheidend vorangetrieben hat, war schließlich der Mai 68:»Der Mai '68 erweist sich als Stichdatum des zeitgenössischen französischen Denkens; er ist als Resultat intellektueller Vorarbeit bezeichnet worden und hat alle wesentlichen Strömungen der Philosophie seither nachhaltig beeinflußt.«[21]

Die unter dem Namen *Pariser Mai* bekannten Proteste, Demos, Straßenschlachten und Streiks trafen Frankreich 1968 völlig unvorbereitet – »ein totaler Überraschungseffekt«[22], »das wohl überraschendste und für linke Intellektuelle aufregendste Ereignis überhaupt«[23]. Das Lauffeuer anti-institutioneller Revolten, das durch einen Allerweltsanlass in der Vorstadtuni von Nanterre entzündet wurde, seine Höhepunkte in den Pariser Barrikadennächten (3.-11. Mai) und in einem zweiwöchigen Generalstreik (14.-27. Mai) hatte, und sein jähes Ende nach dem Einschreiten de Gaulles (am 29. Mai) fand, konnte so von niemandem erwartet werden. »'68, ein noch immer unerklärtes Ereignis, ein Gegenstand unzähliger Fehleinschätzungen, sogar auf seiten derer, die mitgemacht hatten.«[24]

Von den Ereignissen überrollt wurde auch die (marxistische) Linke, deren Revolutionsbild derart spontaneistisches Aufbegehren offenbar nur schlecht erfasste, und die dementsprechend wenig mit dem, was sich im Mai ereignete, umzugehen wusste. Diese Unfähigkeit, sich in plötzlich auftretende Proteste angemessen einzuschalten, war einer der Gründe, warum der so gewaltig und massiv erscheinende Mai-Aufstand letztlich so rasch wieder verebbte und neutralisiert wurde, und sie war damit Beleg dafür, dass auf einen theoretisch wie organisatorisch festgefahrenen Marxismus kaum noch zu setzen war, wenn es um die Umwälzung der bestehenden Staats- oder Produktionsverhältnisse ging. Im Gegenteil: mensch musste vielmehr den

Eindruck gewinnen, dass die linken Organisationen in echten Konfliktsituationen die Seite des staatlichen Status quo ergreifen und sich gegen die Revoltierenden wenden. Es lag der Gedanke in der Luft, »daß sich während dieser entscheidenden Perioden etwas wie ein Wunsch innerhalb der gesellschaftlichen Ordnung manifestiert hat und dann von den Ordnungskräften ebenso wie von den Parteien und den sogenannten Arbeiterorganisationen, den Gewerkschaften und, bis zu einem gewissen Grade, selbst von den linksgerichteten Organisationen unterdrückt oder liquidiert worden ist«.[25] »Verstört, bestürzt und schockiert mußten die Protestierenden des Mai ... feststellen, dass die ›proletarischen Führer‹ rasch dabei waren, ihre Bewegung zu verurteilen.«[26] »Im Mai 1968 waren es die Gewerkschaften, die das Regime gerettet haben.«[27] Der Mai bestätigte, dass der Marxismus keine Antworten mehr bieten konnte für die veränderten Lebensverhältnisse sowohl im Trikont als auch in den westlichen Industriestaaten, die aktualisierte Analyse- und Widerstandsformen erforderten. »Der *Antiautoritarismus* der französischen Gauchisten gewann seine besondere Note dadurch, daß er sich nicht nur gegen die Herrschaftsstrukturen des bürgerlichen Staats und seiner Institutionen wandte, sondern fast schärfer noch gegen die Kommunistische Partei und die Gewerkschaft CGT. PCF und CGT wurden im Mai als mächtige Organisationen erlebt, die den direkten Zugang der Gauchisten zu den Arbeitern ... effektiv verhinderten. Die Reaktion war ein aggressiver Antikommunismus, der die ›stalinistischen Apparate‹ von KP und CGT ins Visier nahm und eines der Hauptmotive für den Aktionismus der Maoisten im Nachmai abgab.«[28] Zu denen, für die der Mai 68 (unter anderem) so etwas wie ein revolutionäres Versagen des Marxismus darstellte, gehörten diejenigen Frauen und Manner, die hier als PoststrukturalistInnen vorgestellt werden. Exemplarisch für die Arbeitsvoraussetzungen der nächsten Jahre hat es sich bei der Zusammenarbeit von Deleuze und Guattari »weniger darum gehandelt, daß wir unser Wissen gemeinsam nutzen wollten, sondern darum, daß wir uns mit unseren Ungewißheiten, ja, sagen wir in der gewissen Verwirrung zusammentun wollten, in die uns die Wende, die die Ereignisse nach dem Mai 68 genommen hatten, versetzt hat.«[29]

I.3 Wissenschaftshistorische Zusammenhänge

Wichtig für den Poststrukturalismus sind zunächst die Strukturalisten Louis Althusser und Michel Serres sowie Claude Lévi-Strauss, Jacques Lacan und der Genfer Linguist Ferdinand de Saussure, denen zwar allen (mehr oder weniger, aber doch immer ein bisschen) Respekt gezollt wird, die aber oft auch Ziele heftiger Attacken sind (vor allem was Lacan betrifft, werden wir davon noch hören).

Unter den zum gängigen philosophiehistorischen Kanon zählenden DenkerInnen nimmt Nietzsche insofern eine herausragende Stellung ein, als dass die im Poststrukturalismus regelmäßig zu findenden Bezugnahmen auf Nietzsche durchweg anerkennend bis huldigend und nie schlicht ablehnend sind. »Ein tiefsitzender Nietzscheanismus«[30], der Deleuze fragen lässt, »wer unsere heutigen Nomaden sind, wer wirklich unsere Nietzscheaner sind«[31].
Marx und Freud geben zwar ebenfalls zu vielen Auseinandersetzungen Anlass, werden aber weit skeptischer behandelt, denn »Marx und Freud sind vielleicht der Beginn unserer Kultur, aber Nietzsche ist etwas ganz anderes, nämlich der Beginn einer Gegenkultur«[32].
Weiter in der Philosophiegeschichte: die Sophisten, Wittgenstein und Kant werden vor allem Lyotard zu wichtigen Bezugspunkten; bei Deleuze wird, durchaus zurecht, von einer Bezugslinie »Epikur, Lukrez, Duns Scotus, Spinoza, Hume, Bergson«[33] gesprochen; weitere oft referierte DenkerInnen sind Paul de Man (bei Derrida), der Kopenhagener Linguist Louis Hjelmslev sowie der Ethnologe Pierre Clastres (Deleuze und Guattari), Gaston Bachelard (Foucault), die christlichen MystikerInnen (Irigaray), und allgemein George Bataille und Pierre Klossowski.
Neben diesen theoretischen Anknüpfungspunkten ist es ein Charakteristikum poststrukturalistischen Schreibens, immer wieder Bezug zu nehmen auf SchriftstellerInnen und KünstlerInnen, auf soziale Gruppen und Bewegungen: angloamerikanische Erzähler (Melville oder Fitzgerald), die Beatniks (Kerouac oder Burroughs), Größen erotischer Literatur (de Sade oder Miller). Virginia Woolf, James Joyce, Stéphane Mallarmé oder Antonin Artaud werden ebenso geschätzt wie die Maler Paul Cézanne oder Robert Delaunay, der Filmemacher Jean-Luc Godard oder der Musiker John Cage, ganz zu schweigen von dem Interesse, das gezeigt wird an den Lebensformen der Inhaftierten und Psychiatrisierten, an den Existenzweisen der Randgruppen und Subkulturen oder an den Aktivitäten militanter GenossInnen.

Anmerkungen

[1] Deleuze/Parnet, Dialoge, S. 11.

[2] Deleuze/Guattari, Tausend Plateaus, S. 12.

[3] ebda., S.290. – Oder sogar: »Vor dem Sein gibt es die Politik« (ebda., S. 278). Und selbst oft als ›apolitisch‹ eingestufte PoststrukturalistInnen schreiben: »Ach, der ›Bereich des Politischen‹! Ich würde sogar sagen, daß ich an nichts anderes denke, auch wenn es nicht so aussehen mag« (Derrida, in: Philosophien, S. 66).

[4] Foucault, in: Antworten der Strukturalisten, S. 166. – »Die Grenzen eines Buches sind nie sauber und streng geschnitten: über einen Titel, die ersten Zeilen und den Schlußpunkt hinaus, über seine innere Konfiguration und die es autonomisierende Form hinaus ist es in einem System der Verweise auf andere Bücher, andere Texte, andere Sätze verfangen: ein Knoten in einem Netz« (Foucault, Archäologie des Wissens, S. 31).

[5] Deleuze/Guattari, Kafka, S. 12.

[6] Deleuze und Guattari leiten ihr Buch *Kafka* unter anderem mit folgenden Worten ein: »Also steigen wir einfach irgendwo ein, kein Einstieg ist besser als ein anderer, keiner hat Vorrang, jeder ist uns recht ... Das Prinzip der vielen Eingänge behindert ja nur das Eindringen des Feindes, des Signifikanten; es verwirrt allenfalls jene, die ein Werk zu ›deuten‹ versuchen, das in Wahrheit nur experimentell erprobt sein will« (Deleuze/Guattari, Kafka, S. 7).

[7] Barthes, Kritik und Wahrheit, S. 84.

[8] Deleuze, Kleine Schriften, S.15. – »Diese Art, intensiv zu lesen, in Beziehung zum Außen, Strom gegen Strom, Maschine mit Maschine, Experimenten, Ereignissen, die nichts mit einem Buch zu tun haben; das Buch zerfetzen, es mit anderen, egal welchen Dingen zusammen funktionieren lassen etc... So liest man, wenn man verliebt ist« (Deleuze, ebda., S. 17).

[9] Derrida, in: Philosophien, S. 56.

[10] Baudrillard, Der symbolische Tausch und der Tod, S. 7.

[11] Lyotard, Die Mauer, der Golf und die Sonne, S. 11.

[12] Foucault, Dispositive der Macht, S. 225.

[13] Foucault, Von der Freundschaft, S. 125f.

[14] Eribon, Michel Foucault, S. 249.

[15] Foucault, zit.n.: Eribon, Michel Foucault, S. 401.

[16] Barthes, zit.n.: Altwegg, Die Republik des Geistes, S. 185.

[17] Lyotard, Streifzüge, S. 119.

[18] Foucault, zit.n.: Schiwy, Kulturrevolution und ›Neue Philosophen‹, S. 19f. – »Alles beginnt mit Marx, setzt sich fort mit Lenin und endet bei ›Willkommen Herr Breschnew!‹« (Deleuze/Guattari, Anti-Ödipus, S. 487).

[19] Foucault, Die Mikrophysik der Macht, S. 107.

[20] Deleuze, in: Der Faden ist gerissen, S. 109. – Und weiter: »Wenn die derzeitigen Kämpfe kaum etwas mit dem Marxismus zu tun haben, so deshalb, weil er sich auf Grund seiner Identifikation von Macht und Staat den wirklichen Volkskämpfen gegen die Machtmechanismen entgegengesetzt« (Deleuze, in: Der Faden ist gerissen, S. 133).

[21] Altwegg/Schmidt, Französische Denker der Gegenwart, S. 23.

[22] Guattari, Psychotherapie, Politik und die Aufgaben der institutionellen Analyse, S. 73.

[23] Hobsbawm, Revolution und Revolte, S. 322.

[24] Lyotard m.a., Immaterialität und Postmoderne, S. 37.

[25] Interview mit Deleuze und Guattari in: La Quinzaine littéraire 143/1972. (Übersetzungen aus französischen und englischen Originaltexten alle vom Autor.)

[26] Descombes, Das Selbe und das Andere, S. 157.

[27] Baudrillard, Der symbolische Tausch und der Tod, S. 46.

[28] Paas, Frankreich: der integrierte Linksradikalismus, S. 194f.

[29] Deleuze/Guattari-Interview in: La Quinzaine littéraire 143/1972.

[30] Deleuze, Foucault, S. 100.

[31] ebda., S. 121.

[32] Deleuze, Nietzsche, S. 106. – »Wenn die beiden großen Verlierer ... der Marxismus und die Psychoanalyse sind, so liegt das daran, daß sie mit den Herrschaftsmechanismen ... allzu eng verquickt waren« (Foucault, Mikrophysik der Macht, S. 129). – »Nicht, daß uns die Texte von Freud und die Texte von Marx nichts mehr angingen. Die ganze Frage besteht darin, zu wissen, was für ein Gebrauch davon gemacht werden soll. Es gibt, wie für jede Äußerung, zwei mögliche Arten von Gebrauch: einen Gebrauch, der sich des Textes als eines Mittels der Wahrnehmung bedient, um die wirklichen gesellschaftlichen Verbindungen und die Verkettung der Kämpfe zu klären, und einen Gebrauch, der dazu neigt, die Wirklichkeit auf den Text einzuengen, zu reduzieren« (Guattari, in: Antipsychiatrie und Wunschökonomie, S. 96).

[33] Hermann Kocyba, in: Metzler Philosophen Lexikon, S. 174.

II. Denkformen

II.1 Allgemeines

Die, gerade im Poststrukturalismus betonte und theoretisch thematisierte, unauflösliche Verbundenheit von Denk-, Sprach- und Lebensverhältnissen (deren Explikation im Poststrukturalismus bis zu den Bemerkungen reicht, »daß der Kapitalismus eine neue, aber verschobene Schaltstation des Platonismus ist, ein Platonismus des gesellschaftlichen und ökonomischen Lebens«[1]) erfordert einen Blick auf jene Teile poststrukturalistischen Arbeitens, die nicht von den unmittelbaren gesellschaftlichen Organisationsformen handeln, sondern es sich zur Aufgabe machen, jene Denkverhältnisse zu analysieren, zu bekämpfen und zu überwinden, die notwendigerweise mit herrschaftlich-totalitären Lebensformen korrelieren. Denn heute gilt: »Das Denken als solches ist bereits konform mit einem Modell, das es vom Staatsapparat übernommen hat und das ihm Ziele und Wege, Leitungen, Kanäle, Organe, ein ganzes *Organon* vorschreibt«[2] (»kein Wunder, daß der Philosoph ordentlicher Professor oder Staatsbeamter geworden ist«[3]).
Die nicht aufzulösende Verwobenheit von Denk-, Sprach- und Lebensverhältnissen wird im Poststrukturalismus expliziert und zur Basis des Arbeitens. Wo nämlich diese Einheit (»eine komplexe Einheit: ein Schritt für das Leben und ein Schritt für das Denken. Die Lebensformen erregen die Denkweisen und die Denkformen erschaffen die Lebensweisen. Das Leben *aktiviert* das Denken und das Denken *bejaht* auf seine Weise das Leben«[4]) geleugnet wird, kennen wir »nur noch Beispiele, in denen das Denken das Leben zügelt, verstümmelt und vernünftig macht«[5]. »Anstelle der Einheit von aktivem Leben und es bejahendem Denken sieht man, wie das Denken sich die Aufgabe gibt, über das Leben zu urteilen, ihm angeblich höhere Werte entgegenzustellen und es an diesen Werten zu messen und zu begrenzen – das Denken verdammt das Leben. Zur gleichen Zeit, als das Denken derartig negativ wird, bemerkt man, wie das Leben an Wert verliert, aufhört, aktiv zu sein und sich auf seine schwächsten Formen reduziert, auf kränkliche Formen, die allein mit den sogenannten höheren Werten harmonieren. *Ein Triumph der ›Reaktion‹ über das aktive Leben, und die Negation des bejahenden Denkens.* (...) Die Entartung der Philosophie wird mit Sokrates klar sichtbar. ... Er macht aus dem Leben eine Sache, die beurteilt, gemessen und eingegrenzt sein muß, und aus dem Denken macht er ein Maß, eine Grenze, die im Namen höherer Werte – wie das Göttliche, das Wahre, Schöne und Gute – arbeitet... Mit Sokrates erscheint der Typus des freiwillig und spitzfindig geknechteten Philosophen.«[6] Das Denken, das sich die PoststrukturalistInnen wünschen, ist:

»Statt einer sich dem Leben entgegenstellenden Erkenntnis ein Denken, das das Leben *bejahte*. Das Leben wäre die aktive Kraft des Denkens, aber dieses die bejahende Macht des Lebens. Beide gemeinsam, sich wechselseitig ziehend, gingen sie in dieselbe Richtung, im Gleichschritt, vorwärts im Bemühen um eine bisher noch beispiellose Schöpfung. Denken würde bedeuten: *entdecken, neue Möglichkeiten des Lebens erfinden.*«[7] Diese Haltung impliziert jene theoretischen Basis-Positionen, die die Unterschiede zwischen den poststrukturalistischen und vielen anderen Denkweisen markieren und oft eine vehement ablehnende Haltung zum Poststrukturalismus mit sich bringen.

Diese Positionen lassen sich negativ wie positiv beschreiben:

Der Poststrukturalismus wendet sich gegen...

... die Idee einer Wahrheit, die es zu erkennen, entdecken oder erfassen gilt, die auf einer abstrakten Konstruktion einer dualistischen Welt (Sein-Schein, Tiefe-Oberfläche, Wissen-Meinung, Bewusstsein-Gegenstand, Innen-Außen) beruht, und die ein Instrumentarium zur intellektuellen Legitimation der Herrschaft bereitstellt (»das Sein, das Wahre, das Wirkliche sind ... Arten, das Leben zu verstümmeln, es reaktiv werden zu lassen«[8]).

... die Idee einer Wesenheit, die den Charakter des Seins (mehr oder weniger) bestimmt, und dieses auf (mehr oder weniger) starre, unveränderbare Zustände festlegt, sodass das Entfalten fluktuierender und revolutionärer Theorien als unangemessen und chaotisch diffamiert und bekämpft wird.

... die Idee eines autonomen, rationalen und bewusstseinstragenden Subjekts, die erstens eine Trennung zwischen dem vernünftigen Menschen und der (als etwas Minderwertiges konstruierten) Natur, den Wilden und Wahnsinnigen (denen allen zum wahren Mensch-Sein etwas Wesentliches fehlt) postuliert, und die zweitens eine Individualisierung der (ja jeweils ›autonomen‹) Einzelnen vorantreibt, die mit der Entwicklung des individuell ökonomisierten (›kapitalisierten‹) und diszipliniert-unterworfenen Bürgertums korreliert.

... die Idee von der Verfügbarkeit der Sprache, die versucht, Sprache als Instrumentarium der Wirklichkeits-Abbildung im Dienste kommunikativer ›Interessen‹ und ›Bedürfnisse‹ der Menschen darzustellen, was zur Unterbindung einer zur Gestaltung lebendigen Daseins notwendigen Ausdrucksvielfalt beiträgt.

... und alle damit in Zusammenhang stehenden Ideen (vgl. III,2), die sich (wie jeder Streit rund um den Poststrukturalismus) in irgendeiner Form immer auf die vier angeführten zu beziehen scheinen.

Diese Ideen werden als von den konkreten und vielfältigen Lebensverhältnissen abstrahierende Konstruktionen gesehen, die mit bestimmten Machtverhältnissen Hand in Hand gehen, und – genauso wie die jeweiligen Machtverhältnisse – keinen Anspruch auf allgemeine Akzeptanz im Sinne irgendeiner (intellektuellen, religiösen, moralischen oder anderen) Legitimation erheben können, sondern sich ihre Akzeptanz selbst terroristisch-diskursiv erarbeiten und absichern (vgl. zum Diskurs III,2,3). Eigen ist diesen Konstruktionen dabei nicht nur die aktuelle Stützung bestimmter Machtverhältnisse, sondern auch die Verhinderung theoretischer Entwicklungen, die aus einem Sich-Einlassen auf die Pluralität dessen, was wir Wirklichkeit nennen, Konzeptionen zur Entfaltung bringen könnten, die als Analyse- und Denkformen gleichzeitig Existenz- und Widerstandsformen wären.

Plakativ formuliert ergibt sich aus den vier erwähnten grundlegenden Ablehnungen traditioneller Voraussetzungen abendländischer[9] Philosophie Folgendes:

Die Frage »wahr oder falsch?« ist bedeutungslos bzw. falsch gestellt (im Unterschied etwa zu: »was *gilt* als wahr?« oder »wie *funktioniert* da oder dort der Ausdruck ›wahr‹?«), das Darstellen (oder vielleicht: *Unter*stellen) von Essenzen bzw. Wesenheiten völlig uninteressant, das autonome Subjekt ein Schwindel und die Verfügbarkeit des Menschen über die Sprache eine maßlose Selbstüberschätzung. Das heißt kurzum: Theorien, die auf die Erkenntnis oder Erkenntnismöglichkeit der Wahrheit bauen (oder auch nur auf die Möglichkeit der Annäherung an das nicht aufgegebene Ideal der Wahrheit), auf unveränderliche Seinszustände, auf Rationalität oder Intentionalität des Subjekts, oder auf das kommunikative Modell der Sprache, werden vom Poststrukturalismus grundlegend in Frage gestellt. Was schließlich zur Folge hat, dass jegliche von Platon, Aristoteles, Descartes, Kant oder Hegel herrührenden Denksysteme abgelehnt werden, und zwar brüsk – weswegen die Differenzen zwischen den PoststrukturalistInnen und ihren GegnerInnen tatsächlich oft unüberbrückbar scheinen, weil sie grundlegende Auffassungen von Theorie, Erkenntnis, Welt, Mensch, Sprache und Leben betreffen. Anders gesagt: Wer an einem Erkenntnisideal welcher Art auch immer (»aber *stimmt* das jetzt auch?«), an der Vorstellung welttranszendenter oder weltimmanenter Konstanten (»aber was ist es jetzt *wirklich*?«), an der Intentionalität eines Autors (»was hat *er* mitzuteilen?«), an der repräsentativen Funktion von Sprache (»was will sie damit jetzt *genau* sagen?«) oder an allem, was ähnliche Fragen impliziert (»wer hat jetzt *recht*?«, »aber was verbirgt sich *dahinter*?«, »warum kann er das nicht *klar und deutlich* sagen?« oder vielleicht sogar »was ist sein *wahres Ich*?«) festhält, der oder die wird mit dem Poststrukturalismus nicht viel anfangen, nicht mit ihm arbeiten können, und wird Schwierigkeiten haben, sich mit Feststellungen abzufinden wie: »Es gibt keine Natur, keine Geschichte, keinen lieben Gott, es gibt keinen verbindlichen, gegebenen, offenbarten oder enthüllten Sinn, es gibt Energien (eine Redensart) in den Farben, den Klängen und den Sprachen, die nur ausnahmsweise invarianten Ordnungen folgen; es ist an uns, mit ihnen zu spielen, wie mit allen anderen Materien, um Perspektiven und Beziehungen daraus zu machen. In diesen Spielen geht es nicht darum, die Wahrheit zu suchen, das Glück zu erlangen oder seine Meisterschaft zu demonstrieren, sondern ganz einfach um die Lust an Perspektivierungen, und sei's auch nur in kleinem Maßstab«[10]; ja solche Behauptungen werden ihm/ihr vielleicht wirklich nichts anderes als Zeugnis schlimmster Irrationalität, Beliebigkeit, Unseriosität und Unwissenschaftlichkeit sein, etwas für der Argumentation unfähige Chaoten[11], die die reine akademische Landschaft mit ihrem nichts sagenden und blödsinnigen Schrott verpesten, Ausdruck bloßer Scharlatanerie und wichtigtuerisches Indiz einer bedrohlichen intellektuellen Dekadenz, und darüber hinaus noch präsentiert von SympathisantInnen theoretischen und politischen Terrors. Den PoststrukturalistInnen ist das mehr oder weniger egal, weil sie – da es um die Unterstützung von Wünschen und nicht um Wahrheitsideale geht (»man sollte nicht danach forschen, ob eine Idee richtig oder wahr ist«[12]) – niemandem etwas aufdrängen wollen, das nicht gewollt wird: »Wir wenden uns nicht an jene, die finden, daß es der Psychoanalyse gut geht und daß ihre Ansicht vom Unbewußten richtig ist. Wir wenden uns an jene, die finden, daß Ödipus, die Kastration, der Todestrieb usw. ... monoton, trübselig und ein Röcheln sind.«[13] »Wir haben nicht den Plan, wahr zu sein«[14], weil »sich nicht mehr die Frage stellt ›Glaube ich daran oder nicht?‹, sondern ›Was fange ich damit an?‹«[15] »Das ist nie falsch, was irgend jemand sagt, es ist nicht falsch, sondern dumm oder völlig belanglos. ... Die Begriffe Wichtigkeit, Notwendigkeit, Interesse sind tausendmal entscheidender als der Begriff der Wahrheit.«[16] Dementsprechend bescheiden fällt die Beurteilung der eigenen Arbeit, des Bücherschreibens, aus: »Heute richtig zu lesen heißt, dahin zu gelangen, mit einem Buch nicht anders umzugehen als mit einer Schallplatte, die man sich anhört, mit einem Film oder mit einer Fernsehsendung, die man sich anschaut, einem Chanson, das man zuhörend zu verstehen sucht: Jede Einstellung zum Buch, die dem Leser einen besonderen Respekt abverlangt, eine andersartige Aufmerksamkeit, ist obsolet. Begriffe sind wie Töne, Farben oder Bilder – Intensitäten, die dir passen oder nicht, die passieren oder nicht.«[17] Wer mit den Büchern der PoststrukturalistInnen nichts anfangen kann (wem sie nicht wichtig sind, wen sie nicht interessieren), kann eben nichts damit anfangen – na und?; als gäbe es sonst nichts Gutes und Wichtiges: »Behandelt mein Buch wie eine Brille, die auf die Außenwelt gerichtet ist, und wenn sie euch nicht paßt, nehmt eine andere, findet selber euer Instrument, euer Kampfgerät.«[18] Dies ist jedoch nicht mit einer Ist-ja-alles-nicht-so-wichtig-Beliebigkeit zu verwechseln. Der Poststrukturalismus baut durchaus auf starken Prinzipien auf: Die Ablehnungen *der* Wahrheit, der Wesenheit, des autonomen Subjekts und einer bloßen Kommunikationssprache sind erstens mit starken politischen Wünschen verbunden (dazu werden wir noch ausführlich kommen) und stellen zweitens jene (durchaus starken) Kriterien dar, die es etwa möglich machen, dem Poststrukturalismus gerecht werdendes Denken und Schreiben von ihm nicht gerecht werdendem zu unterscheiden. Das heißt auch, dass der Poststrukturalismus nicht deshalb unendliche Möglichkeiten der Theorienbildung eröffnet und seine eigenen nicht als *die* subversiven Theorien verkauft, weil er alles der Beliebigkeit und Willkür überlässt, sondern weil er zwar ein Denken, gegen das er wirken will, genau ausmacht und benennt, ihm aber nicht *das* andere oder revolutionäre Denken gegenüberstellt, sondern nur um Spuren für spezifische und vielfältige Entfaltungen subversiven und beweglichen Denkens bemüht ist - was uns zur positiven Beschreibung des poststrukturalistischen Denkens führt:

a) Der Poststrukturalismus ist *pluralistisch-univok.* Die Pluralität und die Differenz, die nicht in einer höheren und wahren Ganzheit oder Identität negiert werden können, ohne sich in die oben beschriebenen und abgelehnten Denkschemata zu begeben, spielen im Poststrukturalismus eine entscheidende Rolle. Allem (Ereignissen, Diskursen, Lebensformen...) muss mensch in seiner singulären und unaustauschbaren Einzigartigkeit gerecht werden, jede Absicht, das Einzigartige einer Gesamtheit unterzuordnen, tut ihm Gewalt an. Dieser Versuch, ein Denken der Differenz zu entfalten, ist nicht vom Kampf gegen alle Hierarchisierungen der Wirklichkeit zu trennen, das heißt, dass weder nach dem Wirklichsten des Wirklichen noch nach dem wirklich Wirklichen noch nach der wirklichen Wirklichkeit hinter der Wirklichkeit gesucht wird, sondern dass es ein sich stets veränderndes Feld der Wirklichkeit gibt, mit dem wir zu tun haben, das somit zwar *eines*, aber kein identisches, sondern ein *vielfältiges* ist. Auf diesem Feld bewegt sich das Denken der PoststrukturalistInnen.

b) Der Poststrukturalismus ist *materialistisch.* Nicht in einer vulgären Version eines es-gibt-keine-Seele-hab'-nie-eine-gesehen, sondern als konsequente Entsprechung der Verabschiedung erkenntnistheoretischer Paradogmen[19] der Zweiteilung der Welt (Geist und Bewusstsein vs. Körper und toter Materie), als Materialismus, der der stofflichen Verwobenheit der Spiele und Bewegungen des Lebens angemessen ist (aus denen nichts mehr als unabänderlich ›Totes‹ ausgegrenzt wird – deshalb steht bei den PoststrukturalistInnen der Vitalismus hoch im Kurs: »Alles, was ich geschrieben habe, war vitalistisch, zumindest hoffe ich es«[20]).

c) Der Poststrukturalismus ist *heidnisch-atheistisch.* Ohne eine Metaphysik-ist-sinnlos-weil-unbeweisbar-Attitüde zu bemühen, stößt der Poststrukturalismus alle Varianten des göttlichen Thrones (universale Monotheismen, königliche Despotien, humanistische Ideale, liberalistische Universalrechte usw.) um, die das fröhliche Umherschweifen der PaganInnen einzusperren trachten.

d) Schließlich ist der Poststrukturalismus ein *Funktionalismus* und *Pragmatismus*, dem es erstens nicht darum geht, *wahre* Theorien zu entwerfen, sondern Theorien als Erklärungspraktiken verschiedener Zusammenhänge zu produzieren, die als solche gut oder weniger gut zu gebrauchen sind (gut oder weniger gut funktionieren: »einzig der Gebrauch, den man (...) macht, zählt. Kein Problem des Sinns, nur mehr des Gebrauchs«[21]), und der zweitens bestehende Theorien nicht dahingehend analysiert, ob sie wahr oder falsch sind, sondern wie sie funktionieren, wozu sie wem bzw. was von Nutzen sind, wie sie legitimiert werden, in welchen Wechselbeziehungen sie mit anderen Theorien stehen, mit welchen Machtverhältnissen sie korrelieren, welche sie verhindern, usw. (»Ich weise nicht den Dialog zurück, aber mir ist es lieber, wenn der Dialog nicht zu ideologischen Einwendungen führt. Was mir gefällt, sind die maschinellen Einwendungen. Sagt man mir, mit einem anderen Wort als ›Begehren‹ liefe es besser, gut, dann bin ich aufmerksam und gespannt wie die Jungs, die sich über den Motor ihres Mopeds beugen«[22]).

Der Poststrukturalismus »ist der erklärte Verzicht jeglicher Bezugnahme auf ein *Zentrum*, auf ein *Subjekt*, auf eine privilegierte *Referenz*, auf einen Ursprung oder auf eine absolute *arche*«.[23] Deutlicher kann kaum veranschaulicht werden, dass der Poststrukturalismus auf starken Prinzipien aufbaut und dass nichts an ihm beliebig ist.

Handelt es sich nun beim Poststrukturalismus um ein ›neues‹ Denken? Keineswegs, und keine PoststrukturalistIn behauptet das. Es geht schlicht um ein Denken und Leben, das es als gegenwärtig unterworfenes und/oder in seiner Radikalität nicht zur Entfaltung kommendes gibt (und immer gegeben hat) und das sie zu stärken trachten.

II.2 Zur Analyse herrschender Denkformen

In diesem Abschnitt werden bereits angesprochene zentrale Ideen abendländischer Denkgeschichte genauer analysiert und um einige untrennbar zu ihnen gehörende ergänzt, um jenes Denken zu beschreiben, gegen das sich der Poststrukturalismus wendet. Die hier analysierten Ideen werden abgelehnt aufgrund ihrer Unterdrückung *werdender* Denkformen, ihrer Unangemessenheit bezüglich einer Welt der Vielheit, mit der wir umzugehen haben, und aufgrund ihres herrschaftlichen Charakters, der sich daraus ergibt. Der in diesem Denken wirkende Philosoph »gibt vor, sich den Erfordernissen der Wahrheit und der Vernunft zu unterwerfen; aber unter diesen Erfordernissen der Vernunft kann man oft Kräfte bemerken, die gar nicht so vernünftig sind: Staaten, Religionen und gerade im Umlauf befindliche Werte. Die Philosophie ist nicht mehr als die Bestandsaufnahme aller Gründe, die der Mensch sich gibt, um zu gehorchen.«[24] »Somit bleibt die Geschichte der Philosophie von den Sokratikern bis zu den Hegelianern eine Geschichte langer Unterwerfungen des Menschen und der Gründe, die er sich gibt, um sie zu legitimieren.«[25] »Die Philosophie ist ganz und gar durchdrungen von dem Plan, zur offiziellen Sprache eines reinen Staates zu werden. Das Denken in seinem Vollzug paßt sich so den Zwecken des realen Staates an, den herrschenden Bedeutungen wie den Anforderungen der etablierten Ordnung.«[26] »Der Staat als Modell für das Buch und das Denken hat eine lange Geschichte: der Logos, der Philosoph als König, die Transzendenz der Idee, die Innerlichkeit des Begriffs, die Gelehrtenrepublik, das Tribunal der Vernunft, die Sachwalter des Denkens, der Mensch als Gesetzgeber und Subjekt. Die Anmaßung des Staates, das verinnerlichte Bild einer Weltordnung zu sein und den Menschen zu verwurzeln.«[27] Allgemeines Motto des Angriffs auf dieses Denken und diese Denkverwaltung: »Die Transzendenz: eine typisch europäische Krankheit.«[28]

II.2.1 Wahrheit, Universalität, Moral

Es war oben von der Ablehnung *der* Wahrheit die Rede. Das ist wichtig, denn was von den PoststrukturalistInnen abgelehnt wird, ist erstens, dass es eine ewige, unantastbare Wahrheit gibt (denn es gibt »kein letztes Wort, kein Kriterium an sich, keinen Richter und keinen Herrn«[29]), und zweitens, dass eine Vorstellung deshalb als wahr gelten kann, weil ihr etwas Reelles entspricht oder weil das Bild der Wirklichkeit (in unserem Bewusstsein oder sonst wo) mit der Wirklichkeit übereinstimmt; was nicht behauptet wird, ist, dass es so etwas wie *Wahrheit* überhaupt nicht gäbe.
Natürlich gibt es Wahrheit, alle reden dauernd davon, sie dient als Kriterium zur Aburteilung von Gesetzesbrechern, zur offiziellen Geschichtsschreibung oder zur objektiven Regierungsinformation, sie dient zur moralischen Legitimation von Kriegshandlungen in anderen Ländern wie zur innerstaatlichen Repression, sie ist Spielball verschiedenster religiöser Gruppierungen im Kampf um ihre Anhängerschaft. Zweifellos gibt es die Wahrheit; aber nicht als Ergebnis eines genialen Erkenntnisprozesses, sondern als Produkt vielfältiger Diskursivierungen (»die Wahrheit ist untrennbar mit einer Prozedur verbunden, die sie etabliert«[30]), die jeder Gesellschaft bzw. jeder Gruppe ihre Wahrheit und deren jeweiligen Funktionen schaffen, die meistens darum kreisen, was die Menschen als richtig akzeptieren, was sie gelten *lassen*[31] bzw. was sie ablehnen, nicht gelten lassen; sodass es »nicht so ist, daß ich etwas beweisen kann, weil die Realität so ist, wie ich es sage, sondern solange ich beweisen kann, ist es erlaubt zu denken, daß die Realität so ist, wie ich es sage«.[32] Oder: »Die Wahrheit ist von dieser Welt; in dieser wird sie aufgrund vielfältiger Zwänge produziert, verfügt sie über geregelte Machtwirkungen. Jede Gesellschaft hat ihre eigene Ordnung der Wahrheit, ihre ›allgemeine Politik‹ der Wahrheit: d.h. sie akzeptiert be-

stimmte Diskurse, die sie als wahre Diskurse funktionieren läßt; es gibt Mechanismen und Instanzen, die eine Unterscheidung von wahren und falschen Aussagen ermöglichen und den Modus festlegen, in dem die einen oder die anderen sanktioniert werden; es gibt bevorzugte Techniken und Verfahren zur Wahrheitsfindung; es gibt einen Status für jene, die darüber zu befinden haben, was wahr ist und was nicht.«[33] »Diese Idee, daß die Wahrheit nicht etwas ist, das schon da ist, daß sie nicht zu entdecken, sondern auf jedem Gebiet erst zu schaffen ist, ist evident.«[34]

Es gibt die Wahrheit und sie hat ihre Funktionen, deren Analysen in der Beschreibung spezifischer gesellschaftlicher Machtverhältnisse einen ganz wichtigen Platz einnehmen, denn »die ›Wahrheit‹ ist zirkulär an Machtsysteme gebunden, die sie produzieren und stützen, und an Machtwirkungen, die von ihr ausgehen und sie reproduzieren. ›Herrschaftssystem‹ der Wahrheit.«[35] – Was es nicht gibt, ist eine philosophische Erkenntnis als Abbildung der Welt, so wie sie wirklich ist, im menschlichen Geist. Diese Abbildtheorie der Wahrheit, mit wenigen Ausnahmen (Pyrrhoniker, einige Pantheisten, Nietzsche, der Pragmatismus) des Öfteren variiertes Zentrum abendländischer Erkenntnistheorie (»Auf diese Weise dauert heute der Platonismus fort – als Vorurteil, es gäbe eine Wirklichkeit zu erkennen«[36])[37], ist selbst Produkt von Diskursen, die wesentlich mit jenen konstruierten Dualismen operieren, die bereits erwähnt wurden: Mensch-Welt, Innen-Außen, Subjekt-Objekt usw.; die Abbildtheorie der Wahrheit ist als Ideal einer Erkenntnistheorie dort zu finden, wo die Welt hierarchisiert wird und zur permanenten Bestätigung der Hierarchisierungen und zur Legitimation der mit diesen einhergehenden Gewalttaten einer entsprechenden Erkenntnistheorie bedarf.

So wohnen in den Bergen nicht deshalb keine Geister, weil es keine gibt, sondern weil die Regeln, die bei uns Europäern Wahres von Unwahrem trennen (substantielle Ausgedehntheit, empirische Messbarkeit, objektive Beobachtungsmöglichkeit usw.) keinen Platz für sie haben (»Wenn die Ethnologen kommen, so lautet ein haitianisches Sprichwort, verlassen die Geister die Insel«[38]). Oder: Dass jemand ›wirklich‹ geisteskrank ist, hat nicht damit zu tun, dass wer *wirklich* geisteskrank ist, sondern mit den Regeln, die uns als Geisteskranke kategorisieren. Dass es keine Geister, dafür aber Geisteskranke geben soll, hat nichts mit der wahren Wirklichkeit zu tun, sondern mit der Herrschaft einer dem Bürgertum entstammenden ökonomischen Zweckrationalität, der Geister im Weg und Geisteskranke (ökonomisch, sozial und politisch) dienlich sind.

Dass das von immenser politischer Bedeutung ist, dass »in unserer Gesellschaft die Wahrheitswirkungen ... gleichzeitig Machtwirkungen sind«[39], liegt auf der Hand und ist gleichzeitig Erklärung dafür, dass etwa erkenntnistheoretische Paradigmen nicht die Sieger eines demokratisch-intellektuellen Wettstreits sind, sondern aufgrund ihrer gesellschaftspolitischen Funktion für die herrschenden Verhältnisse Denken und Leben bestimmen (was nicht heißt, dass die herrschenden Eliten eine passende Erkenntnistheorie propagieren, sondern, dass sich bestimmte gesellschaftskonstituierende Diskurse und bestimmte Machtverhältnissen wechselseitig bedingen und behaupten – vgl. dazu auch II,3,7).

Am gewalttätigsten wird die Wahrheit dann, wenn sie im Sinne eines allgemein-universalen und absoluten Anspruchs größenwahnsinnige Expansionsbestrebungen begleitet, denn »der Terror beginnt, wenn man die Einheit sucht«.[40] Der Poststrukturalismus versucht, die Vielheit zu denken. Das absolut Allgemeine versucht, die Vielheit auszulöschen. Es soll *einen* Gott für alle geben, *eine* Art des Denkens, *eine* des Lebens. Geben tut es freilich tausende differente Lebensformen, was weder zu leugnen noch zu überwinden ist[41], außer irgendjemand beginnt damit, tausende Lebensformen zu vernichten: »Nur eines war möglich: entweder man gab die Nicht-Universalität dieses GESETZES zu, oder aber man rottete die Indianer aus, um alle Beweise dafür zu vernichten«[42] (dass mann dabei recht erfolgreich sein kann, ist heute bewiesen). Untrennbar mit diesen Vernichtungsfeldzügen verbunden sind die Proklamationen, allgemeine und absolute Wahrheiten zum (angeblichen) Wohle aller verbreiten zu müssen: »Natürlich ist der Mord die Tat derjenigen, die das Universelle im Blick haben«[43]; »der Wunsch nach Wahrem, allerorts ein Nährboden für den Terrorismus«[44]. Unter dem Banner der Universalität und Absolutheit auftretende Gruppen sind immer gefährlich für die Mannigfaltigkeit der Lebensverhältnisse, da ihr Programm auf einer Negation derselben beruht und unweigerlich deren tatsächliche Auslöschung zum Ziel hat. Daher die poststrukturalistische »Weigerung, irgendeinem Diskurs eine – und sei es auch nur bescheiden epistemologische – Autorität gegenüber allen anderen und für immer zuzusprechen«[45], aus Angst vor dem »Raunen des Wunsches, den Terror ein weiteres Mal zu beginnen, das Phantasma der Umfassung der Wirklichkeit in die Tat umzusetzen«[46], und in der Hoffnung, dass »der Untergang, und vielleicht sogar Zerfall, der Idee der Universalität … das Denken und das Leben von der Obsession der Totalität befreien«[47] kann.

Am greifbarsten wird die Herrschaftlichkeit der Verbindung von Wahrheit und Absolutheit dort, wo die Moral ins Spiel kommt. Die Moral ist das Paradebeispiel eines theoretischen Herrschaftsinstruments. Sie dient der Unterwerfung der Einzelnen unter eine Gewalt, die durch Verweise auf die Aufrechterhaltung und Verbreitung der wahren und richtigen Lebensweise legitimiert wird, während doch »gut und böse … nur das Ergebnis einer aktiven und vorläufigen Selektion sind, die immer wieder vorgenommen werden muß«[48]. Sie ist ein abstraktes Konstrukt, das immer Feind der Pluralität der Lebensverhältnisse ist. Jeder Verweis auf die Moral dient nur der

Selbstbeweihräucherung und der Errichtung eines Herrschaftssystems. »Das Leben ist durch die Kategorien von Gut und Böse, Verstoß und Verdienst, Sünde und Erlösung, vergiftet.«[49]

Die Wahrheitsproduktion und die mit ihr verbundenen Universalismen sind wesentliche Bestandteile der herrschenden Denk- und Lebensformen. Wer diese unerträglich findet und überwinden will, muss die Wahrheit (wie die Moral und alles weitere, was sich auf sie stützt) bekämpfen, und zwar nicht im Namen einer anderen, einer ›wahreren‹ Wahrheit – denn angegriffen werden »nicht die falschen Anmaßungen der Wahrheit, vielmehr die Wahrheit selber und als Ideal«[50] – noch im Sinne einer Befreiung der unschuldigen Wahrheit von ihrer missbräuchlichen Verwendung durch die Macht: »Es geht nicht darum, die Wahrheit von jeglichem Machtsystem zu befreien – das wäre ein Hirngespinst, denn die Wahrheit selbst ist Macht –, sondern darum, die Macht der Wahrheit von den Formen gesellschaftlicher, ökonomischer und kultureller Hegemonie zu lösen, innerhalb derer sie gegenwärtig wirksam ist.«[51] Die Wahrheit muss bekämpft werden als herrschaftliches Instrumentarium in ihrer Produktion, ihrer Legitimation, ihren Wirkungsweisen usw. »Seien wir ... bereit den Glauben an die Wahrheit in allen seinen Formen zu zerstören«[52], um nicht mehr »die Bewegung des Lebens der Sorge um die Wahrheit zu opfern«[53]. »Alle eure Fragen werden nur durch die Referenz auf diesen Diskurs, durch die Referenz auf das Wort Wahrheit gestützt. Wir lassen uns durch diese Referenz nicht einschüchtern, denn ihr wißt nichts über die Wahrheit und werdet niemals etwas darüber wissen; wir aber wissen, daß sie die Waffe der Paranoia und der Macht ... ist, die Signatur der Einheit-Totalität im Raum der Worte, die Rückkehr des Terrors. Kämpfen wir also gegen den weißen Terror der Wahrheit, mit und für die rote Grausamkeit der Singularitäten.«[54]

Dass in diesem Kampf andere Formen der Wahrheit auftauchen können, mag richtig sein, doch ist das nicht schlimm, sind doch Formen der Regelungen von wahr und falsch, von gelten und nicht gelten lassen denkbar[55], die sich nicht mehr auf ein *Ideal*, an das *zu glauben* ist, beziehen und die nicht mit Unterdrückung und Ausbeutung einhergehen. Denkbar ist, dass es »keine spezifische Wahrheitsarbeit auf intellektueller Ebene ... gibt, (... sondern) Wahrheiten im Rahmen von präzisen praktischen Verkettungen, von genau bestimmten sozialen Beziehungen, von Kämpfen, von partikulären Semiotisierungsverhältnissen. Hier gibt es ein Problem der Dekatur, nicht ein Problem der allgemeinen Wahrheit, einer Wahrheit, die im Himmel der Ideologien, der richtigen Ideen, des Marxismus oder irgendeines anderen ... Systems strahlt.«[56]

II.2.2 Die Einheit als Identität, das Ganze und seine Teile, die Teile und ihr Ganzes, oder einfach: der Baum

Die Universalisierungen der Wirklichkeit haben zu tun mit einer Vorstellung der Einheit als Identität, was zu einer ganz entscheidenden Kraft bei der Verhinderung eines Differenz- oder Vielheitsdenkens wird, da sich das Denken »von der anarchischen Differenz abwendet und überall und bei allen gleichermaßen das Identische zu erkennen weiß«[57]. In der Identität sind die Unterschiede ausgelöscht. Ob es um die Identität *eines einzelnen* Menschen oder *einer einzelnen* Nation geht, die *wesentlich* keine Vielheiten sein dürfen, sondern abgeschlossene Ganzheiten zu sein haben, oder ob es um die Identität *des* Menschen und *der* Nation geht, wichtig ist dabei immer, klarzustellen, was das *Wesentliche* eines bzw. des Menschen, einer bzw. der Nation ausmacht, das Wesentliche, das etwa dem Menschen einerseits sagt, was er *eigentlich* ist, und andererseits, was er mit allen Menschen teilt, sodass alle Differenzen verblassen, nebensächlich und unbedeutend werden (bzw. identitätshierarchisiert werden: es gibt zunächst die Identität des Menschen, und dann die Unteridentitäten der Einzelnen usw.). »Die Differenz wird gewöhnlich als Differenz *von* etwas oder *in* etwas betrachtet. Hinter ihr steht als Fundament, Gebiet und Grenze und damit als Gebieter die begriffliche Einheit der Gattung ...; die spezifische Differenz spielt innerhalb des Begriffs und darf nicht darüber hinausgehen. (...) Jede neue Vorstellung muß sich mit Vorstellungen verknüpfen, die Übereinstimmungen aufweisen, und in diesem Raum der Repräsentation ... unterwirft man das Ähnliche der qualitativen Angleichung oder der quantitativen Abstufung: man konstruiert das große Tableau der meßbaren Differenzen.«[58] Der dialektische Materialismus bleibt dabei von der Kritik nicht ausgenommen: »Die Ambiguität der idealistischen Dialektik besteht genau darin: sie sorgt für Spaltung, Bewegung und Prozeß, beseitigt sie aber gleich wieder im Namen einer höheren, metaphysischen und repressiven Wahrheit.«[59] »Die Dialektik (setzt) das Differente nicht frei; sie garantiert vielmehr seine ständige Vereinnahmung.«[60]

Das Identitätsdenken ist deshalb so wirksam gegen ein Denken der Vielheit, weil von seinen Konstanten der Identität ausgehend keine *Differenzen* wahrnehmbar sind – alles bezieht sich auf die Konstanten. Die Identitätslogik ist eine Logik des Selben, in der es Anderes als Anderes nicht gibt. Am Beispiel der abendländischen Identitätskonstruktion des Menschen (zu dessen inhaltlichen Bestimmungen – Rationalität, Autonomie, Phallus usw. – wir noch genauer kommen; vgl. II,2,4) ergibt sich dadurch etwa Folgendes: Das Andere ist nicht anders, sondern weniger entwickelt (die Kinder, die Wilden), unvollkommen (die Frauen, die Wahnsinnigen, die Tiere), das Gegenteil der Identität bzw. die Identität mit negativen Vorzeichen (die wahrhaft Bösen: Hexen, Gesetzesbrecher usw.) oder nur oberflächlich (bzw. auf einer niedereren Identitätsstufe) anders, tatsächlich aber gleich (Subkulturen, Randgruppen). »Es handelt sich hier um einen ... Identitarismus, der Hand in Hand geht mit einem Totalitarismus ... und der ... zugleich irrig und gefährlich ist.«[61] Die poststrukturalistische Antwort darauf ist: »Wir müssen die Annäherung, die das Andere/die Anderen lebend an ihren Plätzen läßt, retten. Der Rassismus, der Frauenhaß sind zwei Wege, Andere/s nicht existieren zu lassen, auszulöschen ... oder zu verschleiern.«[62] Die Identitätslogik, die eine »Ökonomie des Gleichen«[63] ist, lässt die Differenz hinter der *Hierarchie*, dem *Gegenteil* und dem *schwachen Abbild* verschwinden. Sie errichtet ein »Universum von binären Strukturen und Gegensätzen«[64], in dem Differenz *negiert* oder *auf die Negation reduziert* wird (»was anders als A ist, ist Nicht-A, bringt man uns schon in der Schule bei«[65]) »unter der monarchischen, feierlichen, berechnenden Stimme der abendländischen Philosophen, welche die Einheit, die Analogie, die Ähnlichkeit, die Widerspruchslosigkeit an die Herrschaft bringen« wollen[66] – nach dem Prinzip, »das Differente sein zu lassen – aber unter dem Gesetz des Negativen, als Moment des Nicht-Seins«.[67] Die Identitätslogik deckt die Mannigfaltigkeit zu, negiert die fluktuierenden Singularitäten (»das Dies im Dies und das Das im Das unbeweglich zu machen, erstarren zu lassen: Identitäten«[68]), unterwirft alle Erscheinungen des Lebens ihren jeweiligen Identitäten, in denen sie erst volles Sein erlangen, baut um diese ein kategorial-hierarchisches Raster und stellt ein logisches Bestimmungsschema dafür bereit, was wie weit von seiner wahren Seins-Entfaltung und damit von seinem höchsten Wert entfernt ist. »So ist die Differenz ... gemeistert: im System von Gegensatz, Negation und Widerspruch.«[69] DenkerInnen, die Hegels Weltgeistphantasien als spekulativen Unsinn abtun und sich (womöglich als selbsternannte Weiterführer eines vermeintlichen aristotelischen Anti-Platonismus) den Erscheinungen in ihrer Unterschiedlichkeit und Einzelheit zuwenden, vermögen nicht zwangsläufig entscheidend an den Konsequenzen der oben skizzierten Identitätslogik zu rütteln, solange sie an identitätsstiftenden Kategorien festhalten. Oder kurz gesagt: der nominalistische Einwand gegen den Universalismus, nach dem es keine Gemeinsamkeiten vor den Einzeldingen gibt (keine *universalia ante res*), sondern sich diese erst nach dem Erscheinen der Einzeldinge ergeben (*universalia post res*), ist für das, was oben gesagt wurde, relativ unerheblich. Wie die Idee oder Kategorie oder Gattung des Pferdes[70] zustande kommt, ist egal – die Wirkung kategorialer Einteilung bleibt dieselbe: sie ordnet und hierarchisiert. »Die zäheste Unterwerfung der Differenz ist zweifellos diejenige unter die Kategorien. ... Sie unterdrücken die anarchische Differenz, verteilen sie auf Regionen, beschränken ihre Rechte und schreiben ihr ihre Spezifizierungsaufgabe vor. Die Kategorien sind einerseits

die apriorischen Formen der Erkenntnis; aber sie sind auch die archaische Moral, der alte Dekalog, den das Identische der Differenz aufgezwungen hat. Um diese zu befreien, gilt es, ein Denken ohne Kategorien zu erfinden«[71] (»...wenn es unter der Differenz nicht mehr das Gemeinsame sucht, sondern die Differenz differenziell dächte? Diese wäre dann nicht mehr ein Element in der Allgemeinheit des Begriffs, sondern als differentes Denken und Denken der Differenz ein reines Ereignis«[72]). Ob nun die aristotelische Dreiteilung des Lebens in pflanzliches, tierisches und menschliches mit dem Verweis auf irgendwelche Ideen oder mit dem auf nüchtern-analytisches Untersuchen der gegebenen Phänomene erklärt wird, ist nicht wichtig; wichtig ist, dass das Tier nicht deshalb anders ist als die Pflanze, weil es eine *andere* Art des Lebens ist, das es lebt, sondern weil es eine *höhere* Art des Lebens ist: das Tier lebt *mehr* als die Pflanze (weil es empfinden und sich – zumindest meistens – bewegen kann), und der Mensch lebt *mehr* als das Tier (weil er denken kann, was die Tiere offenbar nicht können sollen). Es ergeben sich nicht unterschiedliche Lebensformen einer Bioregion, eines Wolfsrudels oder eines Wüstenstammes, sondern eine hierarchische Einteilung ein- und desselben Lebens, das manche vollkommener zu leben vermögen als andere, an dem Pflanze, Tier oder Mensch »mehr oder weniger ... teilhat«[73], in dem es von »unvollkommenen Tieren«[74] bis zu »höheren Wesen«[75] alles gibt. Also kein Zusammenspiel von Apachen, Koyoten, Steppen und Winden, sondern: Pflanze - Tier - Mensch.
Diese Einteilung der Welt anhand des Prinzips vom Ganzen (beispielsweise: *das* Leben) und seiner Teile (Fortpflanzung, Bewegung, Sprachfähigkeit usw.) scheint ein Charakteristikum vorherrschender Natur- oder Sozialwissenschaften zu sein. Wie sehr wir auch ins Detail gehen, immer finden wir die Ordnung der Welt als baumartig aufgegliederte; »›Baum‹ dabei nicht als Metapher gemeint, sondern als ein bestimmtes Bild des Denkens, eine Funktionsweise, ein kompletter Apparat, dem Denken eingepflanzt, damit es gut funktioniert und die famosen richtigen Ideen hervorbringt...; er ist Struktur, ein System von Punkten und Positionen, die alle Möglichkeiten zu einem engmaschigen Netz fügen, ein hierarchisches, Befehle übermittelndes System mit einer Zentralinstanz ... Daran, daß uns Bäume ins Gehirn gepflanzt werden, kann gar kein Zweifel bestehen: der ›Baum des Lebens‹, der ›Baum der Erkenntnis‹ etc. Alle Welt beruft sich auf Wurzeln. Als Baum erscheint stets auch die Macht.«[76] Insgesamt: »Der Baum oder die Wurzel rufen ein trauriges Bild des Denkens hervor.«[77] Das nach unten unendlich fortsetzbare identitätslogische Modell ordnet damit unsere Wahrnehmung der Mannigfaltigkeit in ein streng hierarchisches System, das a) jede Singularität in etwas Höherem auflöst, b) Unterschiede im Namen eines Höheren für nebensächlich erklärt und c) Unterschiede nur auf dem Prinzip des Mehr-oder-weniger basieren lässt. Andersheit, Vielheit, Diffe-

renz haben (in ihrer Eigenständigkeit und Radikalität) in diesem Modell keinen Platz.

»Allgemein bleibt das Problem des Verhältnisses von Teil und Ganzem (...) falsch gestellt, als das Ganze im Sinne einer aus Teilen abgeleiteten Totalität, einer die Teile hervorbringenden Urtotalität oder einer dialektischen Totalisierung begriffen wird.«[78] »Die Antwort darauf lautet: Krieg dem Ganzen, ... aktivieren wir die Differenzen.«[79]

»Wir sind des Baumes überdrüssig geworden.«[80] »Man muß sich von der baumartigen Ordnung freimachen.«[81] »Pervertieren wir den gesunden Sinn und lassen wir das Denken aus dem geordneten Tableau der Ähnlichkeit ausbrechen. Dann erscheint es als Vertikalität von Intensitäten; denn die Intensität ist vor ihrer Einstufung durch die Repräsentation in sich selber reine Differenz: die Differenz, die sich verschiebt und sich wiederholt, die sich zusammenzieht oder ausdehnt, die sich in der Zuspitzung des Ereignisses und in endlosen Wiederholungen anspannt und lockert. Das Denken ist als intensive Regellosigkeit zu denken.«[82]

II.2.3 Kontinuität und Kausalität

Zur Unterordnung singulärer Ereignisse unter ordnende Realitätsraster zählt auch die Konstruktion geregelter zeitlicher Prozesse.

Die *Kontinuität* unterstellt ein geordnetes Ablaufen von Ereignissen auf einer linearen Zeitachse, während die *Kausalität* die dabei entstehende Ordnung der Ereignisse dadurch verstärkt, dass sie diese auf das unausweichliche Verhältnis von Ursache und Wirkung reduziert. Alle Prozesse bekommen ein und dasselbe Bild: ... Wirkung/Ursache – Wirkung/Ursache – Wirkung/Ursache ...

Ereignisse außerhalb dieser Ketten sind ebenso wenig denkbar wie Brüche, Sprünge oder Reversibilitäten innerhalb raum-zeitlicher Entwicklungen. Jede Wirkung hat ihre Ursache, selbst nur Wirkung einer Ursache usw. bis in alle Ewigkeit (außer mensch bleibt beim »ersten Beweger« stehen), und das auf einer linear-kontinuierlichen Schiene, die rationale Rekonstruktionen aller Prozesse ermöglichen soll, indem sie raum-zeitlichen Abläufen notwendige Gesetze unterstellt und aus dem diskontinuierlichen Lauf der Ereignisse eine geordnete Geschichte macht, wo doch »die Kräfte im Spiel der Geschichte ... weder einer Bestimmung noch einer Mechanik, sondern dem Zufall des Kampfes«[83] gehorchen. Bezüglich des herrschenden Geschichtsbildes heißt das: »gegen dessen angebliche Kontinuität ... ankämpfen«[84], denn »die ... Geschichte ist zu allem Anfang eine von Kontingenzen und keine der Notwendigkeit, von Brüchen und Grenzen und keine der Kontinuität. Es bedurfte großer Zufälle und erstaunlicher Zusammentreffen, die im übrigen woanders oder früher hätten stattfinden können, die vielleicht nie hätten stattfinden müssen.«[85] »Die Welt der wirklichen Hi-

storie kennt nur ein einziges Reich, in dem es weder Vorsehung noch Finalursache gibt, sondern nur ›jene eisernen Hände der Notwendigkeit, welche den Würfelbecher des Zufalls schütteln‹.«[86]
Die herrschende Geschichts- und Zeitauffassung ist notwendige Begleiterscheinung der abendländischen Subjektkonstitution (die im folgenden Abschnitt besprochen wird): »Die kontinuierliche Geschichte ist das unerläßliche Korrelat für die Stifterfunktion des Subjekts: die Garantie, daß alles, was ihm entgangen ist, ihm wiedergegeben werden kann; die Gewißheit, daß die Zeit nichts auflösen wird, ohne es in einer erneut rekomponierten Einheit wiederherzustellen; das Versprechen, daß all diese in der Ferne durch den Unterschied aufrechterhaltenen Dinge eines Tages in der Form des historischen Bewußtseins vom Subjekt erneut angeeignet werden können und dieses dort seine Herrschaft errichten und darin das finden kann, was man durchaus seine Bleibe nennen könnte. Aus der historischen Analyse den Diskurs des Kontinuierlichen machen und aus dem menschlichen Bewußtsein das ursprüngliche Subjekt allen Werdens und jeder Anwendung machen, das sind die beiden Gesichter ein und desselben Denksystems. Die Zeit wird darin in Termini der Totalisierung begriffen, und die Revolutionen sind darin stets nur Bewußtwerdungen.«[87]
Notwendige Begleiterscheinung davon ist jener (von kapitalistischen Produktionssteigerungsgeboten zusätzlich vorangetriebene) Fortschrittsfetischismus, von dem zu berichten ist: »Zumindest seit zweihundert Jahren hat uns die Moderne gelehrt, nach der Ausdehnung politischer, wissenschaftlicher, künstlerischer und technischer Freiheiten zu verlangen. Sie hat uns gelehrt, dieses Verlangen zu rechtfertigen, denn durch diesen Fortschritt sollte die Menschheit sich, so sagte sie, von Despotie, Unwissenheit, Barbarei und Elend emanzipieren. ... Dieser Fortschritt ist auch heute noch im Gange, freilich nurmehr unter dem etwas verschämten Namen Entwicklung. Aber es ist unmöglich geworden, diese Entwicklung durch das Versprechen einer Emanzipation der gesamten Menschheit zu rechtfertigen. Dieses Versprechen wurde nicht gehalten. Es wurde nicht gebrochen, weil man es vergessen hätte, sondern weil die Entwicklung selbst untersagte, es zu halten. Neoanalphabetismus und Verarmung der Völker des Südens und der Dritten Welt, Arbeitslosigkeit, der Despotismus der Meinung, und das heißt des Vorurteils, dem die Medien Vorschub leisten, das Gesetz, wonach gut ist, was wirksam ist – all das ist nicht die Folge unterbliebener Entwicklung, sondern von Entwicklung selbst. Das ist der Grund, weshalb man nicht mehr wagt, von Fortschritt zu sprechen.«[88] – Entwicklung, Fortschritt, Emanzipation; Werte, die nur denkbar sind auf jener figurierten abendländischen Zeitachse, die beschrieben wurde; Werte, die deshalb gegen alles gerichtet sind, was nichts mit dieser Achse zu tun hat bzw. sich nicht auf diese reduzieren und einschreiben lässt.

Da »der Würfelwurf das Werden affirmiert« und »den Zufall bejahen können ... spielen können« heißt, gilt es für die PoststrukturalistInnen genau eines zu verhindern: »den Zufall aufzuheben, indem er in die Zange von Kausalität und Finalität genommen wird«[89]. Denn »in dieser Vorstellung werden das Werden oder das Chaos von seiten einer obskuren mechanischen Kausalität zurückgewiesen, und wird der Kreislauf auf eine von außen aufgezwungene Finalität bezogen; damit findet das Chaos im Kreislauf sein Ende, der nun die erzwungene Unterwerfung des Werdens unter ein Gesetz zum Ausdruck bringt, das nicht das seine ist.«[90]
Kausale Kontinuität heißt: Es gibt keine singulären Ereignisse oder spezifischen Prozesse und Entfaltungen, sondern nur Punkte und Linien auf einer vorgegebenen Eindimensionalität.
»Nichts stammt von etwas ab, nichts ist die Wirkung einer Ursache.«[91]
»Man verzichtet auf gar nichts, wenn man die Gründe aufgibt.«[92] »Kämpfen wir gegen ein Denken in Ursachen.«[93]

II.2.4 Das autonome Subjekt

Die Auseinandersetzung mit dem abendländischen Subjekt (und dem damit verbundenen Status des Menschen) ist einer der bekanntesten[94] Bereiche des Poststrukturalismus – wohl nicht zuletzt wegen so plakativer wie provokanter Formulierungen wie denen vom *Tod des Menschen* oder vom *Anti-Humanismus*. Doch scheint es dabei eine Reihe von Missverständnissen zu geben: Auf die moralischen Vorwürfe, die sich die PoststrukturalistInnen in dieser Beziehung einhandeln (menschenverachtender Zynismus usw.), werden wir weiter unten kommen. Was an dieser Stelle wichtig festzuhalten scheint, ist, dass die poststrukturalistische Kritik des *abendländischen Subjekts* keine Kritik an *Subjektivierungsprozessen* ist. Vielmehr wird die Inthronisierung des autonomen Subjekts des Abendlandes nicht zuletzt deshalb angegriffen, weil sie einzelne und vielfältige Subjektivierungsprozesse verhindert, denn »die Subjektivierung ist die Produktion von Existenzweisen oder Lebensstilen«[95], und »ein Subjektivierungsprozeß, d.h. die Produktion einer Existenzweise läßt sich nicht mit einem Subjekt verwechseln«[96]. So geht es Guattari um nichts anderes als um »Weisen der Subjektivierung ... der gesamten menschlichen und/oder nicht-menschlichen Natur, kollektiv oder individuell ..., die innerhalb biologischer, ökonomischer, maschineller... Prozesse koexistieren«[97], und Deleuze schreibt noch viel früher: »Es geht um eine revolutionäre Subjektivität, die die Frage nach der Rangfolge der ökonomischen, politischen oder libidinösen Determinationen erübrigt, da sie alle traditionellerweise voneinander getrennten Ordnungen durchquert«[98]. Die Subjektivierung »ist eine – einzelne oder kollektive – Individuierung, die ein Ereignis charakterisiert ... ein Intensitätsmodus und kein personales Subjekt«[99] (vgl. auch III,3,15). Das heißt, dass sich die PoststrukturalistInnen weder durch die Verwendung des Ausdrucks *ich* (Es geht »nicht, (dar)um ... an einen Punkt zu kommen, an dem man nicht mehr Ich sagt, sondern dahin, wo es belanglos wird, ob man Ich sagt oder nicht«[100]) noch durch das Schreiben über irgendwelche Einzelne (Nietzsche, Kafka usw.) selbst widerlegen (»Es gibt Individuierungen vom Typus ›Subjekt‹ ..., aber auch Individuierungen vom Typus Ereignis, ohne Subjekt ... Es steht nicht fest, ob ein Leben ... als Subjekt individuiert wird, im Gegenteil«[101]).[102] Es ist durchaus sinnvoll, *ich* zu sagen, und es gibt natürlich Einzelne – darin liegen die Probleme der abendländischen Konstruktion eines autonomen Subjekts nicht. Sie liegen vielmehr im Postulat der Autonomie bzw. in der Konstruktion »des Subjektes als volles Subjekt«[103] (und dem was dazu gehört). »So definiert war der Humanismus oder Anthropologismus ... eine Art gemeinsamer Boden der christlichen oder atheistischen Existentialismen, der spiritualistischen oder nichtspiritualistischen Wertphilosophie, der rechten oder linken Personalismen, des Marxismus von klassischem Stil. Und wenn man Anhaltspunkte auf dem Feld politischer Ideologie aufsucht, so war der Anthropologismus der unbemerkte und unwidersprochene Gemeinplatz des Marxismus, des sozialdemokratischen und des christlich-demokratischen Diskurses.«[104]

Die Postulierung eines autonomen Menschensubjekts, das heißt, die Behauptung, dass jeder Mensch in sich eine Abgeschlossenheit darstellt an Geist, Seele, Bewusstsein, Begierden und Körper, macht aus ihm eine isolierte Zelle, die aus jedem lebendigen Zusammenhang gestellt wird (was nicht heißt, dass er nicht mit anderen ›interagieren‹ kann, solange er *seinen* Geist, *seine* Seele einbringt und behält). Die Postulierung der Wesensgleichheit der vollkommenen Menschen (»das Wesen des Menschen ist es...«) kreiert ein quasi-göttliches Ideal, das über alle Einzelnen und alles Einzelne herrscht. Deleuze stellt die Frage: »Hat man Gott getötet, als man den Menschen auf seinen Platz setzte und dabei das Wesentliche, d.h. den Platz selber bewahrte.«[105] Foucault gibt als Antwort: »Der Mensch als Subjekt, als Subjekt seines Bewußtseins und seiner Freiheit, das ist im Grunde eine Vorstellung nach dem Bilde Gottes. Der Mensch des 19. Jahrhunderts ist der in der Menschheit verkörperte Gott. Der Mensch ist gewissermaßen theologisiert worden; Gott war wieder auf die Erde hinabgestiegen, weshalb der Mensch des 19. Jahrhunderts sich gewissermaßen selbst theologisierte.«[106]

Das Subjekt wird einerseits zur mehrfachen Abgrenzung verpflichtet, andererseits als abstrakte Größe klassifizierbar gemacht. Die Folgen sind mehrere:

1. Aus der Abgrenzungsnotwendigkeit des individualisierten Subjekts ergibt sich (vor allem auch deshalb, weil dieses Subjekt auch noch wesentlich *vernünftig* ist[107] – dazu im nächsten Abschnitt mehr) a) eine Distanz

zur nicht-menschlichen Natur (»Indem er sich in eine Perspektive bringt, aus der sich alles beherrschen läßt, an einen Punkt, der ihm die meiste Macht verspricht, trennt er sich von seinem materiellen Fundament ab, von seiner empirischen Beziehung zur Matrix«[108]), b) eine Distanz zu unvernünftigen Halb- oder Untermenschen (bzw. zu den Frauen: »Jede bisherige Theorie des Subjekts hat dem ›Männlichen‹ entsprochen«[109]; allgemein »glaubt *er*, er habe sein Operationsfeld gereinigt von jedem Schmutz, allem Vermischtem, allen Konfusionen: dem Durcheinander von Träumen, Wahn, Leidenschaften, Krankheiten eines beschränkten Verstandes ... das ›Subjekt‹ zieht sich zurück in die Position des strengen Verzichts auf den Gebrauch von Sinnlichkeit und Einbildungskraft, von da aus wird es die Welt überwachen«[110])[111], c) eine Distanz zu allen anderen Individuen, die jene der konkurrenz-egozentrischen Bürgerlichkeit ist (»Die Idee, es gäbe von Anfang an an der Basis der Gesellschaft Individuen und Gruppen von Individuen in Form der Familie usw., ist für die Bedürfnisse des kapitalistischen Systems produziert«[112]).

2. Durch die abgeschlossene Einheit des Individuums tritt in den sozialen Auseinandersetzungen an die Stelle der in der lebendigen Vielfalt und Aktivität geforderten Verantwortlichkeit der Einzelnen die passive Forderung nach abstrakt zuerkannten Rechten, die leicht kontrollier- und manipulierbare Verwaltungs- und Überwachungsgesellschaften entstehen lassen kann und damit in Form wirksamer Selbstunterwerfung unter formale Rechtssysteme die Gefahr intensiver Bemühungen um die aktive Entfaltung eigener Lebensformen gegen Null gehen lässt.

3. Die Zurechtstutzung der Einzelnen auf klassifizierbare Größen bedingt die Möglichkeit einer detaillierten Wissenschaft vom *Menschen* (der als Begriff alle Einzelnen, die wesentlich autonom-rationale Wesen und damit alle wesentlich gleich sind, zusammenfasst) sowie einer geordneten Individualisierung zuvor unerfassbarer Meuten, was gemeinsam eine ungemein ausgedehnte (und durch Subjektkonstituierungen und Individualisierungstechniken ermöglichte) Wissensproduktion und damit ein Wissen entstehen lässt, »das nichts anderes als eine kunstfertige Maske der Unterdrückung ist«[113], da es sich auf das Sammeln von Daten und Informationen sowie auf die ordnende Klassifizierung stützen kann (»Einerseits konstituiert sich das Individuum als beschreibbarer und analysierbarer Gegenstand, der ... unter dem Blick eines beständigen Wissens in seinen besonderen Zügen, in seiner eigentümlichen Entwicklung, in seinen eigenen Fähigkeiten und Fertigkeiten festgehalten wird; anderseits baut sich ein Vergleichsystem auf, das die Messung globaler Phänomene, die Beschreibung von Gruppen, die Charakterisierung kollektiver Tatbestände, die Einschätzung der Abstände zwischen den Individuen und ihre Verteilung in einer ›Bevölkerung‹ erlaubt«[114]), und dabei einen ungeahnten Disziplinierungsapparat mit sich

bringt, der zur Gänze auf besagter Wissensproduktion aufbaut, wenn es darum geht, die Einzelnen zur Ordnung zu rufen – »die Individualisierung erscheint als die eigentliche Absicht einer exakten Kodifizierung.«[115]
Foucault erklärt, »wie eine spezifische Unterwerfungsmethode zur Geburt des Menschen als Wissensgegenstand für einen ›wissenschaftlichen‹ Diskurs führen konnte«[116]: »Das Bedeutendste ... ist, daß die Bildung eines Wissens von den Individuen – als Voraussetzung und Konsequenz – die ... Kontrolle und Umformung des Verhaltens begleitet.«[117] »Es handelt sich ... um eine Vervielfältigung der Machtwirkungen dank der Formierung und Anhäufung neuer Kenntnisse.«[118]
Garant des Funktionierens dieses Wissensapparates wird das, was Foucault *Geständniszwang* nennt: das Fordern der Preisgabe der verborgensten individuellen Wünsche und Verhaltensweisen – die Techniken, um an diese zu gelangen, reichen von subtilen Selbstkonstitutionen als Erkenntnissubjekt (dazu gleich noch ein Wort) über moralische Gebote (besonders ausgeprägt im christlichen Beicht- und Bußverfahren, dessen Prinzip bis in die Psychoanalyse wirkt) bis hin zur unmittelbaren Gewaltanwendung (etwa in der Folter): »Man gesteht – oder man wird zum Geständnis gezwungen. Wenn das Geständnis nicht spontan oder von irgendeinem inneren Imperativ diktiert ist, wird es erpreßt; man spürt es in der Seele auf oder entreißt es dem Körper. Seit dem Mittelalter begleitet wie ein Schatten die Folter das Geständnis und hilft ihm weiter, wenn es versagt: schwarze Zwillingsbrüder.«[119] (In diesem Zusammenhang wird die Verknüpfung von Wissen und Macht deutlich; es wird deutlich, »daß sich Macht immer an Wissen und Wissen immer an Macht anschließt. Es ... bringt die Ausübung von Macht Wissensgegenstände hervor; sie sammelt und verwertet Informationen. ... Die Machtausübung bringt ständig Wissen hervor und umgekehrt bringt das Wissen Machtwirkungen mit sich«[120]).
»Die Geburt der Wissenschaften vom Menschen hat sich wohl in jenen ruhmlosen Archiven zugetragen, in denen das moderne System der Zwänge gegen die Körper, die Gesten, die Verhaltensweisen erarbeitet worden ist.«[121]
»Und was durch diese Besserungstechnik schließlich wiederhergestellt werden soll, ist nicht so sehr das Rechtssubjekt, das in die fundamentalen Interessen des Gesellschaftsvertrags integriert ist, sondern das gehorchende Subjekt, das Individuum, das Gewohnheiten, Regeln, Ordnungen unterworfen ist und einer Autorität, die um es und über ihm stetig ausgeübt wird, und die es automatisch in sich selber wirken lassen soll.«[122]
Wir sehen, dass das autonome Subjekt des Abendlandes zugleich unterwerfend und unterworfen ist: »Das Herz des Humanismus ist die Theorie vom Subjekt (im Doppelsinn des Wortes: als Souverän und Untertan).«[123]
»Mit dem Menschen ergab sich die Möglichkeit der Konstituierung der Humanwissenschaften, und außerdem ist eine Ideologie oder ein allgemei-

nes philosophisches Thema entstanden: der Gedanke vom unverjährbaren Wert des Menschen. ... Der Mensch ist als Gegenstand möglicher Wissenschaften erschienen – eben der Wissenschaften vom Menschen – und gleichzeitig als Wesen, dank dem alle Erkenntnis möglich ist. Der Mensch gehörte also dem Feld der Erkenntnisse als möglicher Gegenstand an und war andererseits am Ursprungspunkt jedweder Erkenntnis.«[124] »Anders gesagt, machte man den Menschen zum Objekt der Erkenntnis, damit der Mensch zum Subjekt seiner eigenen Freiheit und seiner eigenen Existenz werden könne.«[125] – Dass der Mensch »eine seltsame, empirisch-transzendentale Dublette« ist[126], bedeutet nicht nur doppelte Gewalt, sondern diese Gewalten stützen sich auch noch gegenseitig: Die Tatsache, dass eine Selbstkonstituierung als autonomes Subjekt auch Herrschaftswünsche erfüllt (»Ich bin mehr wert als...«, »Ich habe Rechte und die kann mir niemand nehmen« usw.), spielt eine bedeutende Rolle bei der für die Aufrechterhaltung des Disziplinarapparates unverzichtbaren Subjekterzeugungen, ebenso wie die dem Subjekt zugeschriebene Erkenntnisfähigkeit, die den Menschen, der seine intimsten Geheimnisse preisgibt, glauben lässt, zur Erkenntnis der Wahrheit beizutragen, während er nur an seiner eigenen Unterdrückungsmaschinerie arbeitet.

Allgemein gilt: »Was mich gegen den Humanismus aufbringt, ist der Umstand, daß er nur noch der Wandschirm ist, hinter den sich reaktionärstes Denken flüchtet«[127], er ist das »am meisten belastende Erbe, das uns aus dem 19. Jahrhundert zufällt«; mensch braucht sich ja nur anschauen, welche »üblen Dienste ... diese Idee des Menschen in so vielen Jahren geleistet hat«.[128] Jede Berufung auf den moralischen Wert des Humanismus erscheint unter diesen Aspekten wie ein Hohn, zumal »es gerade dieser Humanismus war, der in den Jahren nach dem Weltkrieg sowohl den Stalinismus wie die Hegemonie der christlich-demokratischen Parteien gerechtfertigt hat, daß es derselbe Humanismus ist, den wir bei Camus und im Existentialismus Sartres finden usw. Zuguterletzt ist dieser Humanismus doch der Prostituierte des ganzen Denkens, der ganzen Kultur, der ganzen Moral und Politik der letzten 20 Jahre gewesen: und wenn man ihn uns nun als Tugendbeispiel vorstellt, so halte ich das für eine Provokation.«[129] »Im Augenblick ist es unsere Aufgabe, uns endgültig vom Humanismus zu befreien, und unsere Arbeit ist in diesem Sinne eine politische Arbeit.«[130]

Das autonome Subjekt und *der* Mensch sind keine selbstverständlichen und unverzichtbaren Gegebenheiten, ohne die gar kein Denken möglich ist, wie oft behauptet wird (»Alles geschieht, als habe das Zeichen ›Mensch‹ keinerlei Ursprung, keinerlei historische, kulturelle, sprachliche Grenze«[131]). Es sind Ideen, die sich mit ganz bestimmten Machtverhältnissen entwickelt haben und andere Machtverhältnisse nicht notwendig begleiten müssen – es entsteht oft eine »tiefe Beruhigung, wenn man bedenkt, daß der Mensch lediglich eine junge Erfindung ist, eine Gestalt, die noch nicht zwei Jahrhunderte zählt, eine einfache Falte in unserem Wissen, und daß er verschwinden wird, sobald unser Wissen eine neue Form gefunden haben wird«.[132] Für die PoststrukturalistInnen liegt darin freilich eine große Hoffnung; die große Hoffnung, dass, wenn es zu einer Verschiebung herrschender Machtverhältnisse kommt, »der Mensch verschwindet wie am Meeresufer ein Gesicht im Sand«[133].

II.2.5 Logozentrismus

Wir haben sowohl von den Bildungen identitätslogischer Gegenteilspaare gesprochen (vgl. II,2,2) als auch die Rationalität des abendländischen Subjekts angedeutet (vgl. II,2,4). Gewissermaßen ergibt beides zusammen das, was die PoststrukturalistInnen als den *Logozentrismus* des abendländischen Denkens bezeichnen.
Es gibt in der okzidentalen Philosophiegeschichte einen »Imperialismus des Logos«[134], da »alle metaphysischen Bestimmungen der Wahrheit … nicht zu trennen (sind) von der Instanz eines Logos oder einer von ihm abstammend gedachten Vernunft, wie immer man diesen Logos auch verstehen mag«[135]. Die Rationalität des Abendlandes ist eine extrem eingeschränkte: Sie ist den traditionellen Regeln der abendländischen Logik verpflichtet (Satz von der Identität, vom ausgeschlossenen Dritten usw. – für Barthes ist die berühmte sokratische *maieutik* nichts anderes als das Prinzip »den anderen zur äußersten Schande zu treiben: *sich zu widersprechen*«[136]), macht diese zur Grundlage eines angeblich heilsamen Wissenschafts-Fortschritts (»Wir beanspruchen keinesfalls den Rang einer Wissenschaft. Wir kennen keine Wissenschaftlichkeit«[137]) und schließt alle anderen Denkregeln aus, wenn es um die Gestaltung und Ordnung der Wirklichkeit und des Lebens geht. Es wird »vom Denken verlangt, am Rationalisierungsprozeß teilzunehmen. Jede andere Denkweise wird verurteilt, isoliert und als irrational abgelehnt«[138]; denn »der Logos ist kein Spezialfall in der Unendlichkeit von Codes: er ist *der* Code, der der Unendlichkeit ein Ende setzt; er ist der Diskurs der Umschließung, der dem Poetischen, dem Para- und Anagrammatischen ein Ende setzt«.[139]
»Diese Dominanz des philosophischen Logos verdankt sich … seinem Vermögen, *alles Andere in die Ökonomie des Gleichen zurückzuführen.*«[140] Das logozentristische Denken gelangt (nach seinen logozentristischen Regeln) zur Einteilung der Wirklichkeit in binäre Oppositionen, weil es Verschiedenheit nicht anders zu denken vermag als nach dem Prinzip »jenes alte Gespenst abzuschütteln: *den logischen Widerspruch*«[141]. »Aktivität/Passivität, Sonne/Mond, Kultur/Natur, Tag/Nacht, Vater/Mutter, Kopf/Herz, intelligibel/sinnlich wahrnehmbar, Logos/Pathos … Denken hat immer

nach Oppositionen funktioniert ... Nach dualen, hierarchisierten Oppositionen.«[142] In diesen Oppositionspaaren (die ewig fortsetzbar sind: Seele/Körper, positiv/negativ usw.) ist das *Höhere* immer auf der einen Seite, auf der Seite des Logos. Die *niedereren* Ausdrücke auf der anderen Seite sind Dunkelheit, Ergänzung, Mangel, Abbild, Negation usw.; kurz, sie sind nichts bzw. sind nur durch den Logos. Der Logozentrismus ist somit gewissermaßen die Ideologisierung der das Abendland bestimmenden Identitätslogik (»Der Logozentrismus ist ... eine ethnozentrische Metaphysik. Er ist gebunden an die Geschichte des Abendlandes«[143]), das Instrumentarium der Festschreibung auf eine okzidental-rationale Denkform, die nicht anders als kategorisieren, klassifizieren und normieren kann, und dabei nicht nur selbst nicht in der Lage ist, auf lebendige Zusammenhänge einzugehen, sondern aufgrund der rationalen Selbstlegitimation (alles andere ist diffus, unsicher, chaotisch, gefährlich) jeden Blick auf diese Zusammenhänge zu verstellen trachtet und sie anstelle dessen in, der disziplinierenden Beherrschung und ökonomischen Verwertbarkeit dienende, abstrakte Kategorien zergliedert und ihnen in jedem Augenblick Gewalt antut (wir brauchen ja nur aus dem Fenster zu schauen).
»Nicht der Schlaf der Vernunft erzeugt Monster, sondern die aufmerksame, nie schlafende Rationalität.«[144]

II.2.6 Der Phallus

Der abendländische Logozentrismus ist ein *Phallogozentrismus.* Es gibt nicht nur eine »Solidarität zwischen Logozentrismus und Phallozentrismus«[145], sondern es ist sogar so, »daß der Logozentrismus uneingestanden von jeher dazu da war, um den Phallozentrismus zu begründen, zu legitimieren«[146]; und letztlich heißt Phallogozentrismus nichts anderes: es ist die »Komplizenschaft okzidentaler Metaphysik mit einer Unterstellung männlicher Erstrangigkeit«.[147] Die im vorigen Punkt angeführten Oppositionen (Aktivität/Passivität usw.) haben ihr Gewicht also nicht nur dort, wo der Logos ist, sondern auch dort, wo der Phallus ist, der damit für vollstes Sein steht, während alles nicht-phallische Mangel oder Nichts bedeutet. »Diese Opposition zu der Frau verteilt sich unendlich auf alle Oppositionen, die die Kultur organisieren. Das ist die klassische, duale, hierarchisierte Opposition. Mann/Frau heißt auch automatisch groß/klein, überlegen/unterlegen...«[148] Frau kann nichts anderes sein »als Hohlseite, als Umkehrung, als Negativ der phallischen Manifestationen«[149], als »Gegenteil, Kehrseite dessen, das einzig sichtbare und morphologisch bezeichenbare ... Geschlecht zu besitzen: den Penis«[150]. »So wird die Frau ... der phallischen Struktur entsprechend hergerichtet.«[151] »›Frau‹ anders denn als Opposition zu denken heißt, der Identitätslogik zu widerstehen, die in der Geschlechterhierarchie repliziert wird.«[152]

»Ja, Phallus-Gott, denn wenn auch noch so viele versichern, ›Gott ist tot‹, dann stellen sie doch kaum das Faktum in Frage, daß der *Phallus* höchst lebendig ist. Und halten sich nicht heutzutage viele Träger des besagten Phallus geradezu für Götter?«[153] – Der Phallus ist Hauptbezugspunkt eines mächtigen patriarchalen Diskurses, der auf Starres, Lineares, Ordnendes, Mächtiges setzt: Wo kein Phallus ist, fehlt etwas – eine Frau sein heißt nicht eine Frau sein, sondern ein Mangelwesen sein, ein schlechter, zurückgebliebener Mann[154]. »Und mit Recht erklären die Bewegungen zur Befreiung der Frau: wir sind nicht kastriert, ihr stinkt uns.«[155]

Als Nicht-Geschlecht und Mangelwesen bestimmt, eignet sich die Frau vorzüglich als Projektionsfläche für den Mann – sie wird zu seinem Spiegel. »Gewiß, man braucht einen Spiegel. ... Kann vielleicht die Frau den erforderlichen Part übernehmen? Ja, die Frau. Ohne Geschlecht, ohne Blick, ohne Begehren, sich etwas anzueignen. Die Frau tritt als Verdoppelung in das Spiel des männlichen Begehrens ein.«[156] Die Aufgabe der Frau, die als solche nicht in Erscheinung tritt, besteht darin, dem Mann sein fiktives Selbst zurückzuwerfen, zu spiegeln, wodurch es möglich wird, die illusorische Einheit des Subjekts aufrechtzuerhalten. Die Frau sichert die männliche Identität, sein klar eingegrenztes Selbst. Sie garantiert dem Mann, dass er einen Penis hat – ihr Nicht-Haben versichert ihm sein Haben, ihr (Penis-)Neid versichert seinen Wert.

Herrschende Werte sind phallokratisch. »Der männliche Imperialismus ist kriegerisch und pädagogisch, was ein und dasselbe ist: er glaubt, die Initiative zu haben. Die Frauen (und alles, was weiblich ist) werden *reaktiv* oder *passiv* genannt, sie warten auf die Tat des Sinns, um erregt, befruchtet, kultiviert, aufgehoben zu werden. Sie sind Verräterinnen, wie die Indianer und Araber, ihre scheinbare Menschlichkeit ist erschlichen: *dérober, rauben, rubare,* sie sind die Diebinnen der Menschheit.«[157] Deshalb muss es sein, wie es ist: »Die Frauen werden durch ihre Väter, Ehemänner, Kuppler phallisch markiert«[158]; »im männlichen Zyklus verschwinden die Frauen, sie sind als Arbeiterinnen in die Warenproduktion integriert, als Mütter in die Reproduktion der Ware Arbeitskraft, unmittelbar als Waren (Cover-girls, Prostituierte der Massenmedien, human relations-Hostessen) oder schließlich als Managerinnen des Kapitals (Führungspositionen).«[159] In seiner Zuständigkeit für die intellektuelle Legitimation der herrschenden Verhältnisse ist »der Philosoph ... als solcher heimlich Komplize des Phallokraten«.[160]

Da die Frauen aber »lügnerisch sind, entdecken sie, was die Herrschaft (der Männer) fortwährend verschwiegen hat und die größte Revolution des Abendlandes sein wird: daß es keinen Signifikanten gibt, oder daß die Klasse aller Klassen selbst nur eine Klasse ist; oder daß wir Abendländer unsere ganze Raum-Zeit und unsere ganze Logik auf der Basis von Nichtzentralität, Nichtfinalität und Nichtwahrheit neu machen müssen«.[161]

II.2.7 Signifikant und Repräsentation

Der Genfer Linguist Ferdinand de Saussure gibt am Anfang des 20. Jahrhunderts eine Definition des Zeichens, die im Strukturalismus wie im Poststrukturalismus von großer Wichtigkeit sein wird. Saussure teilt das Zeichen in ein Signifikat (ein Bezeichnetes) und einen Signifikanten (ein Bezeichnendes), die für das Verhältnis einer Vorstellung und eines Lautbildes stehen. Das kommt der Verabschiedung einer quasi-essentialistischen Auffassung des Zeichens als Verbindung von Sache und Name durch die willkürliche Relation von Vorstellung und Lautbild gleich. In Saussures Worten: »Das sprachliche Zeichen vereinigt in sich nicht einen Namen und eine Sache, sondern eine Vorstellung und ein Lautbild. ... Ich schlage also vor, daß man das Wort *Zeichen* beibehält für das Ganze, und Vorstellung bzw. Lautbild durch Bezeichnetes und Bezeichnung (Bezeichnendes) ersetzt; ... Das Band, welches das Bezeichnete mit der Bezeichnung verknüpft, ist beliebig.«[162]

Ebenso revolutionär wie diese Theorie von der Zweigeteiltheit und Arbiträt des sprachlichen Zeichens ist Saussures Werttheorie des Zeichens, nach der ein Zeichen seinen Sinn innerhalb eines Zeichensystems (etwa einer Sprache) erst durch die Beziehung zu anderen Zeichen erhält, »da die Sprache ein System ist, dessen Glieder sich alle gegenseitig bedingen und in dem Geltung und Wert des einen nur aus dem gleichzeitigen Vorhandensein des andern sich ergeben ... ein Wort kann ausgewechselt werden gegen etwas Unähnliches: eine Vorstellung; außerdem kann es verglichen werden mit einer Sache gleicher Natur: mit einem anderen Wort. Sein Wert ist also nicht bestimmt, wenn man nur feststellt, daß es ausgewechselt werden kann gegen diese oder jene Vorstellung, d.h. daß es diese oder jene Bedeutung hat; man muß es auch noch vergleichen mit ähnlichen Werten, mit anderen Wörtern, die man daneben setzen kann; sein Inhalt ist richtig bestimmt nur durch die Mitwirkung dessen, was außerhalb seiner vorhanden ist. Da es ein Teil des Systems ist, hat es nicht nur eine Bedeutung, sondern zugleich und hauptsächlich einen Wert, und das ist etwas ganz anderes.«[163]

Zwei spätere Verschiebungen bzw. Korrekturen dieser Zeichentheorie werden für den Poststrukturalismus besonders bedeutend:

1. die Aufgabe bzw. Verschiebung des Signifikats bei Lacan zugunsten einer Signifikantenkette; und
2. das Ersetzen von *Signifikat/Signifikant* durch *Inhalt/Ausdruck* bei Louis Hjelmslev.

Zu 1): Lacan behauptet, dass die Wirkung eines Signifikanten nicht primär in der Vergegenwärtigung eines Signifikats, sondern in einem Verweis auf andere Signifikanten besteht. Erst in diesen Signifikantenketten tauchen (quasi dazwischen) Signifikate auf, die damit nichts direkt mit einem Si-

gnifikanten Bezeichnetes mehr sind, sondern der Sinn, den das ›unsinnige‹ Signifikantenspiel freigibt.
Zu 2): Hjelmslev ersetzt das Begriffspaar *Signifikant/Signifikat* durch *Ausdruck/Inhalt*. Er verstärkt damit die Bedeutung des differentiellen Zusammenspiels von Lautbild und Vorstellung und rüttelt so am strengen Dualismus der Saussureschen Sprachtheorie und an jedem Primat, sei es das des Signifikats (Saussure), sei es das des Signifikanten (Lacan).
Im Poststrukturalismus wird die Signifikat-Signifikant-Theorie grundlegend in Frage gestellt. »Es gibt keinen Signifikanten und kein Signifikat, die zu entdecken wären.«[164] Denn: »Nicht ›Was bedeutet das? ‹ ist die Frage des Wunsches, sondern wie es *läuft*.«[165] Also: »Was uns interessiert, ist, wie eine Sache läuft, funktioniert, welche Maschine. Also ist der Signifikant immer noch aus dem Bereich der Frage ›was bedeutet das?‹, insofern ist diese Frage selbst versperrt. Aber für uns will das Unbewußte nichts sagen, die Sprache auch nicht mehr«[166]; und im Speziellen gibt es kein feststehendes und vom Ausdruck bloß bezeichnetes, aber nicht mitkonstituiertes Signifikat: »Man kann ebensowenig ein Primat des Inhalts als determinierenden Faktor postulieren wie ein Primat des Ausdrucks als signifizierenden Faktor (…), Inhaltsformen und Ausdrucksformen sind … ausgesprochen relativ und immer im Zustand wechselseitiger Voraussetzung.«[167] »Was wir vor uns haben, ist … keine strukturelle Entsprechung zweier Formen, der des Inhalts und der des Ausdruck, sondern eine Ausdrucksmaschine, die sowohl ihre eigenen Formen als auch die des Inhalts desorganisiert, um reine Inhalte freizusetzen, die sich mit den Ausdrücken in ein und demselben Intensivstoff vermischen.«[168]
Das, was mit einem Wort (oder einem anderen Ausdruck) in Verbindung gebracht wird, ist somit nie etwas Fix(iert)es, sondern immer etwas Vielfältiges und sich stets Wandelndes, da sich Ausdrucks- und Inhaltsformen ebenso wie ihr Verhältnis zueinander permanent verschieben.[169] »Es geht nicht um eine Bedeutung, sondern um eine Energetik.«[170]
»Die Liebhaber des Signifikanten beharren auf einer vereinfachten Situation als implizitem Modell: Wort und Ding. Dem Wort entnehmen sie den Signifikanten und dem Ding das Signifikat, das dem Wort entspricht, also dem Signifikanten unterworfen ist. Sie richten sich so in einer inneren, mit der Sprache homogenen Sphäre ein. Wir wollen einer exemplarischen Analyse von Foucault folgen, die sich direkt auf die Linguistik bezieht, auch wenn es zunächst nicht so aussieht: nehmen wir etwa ein Ding wie das Gefängnis. Das Gefängnis ist eine Form, die ›Gefängnis-Form‹, eine Inhaltsform in einer Schicht, die mit anderen Inhaltsformen (Schule, Kaserne, Klinik, Fabrik) in Beziehung steht. Dieses Ding oder diese Form verweist nicht auf das Wort ›Gefängnis‹, sondern auf ganz andere Worte und Begriffe, wie etwa ›Delinquent, Delinquenz‹, die eine neue Art und

Weise ausdrücken, kriminelle Handlungen zu klassifizieren, auszusagen, zu übersetzen und sogar zu begehen. ›Delinquenz‹ ist die Ausdrucksform, die mit der Inhaltsform ›Gefängnis‹ in einem Verhältnis wechselseitiger Voraussetzung steht. Delinquenz ist keineswegs ... ein Signifikant, dessen Signifikat das Gefängnis wäre. Das würde die ganze Analyse verflachen. ... Man könnte sagen, daß dies zwei Mannigfaltigkeiten sind, die sich ständig überschneiden, ›diskursive Mannigfaltigkeiten‹ des Ausdrucks und ›nicht-diskursive Mannigfaltigkeiten‹ des Inhalts. ... Kurz gesagt, man sollte Wörter niemals den Dingen gegenüberstellen, denen sie angeblich entsprechen sollen, und auch nicht Signifikanten und Signifikate.«[171] In diesem Sinne wird verständlich, warum die Forderung nach einer ›klaren‹ Sprache[172] (die nichts anderes als ein *eindeutiges* Signifikat fordert) ein Sprachgefängnis entstehen lässt (»*Drückt Euch klar aus*, so lautet ... die ... Losung ... des Generals«[173]), das auf einen Reduktionismus der Ausdrucksmöglichkeiten aus ist (und damit auch auf einen der Inhalte), da jeder Ausdruck etwas bezeichnen muss (alle anderen Ausdrücke sind ›sinnlos‹ und damit nichts wert), da jeder Ausdruck nur eine klar umrissene Vorstellung hervorrufen darf (sonst ist er ›unklar‹ oder ›diffus‹ und muss durch einen anderen, ›besseren‹ ersetzt werden), und da der Ausdruck zur Gänze den feststehenden Vorstellungen unterworfen wird (ein Spiel des Ausdrucks – vokal, mimisch, graphisch... – kann nicht Sinn erzeugen, sondern stört bloß die Verständlichkeit): »Du wirst Signifikant und Signifikat, Interpret und Interpretierter – sonst bist du nur ein armer Irrer. Du wirst Subjekt und als solches fixiert, Äußerungssubjekt, das auf ein Aussagesubjekt reduziert wird – sonst bist du nur ein armer Penner.«[174] »Das geht so weit, daß die Sprache des Gesetzes, die allgemeingültig und -verständlich sein will, eben deswegen unangemessen ist; sie muß, will sie wirksam sein, der Diskurs einer Klasse gegenüber einer anderen sein, die weder dieselben Ideen noch dieselben Wörter hat wie sie.«[175]

Sprache, Schrift und alle anderen Ausdrucksmöglichkeiten werden in den Logozentrismus gesperrt (denn »nur in einem ... ausgerichteten kontextuellen Feld ist ›Das Grün ist oder‹ unverständlich. Da aber ›Das Grün ist oder‹ oder ›Abracadabra‹ nicht an sich ihren Kontext erstellen, so verbietet ihnen doch nichts, in einem anderen Kontext als bedeutsame Zeichen ... zu funktionieren«[176]) bzw. sie werden reduziert auf Kommunikationsinstrumentarien (»seid kommunikabel, so wird es vorgeschrieben«[177]; »das wirkliche Problem besteht nun darin, festzustellen, ob die Sprache tatsächlich ein Mittel, und zwar ein Kommunikationsmittel ist. Der Arbeit des Künstlers, des Philosophen ... liegt die Hypothese zugrunde, daß sie es nicht ist«[178]), die, einer ökonomisch-technologischen Rationalität zufolge, so einheitlich und eindeutig wie möglich sein müssen[179] und ihr Ideal in den strengsten Formalisierungen haben: Je mehr durch x, y, >, <, =, + usw.

ersetzt werden kann, desto besser.[180] Ist das nicht erreichbar, so hat mensch wenigstens so genannte klare Wörter zu verwenden. »Man verkündet, man müsse ›*die Bedeutung der Wörter bewahren*‹, das heißt, daß das Wort nur eine Bedeutung habe: die richtige. (... So) haben die Wörter ... nur noch einen Handelswert; sie dienen, wie bei der kruden Transaktion, einzig und allein der Mitteilung, nicht aber der Andeutung. Im ganzen bietet die Sprache nur *eine* Gewißheit, die der Banalität; diese wird also immer gewählt.«[181] Was tun? »Angesichts des Bestrebens, die Sprache auf die Ware Information zu reduzieren ... gibt es wohl ... nur noch eine Möglichkeit: für eine Arbeit an der Nicht-Kommunizierbarkeit, der Nicht-Mitteilbarkeit zu kämpfen, nämlich für die Artikulation von möglichen neuen Sätzen.«[182] Solche Versuche zeitigen freilich Folgendes: »Untersuchungen, die für ›schwierig‹ gehalten werden, weil sie gegen die Stereotypie des Bildes und des Erzählens sich auflehnen und den Normen einer Kultur, die von einem ›Durchschnittswert‹ repräsentiert wird ..., sich nicht eigentlich unterwerfen, werden von der Szene ausgeschlossen: Sie werden im Verborgenen gehalten und des *Tageslichts* beraubt. *Darum ist es – in diesem Sinne – nur konsequent, wenn man über sie immer häufiger das Urteil fällt*, daß es sich um ›dunkle‹, ja ›unlesbare‹ Texte handelt; sie *werden* so zu dem, was sie angeblich sind und was sie sein sollen: zu unzugänglichen Texten.«[183]
Die herrschende Sprachtheorie entspricht dem schon mehrfach erwähnten und im Poststrukturalismus abgelehnten Welt-Dualismus: Es gibt eine unberührte Realität einerseits (Reich der Körper, der Materie) und eine über dieser Realität stehende bewusst-rationale Zeichenordnung (Reich des Geistes), die die Realität abbildet und somit einen Diskurs *über* sie ermöglicht. »Die Differenz zwischen Signifikat und Signifikant gehört zutiefst in die Totalität jener großen, von der Geschichte der Metaphysik eingenommenen Epoche.«[184] Dass Zeichensysteme weltimmanent und weltkonstituierend sind, dass ein Ausdruck also keinen Inhalt wiedergibt, sondern Inhalt im Ausdruck (mit)erzeugt wird, scheint damit unmöglich zu sein.
Die Signifikat-Signifikant-Konstruktion baut auf der Vorstellung auf, dass etwas in seiner Abwesenheit durch etwas anderes präsent gemacht werden kann, dass es re-präsentierbar ist (da die vom gleichen Signifikant provozierte Vorstellung immer die gleiche sein soll). Diese Konstruktion geht Hand in Hand »mit der despotischen Maschine, der imperialen Repräsentation.«[185] »Die allgemeine Struktur, in der jede Instanz durch Repräsentationen an alle anderen gebunden ist, in der das Nichtdarstellbare der lebendigen Gegenwart verborgen oder aufgelöst, ausgestoßen oder in die unendliche Kette der Repräsentationen entrückt ist, diese Struktur wurde nie verändert. Alle Revolutionen haben sie intakt gelassen und waren meist sogar geneigt, sie zu beschützen oder wiederherzustellen.«[186] So kann vom Leiden Jesu (durch ein Kruzifix) über eine unüberschaubare Menge Millionen

Einzelner (durch einen Präsidenten) bis hin zum Lebenswert eines Behinderten (durch ein x) alles repräsentiert werden – alles ist repräsentierbar, da sich für alles passende Signifikanten finden lassen. Dass dabei allerdings gewaltige und gewalttätige Reduktionismen der Lebensverhältnisse zugunsten einer Einschränkung und ordentlichen Kontrolle derselben vorzunehmen sind, steht außer Zweifel. Denn wenn mensch auch nur ein bisschen Gespür für das oben erwähnte »Nichtdarstellbare der lebendigen Gegenwart« hat, stellt sich unweigerlich die Frage, was ein x mit Leben zu tun hat bzw. was Leben dann überhaupt noch heißen kann?[187] »Die gesamte Wunsch*produktion* wird niedergewalzt, den Erfordernissen der *Repräsentation*, dem stumpfsinnigen Spiel des Repräsentanten und des Repräsentierten innerhalb der Repräsentation unterworfen. Und genau da liegt das Wesentliche: die Reproduktion des Wunsches macht, im Prozeß der Behandlung wie in der Theorie, einer einfachen Repräsentation Platz.«[188] »In Wirklichkeit sind Signifikanz und Interpretationswahn die beiden Krankheiten der Erde oder der Haut, das heißt die grundlegende Neurose des Menschen.«[189]

Signifikat und Signifikant führen zu einer enormen Einschränkung der Ausdrucks- und Sinnvielfalt, die sich in die phallogozentristische Zweckrationalität einschreibt (»Ganz allgemein kann man sagen, daß keine Polyvozität und nichts Rhizomartiges zugelassen werden darf: ein Kind, das rennt, spielt, tanzt oder zeichnet, kann seine Aufmerksamkeit nicht auf Sprache und Schrift konzentrieren, und deshalb ist es auch nie brauchbares Subjekt«[190]), während die Repräsentation als flächendeckende Sozialisierung des Prinzips des Signifikanten wie dieser zur Klassifizierung der Wirklichkeit im Interesse der herrschenden Ordnung dient. »Denn die Sprache ist, noch bevor sie zum Gegenstand der Linguistik wird, eine Angelegenheit der Politik.«[191] Die bestehenden Sprachverhältnisse sind durch und durch herrschaftlich: »Eine Grammatikregel ist in erster Linie eine Markierung der Macht«[192], »die Bildung von grammatisch korrekten Sätzen ist für das normale Individuum die Voraussetzung für jede Unterwerfung unter die gesellschaftlichen Gesetze«[193]. »Die Maschine der Schulpflicht übermittelt keine Informationen, sondern drängt dem Kind semiotische Koordinaten auf, mit all den dualen Grundlagen der Grammatik (männlich-weiblich, Substantiv-Verb, Singular-Plural ... etc.). Die Grundeinheit der Sprache ... ist der Befehl oder das Kennwort, die Parole. ... Die Sprache ist nicht einmal dazu da, um geglaubt zu werden, sondern um zu gehorchen und Gehorsam zu verschaffen.«[194] Wenn wir nicht »listig mit der Sprache umzugehen, ... sie zu überlisten« wissen[195] (vgl. II,3,8), bleibt nur das berühmte Urteil Barthes': Die Sprache »ist ganz einfach faschistisch«.[196] Bleibt die Frage, ob sich mit der Zurückdrängung des eindeutigen Signifikats hinter eine Signifikantenkette die Verhältnisse entscheidend ändern.

Zumindest nach Deleuze und Guattari ist dem in keinster Weise so: »Kein Wasser wird jemals den Signifikanten von seinem imperialen Ursprung reinwaschen können: der Herren-Signifikant oder ›der Signifikant als Herr‹.«[197] Sie zeigen »wie die Beherrschung sich über die und in der Transzendenz des Signifikanten entfaltet.«[198] Ob der Bezugspunkt des Signifikanten dabei ein Signifikat ist oder ob es andere Signifikanten sind, ist letztlich egal: Der Bedeutungszwang, den der Signifikant mit sich bringt, »die tyrannische Herrschaft ... signifikanter Konstellationen«[199], bleibt bestehen, und damit die Einschränkung der Ausdrucksmöglichkeiten bzw. ihre Unterordnung unter eine dominante Struktur. Der Signifikant ist im Bereich der Sprache und der anderen Ausdrucksvarianten der Ordnungshüter herrschenden Denkens. »Der Signifikant – das ist ... das despotische Zeichen.«[200]
»Dieser etwas summarische Überblick gilt nicht nur für das imperiale, despotische Regime, sondern auch für alle zentrierten, hierarchischen, baumartigen, unterworfenen Gruppen: politische Parteien, literarische Bewegungen, psychoanalytische Vereinigungen, Familien, Ehen... Die triste Welt des Signifikanten ... Der Signifikant beherrscht alle häuslichen Szenen und alle Staatsapparate.«[201] Er vollendet das abendländische »Ideal der Ordnung, der systematischen Formalisierung aller Ausdrucksweisen, der Kontrolle der semiologischen Flüsse«.[202] – »Die linguistische Maschine ist ... wesentlich ein Instrument im Dienste des Gesetzes, der Moral, des Kapitals, der Religion, etc.«[203] »Von der Signifikanz läßt sich ... sagen, daß sie nur *ein* (Zeichen-)Regime charakterisiert, und zwar weder das interessanteste noch das modernste und aktuellste, sondern ... eines, das bösartiger, krebsartiger und despotischer als die anderen ist.«[204]

II.2.8 Die Präsenz und der Phonozentrismus

In der Repräsentierbarkeit liegt jenes abendländische Sinnverständnis verankert, das sich aus dem Zusammenspiel des bewusst-autonomen Menschenbildes und der Signifikanten-Idee ergibt: die *Metaphysik der Präsenz.*
Nach der Metaphysik der Präsenz hat das (und nur das) Sinn, was sich im Bewusstsein vergegenwärtigt (das heißt etwa, dass, wie wir gesehen haben, Sprache nur dann sinnvoll ist, wenn sie Abwesendes eindeutig identifizierbar ins Bewusstsein holt). Außerhalb dieses Präsent-Seins ist schlicht Nichts, sinnentleerte Dunkelheit, da es keinen Platz hat in der »Bestimmung des Seins als *Präsenz*«[205]. Alle Ausdrucksweisen, die nicht jenen sicheren Bewusstseinszustand der Präsenz erzeugen, die es nicht möglich machen, die Aufgeschobenheit und Verweisung des Sinns hinter einer (angeblichen) Eindeutigkeit verschwinden zu lassen, gelten demnach ebenfalls als nichts, als sinnentleert. Sinn als bewusste Präsenz dient der permanenten Selbstbestätigung des Menschen als bewusstes Geisteswesen (Während Barthes fragt: »Bin ich

denn vor meiner Redeweise? ... wie kann ich meine Redeweise als ein Attribut meiner Person erfahren? Wie glauben, daß, wenn ich spreche, es geschieht, weil ich bin?«[206], und Lyotard feststellt: »Nicht *ich* spreche hier, sondern das, wovon *ich* spreche, spricht durch mich«, verdeutlicht Deleuze: »Tatsächlich ist das so: das, was Aussagen in jedem von uns produziert, das ist ganz etwas anderes, das sind die Vielheiten, die Massen und die Meuten, die Völker und die Stämme, die kollektiven Kräfte, die durch uns hindurchgehen«[207]) und stützt die Beherrschung vielfältiger Sinn- und Welterzeugungen durch eine ungemein einschränkende Regelapparatur, die Sinn und Welt von vornherein festzuschreiben trachtet, sodass die Produktion von Sinn nur noch als Reproduktion des herrschenden Weltbildes möglich ist. Wir müssen »das Vorurteil widerlegen, das sich ... über Jahrhunderte von Humanismus und ›Humanwissenschaften‹ hinweg festgesetzt hatte: daß es nämlich den ›Menschen‹ gibt, die ›Sprache‹, daß jener sich dieser ›Sprache‹ zu seinen eigenen Zwecken bedient, daß das Verfehlen dieser Zwecke auf dem Mangel einer ausreichenden Kontrolle über die Sprache beruht, einer Kontrolle über die Sprache ›mittels‹ einer ›besseren‹ Sprache«.[208] Einhergehend mit der Metaphysik der Präsenz dient der Sinnentleerung der Welt zugunsten eines alleinig sinnverwaltenden menschlichen Bewusstseins der *Phonozentrismus*. Dieser stützt sich auf die Ansicht, nach der alle von uns verwendeten Zeichensysteme Abbilder der gesprochenen Sprache sind. Die Schrift soll demnach etwa immer nur Vergegenwärtigung (Repräsentierung – vgl. den vorangegangenen Abschnitt) gesprochener Sprache sein, das heißt, es wird ihr das Vermögen eigener Sinnproduktion abgesprochen, sodass »der Phonozentrismus mit der historischen Sinn-Bestimmung des Seins überhaupt als *Präsenz* verschmilzt«[209]. Innerhalb dieser Logik wird ein geschriebener Text nichts anderes als das schwache, repräsentierende Abbild eines gesprochenen.[210] »Das Zurückdrängen der Schrift ... verlief parallel mit dem Phonologismus und dem Logozentrismus.«[211] »Die Epoche des Logos erniedrigt also die Schrift, die als Vermittlung der Vermittlung und als Herausfallen aus der Innerlichkeit des Sinns gedacht wird.«[212] Mit diesem »der phonetisch-alphabetischen Schrift zugeordneten Sprachsystem«[213] bleibt erstens sichergestellt, dass der Ort von Sinnproduktion das Bewusstsein bleibt (denn wo wäre innerhalb der graphischen Zeichen die Grenze zwischen Sinn und Unsinn zu ziehen, wenn nicht mithilfe des Kriteriums der Wiedergabe verbaler Artikulation, die sich als solche von ›sinnlosem Gekritzel‹ wesentlich unterscheidet), und zweitens keine Gefahr auftauchen kann, das Sinnmonopol des vernünftigen Menschen in Frage zu stellen (weil ja sonst angeblich nichts sprachlich reflektieren kann, und sonstige Sinnproduktion ja ausgeschlossen bleibt).[214] »Unangetastet bleibt somit ihre Herkunft aus jenem Logozentrismus, der zugleich ein

Phonozentrismus ist: absolute Nähe der Stimme zum Sein, der Stimme zum Sinn des Seins, der Stimme zur Idealität des Sinns.«[215]
Neben und mit dem *Signifikantenregime* sind es die *Metaphysik der Präsenz* und der *Phonozentrismus*, die die Sprache in jenem Sinne regeln, von dem hier schon einige Male die Rede war: Verhinderung vielfältiger Sinnproduktion und Herrschaft einer starren, bewusstseinsgeordneten Kategorienwelt.

Anhang: Zur Psychoanalyse

Sigmund Freud wird im Poststrukturalismus einheitlich für die Entdeckung des Unbewussten gewürdigt. Doch beinahe genauso einheitlich wird er angeklagt, das Unbewusste so beschrieben zu haben, dass es in die herrschende Ordnung passt, womit er ihm jedes subversive Potential genommen hat. »Tatsache ist, daß die Psychoanalyse viel vom Unbewußten redet, ja es sogar entdeckt hat – dies faktisch aber nur, um es herabzusetzen, beschwörend zu bannen, zu vernichten.«[216] »Denn hat man uns einmal an Ödipus gemessen, ist in der Tat die Sache gelaufen und das einzig authentische Verhältnis, das der Produktion, unterdrückt. Die große Entdeckung der Psychoanalyse war die Wunschproduktion, waren die Produktionen des Unbewußten. Mit Ödipus wurde diese Entdeckung schnell wieder ins Dunkel verbannt: an die Stelle des Unbewußten als Fabrik trat das antike Theater, an die Stelle der Produktionseinheiten des Unbewußten trat die Repräsentation, an die Stelle des produktiven Unbewußten trat ein solches, das sich nur mehr ausdrücken konnte (Mythos, Tragödie, Traum…).«[217] »Kastration, Mangel, Ersatz – was für eine Geschichte, die von einem allzu sehr vom Bewußtsein durchdrungenen Idioten erzählt wird, der weder etwas von Mannigfaltigkeiten noch von den Bildungen des Unbewußten versteht.«[218] »In Wirklichkeit sieht und versteht Freud nichts.«[219] Grob zusammengefasst entwickeln die PoststrukturalistInnen drei Angriffslinien:
a) Freud stülpt dem Unbewussten eine familiäre Struktur über, sperrt damit dessen vielfältige Produktion in das ödipale Dreieck, in »das ewige Lied von Ödipus, dies ewige Wiegenlied«[220], und macht aus der unendlichen Produktionsstätte ein Repräsentationstheater. »Wir dagegen stellen die wahnsinnige Ödipalisierung in Frage, der sich die Psychoanalyse praktisch und theoretisch … ausliefert«[221] (Deleuze und Guattari);
b) Freud treibt den Phallogozentrismus des Abendlandes mit der Theorie vom Penisneid auf die Spitze (Irigaray);
c) Freud konzipiert ein Menschenbild, das Wasser auf die Mühlen der abendländischen Subjekterzeugung ist (Foucault).
Zu a): »Die Psychoanalyse erschien uns wie eine phantastische Unternehmung, um das Begehren in Sackgassen hineinzuziehen und um die Leute

daran zu hindern, das zu sagen, was sie zu sagen haben. Eine Unternehmung gegen das Leben, ein Gesang von Tod, Gesetz und Kastration, ein Durst auf Transzendenz, eine Priesterschaft.«[222] Für Deleuze und Guattari ist Freuds Konzeption des Unbewussten eine, die einer Unterwerfung und Unterdrükkung des Unbewussten gleichkommt: Alle unbewussten Wunschprozesse werden bei Freud auf das ödipale Begehren des Vaters bzw. der Mutter reduziert. »Ödipus als Problem oder Lösung, das sind die zwei Enden einer Binde, die die umfassende Wunschproduktion zum Stocken bringt. Man dreht die Schraubenmuttern fest, bis nichts mehr von der Produktion herausdringt außer einem Gemurmel. Das Unbewußte ist niedergewalzt, trianguliert, vor Alternativen gestellt worden, die nicht die seinen sind. Alle Ausgänge verriegelt: ... Man hat dem Unbewußten Eltern gemacht!«[223] »Papa-Mama-Ich: man kann sicher sein, sie allerorten wiederzufinden, schließlich hat man alles auf sie appliziert.«[224] »Ödipus ist das Trugbild, von dem der Wunsch sich packen läßt (Das wolltest du!)«[225], er »dient im strengen Sinne zu nichts, außer daß er dem Unbewußten von beiden Seiten einen Verband anlegt«[226]. »Ödipus *for ever*!«[227] Deleuze und Guattari hingegen meinen: »Ein Kind spielt nicht nur Vater-Mutter, sondern auch Zauberer, Cowboy, Räuber und Gendarm, es spielt mit der Eisenbahn, mit kleinen Autos. Weder ist zwangsläufig der Zug Papa, noch der Bahnhof Mama.«[228] »Man sieht in ihnen, wie Brot, Geld, Heim, sozialer Aufstieg, bürgerliche und revolutionäre Werte, Reichtum und Armut, Unterdrückung und Revolte, gesellschaftliche Klassen, politische Ereignisse, metaphysische und kollektive Probleme wie: was ist atmen? warum arm sein? warum gibt es Reiche? Objekte von Besetzungen werden, in denen den Eltern nur die Rolle partikularer ... Produktionsagenten zukommt, die sich ständig mit anderen Agenten in den Haaren liegen, und die sie um so weniger ausdrücken, als sie sich mit ihnen im Himmel und in der Hölle des Kindes herumschlagen.«[229] »Ein Revolutionär in Frankreich nach dem Mai 68 ist, vom Gesichtspunkt des Begehrens, eine *andere Rasse* als sein Vater im Juni 36. Kein Ödipus ist zwischen ihnen möglich! Weder Rivalität noch Identifikation! Keine Kontinuität im Wechsel!«[230]

Die Psychoanalyse leugnet *erstens* die mannigfaltige Produktion des Unbewussten: »Das Unbewußte hört auf, das zu sein, was es ist: Fabrik, Werkstatt, und wird an deren Stelle Theater, Bild, Inszenierung. Und noch nicht einmal ein avantgardistisches Theater, ... sondern das klassische Theater, die klassische Ordnung der Repräsentation. Der Psychoanalytiker wird Spielleiter eines Privattheaters – statt Ingenieur oder Mechaniker zu sein, der Produktionseinheiten montiert.«[231]

Zweitens werden gesellschaftliche Bedingungen der Wunschproduktion ausgeschlossen: »Im Anfangskomplex gibt es den Unternehmer, den Chef, den Pfarrer, den Polizisten, den Soldaten, den Arbeiter, gibt es alle möglichen Maschinen und Territorialitäten, alle Bilder unserer Gesellschaft; gab es Rassen, Klassen, Kontinente, Völker, Königreiche, Souveränitäten; gab es Jeanne d'Arc und den Großmogul, Luther und die aztekische Schlange – im Endkomplex gibt es letztlich nur noch Papa-Mama-Ich.«[232] »Es gibt ... keinen allgemeinen Vater. Für die traditionellen Psychoanalytiker hat man es ... immer mit den gleichen väterlichen und mütterlichen Funktionen zu tun, immer mit demselben Dreieck. Es ist derselbe Vater, der in der Bank arbeitet, der in die Fabrik geht, der Gastarbeiter ist, der Arbeitsloser ist, der Alkoholiker ist. ... Aber tatsächlich ist jede Familienkonstellation ganz und gar unterschiedlich entsprechend ihrer Lage in diesem oder jenem Kontext. Du wirst in einem Elendsviertel von Abidjan oder in einer deutschen Industriestadt nicht mit derselben väterlichen Autorität konfrontiert werden. Man hat es nicht mit *demselben* Ödipuskomplex zu tun, mit derselben Homosexualität. Es scheint idiotisch zu sein, so evidente Sachen wiederholen zu müssen, und trotzdem müssen unaufhörlich diese irreführenden Generalisierungen denunziert werden: es gibt keine universelle Struktur des menschlichen Geistes oder der Libido!«[233]

Drittens wird eine rein bürgerliche Lebensordnung (die Kleinfamilie) zur anthropologischen Konstante erhoben: »Da ist er, der unheilbare Familialismus der Psychoanalyse, der das Unbewußte in das Gehäuse von Ödipus sperrt, der es beidseitig abbindet, die Wunschproduktion erdrückt, den Patienten darauf konditioniert, Papa-Mama zu antworten und immer wieder Papa-Mama zu konsumieren.«[234] »Indem das Leben der Kinder in den ödipalen Rahmen gezwängt wird und die Familienbeziehungen zu universellen Kindheitsvermittlungen stilisiert werden, verdammt man sich unweigerlich dazu, die Produktion des Unbewußten unzureichend und falsch zu erkennen. *Denn das Unbewußte ist elternlos*.«[235] Freuds Unbewusstes ordnet sich dadurch einer Gesellschaftsordnung unter, gegen die es für Deleuze und Guattari gerade zu rebellieren gilt: »Statt an der wirklichen Befreiung mitzuwirken, ist die Psychoanalyse Teil jenes allgemeinen bürgerlichen Werkes der Repression.«[236] »Die Psychoanalyse ist ganz einfach reaktionär, wenn sie sich verbürgt für das, was in der Schule passiert, was in der Familie passiert, in der Armee, usw.«[237]

Und *viertens* legitimiert die psychoanalytische Theorie die Arroganz des Psychoanalytikers, der (in Zusammenhang mit dem Signifikantenregime – vgl. II,2,7) meint, uns immer besser zu kennen als wir uns selbst: »Die Interpretationsmaschine kann kurz so beschrieben werden: was du auch sagst, das, was du sagst, will etwas anderes sagen. Die Schäden, die von solchen Maschinen angerichtet werden, können gar nicht genug aufgezeigt werden.«[238]

»Und noch haben wir nicht alle Fehlschlüsse aufgezählt, die die Behandlung praktisch auf die Bahn fanatischer Ödipalisierung treiben: Verrat am Wunsch, das Ins-Laufställchen-Stellen des Unbewußten, narzißtische Maschine für geschwätzige, arrogante kleine Iche, andauernde Absorption kapitalistischen Mehrwerts, Redestrom gegen Geldstrom, die Geschichte ohne Ende: die Psychoanalyse.«[239] Nach Deleuze und Guattari müssen wir alles tun, »um Ödipus in die Luft zu sprengen und ihn seines dümmlichen Anspruchs zu entkleiden, das Unbewußte zu repräsentieren, zu triangulieren, die gesamte Wunschproduktion zu leiten.«[240]

Zu b): Freud wird zu *dem* Theoretiker der Negation weiblicher Differenz, die er zugunsten einer Konstruktion der als Mangelwesen ohne Penis sich unweigerlich in männlicher Abhängigkeit befindenden Frau nicht wahrhaben will. Der Frau wird alles eigene abgesprochen, sie hat kein geschlechtsspezifisches Begehren, kann keine Entwicklung durchmachen, ohne sich am (höheren) Mann zu orientieren und so durch ihn bestimmt zu werden. Die Frau ist Abbild und gleichzeitig Spiegel des Mannes (vgl. II,2,6) – was dem abendländischen Theorie-Diskurs immer schon immanent war, wird von Freud expliziert. Freud spricht zwar von einer Differenz der Geschlechter, doch geht die Differenz aus der Identität hervor und sie »löst sich … letztlich im Mehr oder Weniger *eines* Geschlechts auf: dem Penis.«[241] Es ist eindeutig, »daß das Weibliche in ihr nur im Inneren von Modellen und Gesetzen vorkommt, die von männlichen Subjekten verordnet sind«.[242] Die Frau wird darauf reduziert, das eine, einzige Geschlecht (»denn ein Geschlecht und sein Mangel, sein Schwund, sein Negativ, das ergibt keine zwei Geschlechter«[243]) nicht zu haben, sie bleibt gefangen in einer Ordnung, die eine patriarchale ist. Freuds »Repräsentation der Sexualität und der Gesellschaft ist ganz und gar phallozentristisch«, meint Guattari[244], und für Irigaray bleibt die Psychoanalyse »im Phallozentrismus befangen, aus dem sie einen universellen und immerwährenden Wert zu machen beabsichtigt«[245]; und zum ödipalen Familialismus gibt es »eine ziemlich einfache und klare Antwort: Die Familie ist der vorrangige Ort der Ausbeutung der Frau immer gewesen«[246]. Kurz gesagt, heißt das, »daß die Psychoanalyse einer Frau darauf hinaus läuft, sie einer Gesellschaft männlichen Typs anzupassen«.[247]

Zu c): »Wo Es war, soll Ich werden!« – Das Ideal liegt im Bewusstmachen des Unbewussten. Das Unbewusste muss im Bewusstsein präsent sein, dann ist es gebändigt und kontrollierbar. »Mochte man auch übersetzen: ›Da wo es war, soll ich mich als Subjekt ereignen‹, es wurde nur noch ärger (einschließlich des ›soll‹, dieser absonderlichen moralischen Verpflichtung).«[248] Für Foucault ist das eine der letzten Stufen jenes Geständniszwanges, der einen disziplinierenden Wissensapparat mit Informationen füttert. Wer heute wissen will, was wir alle wirklich, in unserem ›tiefsten Inneren‹ wollen, braucht nur die PsychoanalytikerInnen fragen – die wissen es ganz genau; … oder wissen sie vielleicht gar nichts und konstruieren nur Modelle für Anpassung, Selbstbetrug und Unterdrückung? – die »Analytiker als Despoten und Geldeintreiber«[249] (»Alles in allem sind wir die einzige Zivilisation, in der eigene Aufseher dafür bezahlt werden, daß sie jedem zuhören, der sich ihnen über seinen Sex anvertrauen will … – weshalb bestimmte Leute schon ihre Ohren vermietet haben«[250]). Tatsächlich setzt die Psychoanalyse mit ihren Kategorien von Bewusstem und Unbewusstem und ihrem kategorischen Imperativ des ›Gestehe-alles‹ zwecks Bewusstmachung der tiefsten Geheimnisse die Tradition der abendländischen Subjekterzeugung, Wissensproduktion und Disziplinierung fort, denn in deren Geständnispflicht (vgl. II,2,4) »liegt die Herrschaft nicht mehr bei dem, der spricht (dieser ist der Gezwungene), sondern bei dem, der lauscht und schweigt; nicht mehr bei dem, der weiß und antwortet, sondern bei dem, der fragt«[251]. *So* ist nichts Subversives von ihr zu erwarten.

Neben Freud ist es vor allem Jacques Lacan, auf den sich die poststrukturalistische Auseinandersetzung mit der Psychoanalyse konzentriert.[252] Lacan erneuerte Mitte des Jahrhunderts die Psychoanalyse (sich selbst immer als konsequenten Freudianer begreifend) mit einigen zentralen Gedanken, die in ihrer knappsten Form meist so zusammengefasst werden: Das Unbewusste ist strukturiert wie eine Sprache (und gehört damit zum Reich des Symbolischen, das vom Realen wie vom Imaginären zu unterscheiden ist), das heißt als Signifikantenkette, die sich um einen Herrensignifikanten spinnt und in ihren Lücken Signifikate und Subjekte erzeugt, was in der berühmten Formulierung »Ich ist ein anderer« zusammengefasst wird.

Ich vermag an dieser Stelle weder eine genauere Darstellung des Denkens Lacans zu geben (ich vermöge es – ehrlich gesagt – auch nicht an anderer) noch näher auf seine Rezeption im Poststrukturalismus (die eine immens breite ist) einzugehen, doch kann ich darauf verweisen, dass »Großpapa Lacan«[253] (bzw. die Lacanianer) insgesamt keineswegs besser wegkommt als Freud (eher noch um einiges schlechter):

»Wie es heißt, soll sich die Situation inzwischen geändert haben. Die Deutung oder Interpretation ist durch die Signifikanz, das Signifikat durch den Signifikanten, die Kommentare des Analytikers durch dessen Schweigen ersetzt, die Kastration hat sich als zuverlässiger erwiesen denn Ödipus, an die Stelle der Elternimagines sind die strukturalen Funktionen, an die Stelle meines Papas ist der ›Name-des-Vaters‹ getreten. Wir erblicken darin keinen grundlegenden praktischen Wandel. Ein Patient kann nach wie vor nicht ›bouches du Rhône‹ murmeln, ohne daß er sich verbessert sieht: ›bouche de la mère‹; ein Patient kann noch immer nicht sagen: ›Ich möchte mich gern einer Hippie-Gruppe anschließen‹, ohne daß er sich fragen lassen muß: ›Warum sprechen Sie das aus wie ›Pipi‹?‹ Beide Beispiele stammen aus Analysen, die auf dem höchsten Signifikanten basieren.«[254] Weit schärfer wird Guattari: »Der Lacanismus ist keine einfache Relektüre Freuds. Es ist etwas weit despotischeres … Der Lacanismus … ist ein Angriff. Er ist ein Dogma des Kriegs … der Prototyp der neuen Formen der Macht«.[255] Trocken hingegen Lyotard und Derrida: »Das Unbewußte ist wie eine Sprache strukturiert, bringen wir es also zum Sprechen, es *will* ... nichts anderes. Es ist tatsächlich eine Sprache und nichts sonst, wenn die Intensitäten abgeschwächt sind, wenn die Weißglut der Schranke der Röte dessen weicht, was unterscheidet, wenn der Traum gegen den Bericht des Traums ausgetauscht wird, wenn der Reisende sich ausstreckt und seine Bilder für ein Ohr hergibt, das ihn von ihnen befreit.«[256] »Es ändert sich nichts an meinem Eindruck, daß eine ganze systematische Konfiguration der Lacanschen Rede ... sehr Traditionelles aus der Philosophie zu übernehmen und zu wiederholen scheint, eben jene Teile der Tradition, die dekonstruierende Fragestellungen verlangt hätten (der Signifikant, der Logos, die Wahrheit, die Präsenz, das volle Sprechen, ein bestimmter Gebrauch von Hegelschen und Heideggerschen Ansätzen...). Eine Wiederholung des Logozentrismus und des Phallozentrismus.«[257]

Lacans Konzeption des Unbewussten findet überhaupt keinen Anklang, »denn das Unbewußte ist so wenig struktural wie imaginär, noch symbolisiert, imaginiert oder figuriert es. Es läuft, es ist maschinell.«[258] Anders gesagt: »Das Elend des Imaginären wie des Symbolischen: Das Reale wird darin stets auf morgen vertagt«[259], während Deleuze und Guattari »kein anderes Element als das Reale« kennen[260]. Oder ganz anders gesagt: »Scheiß' auf euer ganzes tödliches Theater, mag es imaginär oder symbolisch sein.«[261] Kurz, was für Freud gilt, gilt mindestens ebenso für Lacan: »In der Psychoanalyse wie in ihrem Gegenstand gibt es immer einen General, einen Chef.«[262]

Wir sind wieder da, wo wir am Anfang waren: Das Unbewusste hat ungeheure revolutionäre Kraft – die Psychoanalyse unterbindet sie. Bleibt nur das Urteil: »Die Psychoanalyse ist eine äußerst geisttötende Droge geworden.«[263] Und »in Wahrheit haben wir nicht ein Viertel, nicht den zehnten Teil dessen formuliert, was gegen die Psychoanalyse, ihr Ressentiment gegenüber dem Wunsch, ihre Tyrannei und ihren Bürokratismus hätte gesagt werden müssen«[264].

II.3 Poststrukturalistisches Denken

Herrschendes abendländisches Denken ist unmittelbar verbunden mit Lebensverhältnissen, die in II,2 noch genauer zu betrachten sind, und die wir vorläufig zusammenfassend benennen können als autoritär, eindimensional, hierarchisch, totalitär, pluralitätsfeindlich.

Für Menschen, die sich andere Lebensverhältnisse wünschen, ist daher die Entwicklung anderer Denkformen notwendig. »Die Versetzung und Veränderung der Denkgerüste der überkommenen Werte und die ganze Arbeit, die geleistet wird, um anders zu denken, anders zu handeln, ein anderer zu werden, ist Philosophie.«[265] Es geht um ein Sich-Einlassen auf die vielfältige Wirklichkeit, um diese nicht gewaltsam auf Kategorien festzuschreiben und Erkenntnis nur als Bestätigung des Status quo zuzulassen, sondern um dieser Vielheit angemessen zu sein, um die einschränkenden Machtmechanismen zu erfassen und um das Denken, statt es zum Hemmschuh lebendiger Mannigfaltigkeit zu degradieren, zum Bestandteil der Entfaltung aktiver Lebensformen zu machen, sodass »das Leben das Denken in etwas Aktives (... und) das Denken das Leben in etwas Affirmatives verwandelt«[266] (»Denken heißt immer experimentieren, nicht interpretieren, sondern experimentieren, und das Experimentieren ist immer das Aktuelle, das Beginnende, das Neue, das, was gerade am Entstehen ist«[267]). »Wir sprechen nur noch von Mannigfaltigkeiten, Linien, Schichten und Segmentaritäten, von Fluchtlinien und Intensitäten, von maschinellen Gefügen und ihren verschiedenen Typen, von organlosen Körpern und ihrem Aufbau, ihrer Selektion, von der Konsistenzebene und den jeweiligen Maßeinheiten.«[268] Was die PoststrukturalistInnen dabei entwerfen, hat nichts mit einem Modell *des* anderen Denkens zu tun: »Wir haben weder Modell, Maßstab, noch Beispiel, und geben niemals Befehle, Vorschriften, Verbote ... Schaffen wir uns kein Gesetz, keine Moral.«[269] Alle Vorwürfe, die darauf abzielen, die PoststrukturalistInnen als arrogant und größenwahnsinnig abzuqualifizieren, weil sie behaupteten, »das andere Denken« gefunden zu haben, fahren ins Leere: *Denn weder wird beansprucht, ein anderes Denken als allgemeines Heilprogramm gefunden zu haben* – ganz im Gegenteil: die Vorstellung, dass es so ein Denken geben könnte, wird von allen PoststrukturalistInnen vehement bestritten (»Was bei der Arbeit des Denkens (oder des Schreibens) droht, ist schließlich nicht, daß es episodisch bleibt, sondern daß es sich Vollständigkeit anmaßt«[270]): »Denken heißt, alles in Frage zu stellen – auch das Denken, die Frage und den Prozeß ... Kein Vorurteil, keine Sicherheit. Man streift in der Wüste umher«[271] (»In einem bestimmten Moment hat man das Bedürfnis, diese oder jene Idee, diesen oder jenen Begriff zu ergreifen, und dann, in einem anderen Moment, muß man sie absolut vergessen«[272]); *noch wird anderes Denken als oppositionelles Gegenüber herrschender Denkkonstanten aufgebaut* (was nur eine Weiterführung jener binären Oppositionen wäre, die dem abendländischen Denken zur Ausschaltung der Differenz dienen), sondern es wird vielmehr als etwas gesehen, dass einen Ausweg aus diesen Oppositionen findet (vgl. v.a. II,3,8); *noch wird von* einem *anderen Denken gesprochen* (»Ein allgemeines Rezept gibt es nicht. Wir haben mit den globalisierenden Begriffen Schluß gemacht«[273]), sondern von einem anderen Denken im unbestimmten Plural: »Jedes Schaffen ist singulär, und das Konzept als das spezifisch philosophische Schaffen ist immer eine Singularität. Das erste Prinzip der Philosophie ist, daß das Universelle nichts erklärt.«[274] Allgemein gilt für die PoststrukturalistInnen, was Foucault vom *Anti-Ödipus* sagt: »Inmitten des außerordentlichen Überflusses neuer Vorstellungen und überraschen-

der Begriffe darf man nicht nach einer ›Philosophie‹ Ausschau halten: der *Anti-Ödipus* ist kein aufdringlicher Hegel.«[275]
Anhand der Kriterien, die der Poststrukturalismus für nicht-abstraktes und nicht-herrschaftliches Denken entwirft, mag sich zwar sagen lassen, was ›falsches‹ Denken[276] ist (weil starr und durch spezifische Charakteristika gekennzeichnet), doch lässt sich nicht bestimmen, was ›richtiges‹ Denken sein soll, da sich ›nicht-falsches‹ Denken dieser Opposition genau entzieht, unendliche Möglichkeiten hat und je nach Zusammenhang, in dem es besteht, notwendigerweise anders ist - alles, was möglich ist, ist falsches Denken in seinem Existieren und Entstehen zu bekämpfen, nicht-falsches Denken in seiner Singularität, Unaustauschbarkeit und Mannigfaltigkeit zu entwickeln bzw. existierende Denkformen, die nicht-herrschaftlich sind, zu stützen. Ein Modell oder klare Richtlinien des richtigen oder anderen Denkens kann es niemals geben, weswegen es keinem poststrukturalistischen Programm zu folgen gilt, sondern sich das, was wir hier anderes Denken nennen, in jeweils konkreten Situationen spezifisch und jeweils anders zu entwickeln hat (»immer neue Konzepte kreieren, das ist die Aufgabe der Philosophie«[277]). Das heißt nicht, dass es keine gemeinsamen Prinzipien dieser sich so entwickelnden Denkformen gäbe (vgl. II,1), sondern nur, dass das, was sich wie von diesen Prinzipien aus ergibt, weder einheitlich noch vorwegnehmbar ist. Anders gesagt: Wir können ein falsches Denken ausmachen, weil es im Grunde immer *starren Dogmen* folgt, *gleich* und *einfältig* ist – wir können aber kein richtiges Denken definieren, weil es sich auf *starken*, aber *offenen Prinzipien* entfaltet und *vielfältig* ist: »genitales Denken, intensives Denken, affirmatives Denken, akategorisches Denken«[278], das nicht nur halbherzig entwickelt werden darf, denn »je weniger die Menschen das Denken ernst nehmen, desto mehr denken sie in Übereinstimmung mit dem, was der Staat will«[279].
Das Folgende ist demnach keine Darstellung von *dem* poststrukturalistischen Denken, sondern eine Mischung aus anti-herrschaftlichen Denkprinzipien und darauf bereits entwickelten Gedanken, Konzepten und Theorien.

II.3.1 Ereignisse, Singularitäten, Intensitäten, Moleküle

Besonderes Augenmerk richten die PoststrukturalistInnen auf das Einzelne, die *haecceitas*, die *Diesheiten*, die ansonsten unter Kategorienmonstren begraben und vernichtet werden. »Es gibt keine Universalien, sondern nur Singularitäten«[280], »die von anonymen, nomadischen, impersonalen und vorindividuellen Singularitäten wimmelnde Welt«[281]. Die Welt ist eine Welt der Ereignisse: »An tausend Punkten, an allen Ecken und Enden blitzen die Schlachten, sterben die Feldherrn, brennen die Schiffe, greifen Königinnen zu Gift, werden Siege gefeiert und morgen wieder Schlachten geschlagen. Ewiges Ereignis Actium.«[282] Wichtig ist »das ›Es geschieht, daß‹ und weniger … das ›Was geschieht‹«.[283] Alles ist von Bedeutung, so wie es in seiner jeweiligen Einzigartigkeit passiert (»die ›wirkliche‹ Historie läßt das Ereignis in seiner einschneidenden Einzigkeit hervortreten«[284]), alles ist genau das, was es als Ereignis ist (»Ob nun die Schlacht bei Actium und der Tod des Antonius notwendig waren oder nicht, von diesen reinen Ereignissen – kämpfen, sterben – wird das Sein selbig ausgesagt«[285]), und ist als solches unendliches Sinn- und Intensitätspotential, sodass kein Ereignis an sich wichtiger als ein anderes ist, denn es gibt »keine guten und schlechten Intensitäten, sondern Intensitäten und ihr Nachlassen«[286]. Ein Schluck Wasser, ein Laut, ein Satz, ein Gewitter, ein Fußballspiel sind Ereignisse bzw. Ereignisbündel, deren Wirkungen immer unvorhersehbar und vielfältig sind – von den einen nicht bemerkt, für die anderen höchste Intensität. Die sich auf die Einzigartigkeit der Ereignisse einlassen, kennen nur »eine Skala oder einen Stromkreis aus reinen Intensitäten, den man in jeder Richtung, von oben nach unten wie von unten nach oben durchlaufen kann«.[287] Ein Ereignis ist keine Einheit und hat keinen festgelegten Sinn, es ist eine Pluralität. »Ein- und dasselbe« Gewitter ist etwas tatsächlich ganz verschiedenes. »Ein und dasselbe Ding, ein und dasselbe Phänomen ändert jeweils entsprechend den Kräften, von denen es angeeignet wird, seinen Sinn. … Kein Ereignis, kein Phänomen, kein Wort und kein Gedanke, die nicht mehrdeutig wären.«[288] Für den Poststrukturalismus ist daher Folgendes von großer Wichtigkeit: »Wir … sehen in der pluralistischen Idee, daß ein Ding mehrere Bedeutungen, einen multiplen Sinn besitzt, in der Idee, daß es mehrere Dinge gibt, daß es ›dies und dann das‹ für ein und dasselbe Ding gibt, die höchste Errungenschaft der Philosophie.«[289]

»Man hat sich im Abendland immer geweigert, die Intensität zu denken. Zumeist hat man sie im Meßbaren und im Spiel der Gleichheiten aufgehen lassen.«[290] Dieses Zudecken der Intensität und des Ereignisses bestimmt unsere Erkenntnis und reiht sich ein in jene Mechanismen, die uns zur Ordnung rufen, da die Intensität »in ein Netz, eine Struktur oder ein Raster, d.h. in ein Polizeisystem, gezwängt werden muß, damit sie *ihren Sinn gesteht*«[291], weil jede unvorhersehbare Sinnpluralität die herrschende Denk- und Lebensverwaltung unmöglich machen würde. »Die Einigungen, Subjektivierungen, Rationalisierungen, Zentralisierungen … sind … Sackgassen, Abschließungen, die das Wachsen der Vielfältigkeit, die Verlängerung und Entwicklung ihrer Linien, die Produktion des Neuen verhindern.«[292] Deshalb: »Zahlreiche Zwangseinwirkungen, in letzter Instanz alle soziopolitischer Art, halten den Prozeß der Sinngebung an dieser oder jener These, die er durchläuft, auf, binden ihn und bringen ihn auf einer vorgegebenen Oberfläche oder Struktur zum Stillstand; sie eliminieren die *Praxis*, setzen sie fest in parzellierten, symbolischen Matrizen, die die sprachlichen Nachbildungen gesellschaftlicher Zwänge sind, durch die die Unendlichkeit des Prozesses entstellt wird.«[293] Erkenntnis dient so der Kontrolle der um ihre Ereignishaftigkeit gebrachten Einzelheiten, die um keinen Preis jene subversiven Intensitätsstöße auslösen dürfen, die jede starre Ordnung zerreißen; sie ist nichts als Informationsbeschaffung und -aneignung, die jene Wissensapparate füttert, die unser Leben disziplinieren (vgl. II,2,4). Würde hingegen auf die vielfältige Welt der Ereignisse und Singularitäten eingegangen, auf die Molekularität der Wirklichkeit, auf »das große *Patchwork* der affektiven, intensivierenden Elemente«[294], wären Erkenntnisprozesse ebenfalls intensive Ereignisketten, die sich dabei notwendigerweise und unmittelbar in konkrete Lebensgestaltungen einschreiben würden, die ihre Lust aus den singulären Intensitäten ziehen und alle Kräfte gegen ihre Zerstörung mobilisieren. Zur Gestaltung eines aktiven und vielfältigen Lebens bedarf es der Befreiung und Beachtung der Ereignisse: »Vordringen zu einem Kontinuum aus Intensitäten, die nur noch für sich selber Geltung haben, eine Welt aus reinen Intensitäten finden, wo alle Formen sich auflösen, alle Bedeutungen, Signifikanten und Signifikate, um lediglich ungeformte Materie, deterritorialisierte Ströme, asignifikante Zeichen übrig zu lassen«[295], damit »die Intensitäten ohne Ausschließung in alle Teile des gesellschaftlichen ›Körpers‹ fließen können«[296].[297]

II.3.2 Mannigfaltigkeiten, Vielheiten, Differenzen

Betrachten wir die Ereignisse in ihrer Singularität und verzichten wir auf ordnende Systeme, haben wir mit einer Welt der Mannigfaltigkeit zu tun, mit der »konkreten Vielfalt der Tatsachen«[298], mit einer Vielfalt, »die keine Mitte, kein Oben, kein Jenseits hat«[299], mit einer »Vielfältigkeit der Körper, Kräfte, Energien, Materien, Wünsche, Gedanken«[300], mit einem Spiel »präindividueller und präpersonaler Singularitäten, die reine, verstreute und anarchische Vielheit ohne Einheit noch Totalität ... sind«[301], mit »einem Spiel des Sinns und Unsinns, einem Chaos-Kosmos«[302], mit einer »Welt als Patchwork«[303]; »die Vielfältigkeit ist das wahrhafte Element, in dem etwas passiert«[304]; »was sich uns darbietet, ist die unendliche Welt des Polytheismus, der Masken und der Parodie«[305].
Die Vielheit und die Fluktuation werden zu den Lieblingskindern des Poststrukturalismus: »Das Viele, das Werden, der Zufall bilden die eigentliche philosophische Lust«[306]; »wesentlich sind die Abweichungen, die Differenzierungen, die Verstreuungen, die Verwandlungen«[307] in dieser »Welt anarchischer Begegnungen, gewalttätiger Zufälle mit abwegigen transversalen Kommunikationen«[308]. »Um die Wahrheit zu sagen, der Pluralismus ... ist eins mit der Philosophie selbst. Er bildet den eigentlich philosophischen ... Modus des Denkens: alleiniger Garant der Freiheit im konkreten

Geist, einziges Prinzip eines ungestümen Atheismus. Die Götter sind tot: allerdings sind sie an Lachen gestorben, als sie einen Gott sagen hörten, er sei der einzige.«[309]
Der Poststrukturalismus ist »eine Pragmatik des Mannigfaltigen«[310]: »Die Mannigfaltigkeiten *sind* die Realität ... Die Hauptmerkmale von Mannigfaltigkeiten hängen mit ihren Elementen zusammen, die *Singularitäten* sind; mit ihren Beziehungen, die *Arten des Werdens* sind; mit ihren Ereignissen, die Diesheiten, *Haecceitates* sind (das heißt, Individuierungen ohne Subjekt); mit ihren Zeit-Räumen, die *glatte* Räume und Zeiten sind; mit ihrem Verwirklichungsmodell, dem *Rhizom* (im Gegensatz zum Baummodell); mit ihrer Kompositionsebene, die *Plateaus* bildet (Bereiche kontinuierlicher Intensität); und mit den Vektoren, die sie durchqueren und die *Territorien* und Stufen der *Deterritorialisierung* bilden.«[311] Keine Chance, die Mannigfaltigkeiten zu überwinden: »Eine Mannigfaltigkeit von Poren, von Mitessern, von kleinen Narben oder Äderchen. Von Brüsten, Babies und Stangen. Eine Mannigfaltigkeit von Bienen, Fußballern oder Tuaregs. Eine Mannigfaltigkeit von Wölfen, Schakalen... All das läßt sich nicht reduzieren.«[312]
Diese poststrukturalistische Vielheit ist keine der Widersprüche, Gegenteile oder Abbilder, sondern eine der »Differenz, die immer nomadisch, immer anarchisch ist«[313]; »denn nur in dem Maße, wie man die Differenz weiterhin dem Identischen unterordnet, impliziert sie das Negative und läßt sich bis zum Widerspruch treiben«[314]. Für die PoststrukturalistInnen steht fest: »Nichts ist wirklich antagonistisch, alles ist plural.«[315] »Der Gegensatz stellt seine Arbeit ein und die Differenz beginnt mit ihren Spielen.«[316] Alles ist von allem verschieden und immer anders – es gibt weder eine Identität *von* Ereignissen noch eine Identität *des* Ereignisses: »Um die Differenz zu befreien, braucht es ein Denken ohne Widerspruch, ohne Dialektik, ohne Verneinung: ein Denken, das zur Divergenz ja sagt; ... ein Denken des Vielfältigen – der gestreuten und nomadischen Vielfältigkeit, die von keinem der Zwänge des Selben begrenzt und zusammengefaßt wird.«[317] Betroffen davon ist auch das abendländische Identitätszentrum, *das Ich*: »Uns durchziehen Linien, Meridiane, geodätische Linien, Wendekreise und Zeitzonen, die nicht dem gleichen Rythmus folgen und nicht von gleicher Art sind. Wir sind aus Linien zusammengesetzt«[318] (»in Guattari spielt sich fortwährend eine Art wildes Rodeo ab«[319]). »Wir sind Wüsten, Einöden – freilich bevölkert von Stämmen, von Pflanzen und Tieren.«[320] »So ist jedes Individuum eine unendliche Mannigfaltigkeit«[321] (sodass Deleuze und Guattari feststellen können: »Wir haben den *Anti-Ödipus* zu zweit geschrieben. Da jeder von uns mehrere war, ergab das schon eine ganze Menge«[322]). »Eine faszinierende Welt, in der die Identität des Ich verlorengegangen ist ... zum Vorteil einer intensiven Vielfalt und einer Kraft der Verwandlung«[323], in der sich höchstens ein »nomadenhaftes Vagabundensubjekt«[324] bewegt.

Das Mannigfaltige ist alles andere als die bloße Opposition zum Einen, da es »gerade deshalb geschaffen wurde, um den abstrakten Gegensatz von Vielem und Einem zu vermeiden, um der Dialektik zu entgehen und somit dahin zu gelangen, das Mannigfaltige im Reinzustand denken zu können, um daraus nicht länger den Bruchteil einer verlorenen Einheit oder Totalität oder auch das organische Element einer künftigen Einheit oder Totalität machen zu müssen – und um vor allem verschiedene Typen von Mannigfaltigkeit unterscheiden zu können«[325] (zum Verhältnis von Einheit und Vielheit vgl. II,3,4).
Es geht um die radikale Differenz und Vielheit, die es zu denken und zu leben gilt, und die Denken und Leben unweigerlich aufregend und intensiv werden lässt.

II.3.3 Felder, Plateaus, organlose Körper, Konsistenzebenen

Die Vielheit und Differenz der Ereignisse bedeutet nicht, dass die differenten Einzelheiten untereinander nicht in Verbindung stehen würden – im Gegenteil: »Alles ist ganz verflochten.«[326] Die Singularitäten stehen also untereinander in Beziehungen; aber nicht in starren Strukturen, die sie ihrer Einzigartigkeit berauben (bzw. stehen sie nur dann in solchen, wenn sie ihnen übergestülpt werden), sondern in losen, sich ständig wandelnden Beziehungen, die jeweils andere, sich schneidende und permanent wandelnde Felder, Gefüge, Plateaus oder *organlose Körper* bilden: »zusammenhängende, in sich selbst vibrierende Intensitätszonen, die sich ohne jede Ausrichtung auf einen Höhepunkt oder ein äußeres Ziel ausbreiten«[327], und kein fixes »Innen und Außen (kennen), die immer relativ, veränderlich und austauschbar sind«[328] – »Vielfältigkeiten bevölkern sie, Singularitäten verknüpfen sich, Prozesse oder Werden entwickeln sich, Intensitäten steigen auf oder ab«[329].
Diese Felder können starr und herrschaftlich (»eingekerbt«) wie offen und anarchisch (»glatt«) sein – das hängt von der jeweiligen Verkettung der Singularitäten ab. »Deshalb wird der glatte Raum von Intensitäten, Winden und Geräuschen besetzt, von taktilen und klanglichen Kräften und Qualitäten, wie in der Steppe, in der Wüste oder im ewigen Eis. Das Krachen des Eises und der Gesang des Sandes. Der eingekerbte Raum wird dagegen vom Himmel als Maßstab und den sich daraus ergebenden, meßbaren visuellen Qualitäten überdeckt.«[330] Es geht darum, Letzteres zu vermeiden, und alle Felder in lebendiger Bewegung zu halten, darum, glatte Räume zum ungebundenen Fließen zu produzieren anstatt starrer Einheiten: »Den Organmaschinen setzt der organlose Körper seine glatte, straffe und opake Oberfläche entgegen, den verbundenen, vereinigten und wieder abgeschnittenen Strömen sein undifferenziertes, amorphes Fließen. Den phonetisch

aufgebauten Worten setzt er Seufzer und Schreie, ungegliederte Blöcke entgegen.«[331] »Es geht darum, einen organlosen Körper zu schaffen, auf dem sich Intensitäten bewegen und bewirken, daß es kein Ich und keinen anderen mehr gibt, und zwar nicht im Namen einer höheren Allgemeinheit oder einer größeren Ausdehnung, sondern aufgrund von Singularitäten, die man nicht mehr als persönlich bezeichnen kann, und aufgrund von Intensitäten, die man nicht mehr als extensiv bezeichnen kann.«[332] Freie Felder, auf denen alles möglich wird: Immanenzplan bzw. Konsistenzebene.

Der *Immanenzplan* (der eine *Konsistenzebene* ist) ist für Deleuze und Guattari eine Fläche, wie eben angedeutet: nicht gekerbt, unendlich, alles ermöglichend, ohne ordnendes Gesetz: »Hier gibt es überhaupt keine Formen oder Entwicklungen von Formen mehr, auch keine Subjekte oder Formierungen von Subjekten. Es gibt ebensowenig eine Struktur wie eine Genese. Es gibt nur Verhältnisse von Bewegung und Ruhe, von Schnelligkeit und Langsamkeit zwischen ungeformten, zumindest relativ ungeformten Elementen, Molekülen und Teilchen aller Art. Es gibt nur Diesheiten, Affekte, Individuationen ohne Subjekt, die kollektive Gefüge bilden.«[333] Im Gegensatz dazu steht der *Theologische Organisationsplan*, der alle Bewegungen auf der Fläche des Plans von vornherein festschreibt: »Jede Organisation, die von oben kommt und sich auf eine, wenn auch verborgene, Transzendenz bezieht, nennen wir einen Theologischen Plan. ... Er verfügt immer über eine Dimension mehr, er impliziert immer eine zusätzliche Dimension zu den Dimensionen dessen, was gegeben ist.«[334] – »Ein Immanenzplan dagegen verfügt über keine zusätzliche Dimension«[335]; er ist der Plan, auf dem sich unser Denken entfalten sollte.

II.3.4 Rhizomatik

Der Poststrukturalismus denkt sowohl in differenten Vielheiten wie in Zusammenhängen. Das dabei entstehende Bild von Einheit und Vielheit ordnet die Vielheit der Einheit nicht identitätslogisch unter bzw. sie verfällt nicht in bloß nominalistische Opposition, die nichts am Baumschema (vgl. II,2,2) ändert. Vielmehr verweben sich Einheit und Vielheit ineinander und weder existiert das eine vor oder über dem anderen noch hebt das eine das andere auf. Keines gibt es ohne das andere. »Anarchie und Einheit sind ein und dasselbe, nicht die Einheit des EINEN, sondern eine viel seltsamere Einheit, die sich nur durch das Vielfache beschreiben läßt«[336]: *»Pluralismus=Monismus«*.[337]

Anschaulich gemacht wird dieses Verhältnis in dem, was Deleuze und Guattari *Rhizom* nennen – das Wort ist der Biologie entnommen, wo ein Rhizom »als unterirdischer Strang grundsätzlich verschieden von großen und kleinen Wurzeln« ist[338]; Deleuze und Guattari beschreiben es so: »Fassen wir die wesentlichen Merkmale eines Rhizoms zusammen: im Unterschied zu Bäumen oder ihren Wurzeln verbindet das Rhizom einen beliebigen Punkt mit einem anderen beliebigen Punkt, wobei nicht unbedingt jede seiner Linien auf andere, gleichartige Linien verweist; es bringt ganz unterschiedliche Zeichenregime und sogar Verhältnisse ohne Zeichen ins Spiel. Das Rhizom läßt sich weder auf das Eine noch auf das Mannigfaltige zurückführen. Es ist nicht das Eine, das zu zwei wird, oder etwa direkt zu drei, vier oder fünf, etc. Es ist kein Mannigfaltiges, das sich aus der Eins herleitet und dem man die Eins hinzuaddieren kann (n+1). Es besteht nicht aus Einheiten, sondern aus Dimensionen, oder vielmehr aus beweglichen Richtungen. Es hat weder Anfang noch Ende ... Es bildet lineare Mannigfaltigkeiten mit *n* Dimensionen, die weder Subjekt noch Objekt haben ... Eine solche Mannigfaltigkeit kann in ihren Dimensionen nicht variieren, ohne ihre Beschaffenheit zu verändern und sich völlig zu verwandeln. Im Gegensatz zu einer Struktur, die durch eine Menge von Punkten und Positionen definiert wird, sowie durch binäre Beziehungen zwischen diesen Punkten und durch bi-univoke Verhältnisse zwischen den Positionen, besteht das Rhizom nur aus Linien ... Man darf solche Linien und Umrißlinien nicht mit den Abstammungslinien des Baumtypus verwechseln, die nichts als lokalisierbare Verbindungen zwischen Punkten und Positionen sind. ... Das Verfahren des Rhizoms besteht in der Variation, Expansion und Eroberung, im Einfangen und im Zustechen. Im Gegensatz zur Graphik, Zeichnung oder Photographie, und im Gegensatz zur Kopie bezieht sich das Rhizom auf eine Karte, die produziert und konstruiert werden muß, die man immer zerlegen, verbinden, umkehren und modifizieren kann, die viele Fluchtlinien, Ein- und Ausgänge hat. ... Anders als zentrierte ... Systeme mit hierarchischer Kommunikation und feststehenden Beziehungen, ist das Rhizom ein azentrisches, nicht hierarchisches und asignifikantes System ohne General. Es hat kein organisierendes Gedächtnis und keinen zentralen Automaten und wird einzig und allein durch eine Zirkulation von Zuständen definiert. Im Rhizom geht es um eine Beziehung zur Sexualität, aber auch zum Animalischen und Pflanzlichen, zur Welt, zur Politik, zum Buch, zu natürlichen und künstlichen Dingen, die sich völlig von der baumartigen Beziehung unterscheidet: um alle möglichen Arten des ›Werdens‹.«[339]

Das Rhizom befindet sich in ewigem Kampf mit dem Baum: »Wenn ein Rhizom verstopft ist, wenn man einen Baum daraus gemacht hat, dann ist es vorbei, dann kann das Begehren nicht mehr strömen, denn das Begehren wird nur durch das Rhizom bewegt und erzeugt. Jedesmal wenn das Begehren einem Baum folgt, kommt es zu inneren Rückschlägen, durch die es zusammenbricht und in den Tod getrieben wird. Das Rhizom dagegen wirkt auf das Begehren durch produktive Anstöße von außen ein.«[340] Es hilft nur eines: »Auf *n* hin schreiben, n-1, in Slogans schreiben: Bildet

Rhizome und keine Wurzeln, pflanzt nichts an! Sät nichts aus, sondern nehmt Ableger! Seid weder eins noch multipel, seid Mannigfaltigkeiten! Zieht Linien, setzt nie einen Punkt! Geschwindigkeit macht den Punkt zur Linie! Seid schnell, auch im Stillstand! Glückslinie, Hüftlinie, Fluchtlinie. Laßt keinen General in euch aufkommen! Ihr braucht keine richtigen Ideen zu haben, nur habt eine Idee ... Habt kurzlebige Ideen. Macht keine Photos oder Zeichnungen, sondern Karten. Seid der rosarote Panther und ihr werdet euch lieben wie Wespe und Orchidee, Katze und Pavian.«[341]

II.3.5 Wunsch

Das, was die Singularitäten ihr ewiges Spiel spielen lässt, ist der Wunsch (das Begehren): »alles kreist um die Wunschmaschinen und die Wunschproduktion.«[342] Der Wunsch ist ein permanent laufender Lebensmotor: »Wißt ihr nicht, wie einfach Begehren ist? Schlafen ist Begehren. Spazierengehen ist Begehren. Musik hören, Musik machen ist Begehren; auch Schreiben. Ein Frühling, ein Winter ist Begehren. Auch das Alter ist Begehren; sogar der Tod. Das Begehren ist nicht zu interpretieren, es selbst experimentiert.«[343]
Der Wunsch ist durch und durch vielfältig. »Dabei handelt es sich weder um einen Animismus noch um einen Mechanismus, sondern um einen universellen Maschinismus«[344]: »Tief im Innern des Unbewußten dröhnen und brummen die Wunschmaschinen.«[345] »Der Wunsch ist Maschine, Maschinensynthese, maschinelle Anordnung – Wunschmaschinen.«[346] »Die Maschinen sind immer schon da, unaufhörlich produzieren wir sie, lassen sie laufen, weil sie Wunsch, Wunsch wie er ist, sind.«[347] »Überall sind es Maschinen, im wahrsten Sinne des Wortes.«[348] »Alles ist Maschine. Maschinen des Himmels, die Sterne oder der Regenbogen, Maschinen des Gebirges ... Ununterbrochener Maschinenlärm.«[349] »Nicht Mensch noch Natur sind mehr vorhanden, sondern einzig Prozesse, die das eine im anderen erzeugen und die Menschen aneinanderkoppeln.«[350] »Die Wunschmaschinen bilden das nicht-ödipale Leben des Unbewußten.«[351] »Was Wunschmaschinen gerade definiert, ist ihr Vermögen zu unendlichen, allseits in alle Richtungen sich erstreckenden Konnexionen. Dadurch, mehrere Strukturen gleichzeitig durchdringend und beherrschend, sind sie Maschinen.«[352]
Die Produktion des Wunsches ist reine Produktion: »Die Regel, immerfort das Produzieren zu produzieren, dem Produkt Produzieren aufzusetzen, definiert den Charakter der Wunschmaschinen oder der primären Produktion: Produktion von Produktion.«[353]
Der Wunsch ist unbewusst, unterscheidet sich jedoch radikal vom Unbewussten der Psychoanalyse: »Evident ist zunächst, daß der Wunsch keine Personen oder Sachen, sondern ganze Umwelten zum Gegenstand hat, die er durchläuft, Vibrationen und Ströme jeglicher Art, mit denen er sich

vereinigt und in denen er Einschnitte ausführt, die er einfängt, ein stets nomadischer und wandernder Wunsch.«[354] Er ist »ein ziel- und intentionslos funktionierendes molekulares Phänomen«[355], was für das Unbewusste etwa heißt: »es repräsentiert nichts, aber es produziert, es bedeutet nichts, aber es funktioniert«[356], es »will nichts sagen«[357], es »ignoriert die Personen, Einheiten und Gesetze; die Imagines, Strukturen und Symbole. Es ist elternlos, wie es anarchistisch und atheistisch ist.«[358] »Man gelangt so in Bereiche eines produktiven, molekularen, mikrologischen oder mikropsychischen Unbewußten, das nichts mehr bedeutet und nichts mehr repräsentiert.«[359] Keinen Zweifel gibt es bezüglich der »absolut *anödipalen* Natur der Wunschproduktion«[360]: »Das ödipale Dreieck gibt es nicht: stets ist Ödipus offen in einem selbst offenen gesellschaftlichen Feld. Der allen Winden, den vier Ecken des gesellschaftlichen Feldes offene Ödipus (nicht einmal 3+1, sondern 4+n). Ein schlecht schließendes Dreieck, porös und durchlässig, ein geborstenes Dreieck, dem die Wunschströme anderen Orten zu entweichen. Wie sonderbar, daß es der Träume der Kolonisierten bedurfte, um zu bemerken, daß auf den Spitzen des Pseudo-Dreiecks Mama mit dem Missionar tanzte, Papa vom Steuereintreiber sich in den Arsch vögeln und das Ich von einem Weißen sich schlagen ließ. Genau die Paarung dieser Elternfiguren mit Agenten ganz anderer Natur, ihre Umklammerung, die an Kämpfende gemahnt, verhindert die Schließung des Dreiecks, verhindert, daß es für sich selbst gilt und sich anmaßt, diese andere Natur der im Unbewußten selbst aufweisbaren Agenten auszudrücken oder zu repräsentieren.«[361] »Die Commune, die Affaire Dreyfus, Religion und Atheismus, der Krieg in Spanien, der Aufstieg des Faschismus, der Stalinismus, der Krieg in Vietnam, der Mai 68... Dies alles zusammen bildet die Komplexe des Unbewußten, und sie sind wirksamer als der immerwährende Ödipus.«[362]

Als Konsistenzebene des Wunsches ist der organlose Körper mit der Wunschproduktion verbunden: »Der organlose Körper ist Begehren, er ist, was man begehrt und wodurch man begehrt.«[363] Der organlose Körper ist zwar glatt und lässt alle Bewegungen zu, allerdings nur solange er sich »der Organisation der Organe, insofern sie einen Organismus bilden« widersetzen kann, da er nur insofern »ein lebendiger Körper ... ist und von Leben wimmelt, als er den Organismus und seine Organisation auffliegen läßt«.[364] Wird er gesellschaftlich organisiert und besetzt, erstarrt er und zwängt die Wunschproduktion in eine fest gefügte Ordnung. Aus dem organlosen Körper wird ein gesellschaftlicher Sozius, dessen »Aufgabe ... immer schon darin bestand, die Wunschströme zu codieren, sie einzuschreiben und aufzuzeichnen, dafür zu sorgen, daß kein Strom fließt, der nicht gestempelt, kanalisiert, reguliert ist«.[365] »Den Wunsch zu codieren – und die Angst, die Furcht vor decodierten Strömen – ist Angelegenheit des Sozius.«[366]

Da die Wunschproduktion vom organlosen Körper nicht zu trennen ist, gilt dasselbe für sie: auch sie kann gesellschaftlich bzw. molar bestimmt sein und damit Totalität und Unterdrückung wünschen.

Wunschmaschinen und Gesellschaftsmaschinen (»Maschinen der Unterjochung«[367]) stehen in permanenter Auseinandersetzung. Qualitativ sind sie allerdings nicht verschieden; gesellschaftliche Produktion ist nur die despotische Ordnung bzw. Organisation der Wunschproduktion: »In Wahrheit *ist die gesellschaftliche Produktion allein die Wunschproduktion selbst unter bestimmten Bedingungen.* Wir erklären, daß das gesellschaftliche Feld unmittelbar vom Wunsch durchlaufen wird, daß es dessen historisch bestimmtes Produkt ist ... *Es gibt nur den Wunsch und das Gesellschaftliche, nichts sonst.*«[368] Die Kämpfe zwischen der reinen Wunschproduktion und ihrer gesellschaftlichen Organisation sind unausweichlich: »Es gibt keine molekulare Formation, die nicht selbst Besetzung molarer Formationen wäre. Keine Wunschmaschinen, die außerhalb der Gesellschaftsmaschinen, die sie in großem Maße bilden, existieren würden; und keine Gesellschaftsmaschinen ohne die sie in kleinem Maßstab bevölkernden Wunschmaschinen.«[369]

Die Wunschproduktion oszilliert somit zwischen einem schizo-revolutionären (molekularen) und einem paranoid-reaktionären (molaren) Pol. Dem schizo-revolutionären Pol entspricht eine anarchische Wunschproduktion, die durch und durch subversiv ist und dem Schizo-Prozess der Wunschmaschinen folgt, der dessen fluktuierendes Werden bezeichnet; dem paranoid-reaktionären Pol entspricht eine gesellschaftliche Wunschproduktion, die paradoxerweise auf die Unterdrückung des Wunsches aus ist, auf die Einsperrung des Wunsches in streng geordnete Felder.[370] Es gibt »einen seßhaften und bijektiv-machenden Typ mit reaktionärer oder faschistischer, einen nomadischen und polyvoken Typ mit revolutionärer Tendenz. Tatsächlich wird in der schizoiden Aussage ›ich bin von minderer Rasse, in alle Ewigkeit‹, ›ich bin ein Tier, ein Neger‹, ›wir sind alle deutsche Juden‹ das historisch-gesellschaftliche Feld nicht weniger besetzt als in der paranoischen Formulierung ›ich bin einer der Euren, fühle mich wohl bei Euch, ich bin reiner Arier, auf immer von überlegener Rasse‹...«[371]. Alles hängt davon ab, »ob die molekularen Phänomene sich den großen Einheiten oder ob vielmehr diese sich jenen unterordnen«[372]. »Die paranoische und die schizoide Besetzung sind gleichsam zwei entgegengesetzte Pole der unbewußten libidinösen Besetzung, deren einer die Wunschproduktion im Herrschaftsgebilde und dem daraus entspringenden Herdenkomplex unterwirft, deren anderer die umgekehrte Unterordnung bewirkt, die Macht umstürzt und den Herdenkomplex den molekularen Vielheiten der Wunschproduktionen unterstellt.«[373] »Man schwankt zwischen den paranoisch-reaktionären Überbelastungen und den unterschwelligen schizophrenen und revolutionären Ladungen.«[374]

(Siehe auch III,2,6.)

II.3.6 Nomadismus

Die PoststrukturalistInnen werden nicht müde, von stetem Wandel zu sprechen, von Grenzüberschreitung, Werden, Fluktuieren, von Deterritorialisierungsprozessen, die von der Ungebundenheit des Denkens und Lebens zeugen, indem sie sich nirgendwo festsetzen lassen. »Man kann folglich in der Deterritorialisierung nie weit genug gehen: ihr habt noch nichts gesehen, irreversibler Prozeß.«[375]

Die Nomaden werden zum beliebten Bild: »Die Wasserstelle ist nur da, um wieder verlassen zu werden, jeder Punkt ist eine Verbindungsstelle und existiert nur als solche. Ein Weg liegt immer zwischen zwei Punkten, aber das Dazwischen hat die volle Konsistenz übernommen und besitzt sowohl Selbständigkeit wie eine eigene Richtung. Das Leben der Nomaden ist ein Intermezzo. Selbst die Bestandteile seiner Wohnstätte sind im Hinblick auf den Weg entworfen, der sie immer wieder in Bewegung setzt.«[376] Und wenn es tatsächlich »nichts Aktiveres als eine Fluchtlinie« gibt, da »auf den Fluchtlinien ... neue Waffen erfunden werden, um sie gegen die schweren Waffen des Staates zu wenden«, dann zeigen die Nomaden, wie eine Fluchtlinie zu ziehen ist, denn »auf ihren Fluchtlinien fegten die Nomaden alles beiseite und fanden neue Waffen, die den Pharao vor Staunen erstarren ließen«.[377] »Es fehlt eine Nomadologie.«[378]

Ständig in Bewegung sein, bereit für den Sprung, sich nirgends zur Ruhe setzen, immer wachsam, immer schnell, »niemals Wurzeln schlagen oder anpflanzen, wie schwierig es auch sein mag«[379] – der Poststrukturalismus erklärt sich als nomadisches Denken: »Nomadismus im Leben ..., Nomadismus im Kopf, in den Ideen«[380], »Nomadentum der Intensitäten«[381].[382]

II.3.7 Diskurs

Aussagen werden im Poststrukturalismus als Ereignisse aufgefasst (»auch die Begriffe sind ›Diesheiten‹, ›Ereignisse‹«[383]). Die Anzahl möglicher Aussagen ist unbegrenzt (»Eine Aussage existiert außerhalb jeder Möglichkeit wiederzuerscheinen ... es handelt sich um ein einzigartiges Verhältnis: und wenn unter diesen Bedingungen eine identische Formulierung wiederauftaucht, sind es immer dieselben Wörter, die benutzt werden, sind es substantiell dieselben Namen, ist es insgesamt derselbe Satz, aber es ist nicht zwangsläufig dieselbe Aussage«[384]). Da auf eine Aussage notwendigerweise eine weitere folgt (»Die Verkettung muß ›jetzt‹ geschehen, ein weiterer Satz kann nicht ausbleiben, das entspricht der Notwendigkeit, das heißt der Zeit, es gibt keinen Nicht-Satz, Schweigen ist ein Satz, es gibt keinen letzten Satz«[385]), sind die Verkettungsmöglichkeiten ebenso unbegrenzt. Doch gibt es Regeln, die das Produzieren und Aneinanderreihen von Aussagen einer bestimmten Ordnung unterwerfen (die bestimmen, was wann wie worauf zu sagen ist): »Vor allem handelt es sich um eine Menge von Regeln, um Aussagen in einer Folge anzuordnen, eine obligatorische Menge von Abhängigkeits-, von Ordnungs- und Abfolgeschemata«[386]: »Jede Aussage muß wie ein in einem Spiel ausgeführter Spielzug betrachtet werden.«[387]

Diese Verkettungsregeln von Aussagen sind das formale Gerüst dessen, was im Poststrukturalismus *Diskurs* heißt. »Es gibt mehrere Regelsysteme von Sätzen. Argumentieren, Erkennen, Beschreiben, Erzählen, Fragen, Zeigen, Befehlen usw.«[388] So gibt es narrative, präskriptive, deskriptive oder logische Diskursarten, die für die Sprachcodierungen der jeweiligen Bereiche stehen, die mehr oder weniger starr, mehr oder weniger eng, mehr oder wenig despotisch sein können.

Innerhalb dieser Codes bilden Aussagemengen Diskurse. Diskurs ist also »eine Menge von Aussagen, die einem gleichen Formationssystem zugehören«.[389] Inhalt des Diskurses kann alles sein; so wird es möglich, von Sexualitäts-Diskursen, Rassismus-Diskursen oder feministischen Diskursen zu sprechen; wobei immer beachtet werden muss, innerhalb welcher Sprachregelungen Diskurse auftauchen, denn erstens ist Sexualität für einen Stricher nicht das, was sie für einen Gerichtspsychiater ist (das heißt, es gibt immer ein Plural an Diskursen zu einem Thema – nie *den* Sexualitätsdiskurs, immer Sexualitäts*diskurse*), und zweitens können innerhalb bestimmter Sprachregelsysteme (Justiz, Medizin usw.) nur disziplinierend-herrschaftliche Diskurse entstehen (das heißt, nicht nur die Diskursinhalte, sondern vor allem ihre formalen Bedingungen bestimmen die Funktion des Diskurses).

Was scheinbar wenig mehr als eine nicht besonders spannende begriffliche Einteilung gesellschaftlicher Sprachverhältnisse ist, hat seinen Clou darin, dass Diskurse (bzw. Diskursregeln oder -formationen) nicht im Bewusstsein der Individuen *über* etwas gehalten werden, sondern dass sie weltimmanent und weltkonstituierend sind, sodass sie viel eher das Selbstverständnis des modernen Individuums bestimmen, als von diesem bestimmt zu werden: »In der Analyse, die hier vorgeschlagen wird, haben die Formationsregeln ihren Platz nicht in der ›Mentalität‹ oder dem Bewußtsein der Individuen, sondern im Diskurs selbst; sie auferlegen sich folglich gemäß einer Art uniformer Anonymität allen Individuen, die in diesem diskursiven Feld sprechen.«[390]

Diskurse bestimmen, was Sexualität, Kriminalität, Pädagogik oder Medizin ist, wie diese Komplexe wahrgenommen, verhandelt, beurteilt werden. Ein Beispiel: »Die Geisteskrankheit ist durch die Gesamtheit dessen konstituiert, was in der Gruppe all der Aussagen gesagt worden ist, die sie benannten, sie zerlegten, sie beschrieben, sie explizierten, ihre Entwicklungen erzählten, ihre verschiedenen Korrelationen anzeigten, sie beurteilten und ihr eventuell die Sprache verliehen, indem sie in ihrem Namen Diskurse artikulierten, die als die ihren gelten sollten. Aber mehr noch: Diese Ge-

samtheit von Aussagen ist weit davon entfernt, sich auf ein einziges Objekt zu beziehen, das ein für allemal gebildet ist, und es unbeschränkt als ihren Horizont unerschöpflicher Idealität zu bewahren; das Objekt, das von den medizinischen Aussagen des 17. oder 18. Jahrhunderts als ihr Korrelat gesetzt worden ist, ist nicht identisch mit dem Objekt, das sich durch die juristischen Urteilssprüche und die polizeilichen Maßnahmen hindurch abzeichnet; ebenso sind alle Gegenstände des psychopathologischen Diskurses seit Pinel oder Esquirol bis zu Bleuler hin verändert worden: Es sind nicht dieselben Krankheiten, um die es sich dort oder hier handelt; es sind nicht dieselben Irren, um die es geht.«[391] In diesem Sinne wird auch davon gesprochen, dass selbst Begriffe wie *Wahrheit* oder *Mensch* diskursiv erzeugt werden. Deswegen gilt: »Man muß ... jene völlig fertiggestellten Synthesen, jene Gruppierungen in Frage stellen, die man gewöhnlich vor jeder Prüfung anerkennt, jene Verbindungen, deren Gültigkeit ohne weiteres zugestanden wird«[392]; mensch muss »zeigen, daß sie nicht von allein da sind, daß sie stets die Wirkung einer Konstruktion sind, deren Regeln man erkennen und deren Rechtfertigungen man kontrollieren muß«.[393]
Diskurse können offen, vielfältig, spielerisch, anarchisch sein; es ist immens, »was es da Gewalttätiges, Plötzliches, Kämpferisches, Ordnungsloses und Gefährliches gibt, (... in) jenem großen unaufhörlichen und ordnungslosen Rauschen des Diskurses«[394]. Sie können aber auch – wie die herrschenden – starr und despotisch sein, wenn »die Produktion des Diskurses zugleich kontrolliert, selektiert, organisiert und kanalisiert wird – und zwar durch gewisse Prozeduren, deren Aufgabe es ist, die Kräfte und die Gefahren des Diskurses zu bändigen, sein unberechenbar Ereignishaftes zu bannen, seine schwere und bedrohliche Materialität zu umgehen«[395]. Was die PoststrukturalistInnen wollen, ist: »jeden *sich verfestigenden* Diskurs ... verhindern«[396] und das Rauschen des Diskurses so laut wie möglich machen.
Es gibt für uns nichts außerhalb des Diskurses und doch gibt es nicht *nur* Diskurs. Die von KritikerInnen des Poststrukturalismus so oft gestellte Alternative: entweder alles ist Diskurs oder es gibt etwas Vordiskursives (authentische Gefühle etwa), ist wohl falsch gestellt: Diskurse sind gleichzeitig weltimmanent wie weltkonstituierend, was bedeutet, nicht *vor* der Welt und *nicht alleine* Welt zu sein, sondern so untrennbar mit allem, was (noch) Welt ist, verbunden zu sein, dass jeder Welterfahrungsprozess diskursiv ist, ohne dass der Diskurs *bestimmt*, was Welt ist (denn keinesfalls hat er ein »Statut reiner Idealität und völliger historischer Unabhängigkeit«[397]). Der poststrukturalistische Begriff des Diskursiven entzieht sich der Opposition von diskursiv vs. nicht-diskursiv - er verunmöglicht es, diese Bereiche zu trennen, ist (wie das ›Vordiskursive‹) beides zugleich: *diskursiv = nicht-diskursiv*. Mit dieser Opposition fällt auch jene, die vorausgesetzt wird, wenn die PoststrukturalistInnen vor die Alternative gestellt werden, ob das Denken

und Sprechen der Menschen den Diskurs bestimmen oder der Diskurs das Denken und Sprechen der Menschen determiniert. Die Antwort ist: weder-noch. Die Individuen haben nicht die Kontrolle über die Diskurse, sie können sich weder den herrschenden Diskursen einfach entziehen (eine ›Frau‹ ist eine *Frau* und das lässt sich so schnell nicht ändern, auch wenn diese Festlegung der Geschlechtsidentität nur bestimmten Diskursen angehört, und frau nicht notwendigerweise überall immer wesentlich *Frau* sein muss) noch können sie einfach neue Diskurse in die Welt setzen; sie unterliegen den Konstituierungen der Diskurse – doch sie sind ihnen nicht hilflos ausgeliefert: Die Diskurse sind nicht unveränderlich, denn »die Konstruktion steht nicht im Gegensatz zur Handlungsmöglichkeit, sondern ist deren notwendige Bühne, die Bedingungen, in denen sich die Handlungsmöglichkeit artikuliert«[398]. So kann in einem Spiel, in dem die bestehenden Diskurse geschickt mit jenen Kräften und Wünschen subversiv verbunden werden, die auf ihre Umgestaltung drängen, die Entfaltung weniger herrschaftlicher Diskurse vorangetrieben werden, vielleicht sogar die eines »vor allem nomadischen Diskurses, dessen Aussagen nicht durch eine rationelle administrative Maschine produziert wären (die Philosophen als Bürokraten der reinen Vernunft), sondern durch eine mobile Kriegsmaschine«[399].

II.3.8 Dekonstruktion und Asignifikanz

Als es um die Analyse herrschender Denkformen ging, war viel von der Despotie der herrschenden Sprache die Rede, die den Sinn rigoros festzulegen sucht und auf dem Logozentrismus (vgl. II,2,5), dem Signifikantenregime (vgl. II,2,7) und dem Phonozentrismus (vgl. II,2,8) aufbaut.

Die PoststrukturalistInnen sind bemüht, sich der Sprache und den Zeichensystemen im Allgemeinen auf eine Art zu nähern, die ihre Ausdrucks- und Sinnpluralität nicht einschränkt, sondern diesen gerecht wird, da eine Befreiung des Denkens und Lebens ohne eine Befreiung der Sprache nicht machbar und die »gesellschaftliche Umwandlung … von der … sprachlichen nicht zu trennen ist«[400]. »Nichts ist für eine Gesellschaft von größerer Wichtigkeit als die Klassifikation ihrer Sprachen. Die Klassifikation ändern, das Sprechen verschieben heißt, eine Revolution machen.«[401]

Wenn es in revolutionären Prozessen um Veränderungen der bestehenden Sprachverhältnisse geht, dürfen wir uns nicht wundern, wenn Leute plötzlich Sachen schreiben und sagen, die wir nicht sofort (und vielleicht sogar nie) verstehen. Der Vorwurf einer ›unklaren‹ und ›elitär-überheblichen‹ Ausdrucksweise wird, so meine ich, oft zu schnell (und oft zu unrecht) erhoben:

Erstens gibt es keine allgemein klare und verständliche Sprache (vgl. unten und II,2,7).

Zweitens können wir nicht alles umstürzen und nur die anscheinend für unschuldig gehaltene Sprache und ihre Strukturen behalten wollen, denn »die bürgerliche Kultur ist in uns, in unserer Syntax, in der Art, wie wir reden, ... in unserem Vergnügen«.[402] »Dieser Umstand und einige weitere Tatsachen machen deutlich, wie unsinnig es ist, wenn wir unsere Gesellschaft in Frage stellen wollen, ohne zugleich die Grenzen der Sprache zu bedenken, mittels deren (ein instrumentelles Verhältnis) wir sie in Frage zu stellen vorgeben: Das ist so, als wollte man den Wolf vernichten und machte es sich in seinem Rachen bequem.«[403]
Und *drittens* muss mensch wohl schlicht das Recht zugestanden werden, sich so auszudrücken, wie mensch will.[404]
Auch scheint nicht immer klar zu sein, wer nun was zu verstehen vermag, und wer nicht – »organloser Körper, ich kenne ungebildete Leute, die sofort kapiert haben, dank ihrer eigenen ›Gewohnheiten‹, dank ihrer Art, sich einen zu machen«[405]. »Wer kann sicher sein, daß eine künftige Revolution ihre Prinzipien nicht nach Ausdrücken von Lautréamont, Kafka oder Joyce deklinieren wird?«[406].[407]
Wenn es nicht *die klare* Sprache gibt, heißt das soviel, wie dass es *die* Sprache überhaupt nicht gibt. »Es gibt weder eine Sprache an sich noch eine Universalität der Sprache, sondern einen Wettstreit von Dialekten, Mundarten, Jargons und Fachsprachen«[408], »es gibt viele verschiedene Sprachspiele«[409], »einen *Brei* aus Sprachen«[410]: »Für eine chromatische Linguistik, die dem Pragmatismus seine Intensitäten und Werte verleiht.«[411] In diesem Sprachuniversum spricht die Sprache selbst; sie ist aktiv und nicht passives Instrumentarium eines quasi-göttlichen Subjekts: »Es gibt keine individuelle Aussage, sondern nur maschinelle Gefüge, die Aussagen produzieren«[412]; »es gibt kein Subjekt, *es gibt nur kollektive Aussageverkettungen*«[413].
Jacques Derrida stellt der angeblichen Eindeutigkeit des Sinns (bzw. dem Phonozentrismus – vgl. II,2,8) die *différance*[414] gegenüber. In ihr wird die doppelte Aufgeschobenheit des Sinns deutlich: Denn weder gibt es einen eindeutigen Signifikanten, sodass der Sinn innerhalb des Zeichensystems *ver*schoben wird, noch gibt es den Sinn nur als Präsenz, sondern vielmehr ist er stets (zeitlich) *aufge*schoben. Die différance kombiniert »die Tätigkeit, etwas auf später zu verschieben« mit der Bedeutung »nicht identisch sein, erkennbar sein, etc.«[415]: »Die différance ist eine aufgeschobene-verzögerte-abweichende-aufschiebende-sich unterscheidende Kraft oder Gewalt (force différée-différante)«[416] (in Bezug auf die Präsenz – vgl. II,2,8 – heißt das, »daß die Gegenwart – und besonders das Bewußtsein, das Beisichsein des Bewußtseins – nicht mehr als die absolute Matrixform des Seins, sondern als eine ›Bestimmung‹ und ein ›Effekt‹ gesetzt wird. Bestimmung oder Effekt innerhalb eines Systems, das nicht dasjenige der Gegenwart, sondern das der *différance* ist«[417]).[418] Das Prinzip der diffé-

rance durchzieht alles – auch jene Texte, die Ausdruck des totalitären und metaphysischen Versuchs sind, den Sinn (die Welt, das Leben...) festzunageln.[419] Auch in ihnen wirkt hinter oder vielmehr zwischen den Zeilen einer (oberflächlichen, aber deshalb nicht wirkungslosen) Demonstration beanspruchter Sinnkohärenz die Aufgeschobenheit des Sinns, die différance, denn, »indem sie selbst den Raum eröffnet, in dem die Onto-Theologie – die Philosophie – ihr System und ihre Geschichte produziert, umfaßt sie diese, schreibt sich in sie ein und übersteigt sie unwiederbringlich«[420]. Deshalb das permanente herrschende Bemühen, »die Bewegung der différance der Präsenz eines Wertes oder eines Sinns unterzuordnen, der der différance vorausginge, der ursprünglicher als sie wäre und der in letzter Instanz über sie hinausgehen und sie bestimmen würde«.[421] Das Auffinden, Explizit-Machen und Wirken-Lassen der différance führt damit zur Auflösung metaphysischer Konstruktionen (»alle diese metaphysischen Gegensätze (wie Signifikant/Signifikat, sinnlich wahrnehmbar/intelligibel, Schrift/Sprechen, Sprechen/Sprache, Diachronie/Synchronie, Raum/Zeit, Passivität/Aktivität usw.) werden unwesentlich«[422]) wie zu einer radikalen Veränderung des Texts (der dadurch auch ganz neu lesbar wird), denn die différance »stiftet zur Subversion eines jeden Reiches an«[423].

Das Verfahren, das zu dieser Subversion beitragen soll, ist die *Dekonstruktion*. Die Dekonstruktion als das Zerstören des eindeutigen Sinns und die Befreiung der Textpluralität in der Überwindung des Phallogozentrismus des Textes, auf die sich die Festsetzung des Sinns stützt, in einer Überwindung, die dem Aufspüren der verborgenen Fluchtwege gleichkommt, die im Text zwischen binären Oppositionen, abstrakten Formalismen usw. in ein unbegrenztes Feld permanenter Sinnerzeugung, -verschiebung und -zerstörung führen. Die Dekonstruktion ist so »der Versuch, den subtilen, mächtigen Effekten von Differenzen nachzugehen, die in der Illusion einer binären Opposition bereits am Werk sind«.[424] Deshalb ist jenen Auslegungen zu widersprechen, welche die Dekonstruktion einfach als das Auffinden »innerer Widersprüchlichkeiten« des Textes beschreiben, anhand derer dieser dann quasi aus Gründen einer Selbst-Widerlegung überwunden sein soll (denn dass der Text »in seinem *Funktionieren* sich selbst widerspricht« (Hvhb.d.A.), heißt nicht, dass er sich in logische Widersprüche verwickelt, sondern dass eine Überwindung der Sinnfestsetzung des Textes »*in* jedem Text mitgeschrieben ist, insofern das, was sich als ›Gegebenheit‹, als Effekt einer Figuration präsentiert, ein Funktionieren voraussetzt, das *als* Funktionieren dieser Gegebenheit als substantieller widerspricht«[425]). Dieser eher an Neo-Positivismus als an subversive Textkritik erinnernde Gedankengang geht am entscheidenden Punkt der Dekonstruktion vorbei: an der Überwindung jener Regeln (zu denen die Kategorie des Widerspruchs gerade zählt), die den Sinn einengen wollen zugunsten jenes Denkens, das

in II,2 beschrieben wurde. Die Dekonstruktion ist weit mehr als langweiliges Nachweisen von Widersprüchen; sie ist die Destruktion herrschender Gegensätze, denn »bei einem klassischen philosophischen Gegensatz (hat man es) nicht mit der friedlichen Koexistenz eines Vis-à-vis, sondern mit einer gewaltsamen Hierarchie zu tun ... Einer der beiden Ausdrücke beherrscht (axiologisch, logisch usw.) den anderen, steht über ihm. Eine Dekonstruktion des Gegensatzes besteht zunächst darin, im gegebenen Augenblick die Hierarchie umzustürzen«, und zielt letzten Endes darauf ab, »eine generelle *Deplazierung* des Systems zu praktizieren«[426]. Oder wie Irigaray schreibt: »Bemerken wir, daß jeder dichotomisierte und zugleich verdoppelnde Einschnitt ... aus der Fassung gebracht werden muß. Nichts, das jemals *gesetzt* wurde, das nicht umgekehrt und auch verwiesen werden muß auf das *über diese Umkehrung Hinausgehende.*«[427]
Die Notwendigkeit der Dekonstruktion zur Befreiung des Sinns liegt darin, dass wir nicht einfach anders sprechen können. Wir sind in die herrschenden Sprachverhältnisse integriert und es ist unmöglich, sie einfach so abzuschütteln und anders zu reden: »Die Dekonstruktion hat notwendigerweise von innen her zu operieren, sich aller subversiven, strategischen und ökonomischen Mittel der alten Struktur zu bedienen«[428]; »die einzige Möglichkeit, aus den Dualismen herauszukommen, ist dazwischen sein, dazwischen hindurchgehen, Intermezzo«[429]. Das heißt etwa für die herrschenden Begriffe, dass »ihre relative Wirksamkeit ausgebeutet und benutzt wird, um die alte Maschine, der sie angehören und deren Versatzstücke sie sind, zu zerstören«[430]; »zugleich gilt es, die Spalte ausfindig zu machen, durch die, noch untrennbar, durchschimmert, was nach der Vollendung ... kommt.«[431] – Wir kommen um die mühevolle Abarbeitung an diesen Sprachverhältnissen nicht herum, wenn wir andere wollen.[432]
Deleuze und Guattari sprechen von so etwas wie der sozialisierten Variante der theoretischen Dekonstruktion: vom *Minoritär-Werden der Hochsprache.* Wie gerade beschrieben, scheint es nicht möglich, von heute auf morgen eine radikal erneuerte Sprache zu erarbeiten, die die alte spurlos verschwinden ließe. Die herrschende Sprache ist gerade deshalb so stark, wenn es um die Festsetzung der bestehenden Verhältnisse geht, weil wir uns ihrer notwendigerweise bedienen müssen (alle reden und schreiben sie, wir müssen sie reden und schreiben usw.). Das heißt jedoch nicht, dass wir sie nicht de(kon)struieren könnten, indem wir so mit dieser Sprache umgehen, dass wir ihre Ausdrücke verrücken, ihre Syntax langsam zerbröseln lassen, sie mit anderen Ausdrucksformen verketten usw., denn es gibt »keine imperiale Sprache, die nicht von jenen inhärenten und kontinuierlichen Variationslinien ausgehöhlt und durchzogen wäre, d.h. von ihren minoritären Gebrauchsweisen«.[433] »Mit ›majoritär‹ und ›minoritär‹ werden nicht zwei Sprachen beschrieben, sondern zwei Gebrauchsweisen oder Funktio-

nen der Sprache.«[434] »Minoritäre Sprachen als solche gibt es nicht: es gibt sie nur im Verhältnis zu einer Hochsprache, und sie besetzen diese Sprache auch, damit sie selber minoritär wird. Jeder muß die minoritäre Sprache, den Dialekt oder Idiolekt finden, von wo aus er seine eigene Hochsprache zur Niedersprache macht.«[435] Das heißt, die Sprache so zu sprechen, dass wir ihrer immanenten Sinnordnung entkommen (wie Derrida einen Text so liest, dass er dessen Sinnordnung überwindet): »Wie wird man in der eigenen Sprache Nomade, Fremder, Zigeuner?«[436] ... »Wir müssen zweisprachig in einer Sprache sein, müssen eine kleine, mindere Sprache innerhalb unserer Sprache besitzen, müssen von unserer eigenen Sprache einen kleinen, minderen Gebrauch machen«[437] ... »Fremder, Ausländer sein in seiner *Mutter*sprache, eine Fluchtlinie ziehen«[438] ... »zweisprachig sein, *aber* in ein- und derselben Sprache, ein Fremder sein, *aber* in der eigenen Sprache, stottern, aber so, daß die Sprache selbst zu stottern beginnt und nicht nur das Sprechen«[439] ... »Vielsprachigkeit in der eigenen Sprache verwenden, von der eigenen Sprache kleinen, minderen oder intensiven Gebrauch machen, das Unterdrückte in der Sprache dem Unterdrückenden in der Sprache entgegenstellen, die Orte der Nichtkultur, der sprachlichen Unterentwicklung finden, die Regionen der sprachlichen Dritten Welt, durch die eine Sprache entkommt, eine Verkettung sich schließt«[440] – zur Befreiung des Sinns und des aktiv-vielfältigen Lebens.

Was in diesem Prozess für Deleuze und Guattari besonders wichtig ist, ist die Überwindung des Signifikanten, sind die »Agrammatikalitäten, die am Signifikanten Vergeltung üben«[441]. Sie haben daher eine *asignifikante Semiotik* ausgemacht: »Sie dient einem Pluralismus oder einer Polyvozität von Ausdrucksformen, die jede Machtübernahme des Signifikanten verhindern und Ausdrucksformen bewahren, die zum Inhalt selber gehören: so koexistieren zum Beispiel bestimmte Formen von Körperlichkeit, Gestik, Rhythmus, Tanz und Ritus im Heterogenen mit der vokalen Form. Mehrere Formen und mehrere Substanzen des Ausdrucks überschneiden und verbinden sich miteinander. Eine segmentäre, aber multilineare, multidimensionale Semiotik hintertreibt von vornherein jede signifikante Zirkularität.«[442] Es geht darum, »den ausgetrockneten Wortschatz in der Intensität vibrieren zu lassen; dem symbolischen oder bedeutungsschwangeren oder bloß signifikanten Gebrauch der Sprache einen rein intensiven Sprachgebrauch entgegenzustellen; zu einem perfekten und nicht geformten, intensiv-materialen Ausdruck zu gelangen«[443]; »die Sequenzen vibrieren, das Wort öffnet sich unerhörten inneren Intensitäten, kurzum, die Sprache wird asignifikant, also *intensiv* benutzt.«[444] So wird dazu aufgerufen, »gegen die Interpretationsmechanismen anzukämpfen, um ... eine präsignifikante Semiotik oder sogar ein asignifikantes Diagramm einzuprägen: Halt! Du ermüdest mich! Mach lieber Erfahrungen, anstatt zu signifizieren und zu interpretieren!«[445] Das Zeichen wird ein völlig anderes. Es »gilt nie für sich, ist vielfach angeschlossene Position des Wunsches, ist nicht Zeichen eines Zeichens oder Wunsch eines Wunsches und ignoriert die lineare Unterordnung wie ihre Reziprozität: weder Piktogramm noch Ideogramm, ist es Rhythmus und nicht Form, Zick-Zack und nicht gerade Linie, Artefakt und nicht Idee, Produktion und nicht Ausdruck. ... Alles ist aktiv, bewirkt und reagiert im System, alles wird gebraucht und funktioniert ...: unaufhörlich springt die Kette der Zeichen von einem Element zum anderen, erstreckt sich in alle Richtungen, trennt überall dort ab, wo Ströme zu entnehmen sind, schließt Disjunktionen ein, konsumiert Reste, zieht Mehrwert heraus, koppelt Worte, Körper und Schmerzen, Formulierungen, Sinne und Affekte – konnotiert Stimmen, Schriften, Augen in einem immer polyvoken Gebrauch. Art zu springen, die in keinem Sagen-wollen, noch weniger in einem Signifikanten aufgeht.«[446] Die herrschende Sprache ist despotisch, doch es gibt verschiedene Möglichkeiten, ihre Vielfältigkeit zu befreien. Für fast alle PoststrukturalistInnen hat die Sprachbefreiung mit *Poesie* bzw. *Literatur* zu tun: Für Deleuze und Guattari vermag – entsprechend den minoritären Sprachen – eine »mindere« Literatur *(litterature mineur)*, »die Sprache auszugraben und sie freizusetzen auf eine nüchtern-revolutionäre Linie«[447]; für Barthes ist die Literatur »dieses heilsame Überlisten, dieses Umgehen, dieses großartige Lockmittel, das es möglich macht, die außerhalb der Macht stehende Sprache in dem Glanz einer permanenten Revolution der Rede zu hören«[448]; Baudrillard sieht in der Poesie einen »Aufstand der Sprache gegen ihre eigenen Gesetze«[449], denn »der Modus des Poetischen umfaßt ... beides: *die Liquidierung des Signifikats* und *die anagrammatische Auflösung des Signifikanten*«[450]; und während mensch für Cixious »nicht auf eine lebendige Art politisch sein kann ohne einen Bezug zur poetischen Annäherung«[451], entwickelt sich um die Kristeva-Gruppe *Tel Quel* die Auffassung, dass »›progressive Romane‹ nicht mehr die heißen, die sich durch ihren Inhalt auf die Erfahrungen der Arbeiter beziehen (›Literatur des Volkes‹, ›sozialistischer Realismus‹), sondern die, die auf die eine oder andere Art den Code des Romans überschreiten oder in Gefahr bringen. Die progressiven Autoren werden Joyce oder Mallarmé heißen und nicht mehr Zola oder Aragon.«[452] Für Kristeva ist klar, dass »sich die Fragen, die wir uns in bezug auf die literarische Praxis stellen, auf einen politischen Horizont richten«[453], wobei »die Poesie ... auf das Fundament dessen trifft, was die *Ordnung* bereithält: die Logik des Sprachsystems und das Staatsprinzip«[454]; deshalb ist die »poetische Sprache in der gesellschaftlichen Ordnung und gegen sie...: letztes Mittel, sie zu verändern oder zu unterlaufen«.[455] »Wenn es also einen ›Diskurs‹ gibt, der ... Element einer Praxis ist, die die Gesamtheit der unbewußten, subjektiven, gesellschaftlichen Beziehungen enthält in der Form von Angriff, Aneignung, Zerstörung und Aufbau, in der Eigenschaft positiver Gewalt also, so ist es die ›Literatur‹.«[456] »Die Sprachstrukturen werden durch eine solche Praxis ... gänzlich verändert. Rhythmische, lexikalische, selbst syntaktische Umbildungen greifen die signifikante Kette an«[457]. »Die Wörter werden nicht mehr illusorischerweise als einfache Instrumente aufgefaßt, sie werden hinausgeschleudert wie Projektionen, Explosionen, Vibrationen, Maschinerien, Reize: die Schreibweise macht aus dem Wissen ein Fest.«[458] »Die Sprache langsam, schrittweise in die Wüste führen. Die Syntax zum Schreien benutzen, dem Schrei eine Syntax geben.«[459]

Ob es die Literatur vermag oder nicht: Wir werden nicht darum herum kommen, »die Syntax umzustürzen, indem man ihre stets teleologische Ordnung durch Abreißen des Drahtes, Stromabschalten, durch Pannen des selbsttätigen Ein- und Ausschaltens, durch Umkehren der Verkoppelungen, durch Modifikationen der Kontinuität, des Stromwechsels, der Frequenz, der Intensität suspendiert, so daß man für lange Zeit nicht mehr vorhersehen kann, von wo, worauf hin, wann, wie, warum dies oder jenes geschieht. Die Bewegung wird kommen, wird um sich greifen, sich verkehren oder anhalten. Nicht aufgrund einer wachsenden Komplexität des (der) Selben allerdings, sondern mittels Unterbrechungen durch andere Schaltungen, durch das Eintreten von Kurzschlüssen zuweilen, die ziellos zerstreuen, ablenken, umleiten und manchmal die Energie explodieren lassen, ohne mögliche Rückkehr zu einem Ursprung. Eine Kraft, die nicht mehr nach einem bestimmten Plan kanalisierbar ist: als Projektion einer einzigen Quelle, auch in den sekundären Stromkreisen, mit Rückwirkungen.«[460]

Anhang: Poststrukturalismus in der feministischen Rezeption

»Ihr Vaterland, ihre Familie, ihr Heim, ihr Diskurs halten uns gefangen in abgeschlossenen Räumen, wo wir uns nicht weiter bewegen können, uns nicht weiter leben können.«[461]

In einer theoretischen Auseinandersetzung mit poststrukturalistischem Denken spielte die feministische Bewegung in den 80er und 90er Jahren eine besondere Rolle.

Feministische Kritik am Poststrukturalismus[462] bezieht sich zumeist auf die Rolle des Subjekts, darauf, dass die Frau im Patriarchat nie einen eigenen Seinsstatus erlangt hat und deshalb Subjekt werden müsse, um sich artikulieren zu können, selbstbewusst zu werden, usw., weswegen die poststrukturalistische Subjekts-Kritik die Befreiungsmöglichkeiten der Frauen verhindere. So sagt (exemplarisch) Rosi Braidotti: »Es scheint mir so zu sein, daß zeitgenössische philosophische Diskussionen um den Tod des wissenden Subjekts, Zerstreuung, Vielheit etc. etc. den unmittelbaren Effekt haben, die Versuche von Frauen, eine eigene theoretische Stimme zu finden, verbergen und unterminieren.«[463] Damit einhergehend ist für diese Frauen »die Abwesenheit von *real-life women* in diesen neuen Bildern des ›Weiblichen‹« eindeutig.[464] Damit, so wird behauptet, geht auch jede politische Relevanz dieser Theorien verloren, während es doch so ist, »daß Frauen das Minimum eines politischen Programms nicht aufgeben sollten, weil niemand ihnen Freiheit und Gleichheit als Geschenk anbieten wird«.[465] In diesem Zusammenhang glauben manche Frauen sogar, Poststrukturalistinnen der Widersprüchlichkeit überführen zu können: »Deutlich ... wird der Widerspruch bei der indischen Amerikanerin Gayatri Spivak: Sie ist einerseits die Übersetzerin von Derridas *Grammatologie* und Verfechterin seiner Theorie, gleichzeitig setzt sie sich für die Rechte der Frauen in der Dritten Welt ein. ... Hier wird das Dilemma gegenwärtiger feministischer Diskussion versinnbildlicht. Es überschneiden sich der poststrukturalistische und der feministische Diskurs: Der eine stellt die Einheit des Subjekts in Frage, die der andere aber zur Durchsetzung einer eigenen Position braucht.«[466] Zurückweisung einer solchen Kritik kommt von Feministinnen, die *das Subjekt* als *Festschreibung der Identität der menschlichen Einzelnen* von diesen konkreten Einzelnen unterscheiden. Im Rahmen einer solchen Unterscheidung braucht frau kein Subjekt, um (politisch) handeln zu können, und Gayatri Spivak muss sich etwa um die indischen Frauen nicht als *Subjekte* kümmern, sondern sie kann sich um sie einfach als *indische Frauen* kümmern, ja dabei sogar gegen deren Subjektfestschreibungen angehen.[467] Anstatt Frauenpolitik zu verhindern, eröffnet der Poststrukturalismus für viele Feministinnen Möglichkeiten nicht herrschender Formen der Politik und »in dem Maße nützliche Theorien, als sie Analysen, Kritiken und politische Interventionen ... für den Feminismus eröffnen, die den Weg jenseits einiger der Sackgassen, die ihn einzwängten, anzeigt«.[468] Für diese Feministinnen würde frau sich im Zuge einer Betonung des Subjekts in die Hände der herrschenden Politprozeduren begeben: Denn es »ist jene Rechtsformation von Sprache und Politik, die die Frauen als ›Subjekt‹ des Feminismus repräsentiert, selbst ... der Effekt einer gegebenen Variante der Repräsentationspolitik. Das feministische Subjekt erweist sich als genau durch dasjenige politische System diskursiv konstituiert, das seine Emanzipation ermöglichen soll. ... Die feministische Kritik muß ... begreifen, wie die Kategorie ›Frau(en)‹, das Subjekt des Feminismus, gerade durch jene Machtstrukturen hervorgebracht und eingeschränkt wird, mittels derer das Ziel der Emanzipation erreicht werden soll.«[469] Deshalb gilt: »Es ist politisch bedeutsam, das Subjekt zu dezentrieren und den Glauben an eine wesenhafte Subjektivität aufzugeben, da dadurch die Subjektivität für Veränderungen zugänglich wird.«[470] Und in diesem Sinne ist folgende Erklärung zu verstehen: »Die Dekonstruktion der Identität beinhaltet keine Dekonstruktion der Politik; vielmehr stellt sie gerade jene Termini, in denen sich die Identität artikuliert, als politisch dar. Damit stellt diese Kritik den fundamentalistischen Rahmen in Frage, in dem der Feminismus als Identitätspolitik artikuliert wurde. Das innere Paradox dieses Fundamentalismus ist, daß er gerade jene ›Subjekte‹ voraussetzt, fixiert und einschränkt, die er zu repräsentieren und zu befreien wünscht.«[471]

Vor allem Literaturkritikerinnen aus dem angelsächsischen Raum haben sich auf den Poststrukturalismus eingelassen. Ohne ihn als abgeschlossenes Denk*modell* zu betrachten (»Poststrukturalismus ist genau genommen keine Position, sondern vielmehr eine kritische Infragestellung der ausschließenden Operationen, mit denen ›Positionen‹ errichtet werden«[472]), finden sie: »Wir brauchen Theorie, die die Arbeit des Patriarchats in all seinen Manifestationen – ideologisch, institutionell, organisatorisch, subjektiv – analysieren kann. ... Wir brauchen Theorie, die uns eher in Vielheiten und Zerstreutheiten als in Einheiten und Universalismen denken läßt. Wir brauchen Theorie, die die ... Macht (bricht), zumindest die der langen Traditionen (westlicher) Philosophie, die systematisch und immer wieder eine hierarchische Welt männlicher Universalismen und weiblicher Spezifitäten konstruiert haben. Wir brauchen Theorie, die es uns ermöglicht, andere Arten des Denkens über ... das Geschlecht zu artikulieren, ohne einfach die alten Hierarchien umzudrehen oder zu stärken. Und wir brauchen Theorie, die nützlich und relevant für politische Praxis ist. Es scheint mir so zu sein, daß die Theorien, die wir als Poststrukturalismus kennen, all diesen Anforderungen am besten gerecht werden.«[473] Vor allem anhand der Texte der französischen Poststrukturalistinnen und Jacques Derridas entwickeln diese Feministinnen eine feministisch-poststrukturalistische Literaturkritik, die anhand des Frau-Lesens als *re-reading* und der *écriture féminine* beschrieben werden kann.

Re-reading spielt mit der Doppeldeutigkeit der Präposition. Es geht sowohl um ein *wieder-* als auch um ein *wider*lesen der Texte des literarischen Kanons. Die herrschenden Interpretationen dieser Texte sind patriarchal. Sie haben »einen engen patriarchalischen Diskurs geschaffen, der dem Lesen Schranken setzt«.[474] Das heißt, die Texte werden patriarchal gelesen, selbst wenn sie nicht rein männlich geschrieben wurden. Was an Widerstandsmöglichkeiten bleibt, ist »wieder lesen und mit ihnen gegen sie denken«[475], ist ein Wieder(neu-)lesen der Texte als ein Wider(gegen-)lesen; gegen den patriarchalen Charakter der Literatur auf allen seinen Linien: »Im Hintergrund patriarchalischer Texte versuchen Frauen, in die Lesbarkeit zu entfliehen. Gefahr laufend, als verrückt, trivial, irrelevant oder schrullig abgestempelt zu werden, revidieren feministische Literaturwissenschaftler eine polarisierte Vorstellung geschlechtsspezifischer Autorenschaft; hinter der zerfallenden Tapete des patriarchalischen Textes sehen sie das Weibliche. Der Text mag zerrissen scheinen – bisexuell, unkonventionell, sogar krank; er gerät in ein komplexe-

res und nicht vereinheitlichtes Feld kritischer Überprüfung, auf dem seine Autorität sich weniger gesichert ausnimmt. Die traditionellen Werke der Literatur transportieren Geschichten von einer zweigeschlechtlichen Welt, in der die Differenz mythologisiert und hierarchisiert worden ist; doch dieselben Texte subvertieren die von ihnen aufgestellten Kategorien durch ein anderes Wissen. Der Kanon ist von einem Monopol besessen worden; doch man hat bereits begonnen, ihn wieder in Besitz zu nehmen.«[476]
Die Möglichkeit, Texte im Lesen zu zerreißen, liegt in der *différance* begründet (vgl. II,3,8), die es selbst den despotischsten und strengsten (Sprach)Regimen verunmöglicht, den Sinn festzuschreiben: »Insofern der Text selbst ›notwendigerweise‹ jene Reste, ›Schriftreste‹, enthält, die er im ›Inhalt‹ ›restlos‹ aufgehen lassen wollte (so formuliert Derrida), gibt der Text etwas zu lesen, was nicht im Inhalt quasi-›semantisch‹ aufgeht und einlösbar wäre, ist dies vielmehr eine ›Bewegung, mit der er sein Sagen-Wollen überschreitet‹. Der Text operiert mit und gegen, inner- und außerhalb des Feldes einer zweiwertigen Logik der Repräsentation.«[477] »Der Text differiert von sich selbst, und dieses Differieren, die Unentscheidbarkeit, der nicht zu verortende Abstand im Text (des Textes von sich selbst) ist die Stelle der Intervention des Weiblichen.«[478] »Lesen als Gegen-Lesen macht diese Anordnungen und damit erst das Weibliche lesbar – sie ist das Ereignis der Dekonstruktion der konstitutiv asymmetrischen Oppositionen. Und darum *ist* ebenso Lesen als Wi(e)der-Lesen Lektüre von Weiblichkeit, wie das Weibliche seinen Ort erst in einem Gegenlesen hat.«[479]
Das *re-reading* ist somit eine dekonstruktive Lektüre, denn »eine dekonstruktive Lektüre zeigt in den Texten, wo und inwiefern sie etwas ausplaudern können und müssen, was sie nicht sagen wollen, und kann insofern feministisch sein; denn sie liest eben jene Prozesse, mit denen der Text ebenso das Modell der Repräsentation unterläuft wie die Opposition Männlich/Weiblich modifiziert, indem sie im Text differentielle – verstellte – Orte der weiblichen Differenz produziert, jene ZwischenRäume also, die dieses theoretische Modell ebenso wie der im Text dargestellte und (als Metapher) inszenierte männliche Blick im Zeichen einer zweiwertigen Logik der Repräsentation verstellen. Eine feministische Theorie als *re-reading* liest die Verschiebung und die Aporie der Struktur und der literarischen Texte.«[480] »Die Politik des Feminismus gewinnt durch die Dekonstruktion einen Ansatz, Instrumente der Analyse, Fähigkeit zum anderen Lesen; das heißt vor allen Dingen die Möglichkeit, die herrschende Ordnung der Dinge, statt sie zu naturalisieren, zu unterminieren.«[481] So »besteht ›weibliches‹ Lesen darin, die Maske der Wahrheit, hinter der der Phallozentrismus seine Fiktionen versteckt, als Maske zu entlarven«[482].
Was dabei gewonnen werden kann, sind Einsichten in das Leben der Frauen unter der Männerherrschaft, die Entwicklung rebellischer Frauensubjekti-

vierungen, eine Dekonstruktion des patriarchalen Diskurses. Nicht gewonnen wird ›die Wahrheit der Frau‹ – das Frau-Lesen setzt sich über diese patriarchal-binären Definitionen hinweg: »›Eine Frau, die als Frau (liest)‹ – die Wiederholung des ›identischen‹ Begriffs spaltet diese Identität auf und schafft Raum für eine leichte Verschiebung, durch die die differentielle Bedeutung, die in dem einen Begriff immer schon arbeitete, im Raum ausgeschrieben wird. Und es gibt keinen Grund für die Wiederholung, hier aufzuhören, sie kann nicht endliche Male wiederholt werden, bis die Reihe sich selbst logisch schließt, wodurch die ursprüngliche Identität in einem endgültigen Begriff wiedergewonnen würde. Gleichermaßen gibt es auch nur arbiträre Anfänge für die Serien und keinen Begriff, der nicht schon eine Wiederholung wäre: ›... eine Frau, die als Frau (liest), die als Frau (liest), die als...‹«[483] »Der dekonstruktive Feminismus befindet sich folglich in einem latenten Konflikt mit frauenzentriertem Feminismus, für den literarische Texte dazu da sind, authentische Erfahrungen darzustellen und Meinungen zum Ausdruck zu bringen. Die Absicht, Bilder wahrhaftiger Frauen zu finden, mit denen Leserinnen sich identifizieren können, in denen sie ihre persönlichen Erfahrungen widergespiegelt sehen, in denen Rollenmodelle für sie ausgearbeitet und durchgespielt werden, verrät einen unfreiwilligen Konservativismus, der Texte als passivische Reflexionen eines unproblematischen Gegebenen versteht und dabei ebenso unproblematisch Selbstidentität, die Ganzheit des weiblichen Selbst und das ganze integrale humanistische Individuum hinnimmt.«[484] Für die Poststrukturalistinnen geht es dagegen um Folgendes: »Dekonstruktiver Feminismus ist auf eine ständige Subversion der Geschlechterrollen aus, wie sie ganz unzweifelhaft funktionieren, in diesem Funktionieren aber nicht als Realität, sondern als Illusion ausgestellt werden müssen.«[485] Das *re-reading* erlaubt so eine radikale Innovation literaturkritischer Forschung.

Von der *écriture féminine* ist vor allem in Texten Hèléne Cixious' die Rede. Es geht dabei um das Hindurchschlüpfen zwischen den binären Oppositionen, die männliche Texte kennzeichnen. Bereits oben wurde dies »Intervention des Weiblichen« genannt, und Cixious verfolgt eine »dechiffrierbare, libidinöse Weiblichkeit, die in Texten von Männern und Frauen gelesen werden kann«[486]: »Ich versuche nicht, eine weibliche Schreibweise zu schaffen, sondern in die Schreibweise das einfließen zu lassen, was bisher immer verboten gewesen ist, nämlich Wirkungen von Weiblichkeit.«[487] Hierdurch entsteht eine Schreibweise, die nicht vorweggenommen und festgelegt werden kann: »Unmöglich, gegenwärtig eine weibliche Praxis des Schreibens zu *definieren*. Eine Unmöglichkeit, die dauern wird, denn man wird diese Praxis nie *theoretisieren* können, sie einschließen, sie kodifizieren, was nicht bedeutet, sie existiere nicht. Aber sie wird immer über den Diskurs hinausgehen, der das phallozentrische System beherrscht; diese

Praxis findet und wird andernorts stattfinden als auf den Gebieten, die der philosophisch-theoretischen Herrschaft untergeordnet sind. Sie wird vorstellbar durch die Zerstörer der Automatismen, durch jene Grenzgänger, die sich durch keinerlei Autorität unterjochen lassen«[488], durch jene, die die herrschenden Sprachregeln überwinden. Denn in einer »Syntax des Weiblichen ... gäbe es weder Subjekt noch Objekt, das ›Eine‹ wäre nicht mehr privilegiert, es gäbe also keinen Eigen-Sinn, ... keine ›Eigen‹-schaften mehr... Diese ›Syntax‹ würde eine Nähe ins Spiel bringen, aber so nah, daß jegliches Absondern von Identität, jegliche Konstitution von Zugehörigkeit und somit jegliche Form von Aneignung unmöglich wäre.«[489] Mit dem *Frau-lesen* des *re-reading* eröffnet dieses *Frau-Schreiben* jene radikalen Perspektiven feministischer Literatur (-wissenschaft, -kritik), um die die genannten Frauen bemüht sind. Wobei, wie von Cixious bereits angedeutet, »klar sein sollte, daß es sich bei der männlichen oder weiblichen Variante des Lesens nicht um biologische Beschreibungen handeln kann, weil einige Männer ›wie Frauen‹, die meisten Frauen aber ›wie Männer‹ lesen«[490] (»Man muß sehr aufpassen, wenn man über die Weiblichkeit in der Schrift arbeiten will, daß man sich nicht von den Namen fangen läßt: nicht alles, was mit dem Namen einer Frau unterzeichnet ist, ist deswegen gleich eine weibliche Schrift. Das kann sehr gut eine männliche Schrift sein und umgekehrt bedeutet die Unterschrift eines Mannes nicht, daß die Weiblichkeit ausgeschlossen wäre. Es ist zwar selten, aber es gibt Weiblichkeit in von Männern gezeichneten Schriften, das kommt vor«[491]). Doch auch wenn ›Männern‹ zugestanden wird, ›weiblich‹ schreiben zu können, »so ist doch wichtig, daß Frauen und Männer kein gleichartiges Verhältnis zur Differenz haben, die es zu lesen gibt.«[492] Deleuze' und Guattaris Bezug auf Virginia Woolf mag vor allem in diesem Zusammenhang Sinn machen: »Als man Virginia Woolf nach einer spezifisch weiblichen Schreibweise fragte, war sie entsetzt über die Vorstellung ›als Frau‹ zu schreiben. Das Schreiben sollte vielmehr ein Frau-Werden produzieren: Atome von Weiblichkeit, die fähig sind, einen ganzen gesellschaftlichen Bereich zu durchlaufen und zu erfüllen, die Männer anzustecken und sie in dieses Werden hineinzuziehen.«[493]
Die Frau oder *das* Frau-Sein als Quasi-Natürliches gibt es für die PoststrukturalistInnen nicht; *Frau* ist – wie alles andere auch – ein diskursives Produkt, im konkreten Fall das unterworfene Spiegelbild des Mannes, *Weiblichkeit* ist »das, was von der patriarchalen ... Ordnung marginalisiert wird«[494]. Jeder Versuch, *Frau* definitorisch festzusetzen, geht (und mag er noch so gut und progressiv gemeint sein) der Identitätslogik in die Falle und mag der Frauenbefreiung wenig zuträglich sein, »denn *von* der oder *über* die Frau zu sprechen kann immer hinauslaufen auf oder verstanden werden als eine Wiederaufnahme des Weiblichen ins Innere einer Logik, die es in der Verdrängung, unter der Zensur, genauer in der Verkennung

festhält. Mit anderen Worten, es gilt nicht, eine neue Theorie auszuarbeiten, deren *Subjekt* oder *Objekt* die Frau wäre, sondern, der theoretischen Maschinerie selbst Einhalt zu gebieten, ihren Anspruch auf Produktion einer viel zu eindeutigen Wahrheit und eines viel zu eindeutigen Sinns zu suspendieren.«[495] *Frau* ist nämlich nicht eins, nicht klar umrissen, sondern vielfältig: »›Sie‹ ist in sich selbst unbestimmt und unendlich anders.«[496] Das heißt, »(die) Frau kann sich nicht bedeuten, und sie beansprucht auch nicht jenes Sprachvermögen, das sie auf irgendeinen Begriff festlegen würde, das ihr irgendeine fixe Idee als ihre eigene zuschreiben würde. Sie kann sich nicht auf ein Sein, ein Subjekt, ein Ganzes beziehen, das jeweils einfach bezeichnet werden könnte. Und auch die Gesamtheit der Frauen kann das nicht. Eine Frau + eine Frau + eine Frau ... wird niemals zu irgendeinem Gattungsbegriff führen: die Frau. ... (Die/eine) Frau entspricht weder dem Prinzip der Identität mit sich noch der mit irgendeinem x.«[497] Ähnliches sagt Kristeva: »Ich meine mit ›Frau‹ das, was nicht dargestellt werden kann und was nicht gesprochen wird, das, was außerhalb der Benennungen und Ideologien bleibt.«[498] So kann auch keine eindeutige Weiblichkeit bestimmt werden: »Der – metaphysischen – Frage ›Was ist...‹ läßt sich das Weibliche nicht unterordnen. ... Kann man, kann ich einen anderen Begriff der Weiblichkeit ausarbeiten? Es geht nicht darum, einen anderen *Begriff* der Weiblichkeit auszuarbeiten. Zu behaupten, daß die Weiblichkeit sich als Begriff zum Ausdruck bringen kann, heißt bereits, sich in ein ›männliches‹ Repräsentationssystem vereinnahmen zu lassen, innerhalb dessen die Frauen in einer Ökonomie des Sinns gefangen sind, die der Selbstaffektion des (männlichen) Subjekts dient. Wenn es also darum geht, die ›Weiblichkeit‹ in Frage zu stellen, heißt es noch lange nicht, einen anderen ›Begriff‹ der Weiblichkeit auszuarbeiten – es sei denn, daß wir als Frauen auf unser Geschlecht verzichten und wie die Männer sprechen wollen. Ich glaube, die Männer tun genug dazu, eine Theorie der Frau auszuarbeiten. In einer Sprache von Frauen würde der Begriff als solcher nicht stattfinden.«[499] Es bleibt nur jene »unbestimmte Bestimmung« der Weiblichkeit als Überwindung phallogozentristischer Herrschaftsordnung, die im *re-reading* eine so bedeutende Rolle spielt (vgl. oben): »Weiblichkeit ›ist‹ somit eine negative Potenz, Figur der Defiguration, Ent-stellung. Weiblichkeit ›ist‹ deshalb das Moment, das Identität durchkreuzt; ›Frau‹ der Ort, wo die Fixiertheit des Geschlechtes durch das Spiel von Differenz und Division ver-rückt wird, wo Geschlecht, Bedeutung und Identität gleichzeitig erschaffen und zersetzt werden. Weiblichkeit ist ›unheimlich‹, nicht weil sie das Gegenteil von Männlichkeit ist, sondern weil sie die Opposition von ›männlich‹ und ›weiblich‹ unterläuft. Geschlechterrollen entpuppen sich als institutionalisierte Verkleidungen, Travestien, die, durch kulturelle Codes etabliert, Weiblichkeit und Männlichkeit als geschlechtliche Identitäten vorgeben.

Der Verräter, der ausgestoßen werden muß, ist das Prinzip der Differenz, das die Frau verkörpert.«[500] Diese Weiblichkeit ergibt keinerlei Festschreibung einer weiblichen Identität: »Ich befürworte eine Auffassung von Weiblichkeit, bei der es ebensoviele weibliche Wesen wie Frauen gäbe.«[501] Zu den politischen Implikationen der feministisch-poststrukturalistischen Theorien (»Aber was heißt hier ›Politik‹? Eine ›Politik der Frauen‹, zumindest im weiten Sinn, gibt es nicht, noch nicht. Und wenn es sie eines nicht fernen Tages gibt, dann wird sie sehr anders sein, als die von Männern eingerichtete Politik. Denn die Fragen, die durch die Ausbeutung des Frauenkörpers aufgeworfen werden, überborden die Einsätze, Schemata und natürlich die ›Parteien‹ der bisher bekannten und praktizierten Politik. (... Denn) die patriarchalische Grundlage unserer Sozialität wird ... von der heutigen Politik, auch wenn sie ›links‹ ist, fortgeführt«[502]):
Es geht um vielfältige einzelne wie kollektive Subjektivierungen von Frauen; darum, die herrschenden Subjektzuschreibungen und damit die herrschenden Lebensverwaltungsformen zu durchbrechen: »alles zurückweisen, das in diesem existierenden Zustand der Gesellschaft endlich, definitiv, strukturiert und beladen mit Bedeutung ist. Eine solche Auffassung stellt Frauen an die Seite der Explosion sozialer Codes: mit revolutionären Momenten«[503] – und zwar mit starken: denn, »wenn die Frauen aus der Ausbeutung herauskommen wollen, zerstören sie nicht nur eigene ›Vorurteile‹, sie stören die ganze Ordnung der herrschenden Werte: der ökonomischen, sozialen, moralischen, sexuellen. Sie stellen jede Theorie infrage, jedes Denken, jede Sprache, so wie sie jetzt sind, von den Männern allein monopolisiert. Sie fechten *die Grundlage selbst unserer gesellschaftlichen und kulturellen Ordnung* an, deren Organisation vom patriarchalischen System festgelegt worden ist.«[504] Es kann also nicht nur darum gehen, *innerhalb* der herrschenden politischen Ordnung die Situation der Frauen zu verändern: »Wenn ... die Frauenbewegungen die Formen und die Natur des politischen Lebens, das gegenwärtige Spiel der Mächte und Kräfteverhältnisse in Frage stellen, arbeiten sie wirklich an einer Veränderung des Status der Frau. Wenn dagegen dieselben Bewegungen eine einfache Umkehrung hinsichtlich des Besitzes der Macht anvisieren und derart die Struktur jener unangetastet lassen, dann unterwerfen sie sich, ob sie wollen oder nicht, wieder einer phallokratischen Ordnung. Eine Geste, die unbedingt denunziert werden muß, und in umso schärferer Weise, als sie eine viel subtiler maskierte Ausbeutung der Frau konstituieren kann. In der Tat spielt sie mit der Naivität: es genügte, Frau zu sein, um sich außerhalb der phallischen Macht zu befinden.«[505] »Lassen sich die Frauen in die Falle der Macht, in das Spiel der Autorität einfangen, vom ›paranoischen‹ Funktionieren der männlichen Politik anstecken, dann haben sie *als Frauen* nichts mehr zu sagen, nichts mehr zu tun.«[506] Die »Gleichberechtigung« wäre das Ende

der Möglichkeiten: »Die Frau wäre *dem Mann gleichgestellt.* Sie würde in einer mehr oder weniger nahen Zukunft dieselben ökonomischen, gesellschaftlichen und politischen Rechte wie die Männer genießen. Sie wäre dabei, ein Mann zu werden.«[507] Und selbst wenn frau »die Umkehrung der Verhältnisse beabsichtigte – nehmen wir einmal an, das wäre möglich... –, würde die Geschichte letztendlich wieder zum Gleichen zurückkehren. Zur Phallokratie.«[508] Kurz, »es kann sich selbstverständlich nicht um eine weibliche Macht handeln, die an die Stelle der männlichen Macht tritt. Weil diese Umkehrung immer noch in dieser Ökonomie des Gleichen befangen wäre, in der gleichen Ökonomie, in der das, was ich als ›weiblich‹ zu bezeichnen versuche, natürlich nicht stattfinden könnte.«[509] In einer Ordnung, die die *Frau* als Abbild des Mannes konstruiert und eine durch und durch patriarchal-phallokratische ist, kann radikale Frauenbefreiung nur heißen, diese Ordnung selbst zu zerstören.[510]

Der Kampf der Frauen ist ein vielfältiger: »Die Frauen bilden strenggenommen keine Klasse und ihre Verstreuung auf mehrere macht ihren politischen Kampf komplex, ihre Forderungen mitunter widersprüchlich.«[511] Wer das nicht berücksichtigt, wer diese Vielfalt zugunsten einer einheitlichen Frauenpolitik opfern will, gefährdet die Befreiungsprozesse: »Denn die Gruppen und Tendenzen innerhalb der Kämpfe der Frauen sind heute zahlreich, und sie in einer Bewegung zusammenzufassen, bringt die Gefahr von Hierarchisierungserscheinungen, von Forderungen nach Orthodoxie usw., mit sich«[512] (»›Wir als Frauen...‹ tritt dann als Subjekt der Aussage auf. Aber es ist gefährlich, sich auf ein solches Subjekt einzuschränken, das nicht funktioniert, ohne eine Quelle auszutrocknen oder eine Strömung aufzuhalten«[513]). Für die Poststrukturalistinnen gilt, »daß die Kategorie ›Frau(en)‹ normativen und ausschließlichen Charakter hat und ihre Anrufung unmarkierte Dimensionen von intakt belassenen Rassen- und Klassenprivilegien birgt. Mit anderen Worten: das Insistieren auf der Kohärenz und Einheit der Kategorie ›Frau(en)‹ hat praktisch die Vielfalt der kulturellen und gesellschaftlichen Überschneidungen ausgeblendet, in denen die mannigfaltigen konkreten Reihen von ›Frauen‹ konstruiert werden.«[514] »Ich ... weigere mich, mich in eine einzige ›Gruppe‹ unter den Frauenbefreiungsbewegungen einschließen zu lassen. Vor allem, wenn diese Gruppe sich in der Falle der Machtausübung verfängt, wenn sie den Anspruch erhebt, die ›Wahrheit‹ des Weiblichen zu bestimmen, gesetzlich festlegt, was ›Frau sein‹ heißt, und die Frauen unter Anklage stellt, deren unmittelbaren Ziele anders sind als ihre eigenen. Am allerwichtigsten ist es, meiner Meinung nach, die allen Frauen gemeinsame Ausbeutung deutlich zu machen und die Kämpfe zu finden, die jeder Frau entsprechen, da wo sie ist: je nach ihrem Land, ihrem Beruf, ihrer Klassenzugehörigkeit, ihren sexuellen Erfahrungen, d.h. je nach der Form von Unterdrückung, die ihr am unmittelbarsten unerträglich ist.«[515]

Nötig wird ein gemeinsamer Kampf (nicht nur mit anderen Frauen, sondern mit allen Unterdrückten: »Die Lösung?... Wer weiß? Sie wird in jedem Fall in dem liegen, was im Diskurs, in den Reproduktions- und Produktionsverhältnissen unterdrückt wird. Nennen wir es ›Frau‹ oder ›unterdrückte gesellschaftliche Klassen‹: es ist derselbe Kampf, und niemals die eine ohne den anderen«[516]), aber einer, der allen Totalisierungsbestrebungen widersteht. Eine *nomadische Einheit* bzw. eine *antifundamentalistische Bündnispolitik*: »Von vornherein auf einer Bündnis-›Einheit‹ als Ziel zu bestehen, setzt voraus, daß Solidarität – um jeden Preis – eine unerläßliche Vorbedingung für das politische Handeln ist. Doch stellt sich die Frage, welche Art Politik eigentlich diese Art Vorwegnahme der Einheit erfordert. Vielleicht ist es für ein Bündnis gerade notwendig, die eigenen Widersprüche anzuerkennen und mit diesen ungelösten Widersprüchen zum Handeln überzugehen. ... Bestimmte Formen anerkannter Fraktionsbildung können vielleicht die Bündnispraxis erleichtern, gerade weil die ›Einheit‹ der Kategorie ›Frau(en)‹ weder vorausgesetzt noch angestrebt ist. Denn es stellt sich die Frage, ob die ›Einheit‹ nicht auf der Ebene der Identität eine ausschließende Norm der Solidarität aufstellt, die eine Reihe möglicher Aktionen ausschließt? Dies betrifft gerade die Aktionen, die die Schranken der Identitätskonzepte durchbrechen oder diesen Bruch zumindest als explizites politisches Ziel anstreben. Ohne die ›Einheit‹ als Voraussetzung oder als Ziel ... könnten provisorische Einheiten im Kontext der konkreten Aktionen entstehen, die andere Zwecke verfolgen, als die Identität zu artikulieren. Ohne die zwanghafte Erwartung, daß die feministische Praxis auf einer stabilen, einheitlichen und allgemein anerkannten Identität beruhen muß, könnten diese Aktionen schneller zustande kommen und würden zudem einer Reihe von Fragen, für die die Bedeutung der Kategorie ständig in Frage steht, angemessener erscheinen. ... Ein offenes Bündnis ist eine offene Vereinigung, die vielfältige Konvergenzen und Divergenzen zuläßt, ohne dem normativen Telos einer definitorischen Geschlossenheit zu gehorchen.«[517]
Die Poststrukturalistinnen wollen nicht *die* Frau befreien, weil sie nicht an ihre Existenz glauben. Sie wollen vielmehr mitarbeiten an den Befreiungsmöglichkeiten der in der patriarchal-diskursiv konstruierten Identität *Frau* gefangenen Einzelnen. Kristeva meint: »Der Glaube, ›eine Frau zu sein‹, ist fast so absurd und verdächtig wie jener, ›ein Mann zu sein‹. ... eine Frau kann nicht *sein*; sie ist etwas, das nicht ins *Sein* gehört. ... In ›Frau‹ sehe ich etwas, das nicht repräsentiert werden kann, etwas, das nicht gesagt ist, etwas über und jenseits von Nomenklaturen und Ideologien. ... Ich versuche, mich gegen metaphysische Theorien auszusprechen, die das zensurieren, was ich gerade ›eine Frau‹ genannt habe – das ist es, denke ich, was meine Forschung zu jener einer Frau macht.«[518] Die Situation, der sich die Poststrukturalistinnen gegenübersehen, ist die, sich gegen den Status als

Frau wehren, dies aber zwangsläufig als Frau tun zu müssen, denn dass ›Frau‹ als Kategorie im patriarchalen Diskurs erzeugt wird, »ändert nichts an dem Faktum, daß wir geschlechtliche Identität ausbilden und als ›Männer‹ und ›Frauen‹, als biologische Kasten in der damit einhergehenden Hierarchisierung wahrgenommen werden«[519]. Diese Situation erklärt, warum auch für sie »kein Weg um die alten Forderungen des Feminismus herumführt«.[520] »Konkret heißt das, daß die Frauen sicherlich nach wie vor für gleiche Löhne, gleiche soziale Rechte, gegen die Diskriminierung in der Arbeit, im Studium, usw... kämpfen müssen. Aber das reicht nicht aus: Frauen, die bloß den Männern ›gleich‹ wären, wären ›wie sie‹, also keine Frauen. Wiederum wäre dadurch die Differenz der Geschlechter beseitigt, verkannt, zugedeckt. Frauen müssen also unter sich neue Organisations-, Kampf- und Protestformen erfinden. Die verschiedenen Befreiungsbewegungen haben schon damit begonnen, und eine ›Internationale‹ der Frauen zeichnet sich ab. Aber auch da muß man ›innovieren‹: Institution, Hierarchie, Autorität – d.h. die vorhandenen Formen des Politischen - sind Sache der Männer. Nicht unsere.«[521]

Die Frauen müssen also, während sie um ihre Rechte in der patriarchalen Gesellschaft kämpfen, die Identitätszuschreibungen, die sie an diese Gesellschaft binden, zu überwinden versuchen. »Bleibt also noch die Funktionsweise des Diskurses zu ›destruieren‹«[522]. Das ist freilich nicht so einfach, denn wir haben schon wiederholte Male gesehen, dass die herrschenden Diskurse nicht so mir-nichts-dir-nichts verlassen werden können, sondern dass es dazu einiger Arbeit bedarf. Das heißt, frau kann nicht sagen, morgen etwas völlig anderes zu sein, als das, was sie heute ist; ganz abgesehen davon, dass sie dazu ein Wunder an Entwicklung vollbringen müsste, ändert sich ihre rechtliche Stellung nicht, nicht ihr gesellschaftliches Wahrgenommenwerden als *Frau*, nicht die Art, wie ihr als solcher begegnet wird usw. Was bleibt, ist das Finden eines entsprechenden (transformatorischen) Umgangs mit der Rolle, die frau hat und die sie nicht so leicht loswird. Luce Irigaray meint: »Warum sie nicht für uns spielerisch nutzen? Anstatt uns durch ihre Markierungen binden zu lassen?«[523] Ein Spielen freilich, das diese Rolle zu überwinden trachtet bzw. sie zu verrükken beabsichtigt. Irigaray hat dafür einen Namen: *Mimesis*. Es geht dabei darum, »als Mime und verkehrte Wiedergabe des Subjekts ... kundtun, daß dieser Logik gegenüber von Seiten des Weiblichen ein *ver-rückender Exzeß* möglich ist«[524]: »Es existiert, zunächst vielleicht, nur ein einziger ›Weg‹, derjenige, der historisch dem Weiblichen zugeschrieben wird: die Mimetik. Es geht darum, diese Rolle freiwillig zu übernehmen. Was schon heißt, eine Subordination umzukehren in Affirmation, und von dieser Tatsache aus zu beginnen, jene zu vereiteln. ... Mimesis zu spielen bedeutet also für eine Frau ... sich wieder den ›Ideen‹, insbesondere der Idee von ihr, zu unterwerfen, so wie sie in/von einer ›männlichen‹ Logik ausgearbeitet wurden; aber, um durch einen Effekt spielerischer Wiederholung das ›erscheinen‹ zu lassen, was verborgen bleiben mußte: die Verschüttung einer möglichen Operation des Weiblichen in der Sprache. Es bedeutet außerdem, die Tatsache zu ›enthüllen‹, daß, wenn die Frauen so gut mimen, dann deshalb, weil sie nicht einfach in dieser Funktion aufgehen. *Sie bleiben ebensosehr anderswo*«[525]: »Nachahmung... Verdoppelung, Verwirrung, Verrückung... Wiederholung, Widerholung, Gegenhandlung... Nachahmung, Verdoppelung, Wiederholung ohne Aneignung.«[526] Und während Baudrillard das subversive Vermögen dieser Mimesis bestätigt: »Die Männer glauben lassen, daß sie Männer sind, während die Frauen selbst insgeheim wenig daran glauben, daß sie Frauen sind (ebensowenig wie Kinder glauben, daß sie Kinder sind). Wer glauben läßt, ist demjenigen immer überlegen, der glaubt und glauben macht«[527], und wir bei Foucault ein schönes Beispiel dafür finden, dass nicht nur für Frauen Mimesis Widerstand ist: »Diesem Spiel antworten die Verbrecher selber, die ihr Verbrechen zur Schau stellen: es ist dies eine der Funktionen der Tätowierung – Etikett ihrer Heldentat oder ihrer Bestimmung. ›Sie tragen als Insignien entweder die tätowierte Guillotine auf dem linken Arm oder auf der Brust einen in ein blutendes Herz getauchten Dolch.‹ Sie spielen die Szene ihres Verbrechens, machen sich über die Richter oder die Polizei lustig, rühmen sich unentdeckter Untaten«[528], gibt ihr Judith Butler einen neuen Namen, nämlich »Strategie subversiver Wiederholung«: »Für den Feminismus besteht die kritische Aufgabe nicht darin, einen Standpunkt außerhalb der konstruierten Identitäten zu errichten. Diese Einbildung ist nur die Konstruktion eines epistemologischen Modells, das seine eigene kulturelle Verortung verschleiert und sich damit als globales Subjekt darstellen würde; eine Position, die gerade jene imperialistischen Strategien einsetzt, die der Feminismus kritisieren soll. Die kritische Aufgabe besteht eher darin, Strategien subversiver Wiederholung auszumachen, die durch solche Konstruktionen ermöglicht werden, und die lokalen Möglichkeiten der Intervention bestätigen, die sich durch die Teilhabe an jenen Verfahren der Wiederholung eröffnen, die Identität konstituieren und damit die immanente Möglichkeit bieten, ihnen zu widersprechen. ... Die Frage ist nicht: ob, sondern wie wiederholen – nämlich jene Geschlechter-Normen, die die Wiederholung selbst ermöglichen, wiederholen und durch eine radikale Vervielfältigung der Geschlechtsidentität *verschieben.*«[529] – *Die radikale Vervielfältigung der Geschlechtsidentität*: der poststrukturalistische Traum; denn nicht nur Butler meint, »es geht um den Versuch, zur Geschlechter-Verwirrung anzustiften«[530], sondern auch Derrida würde »gern an die Vielfalt der durch das Geschlecht markierten Stimmen glauben«[531], und Deleuze und Guattari behaupten im tiefsten Brustton der Überzeugung: »Die schizo-analytische Formel der Wunschrevolution wird zu allem Anfang sein: Jedem seine Geschlechter!«[532] (Und wer meint, Zweigeschlechtlichkeit sei biologisch definiert, dem/der antwortet Baudrillard: »Es gilt die Mystifikation aufzudecken, die aus dem sexuellen (Geschlechts)-Unterschied den ursprünglichen, fundamentalen Unterschied schlechthin machen will: ein Unterschied, der in einem biologischen Zusammenhang steht und damit also eine unbestreitbare Wahrheit besitzt, und aus dem sich alle übrigen Unterschiede ergeben, d.h. bestenfalls Metaphern sind. Sonderbarer Irrtum! Es wird vergessen, daß die Menschen seit Urzeiten auf künstlichen Wegen, über Zeichenspiele, viel größere differentielle Intensitäten hervorgebracht haben als über den Körper und die Biologie. Jedenfalls haben sie die ›natürlichen‹ Unterschiede immer nur als Sonderfall der künstlichen Unterschiede angesehen. Der reine sexuelle Geschlechtsunterschied ist in der Tat uninteressant (das Ying und Yang sind vielmehr die beiden metaphysischen Pole, zwischen denen sich die die Welt regelnden Spannungen abspielen). In gewissen Kulturen zählt der Unterschied zwischen Krieger/Nicht-Krieger, Brahmane/ Nicht-Brahmane wesentlich mehr als der sexuelle Unterschied: ich will damit sagen, daß diese Unterschiede mehr differentielle Energie hervorbringen; sie beschreiben und ordnen die Dinge mit mehr Genauigkeit und Komplexität. In all diesen Kulturen (nur nicht in der unsrigen) hat der Unterschied zwischen dem Toten und Lebendigen, dem Erhabenen und dem Gemeinen, zwischen dem Eingeweihten und Nicht-Eingeweihten eine wesentlich größere Bedeutung als der Geschlechtsunterschied. Die Sexualität stellt in der Tat mit ihrer biologischen Anmaßung den schwächsten und unergiebigsten Unterschied dar, auf den man in gewisser Hinsicht erst dann zurückgriff, als alle übrigen Unterschiede in Vergessenheit gerieten.«[533])

Das Verrücken der von den herrschenden Diskursen verordneten Fixpunkte in alle Richtungen; das Aktivieren der differenten Potentiale der konstruierten Gegenteile und Abbilder; das Produzieren subversiver Pluralität – die Prinzipien poststrukturalistischer Aktivität tauchen als Richtlinien auch in der Entwicklung feministischer Befreiungskonzepte auf, mit denen die subversive Kraft poststrukturalistischer Theorien bestätigt und gestärkt werden soll. Doch muss diese Kraft entfaltet werden: in vielfältigen Spielen der Subversion und Befreiung. »Denn was würde ohne die Ausbeutung der Frauen aus der Gesellschaftsordnung? Welchen Veränderungen würde sie unterzogen, wenn die Frauen aus ihrer Situation als Ware heraussträten, die der Produktion, Konsumtion, Wertschätzung, Zirkulation… durch Männer einzig und allein unterworfen sind, wenn sie an der Gestaltung und am Funktionieren des Tauschverkehrs teilnähmen? Nicht indem sie die gegenwärtig gesetzmachenden ›phallokratischen‹ Modelle reproduzierten und imitierten, sondern indem sie ein anderes Verhältnis zur Natur, zur Materie, zur Sprache, zum Begehren vergesellschafteten.«[534]

Anmerkungen

[1] Lyotard, Das Patchwork der Minderheiten, S. 23.

[2] Deleuze/Guattari, Tausend Plateaus, S. 515.

[3] ebda., S. 517.

[4] Deleuze, Nietzsche, S. 20.

[5] ebda., S. 20.

[6] Deleuze, Nietzsche, S. 21ff.

[7] Deleuze, Nietzsche und die Philosophie, S. 111.

[8] Deleuze, Nietzsche und die Philosophie, S. 198.

[9] »Man kann ganz sicher sagen, daß es nicht zufällig ist, wenn die Kritik des Ethnozentrismus ... systematisch und historisch gleichzeitig mit der Auflösung der Geschichte der Metaphysik auftritt. Beide gehören sie ein und derselben Epoche an« (Derrida, Die Schrift und die Differenz, S. 427).

[10] Lyotard, Das Patchwork der Minderheiten, S. 21f.

[11] »Der größte Erfolg der Philosophisten von ›68‹ bestand darin, daß es ihnen gelang, ihre Leser und Zuhörer glauben zu machen, die Unverständlichkeit sei ein Zeichen der Größe und das Schweigen des Denkers angesichts des unschicklichen Verlangens nach Sinn stelle nicht etwa den Beweis seiner Unfähigkeit dar, sondern ganz im Gegenteil die Fähigkeit, das Unsagbare auszuhalten« (Ferry/Renaut, Anti-humanistisches Denken, S. 30). »Manchmal wirft man uns vor, komplizierte Wörter zu verwenden, um auf ›schick‹ zu machen. Das ist nicht nur boshaft, sondern auch dumm« (Deleuze, Unterhandlungen, S. 51).

[12] Deleuze/Parnet, Dialoge, S. 17. – Schöner gesagt von Lyotard: »Ist ein Tanz wahr? Das könnte man jederzeit behaupten. Aber darin liegt nicht seine Stärke« (Lyotard, Ökonomie des Wunsches, S. 380).

[13] Deleuze/Guattari, Rhizom, S. 61.

[14] Lyotard, Ökonomie des Wunsches, S. 146.

[15] Lyotard, Philosophie und Malerei im Zeitalter ihre Experimentierens, S. 49.

[16] Deleuze, Unterhandlungen, S. 188f.

[17] Deleuze/Parnet, Dialoge, S. 11.

[18] Deleuze, in: Der Faden ist gerissen, S. 90.

[19] Dieser Ausdruck ist von Josef Mitterer gestohlen (vgl. etwa: Mitterer, Das Jenseits der Philosophie, S. 18) – wobei vielleicht gesagt werden muss, dass Bernhard Tilg behauptet, dass Josef Mitterer den Ausdruck von ihm gestohlen hat, weswegen ich nicht weiß, auf wen ich nun wirklich verweisen soll.

[20] Deleuze, in: Pariser Gespräche, S. 44.

[21] Deleuze/Guattari, Anti-Ödipus, S. 100.

[22] Guattari, Wunsch und Revolution, S. 82. – »Diejenigen Psychoanalytiker, die sich (vom Anti-Ödipus) herausfordern ließen, die in der Kampfansage ein etwa gewalttätig geratenes Gesprächsangebot sehen wollten, sahen sich alsbald beim Lesen, aber auch bei der Diskussion mit den Autoren mit der robusten Kehrseite der Provokation konfrontiert. Mit wechselndem Vokabular erging die Aufforderung: Ihr könnt uns mal ... Auf den Vorwurf bezogen, Freud falsch verstanden zu haben, hieß das etwa: Erstens ist uns das gleichgültig, und zweitens haben wir ihn richtig verstanden, und drittens wollen wir uns sowieso mit etwas anderem beschäftigen.« (Neubaur, Verwünschter Wunsch, S. 138)

[23] Derrida, Die Schrift und die Differenz, S. 432.

[24] Deleuze, Nietzsche, S. 22.

[25] ebda., S. 25.

[26] Deleuze/Parnet, Dialoge, S. 21.

[27] Deleuze/Guattari, Tausend Plateaus, S. 40.

[28] ebda., S. 32.

[29] Lyotard, Das Patchwork der Minderheiten, S. 75.

[30] Deleuze, Foucault, S. 90.

[31] vgl. Duerr, Ni dieu – ni mètre.

[32] Lyotard, Das Postmoderne Wissen, S. 78.

[33] Foucault, Dispositive der Macht, S. 51.

[34] Deleuze, Unterhandlungen, S. 182.

[35] ebda., S. 54.

[36] Lyotard, Das Patchwork der Minderheiten, S. 12.

[37] Bertrand Russell meint etwa 1959, »daß die Korrespondenztheorie ... durch keine andere Theorie zu ersetzen ist« (Russell, Philosophie, S. 135).

[38] Duerr, Traumzeit, S. 204.

[39] Foucault, Mikrophysik der Macht, S. 87.

[40] Lyotard, Philosophie und Malerei im Zeitalter ihres Experimentierens, S. 29.

[41] Eine Geschichte: »›Aber‹, entgegnete der Missionar, ›es gibt nur einen Gott, und ihr müßt ihn anbeten.‹ ›Wenn das wahr ist, was du sagst‹, antwortete unser Häuptling, ›dann beten wir Indianer denselben Gott an, dem du auch dienst – nur auf eine andere Art. Als der Große Geist, Gott, die Welt schuf, gab er dem Indianer eine Art ihn anzubeten, und dem Weißen eine andere, weil wir verschiedene Menschen sind und unser Leben verschieden führen. Der Indianer soll seine Art behalten und der Weiße die seine, alle sollen miteinander Gott huldigen, nicht gegeneinander. Der Indianer sagt dir nicht, wie du Gott dienen sollst. Wir haben es gern, wenn ihr ihn nach eurer Art anbetet, weil wir wissen, daß ihr diese Art am besten versteht.‹ ›Aber der Große Geist, von dem du sprichst, ist nicht derselbe, den wir anbeten‹, sagte der Missionar. ›Dann muß es zwei Götter geben‹, antwortete der Häuptling« (Büffelkind Langspeer, S. 137).

[42] Baudrillard, Agonie des Realen, S. 22.

[43] Baudrillard, Transparenz des Bösen, S. 155.

[44] Lyotard, Apathie in der Theorie, S. 73.

[45] ebda., S. 111.

[46] Lyotard, Beantwortung der Frage: Was ist postmodern?, S. 48.

[47] Lyotard, Grabmal des Intellektuellen, S. 18.

[48] Deleuze/Guattari, Tausend Plateaus, S. 20.

[49] Deleuze, Spinoza, S. 38.

[50] Deleuze, Nietzsche und die Philosophie, S. 104.

[51] Foucault, Dispositive der Macht, S. 54.

[52] Lyotard, Das Patchwork der Minderheiten, S. 14.

[53] Foucault, Von der Subversion des Wissens, S. 88.

[54] Lyotard, Die Ökonomie des Wunsches, S. 351.

[55] Dass sie denkbar sind, heißt nicht, dass sie beliebig eingenommen werden können. Was wir gelten lassen, liegt nicht in unserem spontanen Entscheidungsvermögen (gestern habe ich nicht an Geister geglaubt, heute tu ich's), sondern wird wesentlich von unserem Eingebettetsein in verschiedenste Zusammenhänge bestimmt, die wiederum in ihren Umgestaltungen von neuen Formen des Verständnisses dessen, was wahr ist, begleitet werden.

[56] Guattari, Wunsch und Revolution, S. 88.

[57] Foucault, in: Der Faden ist gerissen, S. 39.

[58] Foucault, ebda., S. 39ff.

[59] Kristeva, Die Revolution der poetischen Sprache, S. 140.

[60] Foucault, in: Der Faden ist gerissen, S. 43.

[61] Lyotard, Die Aufklärung, das Erhabene, Philosophie, Ästhetik, S. 114.

[62] Cixious, Weiblichkeit in der Schrift, S. 9.

[63] Derrida, Die différance, S. 98.

[64] Baudrillard, Der symbolische Tausch und der Tod, S. 90.

[65] Foucault, in: Der Faden ist gerissen, S. 9.

[66] Foucault, ebda., S. 9.

[67] Foucault, ebda., S. 43.

[68] Lyotard, Ökonomie des Wunsches, S. 352.

[69] Foucault, in: Der Faden ist gerissen, S. 42.

[70] Eine Gattung übrigens, die (wie alle), der Betrachtung der Wirklichkeit als eines Kräftespiels entgegensteht: »Wir haben es vermieden, einen Körper durch ... Gattungs- oder Arteigenschaften zu definieren, sondern versuchen stattdessen, seine Affekte zusammenzuzählen. Eine solche Untersuchung bezeichnet man als ›Ethologie‹, und in diesem Sinne hat Spinoza eine wahrhafte Ethik geschrieben. Zwischen einem Rennpferd und einem Arbeitspferd gibt es mehr Unterschiede als zwischen einem Arbeitspferd und einem Ochsen« (Deleuze/Guattari, Tausend Plateaus, S. 350).

[71] Foucault, in: Der Faden ist gerissen, S. 45.

[72] Foucault, ebda., S. 40.

[73] Aristoteles, Hauptwerke (Kröner), S. 382.

[74] ebda., S. 181.

[75] ebda., S. 156.

[76] Deleuze/Guattari, Anti-Ödipus, S. 28.

[77] ebda., S. 28.

[78] ebda., S. 56.

[79] Lyotard, Beantwortung der Frage: Was ist postmodern?, S. 48.

[80] Deleuze/Guattari, Tausend Plateaus, S. 27.

[81] ebda., S. 400.

[82] Foucault, in: Der Faden ist gerissen, S. 41.

[83] Foucault, Von der Subversion des Wissens, S. 80.

[84] ebda., S. 80.

[85] Deleuze/Guattari, Anti-Ödipus, S. 177.

[86] Foucault, Von der Subversion des Wissens, S. 80.

[87] Foucault, Archäologie des Wissens, S. 23.

[88] Lyotard, Postmoderne für Kinder, S. 123.

[89] Deleuze, Nietzsche und die Philosophie, S. 31ff.

[90] ebda., S. 34.

[91] Lyotard, Ökonomie des Wunsches, S. 363.

[92] Deleuze, in: Der Faden ist gerissen, S. 128.

[93] Lyotard, Ökonomie des Wunsches, S. 364.

[94] Wobei die Angriffe gegen den Menschen und das Subjekt ja nichts Neues in der Philosophiegeschichte sind. Wenn Nietzsche sagt: »wir sind *des Menschen* müde« (Nietzsche, Genealogie der Moral, S. 34), so kann das durchaus als vorweggenommenes Motto poststrukturalistischer Humanismus- und Subjekt-Kritik gelesen werden.

[95] Deleuze, Unterhandlungen, S. 166.

[96] ebda., S. 143.

[97] Guattari, l'inconscient machinique, S. 163.

[98] Deleuze, Drei Gruppenprobleme, S. 17.

[99] Deleuze, Unterhandlungen, S. 143.

[100] Deleuze/Guattari, Tausend Plateaus, S. 12.

[101] Deleuze, Unterhandlungen, S. 166.

[102] Und es heißt auch, dass Vorwürfe folgender Art eher ins Leere zu stoßen scheinen: »Wenn Lyotard definiert, wie die ›Philosophie unmenschlich zu machen sei‹ und daß zu diesem Zwecke zum Beispiel aufzuweisen sei, daß ›der Mensch nicht der Benutzer der Sprache ist‹, da es nämlich ›ebensowenig ein Subjekt wie eine Sprache gibt‹, an wen richten sich eigentlich eine solche Aufgabenbestimmung und der Aufruf, sich daran zu halten« (Ferry/Renaut, Anti-humanistisches Denken, S. 41).

[103] Barthes, in: Antworten der Strukturalisten, S. 20.

[104] Derrida, Randgänge der Philosophie, S. 96f.

[105] Deleuze, Nietzsche, S. 24.

[106] Foucault, in: Antworten der Strukturalisten, S. 179.

[107] Luce Irigaray: »Die erste ... Evidenz ist ..., daß ›ich denke‹. ›Ich‹ kann noch denken. Kraft dieses Keims, dieses Samens der Wahrheit, dieser Entwicklung eines natürlichen Lichts der Vernunft – von dem ich zumal jetzt nicht fragen muß, woher es kommt und wie es erzeugt wird, um nicht noch einmal und dann für immer ins Unendliche zu fallen – verleiht ›ich‹ sich die Existenz. (...) Daher war es unerläßlich geworden, daß ich mir *einen festen Punkt* suchte, um alles von Grund auf neu zu beginnen: Ich mußte die Augen schließen, die Ohren verstopfen, mich von allen Sinnen abkehren und in meinen Gedanken die Bilder körperlicher Dinge auslöschen. (...) Und wenn man einwendet, daß man zuerst ›atmen‹ muß, um zu denken und also um zu existieren, so wird diese Naivität damit beantwortet, daß es zwar durchaus möglich wäre, daß ich atme, aber solange ich es nicht weiß, kann mir nichts beweisen, daß ich wirklich atme. Also daß ich existiere. Meine Gewißheit, zu sein, wird, wenn sie nicht vorprädikativ sein kann, auf meinen Atem verzichten müssen. Und wenn mein Körper und alle materiellen Dinge und sogar der Himmel, die Erde, ja auch die andern Geister mir die Evidenz entziehen, die ich von ihnen haben kann oder haben möchte, genügt mir meine ›Seele‹, um in völliger Sicherheit zu leben, und sei es nur, weil sie *die Macht hat, alles zu verneinen,* auch die Wahrheit dessen, was sie denkt. Selbst wenn sie einer grandiosen Täuschung aufgesessen wäre, das Wissen vom Betrug würde ihr genügen, um in ihrem Sein zu beharren. Wirklich? (...) Es bleibt, daß ›ich‹ denke. Denkt er. Ein ›fester Punkt‹ in den unbeherrschbaren Strudeln. ›Ich‹ denkt, also ist es. (...) ›Ich denke‹ also, freilich um den Preis der Nivellierung jeden Gedankens, der Einebnung aller objektiven Realität meiner Ideen. ›Ich‹ denke, aber an wen? An was? Und, eigentlich, warum?« (Irigaray, Speculum, S. 230/237/228f/230/233) – Aus feministischer Sicht gilt: »Daher muß jede unkritische Reproduktion der Geist/Körper-Unterscheidung neu durchdacht werden: Sie hat traditionell und implizit die Geschlechter-Hierarchie produziert, aufrechterhalten und rational gerechtfertigt« (Butler, Das Unbehagen der Geschlechter, S. 31).

[108] Irigaray, Speculum, S. 169.

[109] ebda., S. 169.

[110] ebda., S. 232 (Hvhb.d.A.).

[111] Und wir dürfen uns keinesfalls täuschen lassen: »Unser Hintergedanke: wir heute sind ›menschlich‹ zu den Tieren, wir respektieren sie. Es ist indessen umgekehrt: der Widerwille, den uns die Hinrichtung eines Tieres einflößt, steht in genauem Verhältnis zu der Geringschätzung, die wir für das Tier empfinden. In dem Maße, wie unsere Kultur das Tier in die Unverantwortlichkeit und das Unmenschliche verbannt, wird das Tier unwürdig für das menschliche Ritual: es genügt also, dieses auf das Tier anzuwenden, um uns einen Ekel zu erzeugen, nicht durch irgendeinen moralischen Fortschritt, sondern durch die Vertiefung des Rassismus des Menschlichen. Diejenigen, die in früheren Zeiten rituell Tiere opferten, hielten sie nicht für Bestien. Und selbst die Gesellschaft des Mittelalters, die sie verurteilte und der Form nach bestrafte, stand dem weitaus näher als wir, die wir einen Horror vor dieser Praktik haben. Sie hielten sie für schuldig, was ihnen Ehre machte. Die Unschuld, in die wir sie (zusammen mit den Wahnsinnigen, Geistesschwachen und Kindern) verweisen, ist bezeichnend für die radikale Differenz, die uns von den Primitiven trennt, und die rassische Ausschließung, in der sie kraft der strengen Definition des Menschlichen belassen werden. In einer Umgebung, in der alle

Lebewesen Tauschpartner sind, haben die Tiere ein ›Recht‹ auf das Opfer und auf rituelle Sühne. Die primitive Opferung des Tieres ist mit seiner heiligen und außergewöhnlichen göttlichen Stellung als Totem verbunden. Wir opfern sie nicht mehr, wir bestrafen sie auch nicht mehr und wir sind mit ihnen vertraut, aber nur deshalb, weil wir sie domestiziert und aus ihnen eine rassenmäßige Unterwelt gemacht haben, die selbst nicht einmal mehr unserer Justiz würdig ist; so daß sie ganz folgerichtig als Schlachtvieh ausrottbar werden. Das liberale rationale Denken übernimmt sogar noch die Verantwortung für die, die es exkommuniziert, nämlich die Tiere, die Wahnsinnigen und die Kinder, die ›nicht wissen, was sie tun‹ – die zwar nicht einmal der Strafe und des Todes würdig sind, die aber recht brauchbar sind für die soziale Fürsorge: Protektionismus aller Art, Tierschutzvereine, ›offene‹ Psychiatrie, moderne Pädagogik – alles Formen endgültiger, aber sanfter Herabwürdigung, hinter der sich die liberale Vernunft verschanzt. Durch dieses rassistische Mitleid verdoppelt der Humanismus seine Vorherrschaft über die ›niederen Geschöpfe‹« (Baudrillard, Der symbolische Tausch und der Tod, S. 264f.).

[112] Guattari, in: Antipsychiatrie und Wunschökonomie, S. 16. – »Die historische Solidarität des Produktionsprozesses: die Solidarität der Fabrik, des Stadtviertels und der Klasse, ist verschwunden. Von nun an sind alle voneinander getrennt und gegeneinander indifferent im Zeichen des Fernsehens und des Autos, im Zeichen der überall in die Medien und die Stadtpläne eingeschriebenen Verhaltensmodelle. Alle sind ausgerichtet auf ihren jeweiligen Wahn einer Identifikation mit Leitmodellen und bereitgestellten Simulationsmodellen. Alle sind austauschbar – wie diese Modelle selbst. Dies ist das Zeitalter der Individuen mit variabler Geometrie« (Baudrillard, Kool Killer oder der Aufstand der Zeichen, S. 22).

[113] Foucault, Mikrophysik der Macht, S. 101.

[114] Foucault, Überwachen und Strafen, S. 245.

[115] ebda., S. 127.

[116] ebda., S. 34f.

[117] ebda., S. 162.

[118] ebda., S. 288.

[119] Foucault, Der Wille zum Wissen, S. 76f.

[120] Foucault, Mikrophysik der Macht, S. 45.

[121] Foucault, Überwachen und Strafen, S. 246.

[122] ebda., S. 167.

[123] Foucault, Von der Subversion des Wissens, S. 95.

[124] ebda., S. 14.

[125] Foucault, in: Antworten der Strukturalisten, S. 177.

[126] Foucault, Die Ordnung der Dinge, S. 384.

[127] Foucault, zit.n.: Schiwy, Der französische Strukturalismus, S. 207.

[128] Foucault, Von der Subversion des Wissens, S. 23.

[129] ebda., S. 22.

[130] Foucault, zit.n.: Schiwy, Der französische Strukturalismus, S. 205.

[131] Derrida, Randgänge der Philosophie, S. 95.

[132] Foucault, Die Ordnung der Dinge, S. 27.

[133] ebda., S. 462.

[134] Derrida, Grammatologie, S. 12.

[135] ebda., S. 24.

[136] Barthes, Die Lust am Text, S. 8.

[137] Deleuze/Guattari, Tausend Plateaus, S. 38.

[138] Lyotard, Das Inhumane, S. 129.

[139] Baudrillard, Der symbolische Tausch und der Tod, S. 336.

[140] Irigaray, Das Geschlecht das nicht eins ist, S. 76.

[141] Barthes, Die Lust am Text, S. 8.

[142] Cixious, Sorties, S. 366.

[143] Derrida, Grammatologie, S. 140.

[144] Deleuze/Guattari, Anti-Ödipus, S. 144.

[145] Cixious, zit.n.: Weedon, Wissen und Erfahrung, S. 88.

[146] Cixious, ebda., S. 89.

[147] Derrida, zit.n.: Dekonstruktiver Feminismus, S. 288.

[148] Cixious, Die unendliche Zirkulation des Begehrens, S. 21.

[149] Irigaray, Speculum, S. 179.

[150] Irigaray, Das Geschlecht das nicht eins ist, S. 26.

[151] Irigaray, Speculum, S. 180.

[152] Cornell, Das feministische Bündnis mit der Dekonstruktion, S. 312.

[153] Irigaray, Genealogie der Geschlechter, S. 45.

[154] Die Lacanianer, wegen ihres Phallus als *Herren-Signifikant* (vgl. I, Psychoanalyse) von Irigaray und anderen angegriffen, verteidigen sich damit, daß ihr Phallus nicht der Penis, sondern ein symbolischer Indikator sei. Lyotard meint dazu: »Einer gewissen ›Feministin‹ wirft man vor, den Phallus, den symbolischen Operator der Bedeutungen, mit dem Penis, dem empirischen Mal des Geschlechtsunterschieds zu verwechseln; stillschweigend wird vorausgesetzt, daß die metalinguistische Ordnung (die des Symbolischen) vom Referenzbereich, dem sie sich appliziert (der der Wirklichkeiten), unterschieden ist. Wenn nun aber der Frauenbewegung eine ungeheure Tragweite zukommt, und insofern ist sie durchaus mit den Kämpfen der Sklaven, der Kolonisierten und anderer ›Unterentwickelter‹ vergleichbar, dann deshalb, weil sie den (männlichen) Glauben an die Unabhängigkeit der Meta-Aussagen von gewöhnlichen Aussagen attackiert und zerstört« (Lyotard, Patchwork der Minderheiten, S. 67f.).

[155] Deleuze/Guattari, Anti-Ödipus, S. 77.

[156] Irigaray, Speculum, S. 119.

[157] Lyotard, Das Patchwork der Minderheiten, S. 58f.

[158] Irigaray, Das Geschlecht das nicht eins ist, S. 31.

[159] Lyotard, Das Patchwork der Minderheiten, S. 60f.

[160] ebda., S. 65.

[161] ebda., S. 68f.

[162] Saussure, Grundfragen der allgemeinen Sprachwissenschaft, S. 77ff.

[163] ebda., S. 136ff.

[164] Deleuze, in: Der Faden ist gerissen, S. 128.

[165] Deleuze/Guattari, Anti-Ödipus, S. 141.

[166] Deleuze/Guattari, Rhizom, S. 60f.

[167] Deleuze/Guattari, Tausend Plateaus, S. 96 und 93.

[168] Deleuze/Guattari, Kafka, S. 40.

[169] »Die Arroganz der philosophischen Abhandlung liegt in ihrer Form und besteht darin, wenigstens eines zu sagen: ›Es gibt ein einziges Sein.‹ Sie steigert sich mit der Behauptung: ›Und es spricht nur eine Sprache.‹ Sie gipfelt in der Unterstellung: ›Und diese Sprache ist unzweideutig.‹ Bereits zum Lachen ist dann die Erklärung: ›Ich werde in dieser Sprache zu euch reden.‹« (Lyotard, Philosophie und Malerei im Zeitalter ihres Experimentierens, S. 71).

[170] Lyotard, Intensitäten, S. 95.

[171] Deleuze/Guattari, Tausend Plateaus, S. 94f

[172] »Das Verlangen nach Klarheit muß ganz entschieden zurückgewiesen werden; es fordert, daß derjenige, der liebt oder spricht, Macht über seine Intensitäten hat. Es verlangt: du sollst Macht haben, du sollst definieren, was intensiv ist. Nein, wir begegnen diesem Verlangen mit Schrecken, wir fliehen davor, das ist alles, was wir tun können; es ist die erste Spur der Macht

auf dem libidinösen Band. Wir sagen, daß wir unfähig sind, einen Zusammenhang zwischen unseren Worten, Blicken, Gesten und den libidinösen Strömen zu garantieren. Also keine Klarheit: manchmal passiert es, manchmal nicht« (Lyotard, Ökonomie des Wunsches, S. 374).

[173] Barthes, Das semiologische Abenteuer, S. 161.

[174] Deleuze/Guattari, Tausend Plateaus, S. 219.

[175] Foucault, Überwachen und Strafen, S. 355f.

[176] Derrida, Randgänge der Philosophie, S. 140f.

[177] Lyotard, Das Inhumane, S. 12. - »Sie werden vom Ressentiment angetrieben, diese ganzen Diskutierer, diese Kommunizierer ... die Philosophie hat einen Horror vor Diskussionen« (Deleuze/Guattari, Qu'est-que la philosophie, S. 33).

[178] Lyotard, Philosophie und Malerei im Zeitalter ihres Experimentierens, S. 100.

[179] »Meine Kenntnis der Medien ist sehr begrenzt. Aber ich glaube, daß dabei nur die Sätze, die in die Sprachen der elektronischen Datenverarbeitung übersetzbar sind, berücksichtigt werden. Wenn wir im Umgang mit den Medien versuchen anders zu sprechen, dann wirft man uns unsere Unklarheit und unsere Komplexität vor (der Chefredakteur einer großen französischen Zeitung antwortete einem avantgardistischen Verleger, der sich beklagte, daß dort keine Kritiken seiner Bücher erschienen, wie folgt: ›Schicken Sie mir kommunizierbare Bücher‹). Wir sind bereits in der Situation, wo die Sätze den logischen Erfordernissen der elektronischen Datenverarbeitung genügen müssen. Diese Logik ist ziemlich einfach: auch ein komplexer Satz muß in eine solche Form transkribiert werden können, daß die Informationseinheiten abzählbar sind, d.h. nach der binären Logik der Booleschen Algebra ja/nein funktionieren. Und unter dieser Bedingung kann die Sprache zur Ware werden, vorausgesetzt, daß ihr Sinn verrechenbar ist. Wenn Sie wollen, daß Ihre Sätze auf dem Markt der Sprache zirkulieren (dieser Markt ist vor allem der Medienmarkt), dann müssen sie dort wettbewerbsfähig sein. Die Sätze, von denen man nicht sagen kann ›hier ist die mitgeteilte Information‹, werden nicht verbucht und damit auch nicht mitgeteilt« (Lyotard, Philosophie und Malerei im Zeitalter ihres Experimentierens, S. 99f.).

[180] »Ihr versteht, warum ich meine, daß eine politische Reflexion nicht ohne eine Reflexion der Sprache stattfinden kann, nicht ohne eine Beschäftigung mit der Sprache. Von Anfang an wird man in eine Sprache hineingeboren und die Sprache spricht (zu) uns, die Sprache diktiert uns ihr Gesetz, das ein Gesetz des Todes ist: sie diktiert uns ihr Familienmodell, sie diktiert uns ihr Ehemodell, und sobald man dabei ist, einen Satz zu produzieren, wenn man das Sein zuläßt, wenn man eine Frage zum Sein zuläßt, wenn man Ontologie zuläßt, nun, dann ist man gleich geschnappt von einem gewissen Typus des männlichen Wunschs, der den philosophischen Diskurs antreibt; sobald man die Frage stellt nach ›was ist das‹, sobald man eine Frage stellt, sobald man eine Antwort verlangt, nun, dann ist man bereits im männlichen Verhör gefangen. Ich sage ›männliches Verhör‹, ihr wißt, daß man ... sagt, der und der ist von der Polizei ›verhört‹ worden. Und dieses Verhör, es geschieht unvermeidlich durch die Wirkung der Bedeutung: ›was ist das? wo ist das?‹. Das ist eine Wirkung von Bedeuten-Sollen, vom ›dies soll das heißen‹, von der prädikativen Distribution, die immer gleichzeitig die Bildung von Sinn verlangt, und während sich der Sinn konstituiert, geschieht dies nur in einer Bewegung, wo der eine des Begriffspaares, wo der eine von beiden zugunsten des anderen zerstört wird« (Cixious, Die unendliche Zirkulation des Begehrens, S. 22f.).

[181] Barthes, Kritik und Wahrheit, S. 30f.

[182] Lyotard, Philosophie und Malerei im Zeitalter ihres Experimentierens, S. 105.

[183] Derrida, Die vertagte Demokratie, S. 93.

[184] Derrida, Grammatologie, S. 27.

[185] Deleuze/Guattari, Anti-Ödipus, S. 263.

[186] Derrida, Die Schrift und die Differenz, S. 356.

[187] Das heißt nicht, dass es keine nicht-einschränkenden ›Symbole‹ oder Riten geben kann; nur haben diese *keine repräsentative* Funktion: »Der Baum im Zentrum der Sonnentanzhütte repräsentiert nicht einfach die Achse der Welt, sondern *ist* diese Achse und ist das Zentrum der Welt.

Der Adler ist nicht ein Symbol der Sonne, sondern ist in gewissem Sinn die Sonne; und in gleichem Maße ist die Sonne nicht ein Symbol des Kreativen Prinzips, sondern ist dieses Prinzip, wie es sich in der Sonne manifestiert. Wenn ein Sänger der Navajos eine Sandmalerei von einem der Götter ... macht, repräsentiert die Malerei nicht den Gott; der Gott ist in ihr gegenwärtig und befällt alle an der Zeremonie Teilnehmenden mit seiner besonderen Gunst oder Macht« (Brown, The Spiritual Legacy of the American Indian, S. 72).

188 Deleuze/Guattari, Anti-Ödipus, S. 68f.

189 Deleuze/Guattari, Tausend Platueas, S. 160.

190 ebda., S. 247f.

191 ebda., S. 193.

192 ebda., S. 107.

193 ebda., S. 140f.

194 ebda., S. 106.

195 Barthes, Lektion, S. 23.

196 ebda., S. 19.

197 Deleuze/Guattari, Anti-Ödipus, S. 265.

198 ebda., S. 265.

199 Deleuze/Parnet, Dialoge, S. 87.

200 Deleuze/Guattari, Anti-Ödipus, S. 265.

201 Deleuze/Guattari, Tausend Plateaus, S. 162.

202 Guattari, l'inconscient machinique, S. 10.

203 Guattari, La révolution moléculaire, S. 231.

204 Deleuze/Guattari, Tausend Plateaus, S. 96.

205 Derrida, Die Schrift und die Differenz, S. 424.

206 Barthes, Kritik und Wahrheit, S. 45.

207 Deleuze, in: Antipsychiatrie und Wunschökonomie, S. 10.

208 Lyotard, Der Widerstreit, S. 11.

209 Derrida, Grammatologie, S. 26.

210 Während die Schrift tatsächlich eine ausgeprägte Eigenständigkeit besitzt: »Daß der Zugang zum geschriebenen Zeichen die geheiligte Macht gewährt, die Existenz in der Spur fortdauern und die allgemeine Struktur des Universums erkennen zu lassen; daß der ganze Klerus, ob er über politische Macht verfügte oder nicht, zur gleichen Zeit entstand wie die Schrift und sich mit Hilfe der in der Schrift angelegten Herrschaft durchsetzen konnte; daß die Strategie, die Ballistik, die Diplomatie, die Agrikultur, das Steuerwesen und das Strafrecht in ihrer Geschichte und ihrer Struktur an die Herausbildung der Schrift gebunden sind; daß der der Schrift zugeschriebene Ursprung in den verschiedenartigsten Kulturen nach immer analogen Schemata oder Ketten von Mythemen verlief, und daß dieser Ursprung in sehr komplexer, aber dennoch geregelter Weise mit der Aufteilung der politischen Gewalt und der Struktur der Familie verknüpft war; daß die Möglichkeit zur Kapitalisierung und für die politisch-administrative Organisation immer über die Hand der Schreiber verlief, welche zahlreiche Kriege ins Rollen brachte und die in ihrer Funktion nie beschnitten werden konnte, wie auch immer der Vorbeimarsch der Delegation sich gestaltete, in denen man sie am Werk sah; daß durch die Verschiebungen ..., die Ungleichmäßigkeiten der Entwicklung, das Spiel von Beharrlichkeiten, Verzögerungen, Weitschweifigkeiten usw. hindurch der enge Zusammenhang zwischen dem ideologischen,,religiösen und wissenschaftlich-technischen System und den Schriftsystemen ungebrochen fortbesteht – Schriftsystemen, die folglich immer mehr und zugleich etwas anderes waren als bloße ›Kommunikationsmittel‹ oder Vehikel des Signifikats; daß gerade der Sinn der Macht und der Effizienz im allgemeinen, der als solcher, das heißt als Sinn und (idealisiert) als Herrschaft nur zusammen mit der sogenannten ›symbolischen Gewalt‹ in Erscheinung treten konnte, immer an die Verfügung über die Schrift gebunden war;

daß die monetäre und vormonetäre Ökonomie und die schriftliche Berechnung gleich-ursprünglich sind; daß es ohne die Möglichkeit der Spur ... kein Recht gibt – all das verweist auf eine gemeinsame und radikale Möglichkeit, die als solche von keiner Einzelwissenschaft und keiner abstrakten Disziplin gedacht werden kann« (Derrida, Grammatologie, S. 168f.).

[211] Derrida, Semiologie und Gramatologie, S. 148.

[212] Derrida, Grammatologie, S. 27.

[213] ebda., S. 76.

[214] Für Deleuze und Guattari ist das die Geburtsstunde des Gesichts. Denn »die Stimme kommt aus dem Gesicht; deshalb behält das Geschriebene, wie wichtig die Schreibmaschine für die imperiale Bürokratie auch sein mag, einen oralen, nicht an das Buch gebundenen Charakter« (Deleuze/Guattari, Tausend Plateaus, S. 160). Keine Frage, »das Gesicht ist Politik« (ebda., S. 249).

[215] Derrida, Grammatologie, S. 25. – Das heißt etwa: »In Wahrheit ... fehlt den sogenannten ›schriftlosen‹ Völkern immer nur ein ganz bestimmter Schrifttypus. Diesem oder jenem Konsignationsverfahren die Bezeichnung Schrift vorzuenthalten, ist kennzeichnend für den ›Ethnozentrismus‹« (Derrida, Grammatologie, S. 148).

[216] Deleuze/Parnet, Dialoge, S. 85.

[217] Deleuze/Guattari, Anti-Ödipus, S. 32f.

[218] Deleuze/Guattari, Tausend Plateaus, S. 51.

[219] ebda., S. 56.

[220] Deleuze/Guattari, Anti-Ödipus, S. 459.

[221] ebda., S. 67.

[222] Deleuze, in: Pariser Gespräche, S. 45.

[223] Deleuze/Guattari, Anti-Ödipus, S. 102.

[224] ebda., S. 343.

[225] ebda., S. 212.

[226] ebda., S. 104.

[227] ebda., S. 106.

[228] ebda., S. 58.

[229] ebda., S. 129.

[230] Guattari, La révolution moléculaire, S. 12.

[231] Deleuze/Guattari, Anti-Ödipus, S. 69f.

[232] ebda., S. 342 und 131.

[233] Guattari, La révolution moléculaire, S. 19.

[234] Deleuze/Guattari, Anti-Ödipus, S. 119.

[235] ebda., S. 61.

[236] ebda., S. 63.

[237] Guattari, La révolution moléculaire, S. 16.

[238] Deleuze, in: Antipsychiatrie und Wunschökonomie, S. 9.

[239] Guattari, La révolution moléculaire, S. 143.

[240] ebda., S. 56f. - Weitere Anti-Psychoanalyse-Bemerkungen von Deleuze und Guattari beinhalten: einen Gruß an die »Internationale Psychoanalytische Vereinigung, an deren Pforte groß geschrieben steht ›Eintritt nur für Ödipale(s)‹«(Deleuze/Guattari, Anti-Ödipus, S. 57); die Frage: »Wissen denn diese Psychoanalytiker, die Frauen, Kinder, Neger, Tiere ödipalisieren, überhaupt, was sie tun? Wir träumen davon, bei ihnen ins Zimmer zu treten, die Fenster zu öffnen und zu sagen: es riecht dumpf hier, etwas mehr Verbindung nach draußen... Denn der Wunsch überlebt nicht, wenn er vom Außen, von seinen ökonomischen und gesellschaftlichen Besetzungen und Gegenbesetzungen abgeschnitten wird« (ebda., S. 463); den Hilfeschrei des/der vom Trip zurückgekehrten: »Nein, der Hund, den ich gesehen habe, mit dem

ich unter Drogeneinfluß gerannt bin, das ist nicht meine Hurenmutter« (Deleuze/Parnet, Dialoge, S. 56); die Bemerkung zur Methode des Analytikers: »Sag, daß es Ödipus ist, oder ich knall' dir eine! Hier fragt der Analytiker gar nicht mehr nach den spezifischen Wunschmaschinen, sondern schreit gleich los: ›Gib Papa-Mama zur Antwort, wenn ich mit dir rede!‹ Selbst Melanie Klein...« (Deleuze/Guattari, Anti-Ödipus, S. 58); die Anmerkung zu Psychoanalyse und Geschichte: »Unausschöpflich und immer aktuell: der Katalog der Plattheiten von Ödipus. Man erzählt uns, daß das Sterben der Väter über Tausende von Jahren andauert (hört, hört!), und daß die entsprechende ›Internalisierung‹ der Vaterimago während des Paläolithikums bis zu Beginn des Neolithikums ›in weniger als 10000 Jahren‹ sich vollzogen habe. Entweder treibt man Geschichte oder man läßt es« (ebda., S. 137); den Hinweis: »Einzig sinnvolle Art, die Zeit auf der Couch zu verbringen: den Psychoanalytiker zu schizophrenisieren« (ebda., S. 474); die Feststellung: »Ödipus als letztes kapitalistisches Konsumangebot, Papa-Mama lutschen, sich auf der Couch stempeln und triangulieren lassen: ›Das also...‹« (ebda., S. 403); oder die Geschichte vom Wolfsmann: »In der ersten Episode, die Freud für neurotisch erklärt, erzählt der Wolfsmann, daß er von sechs oder sieben Wölfen auf einem Baum geträumt und fünf gezeichnet hat. Wer zweifelt denn daran, daß Wölfe immer im Rudel kommen? Niemand, außer Freud. Jedes Kind weiß das, nur Freud nicht. Freud fragt mit einer verlogenen Gewissenhaftigkeit: Wie soll man erklären, daß es im Traum fünf, sechs oder sieben Wölfe gab? Da er entschieden hat, daß es sich um eine Neurose handelt, greif er zum zweiten Reduktionsverfahren ... denn es geht immer darum, zu einer Einheit zurückzukehren ... Ergo, die Wölfe müssen von ihrer Mannigfaltigkeit gereinigt werden. Die Operation geschieht durch die Assoziation des Traumes mit der Geschichte *Vom Wolf und den sieben Geißlein* (von denen nur sechs gefressen wurden). Man kann Freuds Jubel über diese Reduktion miterleben, man sieht buchstäblich, wie die Mannigfaltigkeit der Wölfe verschwindet, um auf die Geißlein überzugehen, die überhaupt nichts mit der Geschichte zu tun haben. Sieben Wölfe, die nur Geißlein sind, sechs Wölfe, denn das siebte Geißlein (der Wolfsmann selber) versteckt sich in der Uhr, fünf Wölfe, denn es war vielleicht fünf Uhr, als er seine Eltern beim Koitus beobachtete, und außerdem wird die römische Zahl V mit dem Spreizen der weiblichen Schenkel assoziiert, drei Wölfe, denn die Eltern vögelten vielleicht dreimal, zwei Wölfe, denn die beiden trieben es gerade *more ferarum*, oder vielleicht hatte das Kind auch zuvor zwei Hunde bei der Begattung gesehen, dann ein Wolf, nämlich der Vater, was man schon von Anfang an wußte, und schließlich kein Wolf, denn er hat seinen Schwanz verloren, ist nicht weniger kastriert als der Kastrator. Wen will Freud an der Nase herumführen? Die Wölfe hatten nie eine Chance davonzukommen und ihr Rudel zu retten: es war von Anfang an klar, daß die Tiere nur dazu da waren, den Koitus der Eltern darzustellen, oder umgekehrt, um durch einen solchen Koitus dargestellt zu werden. Freud weiß offensichtlich nichts von der Faszination, die von Wölfen ausgeht, von dem, was der stumme Ruf der Wölfe bedeutet, von der Aufforderung, Wolf zu werden. Wölfe schauen das träumende Kind sehr aufmerksam an; es ist ja viel beruhigender, sich zu sagen, daß der Traum zur Homosexualität führt und daß das Kind Hunde oder Eltern beim Geschlechtsverkehr beobachtet hat. Freud kennt nur den ödipalisierten Wolf oder Hund, den kastriert-kastrierenden Papa-Wolf, den Hund in der Hundehütte, das Wau-Wau des Psychoanalytikers« (Deleuze/Guattari, Tausend Plateaus, S. 45f.).

241 Irigaray, Speculum, S. 63.

242 Irigaray, Das Geschlecht das nicht eins ist, S. 89.

243 ebda., S. 165.

244 Guattari, La révolution moléculaire, S. 15.

245 Irigaray, Das Geschlecht das nicht eins ist, S. 107.

246 ebda., S. 148.

247 ebda., S. 75.

248 Deleuze/Parnet, Dialoge, S. 85.

249 Deleuze/Guattari, Anti-Ödipus, S. 347.

250 Foucault, Der Wille zum Wissen, S. 16.

251 ebda., S. 81.

[252] »Den Kult um sein Leben, seine Lehre und seine Legenden hatte er geschickt mitinszeniert – er gefiel sich sichtlich in der Rolle des genialen Gurus. Es war längst Mode geworden, bei Lacan in die Analyse zu gehen. Seine Seminare waren seit einem Jahrzehnt ein Wallfahrtsort der Pariser Schickeria – auch wenn er während einer Lektion gelegentlich nicht mehr als einen Satz von sich gab: man besuchte sie wie eine gesellschaftliche Salonveranstaltung bei Dior« (Altwegg/Schmidt, Französische Denker der Gegenwart, S. 124).

[253] Cixious, Die unendliche Zirkulation des Begehrens, S. 24.

[254] Deleuze/Parnet, Dialoge, S. 89.

[255] Guattari, La révolution moléculaire, S. 271f.

[256] Lyotard, Ökonomie des Wunsches, S. 49.

[257] Derrida, in: Philosophien, S. 57.

[258] Deleuze/Guattari, Anti-Ödipus, S. 67.

[259] Deleuze/Parnet, Dialoge, S. 58.

[260] Deleuze, in: Pariser Gespräche, S. 46.

[261] Deleuze/Guattari, Anti-Ödipus, S. 432.

[262] Deleuze/Guattari, Tausend Plateaus, S. 31.

[263] Deleuze/Guattari, Anti-Ödipus, S. 463.

[264] ebda., S. 503.

[265] Foucault, in: Philosophien, S. 38f.

[266] Deleuze, Nietzsche und die Philosophie, S. 112.

[267] Deleuze, Unterhandlungen, S. 153.

[268] Deleuze/Guattari, Rhizom, S. 8.

[269] Irigaray, Das Geschlecht das nicht eins ist, S. 223.

[270] Lyotard, Streifzüge, S. 24.

[271] Lyotard, das Inhumane, S. 134.

[272] Deleuze, in: Antipsychiatrie und Wunschökonomie, S. 154.

[273] Deleuze/Parnet, Dialoge, S. 155.

[274] Deleuze/Guattari, Qu'est-ce que la Philosophie, S. 12.

[275] Foucault, Dispositive der Macht, S. 226.

[276] ›Falsch‹ nicht im Sinne einer fehlenden Übereinstimmung mit einer Wirklichkeit, sondern als Kennzeichnung eines dualisierend-hierarchisierenden Denkens, das unweigerlich herrschaftliche Lebensformen bedingt (kurz: *falsch denken* heißt soviel wie *herrschaftlich leben*).

[277] Deleuze/Guattari, Qu'est-que la philosophie, S. 10.

[278] Foucault, in: Der Faden ist gerissen, S. 57.

[279] Deleuze/Guattari, Tausend Plateaus, S. 518.

[280] Deleuze, in: Pariser Gespräche, S. 48.

[281] Deleuze, Logik des Sinns, zit.n.: Taureck, Französische Philosophie im 20. Jahrhundert, S. 148.

[282] Foucault, in: Der Faden ist gerissen, S. 29.

[283] Lyotard, Streifzüge, S. 44.

[284] Foucault, Von der Subversion des Wissens, S. 80.

[285] Foucault, in: Der Faden ist gerissen, S. 46.

[286] Lyotard, Ökonomie des Wunsches, S. 70.

[287] Deleuze/Guattari, Kafka, S. 31.

[288] Deleuze, Nietzsche und die Philosophie, S. 8.

[289] ebda., S. 8.

[290] Foucault, in: Der Faden ist gerissen, S. 11.

[291] Lyotard, Philosophie und Malerei im Zeitalter ihres Experimentierens, S. 156f.

[292] Deleuze, in: Pariser Gespräche, S. 47.

[293] Kristeva, Die Revolution der poetischen Sprache, S. 96.

[294] Lyotard, Das Patchwork der Minderheiten, S. 65.

[295] Deleuze/Guattari, Kafka, S. 20.

[296] Lyotard, Ökonomie des Wunsches, S. 369.

[297] Baudrillard: »Heutzutage gilt es als chic und revolutionär, sich im Molekularen herumzutreiben. (...) Hütet euch vor dem Molekularen!« (Baudrillard, Oublier Foucault, S. 41 und 43). (Siehe zu Baudrillards Kritik auch II,2,16.)

[298] Foucault, Dispositive der Macht, S. 62.

[299] Foucault, in: Der Faden ist gerissen, S. 49.

[300] Foucault, Dispositive der Macht, S. 81.

[301] Deleuze/Guattari, Anti-Ödipus, S. 418.

[302] Deleuze, Logique du sens, S. 7.

[303] Deleuze, in: Pariser Gespräche, S. 49.

[304] Deleuze, ebda., S. 47.

[305] Deleuze, Pierre Klossowski oder die Sprache des Körpers, S. 63.

[306] Deleuze, Nietzsche und die Philosophie, S. 205.

[307] Deleuze, in: Der Faden ist gerissen, S. 77f.

[308] Deleuze, Proust und die Zeichen, S. 139.

[309] Deleuze, Nietzsche und die Philosophie, S. 8.

[310] Deleuze, Foucault, S. 117.

[311] Deleuze/Guattari, Tausend Plateaus, S.II.

[312] ebda., S. 48.

[313] Foucault, in: Der Faden ist gerissen, S. 57.

[314] Deleuze, Differenz und Wiederholung, S. 11. – Deleuze zum Unterschied von Differenz und Gegensatz: »Die Verneinung *steht im Gegensatz* zur Bejahung, wohingegen die Bejahung von der Verneinung abweicht, *differiert*. Wir dürfen nicht die Bejahung als eine solche denken, die ihrerseits zur Verneinung ›im Gegensatz steht‹. Das hieße, das Negative in sie einzuführen. Nicht nur gibt der Gegensatz das Verhältnis der Verneinung zur Bejahung wieder, er macht vielmehr das Wesen des Negativen schlechthin aus. Wie die Bejahung Lust und Spiel in der eigenen Differenz ist, so eignet der Verneinung das Leiden und die Arbeit des Gegensatzes« (Deleuze, Nietzsche und die Philosophie, S. 203f.). Bejahend sind die Herren (»beim Herren steckt alles Positive in den Prämissen« (ebda., S. 132)), verneinend die Sklaven (»der Sklave bedarf der Prämissen der Reaktion und der Verneinung, des Ressentiments und des Nihilismus, um eine scheinbar positive Schlußfolgerung zu erhalten« (ebda., S. 132)).

Vincent Descombes kommt auf recht sophistisch anmutenden Wegen dazu, Deleuze Widersprüchlichkeit nachzuweisen, denn wenn der Herr immer in Differenzen denkt, könne er keine aufs Gegenteil und die Negation versessenen Sklaven wahrnehmen, weil es für ihn ja überhaupt keine Differenzen und Gegensätze gäbe (vgl. Descombes, Das Selbe und das Andere, S. 193ff.). Aber es scheint falsch, zu glauben, dass der Herr diejenigen nicht ausmachen kann, die ihm ressentimentgeladen begegnen - auch wenn er die Sklaven als different und nicht als gegenteilig wahrnimmt, weiß er doch, dass es Sklaven sind; weil er erkennt, dass ihre Bejahung nur eine »Schlußfolgerung aus negativen Prämissen« (Deleuze, Nietzsche und die Philosophie, S. 132) ist (es gibt diese – wenn auch negative – ›Bejahung‹ aber; das scheint Descombes zu wenig zu berücksichtigen). Kurz, Descombes Voraussetzung: »Der Herr ist nicht mehr der Herr, wenn er nicht den Sklaven als Sklaven ignoriert. Auf keinen Fall darf der Herr wissen, daß der Sklave reine Verneinung ist, sondern muß die sklavischen Verneinungen für andere Bejahungen halten« (Descombes, Das Selbe und das Andere, S. 194) scheint fragwürdig. Auch Descombes Gegenüberstellung von der »Bejahung der Differenz« und der »Bejahung seiner Identität« durch den Herren scheint so nicht gerechtfertigt (»der Herr zieht nicht die Bejahung seiner Überlegenheit aus einem Vergleich mit dem Sklaven, er konkurriert nie mit ihm. Wenn aber in dieser souveränen Selbstbejahung kein Bezug zum Anderen enthalten ist, dürfte Deleuze nicht schreiben: ›Der Herr bejaht seine Differenz‹, sondern: ›Er bejaht seine *Identität.*‹ Nun darf aber der Deleuzesche Herr auf keinen Fall seine Identität bejahen, sonst weicht die Differenz (zwischen ihm und dem Anderen) der Identität (zwischen ihm und ihm selbst) und muß sich dieser unterordnen. Damit aber wären wir bei einer Hierarchie und nicht bei einer Anarchie oder nomadischen Verteilung deleuzeschen Typs« (ebda., S. 196)): Das Bejahen seiner selbst (das nicht das Bejahen seiner ›Identität‹ sein muss), ist *dasselbe* wie das Bejahen seiner Differenz zu anderen. Der Herr braucht sich nicht mit anderen zu vergleichen, wenn er sich bejaht, um in seiner Bejahung die Differenz zu diesen zu bejahen. Kurz, auch wenn es stimmen sollte, dass in der Selbstbejahung primär »kein Bezug zum Anderen vorhanden« ist, heißt das nicht, dass sie keinen Bezug zum anderen impliziert (und das heißt auch, dass sich da nichts hierarchisch unterordnet, sondern dass es sich immer um nomadische Bezüge handelt).

[315] Barthes, Die Lust am Text, S. 48.

[316] Deleuze, Nietzsche und die Philosophie, S. 205f.

[317] Foucault, in: Der Faden ist gerissen, S. 43.

[318] Deleuze/Guattari, Tausend Plateaus, S. 276.

[319] Deleuze/Parnet, Dialoge, S. 19.

[320] ebda., S. 18.

[321] Deleuze/Guattari, Tausend Plateaus, S. 346.

[322] ebda., S. 12.

[323] Deleuze, Pierre Klossowski oder die Sprachen des Körpers, S. 59.

[324] Deleuze/Guattari, Anti-Ödipus, S. 36.

[325] Deleuze/Guattari, Tausend Plateaus, S. 51.

[326] Irigaray, Das Geschlecht das nicht eins ist, S. 219.

[327] Deleuze/Guattari, Tausend Plateaus, S. 37.

[328] ebda., S. 55.

[329] Deleuze, in: Pariser Gespräche, S. 49.

[330] Deleuze/Guattari, Tausend Plateaus, S. 664.

[331] ebda., S. 15.

[332] ebda., Tausend Plateaus, S. 215.

[333] ebda., S. 362.

[334] Deleuze, Kleine Schriften, S. 80f.

[335] ebda., S. 81.

[336] Deleuze/Guattari, Tausend Plateaus, S. 217.

[337] ebda., S. 34.

[338] ebda., S. 16.

[339] ebda., S. 35ff.

[340] ebda., S. 26.

[341] ebda., S. 41. – Dem Rhizom sehr ähnlich ist Derridas Spur oder Urschrift, in der alle Differenzen miteinander verbunden sind. Von einem einheitsstiftenden Prinzip, wie ich meine, weit entfernt, steht es für jenes Feld, auf dem die Differenzen ihr Spiel spielen und ohne das sie es gar nicht spielen könnten: »die Differenz kann … nicht ohne die *Spur* (trace) gedacht werden« (Derrida, Grammatologie, S. 99). Es ist nicht die Einheit, die die Vielheit und Differenz auflöst, sondern jene, die Letztere notwendig begleitet: »im Rahmen (… der) Ur-Schrift, das heißt im Spiel der Differenz« (ebda., S. 190).

[342] Deleuze/Guattari, Anti-Ödipus, S. 494.

[343] Deleuze/Parnet, Dialoge, S. 103.

[344] Deleuze/Guattari, Tausend Plateaus, S. 349.

[345] Deleuze/Guattari, Anti-Ödipus, S. 68.

[346] ebda., S. 68.

[347] ebda., S. 512.

[348] ebda., S. 7.

[349] ebda., S. 7.

[350] ebda., S. 8.

[351] ebda., S. 502.

[352] ebda., S. 503.

[353] ebda., S. 13.

[354] ebda., S. 377.

[355] ebda., S. 443.

[356] ebda., S. 141.

[357] ebda., S. 231.

[358] ebda., S. 401.

[359] ebda., S. 234f.

[360] ebda., S. 57.

[361] ebda., S. 124.

[362] ebda., S. 126.

[363] Deleuze/Guattari, Tausend Plateaus, S. 226.

[364] ebda., S. 48.

[365] ebda., S. 43.

[366] ebda., S. 177.

[367] ebda., S. 473. – Sie entsprechen damit dem unterjochenden Denken (vgl. II,2): »Tatsächlich tritt das Gesellschaftliche und das Metaphysische zum gleichen Zeitpunkt auf« (Deleuze/Guattari, Anti-Ödipus, S. 464).

[368] ebda., S. 39.

[369] ebda., S. 439.

[370] Vincent Descombes bringt hier eine Kritik an, die mir nicht ganz einleuchtet: Er meint, dass »Deleuze schließlich das, *was ist*, am Maßstab dessen, *was nicht ist*, aber *sein sollte*« misst (Descombes, Das Selbe und das Andere, S. 212), dass er ein »Ideal aufstellt« (das Schizo-Begehren) und dass er ein »wahres« von einem »verzerrtem« Begehren unterscheidet (vgl. ebda., S. 212 und 216). Ich weiß nicht, wie Descombes darauf kommen kann, denn schließlich sagt Deleuze nicht »was sein sollte« (sondern nur, was er befreien will), er stellt kein Ideal auf, sondern sagt, welche – immer und überall bestehenden – Begehrensströme er antreiben will, und keinesfalls sagt er, dass der schizo-revolutionäre Wunsch ›wahrer‹ oder ›authentischer‹ oder ›ursprünglicher‹ ist als der paranoid-reaktionäre. Descombes macht für mich aus einer revolutionären Pragmatik einen moralischen Idealismus.

[371] Deleuze/Guattari, Anti-Ödipus, S. 440.

[372] ebda., S. 440.

[373] ebda., S. 488.

[374] ebda., S. 336. – Die gesamte Konzeption des Wunsches erinnert stark an Nietzsches Kräftetheorie bzw. an den *Willen zur Macht*: aktive und reaktive Kräfte, in denen der Wille zur Macht wirkt, machen das Spiel des Lebens aus (»Dieses Prinzip bedeutet nicht (zumindest nicht in erster Linie), daß der Wille die Macht *wollte* oder zu herrschen *wünschte*. Wenn man den Willen zur Macht im Sinne eines ›Wunsches zu herrschen‹ interpretiert, macht man ihn gewaltsam von den etablierten Werten abhängig … Dadurch verkennt man die Natur des Willens zur Macht als … Prinzip der Schaffung neuer, nicht schon anerkannter Werte. Nietzsche sagt, der Wille zur Macht besteht weder darin, heftig zu begehren, noch auch darin, *zu nehmen*, sondern darin, *zu schaffen* und *zu schenken*« (Deleuze, Nietzsche, S. 26)). Die aktiven Kräfte sind

dessen bejahender, lebendiger Teil, völlig ausgerichtet auf Intensität, Abenteuer, Bewegung; die reaktiven Kräfte hingegen machen aus dem Willen zur Macht einen Willen zum Nichts (»Wenn der Nihilismus triumphiert, dann und nur dann beinhaltet der Wille zur Macht nicht mehr ›schaffen‹, sondern bedeutet: die Macht wollen, zu dominieren wünschen (also sich den etablierten Werten, wie Geld, Ehre und Vermögen, fügen) (...) *dieser* Wille zur Macht ist als Bedingung seines Triumphes Willen zum Nichts« (ebda., S. 29f.)), sind ressentimentgeladen und nihilistisch, verneinen das Leben und trachten nur danach, andere Kräfte an ihrer Entfaltung zu hindern (sie alle reaktiv werden zu lassen): »Reaktiv ist in der Tat alles, was eine Kraft abtrennt; reaktiv ist weiterhin der Zustand einer Kraft, die von dem getrennt ist, was sie kann. Aktiv demgegenüber ist jede Kraft, die bis ans Ende ihrer Macht geht. (...) Das Aktiv-werden ist affirmatorisch und bejahend, wie das Reaktiv-werden verneinend und nihilistisch« (Deleuze, Nietzsche und die Philosophie, S. 65 und 75). Es bedarf keines besonderen Scharfblicks, um in Deleuze' und Guattaris Wunsch Spuren des Konzeptes des Willens zur Macht zu entdecken und in den beiden Polen (schizo-revolutionär und paranoid-reaktionär) die Wirkungen der qualitativ unterschiedenen Kräfte. (Ehrlich gesagt, sie sagen's ja selber: »Begehren: ... Nietzsche nannte es ›Wille zur Macht‹« (Deleuze/Parnet, Dialoge, S. 98).) Den zwei Kraftqualitäten (und den beiden »Wunsch-Polen«) entspricht auch die nietzscheanische Unterscheidung einer Herrenmoral der selbstgeschaffenen Werte und einer Sklavenmoral des restriktiven Verhaltenskodex (unsere christlich-abendländische Moral): während sich die Erstere ihre eigenen Werte in bejahender Aktivität schafft (»ich bin gut, also bist du schlecht«), definiert sich die Letztere über die Verneinung der Lebendigkeit bei anderen und ist nur darum bemüht, alle Kräfte einzusperren und zu unterdrücken (»du bist böse, also bin ich gut«). Ohne dass die PoststrukturalistInnen die heikle Terminologie Nietzsches übernehmen, scheint die Lebenshaltung des ›Herren‹ jene vorzudenken, um die es ihnen geht (vgl. III,1 und III,3).

[375] Deleuze/Guattari, Anti-Ödipus, S. 415.

[376] Deleuze/Guattari, Tausend Plateaus, S. 522f.

[377] ebda., S. 279.

[378] ebda., S. 39.

[379] ebda., S. 38.

[380] Guattari, Wunsch und Revolution, S. 36f.

[381] Lyotard, Intensitäten, S. 31.

[382] Baudrillard: »Dieser Zwang zum Verflüssigen, zum Strömen, zur beschleunigten Zirkulation des Psychischen, des Sexuellen und des Körperlichen ist die genaue Nachbildung jenes Zwanges, der den Warenwert beherrscht: Das Kapital muß so zirkulieren, als ob es keine Schwere, keinen Fixpunkt mehr hätte, damit die Kette der Investitionen und Reinvestitionen nicht unterbrochen wird und der Wert ohne Unterlaß sich zu beliebiger Höhe anwachsen kann« (Baudrillard, Oublier Foucault, S. 30). (Siehe auch II,2,16.)

[383] Deleuze/Parnet, Dialoge, S. 155.

[384] Foucault, Archäologie des Wissens, S. 130.

[385] Lyotard, Der Widerstreit, S. 11.

[386] Foucault, Archäologie des Wissens, S. 84f.

[387] Lyotard, Das postmoderne Wissen, S. 40.

[388] Lyotard, Der Widerstreit, S. 10.

[389] Foucault, Archäologie des Wissens, S. 156.

[390] ebda., S. 92.

[391] ebda., S. 50.

[392] ebda., S. 34.

[393] ebda., S. 40.

[394] Foucault, Die Ordnung des Diskurses, S. 33.

[395] ebda., S. 11.

[396] Barthes, Lektion, S. 63.

[397] Foucault, Archäologie des Wissens, S. 235.

[398] Butler, S. 216.

[399] Deleuze, Nietzsche, S. 120.

[400] Kristeva, Die Revolution der poetischen Sprache, S. 113.

[401] Barthes, Kritik und Wahrheit, S. 57.

[402] Barthes, in: Antworten der Strukturalisten, S. 31.

[403] Barthes, Das Reich der Zeichen, S. 21.

[404] Insofern stimme ich auch nicht mit Genossen überein, die meinen: »Jeder revolutionäre Schreiber hat die verdammte Pflicht, schlicht, klar und amüsant zu schreiben, damit es eine Lust ist, ihn zu lesen« (VAL, Liebe, Krieg und Alltag, S. 36). Eher machen mir die »verdammten revolutionären Pflichten« etwas Angst.

[405] Deleuze, Kleine Schriften, S. 15f.

[406] Guattari, Psychotherapie, Politik und die Aufgaben der institutionellen Analyse, S. 165.

[407] »Daraus ergibt sich eine bestimmte Ethik der literarischen Sprache, die bestätigt werden muß, weil sie bestritten wird. Man wirft dem Schriftsteller, dem Intellektuellen oft vor, er schreibe nicht die Sprache ›von jedermann‹. Aber es ist gut, daß die Menschen innerhalb eines gleichen Idioms – für uns des Französischen - mehrere Sprachen haben. Wenn ich Gesetzgeber wäre – eine absurde Annahme für jemand, der, etymologisch gesprochen, ›an-archist‹ ist –, würde ich keineswegs eine Vereinheitlichung des Französischen erzwingen, sei sie bourgeoiser oder volkstümlicher Art, sondern im Gegenteil das gleichzeitige Erlernen mehrerer französischer Sprachen, diverser Funktionen, die einander gleichgestellt würden, fördern« (Barthes, Lektion, S. 35).

[408] Deleuze/Guattari, Tausend Plateaus, S. 17.

[409] Lyotard, Das postmoderne Wissen, S. 15.

[410] Deleuze/Guattari, Kafka, S. 35. – Angesichts dieser Sprachvielfalt stellt Barthes an jene, die sich über die Unverständlichkeit mancher Texte mokieren, die Frage: »Würde man einem Chinesen … vorhalten, daß er Französischfehler macht, *wenn er chinesisch spricht?*« (Barthes, Kritik und Wahrheit, S. 54).

[411] Deleuze/Guattari, Tausend Plateaus, S. 136.

[412] ebda., S. 56.

[413] Deleuze/Guattari, Kafka, S. 26.

[414] Derrida ändert damit das französische »différence« ab; er tauscht das *e* mit einem *a*. Es gibt dafür vor allem zwei Gründe: Erstens kommt der Doppelsinn von »différer« (nämlich »aufschieben« und »anderssein« – vgl. oben) in »différence« nicht zum Ausdruck, und das soll in »différance« anders sein; und zweitens ist diese Änderung für Derrida und seine Angriffe auf den Phonozentrismus deshalb besonders reizvoll, da sie in der Schrift deutlich wird, aber nicht zu hören ist. (Vgl. dazu und zu weiteren Gründen, warum aus der »différence« die »differance« wurde: Kimmerle, Derrida zur Einführung, S. 73-76).

[415] Derrida, Die différance, S. 83.

[416] Derrida, Gesetzeskraft, S. 15.

[417] Derrida, Die différance, S. 96.

[418] Auch der Begriff der différance weist eine starke Affinität zum nietzscheanischen Denken auf: »Die ›aktive‹, in Bewegung begriffene Zwietracht verschiedener Kräfte und Kräftedifferenzen, die Nietzsche dem System der metaphysischen Grammatik überall dort entgegensetzt, wo sie Kultur, Philosophie und Wissenschaft beherrscht, können wir mithin *différance* nennen« (ebda., S. 98).

[419] In der Tat geht Derridas Konzept der différance über den Text als Geschriebenes hinaus. Alles wird Text, somit auch alles vom Prinzip der différance erfüllt. Dies hat durchaus auch interessante anti-anthropozentrische Dimensionen, etwa wenn Derrida darauf verweist, dass es »noch nicht einmal eine sogenannte tierische Gemeinschaft ohne Spuren, ohne Territoriumskennzeichnungen« gibt (Derrida, in: Philosophien, S. 62). Die Debatten, ob sich Derrida hier mit dem Konzept der différance (oder jenen der »Spur« oder »Urschrift«) einer Metaphysik

verschreibt, die er eigentlich zu überholen behauptet, möchte ich hier nicht weiter verfolgen, doch sei auf sie verwiesen.

[420] ebda., S. 81.

[421] Derrida, Semiologie und Grammatologie, S. 154.

[422] ebda., S. 154.

[423] Derrida, Die différance, S. 103.

[424] Barbara Johnson, zit.n.: Dekonstruktiver Feminismus, S. 447.

[425] Menke, Verstellt: der Ort der ›Frau‹, S. 440.

[426] Culler, Dekonstruktion, S. 95.

[427] Irigaray, Das Geschlecht das nicht eins ist, S. 82.

[428] Derrida, Grammatologie, S. 45.

[429] Deleuze/Guattari, Tausend Plateaus, S. 377.

[430] Derrida, Die Schrift und die Differenz, S. 430.

[431] Derrida, Grammatologie, S. 29.

[432] Für Derrida ist die Dekonstruktion dabei die Gerechtigkeit. Er spricht von »den radikalen Programmen der Dekonstruktion ..., die im Sinne ihrer eigenen Konsequenz nicht in rein spekulativen, theoretischen und akademischen Diskursen eingeschlossen bleiben möchte, und die ... den Anspruch erhebt, Folgen zu haben, ... einzugreifen nicht nur im beruflichen Bereich, sondern ebenfalls in dem, was man ... die Welt nennt. Es geht nicht um eine Veränderung in dem zweifellos ein wenig naiven Sinne eines berechenbaren, beabsichtigten und strategisch kontrollierten Eingriffs; es geht vielmehr um eine Veränderung im Sinne einer maximalen Intensivierung der Verwandlungen, die gerade geschehen. (...) Daß die Dekonstruktion ... nicht nachgibt, daß sie stets die Befragung des Ursprungs, der Grundlagen und der Grenzen unseres begrifflichen, theoretischen, normativen Apparates, der um die Gerechtigkeit kreist, in Atem hält, bedeutet deshalb alles mögliche, nur nicht eine Neutralisierung des Interesses an der Gerechtigkeit, eine Unempfindlichkeit gegenüber der Ungerechtigkeit. Es bedeutet sogar, daß die Forderung nach Gerechtigkeit von einer hyperbolischen Überbietung ergriffen wird, ... daß man nicht allein die theoretischen Grenzen anzeigt, sondern auch konkrete Ungerechtigkeiten denunziert, solche Ungerechtigkeiten, die dort geschehen und deren Wirkungen dort besonders sinnfällig sind, wo das gute und ruhige Gewissen dogmatisch bei dieser oder jener überkommenen Bestimmung der Gerechtigkeit stehen bleibt. (...) Denn woher würde die Dekonstruktion ihre Kraft schöpfen, woher würde sie ihre Gewalt nehmen, wenn nicht von diesem immer unzufriedenen Ruf, von dieser nie zufriedenzustellenden Forderung, jenseits der vorgegebenen und überlieferten Bestimmungen dessen, was man in bestimmten Zusammenhängen als Gerechtigkeit, als Möglichkeit der Gerechtigkeit bezeichnet? (...) die Dekonstruktion ereignet sich in dem Zwischenraum, der die Unmöglichkeit einer Dekonstruktion der Gerechtigkeit von der Möglichkeit der Dekonstruktion des Rechts, von der legitimierenden oder legitimierten Autorität trennt. (...) Die Dekonstruktion ist die Gerechtigkeit« (Derrida, Gesetzeskraft, S. 18f/41/42/30f/30; vgl. auch Anmerkung 196, S.202).

[433] Deleuze, Kleine Schriften, S. 48.

[434] Deleuze/Guattari, Tausend Plateaus, S. 145.

[435] ebda., S. 146.

[436] Deleuze/Guattari, Kafka, S. 28f.

[437] Deleuze/Parnet, Dialoge, S. 12.

[438] ebda., S. 12.

[439] Deleuze, Kleine Schriften, S. 53.

[440] Deleuze/Guattari, Kafka, S. 38f.

[441] Deleuze, Foucault, S. 188.

[442] Deleuze/Guattari, Tausend Plateaus, S. 163f. – Und – um an den Phonozentrismus zu erinnern – hier verliert auch das Gesicht beinahe jede Bedeutung: »In primitiven Gesellschaften geschehen nur wenige Dinge über das Gesicht; ihre Semiotik ist nicht signifikant, nicht subjek-

tiv, sondern wesentlich kollektiv, polyvok und körperlich und spielt mit ganz verschiedenen Formen und Substanzen des Ausdrucks« (ebda., S. 241.); und: »Wenn das Gesicht eine Politik ist, dann ist auch das Auflösen des Gesichts eine Politik« (ebda., S. 258).

443 Deleuze/Guattari, Kafka, S. 28.

444 ebda., S. 32.

445 Deleuze/Guattari, Tausend Plateaus, S. 191.

446 Deleuze, Guattari, Anti-Ödipus, S. 261f. – Für Deleuze und Guattari (nicht für Derrida, der bei ihm den Phonozentrismus keineswegs überwunden sieht – vgl.: Grammatologie, S. 103ff.) ist die Linguistik Hjelmslevs (vgl. II,2,7) dabei von besonderer Bedeutung: »Eine Rückkehr zu Hjelmslev, oder vielmehr eine Umleitung durch Hjelmslev, könnte gewinnbringend sein« (Guattari, l'inconscient machinique, S. 39). Sie meinen, »daß Hjelmslev ... der einzige Linguist ist, der wirklich mit Signifikant und Signifikat gebrochen hat« (Deleuze/Guattari, Tausend Plateaus, S. 94).

447 Deleuze/Guattari, Kafka, S. 28.

448 Barthes, Lektion, S. 23.

449 Baudrillard, Der symbolische Tausch und der Tod, S. 303.

450 ebda., S. 319.

451 Cixious, Weiblichkeit in der Schrift, S. 12.

452 Descombes, S. 151.

453 Kristeva, Die Revolution der poetischen Sprache, S. 30.

454 ebda., S. 90.

455 ebda., S. 90.

456 ebda., S. 30.

457 ebda., S. 109. – Kristeva muss sich von Feministinnen wegen dieser (und anderer) Ausführungen immer wieder den Vorwurf »subjektivistischer« oder »wirkungsloser« politischer Theorie gefallen lassen: »Politisch gesehen schließt ihre Beschreibung des Semiotischen als einer unbewußten Kraft jede Analyse der bewußten Entscheidungsprozesse, die ein Teil jedes kollektiven revolutionären Vorhabens sein müssen, aus. Da sie ihren Schwerpunkt auf Negativität und Spaltung und nicht auf Fragen der Organisation und der Solidarität legt, gelangt Kristeva automatisch zu einer anarchistischen und subjektivistischen Position. Und in diesem Punkt würde ich dem Marxistisch-Feministischen Literaturkollektiv zustimmen, das ihre Poetik als ›politisch unbefriedigend‹ verurteilt« (Moi, Sexus Text Herrschaft, S. 199f.). »Kristevas Modell einer politischen Praxis, das heißt der Revolutionierung der poetischen Sprache, hat nämlich nicht nur, insofern diese Praxis Männern vorbehalten ist, eine stark reaktionäre, affirmative Schlagseite. Ihr Hauptanliegen, vor allem im späteren Werk, ist die Befreiung des psychisch Unterdrückten im Individuum, die Freisetzung des Subjektiven in allen seinen Graden und Schattierungen. Es ist nicht eine bestimmte Organisation von Gesellschaft, die Kristeva kritisiert, sondern jede Gesellschaft. ... Eine gesellschaftliche Praxis jedoch unter dem Aspekt der Freisetzung von körperlichem und psychischem Begehren zu begreifen, muß in letzter Konsequenz im politischen Rückzug enden und hebt sich im Grunde selbst als politische Praxis auf. (...) Obwohl Kristevas Theorie den Anspruch erhebt, Unterdrückung aufzuheben und festgefahrene Ordnungen umzustoßen, liefert sie kaum Vorschläge für eine praktische Umsetzung dessen, weder allgemein politisch noch für eine feministische Praxis. (...) Wir müssen uns mit dem Schluß abfinden, daß Kristevas Theorie politisch effektlos und unbefriedigend ist« (Postl, Weibliches Sprechen, S. 175/183/187). Was sich hier in feministischem Rahmen vollzieht, ist nichts anderes als der generelle Vorwurf vieler Linken an die PoststrukturalistInnen: individualistisch, nur destruktiv, kein Programm, keine politischen Vorschläge. Mir scheinen solche Vorwürfe eher haltlos. Oft scheinen sie mir etwa »individualistisch« mit »egoistisch«, oder das »Fehlen politischer Vorschläge« mit »keinem politisches Engagement« zu vermischen.

458 Barthes, Lektion, S. 29f.

459 Deleuze/Guattari, Kafka, S. 37. – Für Schreibende ergeben sich dabei – unter anderem – folgende Konsequenzen: »Die doppelte Funktion der Schreibweise, die poetische und kritische,

wird ausgetauscht und verschmilzt in eine« (Barthes, Kritik und Wahrheit, S. 57). »Es gibt keinen Unterschied zwischen dem, wovon ein Buch handelt, und der Art, in der es gemacht ist« (Deleuze/Guattari, Rhizom, S. 8). Es geht um »das Buch als Zusammenfügung mit dem Außen gegen das Buch als Bild der Welt« (Deleuze/Guattari, Tausend Plateaus, S. 38).

460 Irigaray, Speculum, S. 181.

461 Irigaray, Das Geschlecht das nicht eins ist, S. 218.

462 Einen guten Überblick über die feministische Kritik am Poststrukturalismus findet sich in der Einleitung von *Feminists theorize the Political* (hrsg.v. Judith Butler/Joan W.Scott).

463 Braidotti, Patterns of Dissonance: Women and/in Philosophy, S. 119.

464 ebda., S. 118. – Braidotti kritisiert auch das Frau-Werden von Deleuze und Guattari als etwas, wo »Frau« als »Metapher« für Veränderungen herangezogen wird, wo aber »das Bewußtsein der historischen Dimension der Kämpfe der Frauen, also die Unterdrückung der Frauen« völlig fehlt (ebda., S. 120), und was sich somit einreiht in moderne Diskussionen, in denen die *Frau* von männlichen Theoretikern (angeblich auch Marcuse und Derrida) als Abstraktum zur Retterin der Menschheit hochstilisiert wird. – Ich glaube, diese Kritik ist ungerechtfertigt. Denn weder ist die Frau für Deleuze und Guattari Metapher noch abstraktes Ideal, sondern das Frau-Werden hat immer mit ›wirklichen‹ Frauen und ihrem Bezug zur herrschenden Ordnung zu tun, wobei »gerade die besondere Stellung der Frau zum Standard-Mann der Grund dafür ist, daß alle Arten des Werdens, da sie minoritär sind, durch ein Frau-Werden hindurchgehen« (Deleuze/Guattari, Tausend Plateaus, S. 396). Ich denke nicht, dass die reelle Unterdrückung der Frau, und erst recht nicht ihre historischen Kämpfe, bei Deleuze und Guattari im Konzept des Frau-Werdens nicht mitbedacht wird. Im Gegenteil, ich denke, dass es gerade ihr Bewusstsein dieser ist, die das Konzept des Frau-Werdens in ihrem Ideengebäude einen so wichtigen Platz einnehmen lässt. In jedem Fall fiele es mir schwer zu glauben, dass sie nur auf einen abstrakt-femininen Aufputz ihres Denkens aus sind. Das schiene mir doch etwas zu einfach.

465 Ivekovic, Die Postmoderne und das Weibliche in der Philosophie, S. 132.

466 de la Motte, Feminismus im Spannungsfeld von Humanismus und Poststrukturalismus, S. 130.

467 Ähnliche Widersprüche werden auch anderen PoststrukturalistInnen unterstellt: »Es gehört zu den ›Ironien der Geistesgeschichte‹ ..., daß es ausgerechnet die intellektuellen ›Antihumanisten‹ waren, die sich in den letzten beiden Jahrzehnten am intensivsten theoretisch – im Falle Foucaults auch menschlich, politisch – der Kranken, Ausgeschlossenen, Gefangenen annahmen, der Außenseiter einer Gesellschaft, die von Foucaults Erkenntnissen in ihren geistigen Grundfesten erschüttert wurde. Sein öffentliches Eintreten für sowjetische Dissidenten wie für Insassen französischer Gefängnisse war von einem moralischen Rigorismus bestimmt, für den es in seinem philosophischen System ... keinen Platz gibt – Foucault war ein Humanist, der antihumanistisch argumentierte« (Altwegg, Die Republik des Geistes, S. 200). Ich glaube wirklich, dass solche Kritik verfehlt ist. Siehe auch II,2,4 und III,3,16.

468 Feminists theorize the Political (Introduction by Butler/Scott), S. XIII.

469 Butler, Das Unbehagen der Geschlechter, S. 16f.

470 Joan Scott, Vortrag 1994, zitiert nach Notizen des Autors

471 Butler, Das Unbehagen der Geschlechter, S. 218.

472 Feminists theorize the Political (Introduction by Butler/Scott), S.XIV.

473 Weedon, Wissen und Erfahrung, S. 50.

474 Munich, Bekannt, allzubekannt: Feministische Literaturwissenschaft und literarische Tradition, S. 375.

475 Derrida, in: Philosophien, S. 69. – Anders gesagt: »Könnte es nicht äußerst interessant sein, jene Autoren, die als groß angesehen werden, als kleine Autoren zu behandeln, um ihre Möglichkeiten des Werdens wiederzuentdecken?« (Deleuze, Kleine Schriften, S. 45).

476 Munich, Bekannt, allzubekannt: Feministische Literaturwissenschaft und literarische Tradition, S. 283.

477 Menke, Verstellt: der Ort der ›Frau‹, S. 450f.

[478] ebda., S. 449.
[479] ebda., S. 447.
[480] ebda., S. 451.
[481] Vinken, Dekonstruktiver Feminismus, S. 22f.
[482] ebda., S. 17.
[483] Peggy Kamuf, Writing like a Woman, zit.n.: Culler, Dekonstruktion, S. 69.
[484] Vinken, Dekonstruktiver Feminismus, S. 21.
[485] ebda., S. 26.
[486] Cixious, zit.n.: Moi, Sexus Text Herrschaft, S. 129.
[487] Cixious, Die unendliche Zirkulation des Begehrens, S. 8.
[488] Cixious, zit.n.: Weedon, Wissen und Erfahrung, S. 89f.
[489] Irigaray, Das Geschlecht das nicht eins ist, S. 140.
[490] Vinken, Dekonstruktiver Feminismus, S. 17.
[491] Cixious, Die unendliche Zirkulation des Begehrens, S. 37.
[492] Vinken, Dekonstruktiver Feminismus, S. 17.
[493] Deleuze/Guattari, Tausend Plateaus, S. 376.
[494] Kristeva, zit.n.: Moi, Sexus Text Herrschaft, S. 194.
[495] Irigaray, Das Geschlecht das nicht eins ist, S. 80.
[496] ebda., S. 28.
[497] Irigaray, Speculum, S. 285.
[498] Kristeva, zit.n.: Moi, Sexus Text Herrschaft, S. 190f.
[499] Irigaray, Das Geschlecht das nicht eins ist, S. 128.
[500] Vinken, Dekonstruktiver Feminismus, S. 19.
[501] Kristeva, zit.n.: Moi, Sexus Text Herrschaft, S. 198.
[502] Irigaray, Das Geschlecht das nicht eins ist, S. 171f.
[503] Kristeva, zit.n.: Postl, Weibliches Sprechen, S. 165.
[504] Irigaray, Das Geschlecht das nicht eins ist, S. 171f.
[505] ebda., S. 83.
[506] ebda., S. 172.
[507] ebda., S. 86.
[508] ebda., S. 32.
[509] ebda., S. 135.
[510] »Oder ein wenig anders gefragt: worin liegt für eine Feministin das zentrale Problem, Vertrauen in das ›Menschheitsgespräch‹ ... zu setzen, das uns Standards von Gerechtigkeit geben soll? Genau darin, daß es das Gespräch des männlichen Teils der Menschheit gewesen ist. Sich einfach darin ›einzuklinken‹ genügt nicht, da es deren *Gespräch*, deren Sprache ist« (Cornell, Das feministische Bündnis mit der Dekonstruktion, S. 303). Es ist der Gerechtigkeits-Entwurf Derridas (vgl. Anmerkung 196, S. 202), der Cornell als der für Frauen einzig annehmbare erscheint: »Die absolute Bestimmung dessen, was Gerechtigkeit ist, ist selbst ungerecht. Diese Ungerechtigkeit kann anhand des Beispiels der Frau evoziert werden, die gezwungen ist, ihr erlittenes Unrecht in die für das System geltenden Kategorien zu übersetzen. (...) Dekonstruktion dient demnach dazu, die Anmaßung einer determinierenden Gewißheit einer gegenwärtigen Gerechtigkeit eben durch die Anerkennung des Anderen als Anderen zu entblößen, da Gerechtigkeit selbst auf der Grundlage einer unendlichen Offenheit für den Anderen operiert. (...) Ich möchte betonen und ich möchte darauf zurückkommen, daß von der ethischen Signifikanz des Weiblichen zu schreiben nicht heißt, eine *Ethik* des Weiblichen oder in der Tat sogar eine *Ethik* der sexuellen Differenz zu verfechten. Eine solche Ethik würde allein die gegenwärtige Ordnung des Selben bestärken. Natürlich verlangt ... bei der gegebenen Bi-Polarität der

Geschlechterhierarchie die ethische Beziehung auf den Anderen das Denken der sexuellen Differenz und nicht deren Ausstreichung. Doch das heißt nicht, daß wir eine *positive* Ethik des Weiblichen entwickeln müssen. Derartiges zu tun hieße einmal mehr, Deskription mit Präskription zusammenzuwerfen. Als eine solche wäre die Ethik eine ungerechte. (...) Das Insistieren auf Gerechtigkeit oder spezifischer auf der messianischen Konzeption der Gerechtigkeit, in der das Geschlecht nicht länger über unsere Rechte regieren wird, ist letztendlich notwendig für den Feminismus, wenn die Berufung des Feminismus auf Gerechtigkeit anderes sein will als die Macht des Rechts, nur umgekehrt, so daß, was einst das Ihre war, nun das Unsere sein wird. So kann uns eine Welt, in der Frauen zu Teilnehmern am institutionellen Macht-Spiel werden, die Gelegenheit zur Revanche geben, doch das wäre keine Beachtung des Aufrufs zur Gerechtigkeit. Entscheidend also für eine feministische Antwort auf Gerechtigkeit, die anderes ist als die Ersetzung von Männern und Frauen und die daher ihrem Vorsatz zum Trotz letztendlich auf die Perpetuierung des selben reduziert werden kann, ist dieses Verständnis von Gerechtigkeit als der Möglichkeit/Unmöglichkeit der Dekonstruktion und daher des Jenseits dessen, was Recht ›ist‹. Mit anderen Worten, Derridas ›unauslöschliche Spur des Utopismus‹ zeigt uns, warum Feminismus anders möglich ist als im Bestreben, die Position des Männlichen innerhalb der Welt, wie sie ist, zu erreichen. Wir können indessen nicht einfach zu einem universell für alle Frauen gegenwärtigen Ursprung zurückreichen, um Frau zu finden, da wir stets unsere Realität aus dem Innerhalb eines bestehenden kulturellen Kontexts betreten. Wir haben immer bereits begonnen, und das ist der Grund, warum Temporalisation uns von der Wiederentdeckung des Ursprungs abhält« (ebda., S. 307/306/312/311).

[511] Irigaray, Das Geschlecht das nicht eins ist, S. 31f.

[512] ebda., S. 170.

[513] Deleuze/Guattari, Tausend Plateaus, S. 375f.

[514] Butler, Das Unbehagen der Geschlechter, S. 34.

[515] Irigaray, Das Geschlecht das nicht eins ist, S. 173.

[516] Kristeva, zit.n.: Moi, Sexus Text Herrschaft, S. 192.

[517] Butler, Das Unbehagen der Geschlechter, S. 35ff.

[518] Kristeva, zit.n.: Postl, Weibliches Sprechen, S. 166.

[519] Vinken, Dekonstruktiver Feminismus, S. 26.

[520] ebda., S. 26.

[521] Irigaray, Das Geschlecht das nicht eins ist, S. 172.

[522] ebda., S. 78.

[523] ebda., S. 222.

[524] ebda., S. 80.

[525] ebda., S. 78.

[526] Schlichtmeier, Weibliche Wege in *seiner* Geschichte: Imaginationen des Nichts, S. 56.

[527] Baudrillard, Transparenz des Bösen, S. 195. – Baudrillard sieht darin, dass die Frauen ›nichts‹ sind, ihre große Chance: »Tatsächlich ist das Weibliche ... viel subtiler: es steht nicht im *Gegensatz* zum Männlichen, sondern *verführt* es geradezu. Um den anderen zu verführen, darf man nicht existieren. Die starke Position der Verführerin bzw. des Verführers rührt daher, daß sie keine Wahrheit, keinen Ort und keinen Sinn hat. Das Weibliche verführt, weil es nichts ist; das Männliche dagegen ist verwundbar, weil es etwas darstellt, weil es nämlich eine Wahrheit, einen Sinn hat, und daher kann es von allen Seiten angegriffen werden, nämlich in dem Sinne, daß das (Sinn)Leere ... immer die Oberhand über das (Sinn)Volle ... behält. Die phallische Festung besitzt alle Merkmale der Festung, d.h. alle Merkmale der Schwäche: sie lebt nur vom Bollwerk einer manifesten Sexualität, einer Finalität des Geschlechts, welche sich in der (Re)Produktion oder Lust erschöpft. Ich wollte das Weibliche entpsychologisieren, entbiologisieren und entideologisieren, also die Betrachtungsweise ändern. Thesen wie: ›Die Frau ist nichts, sondern nur Schein‹, können sicherlich schockieren, wenn man sie wortwörtlich nimmt. Wenn ich sage, daß die Frau nur Schein ist, meine ich damit, daß sie über eine Strategie des Scheins verfügt, und darin liegt gerade ihre Stärke. Da nun die Weiblichkeit insgeheim die

Oberhand behält, soll sie in eine Norm eingebunden werden, d.h. man drängt sie dazu, sich zu ›befreien‹, ihre ›Wahrheit‹, die Wahrheit ihres Geschlechts zu finden. Die Frau geht daher in die Falle, wenn sie sich heute als autonomes Subjekt … mit einer entsprechenden sexuellen, juristischen, politischen, historischen etc. Praxis begreift. Ich riskiere hier einige Mißverständnisse. Natürlich möchte ich mich nicht der kollektiven Bewegung entgegenstellen, wo Frauen sich immer mehr als Geschlecht (er)leben. Es liegt mir fern, die Frauenbewegung anzufechten, ich sage lediglich: das Weibliche befindet sich als Prinzip, als Form, als Stärke, als Souveränität woanders, und all das scheint in der Frauenbewegung verkannt zu werden. In der Tat tappen alle in die selbe Falle: das Geschlecht soll finalisiert werden und wieder seinen ›Sinn‹ bekommen; aus ihm soll ein Realitätsprinzip gemacht werden… etc., während es sich noch etwas anders verhielt, als sich die Frauen in einer Situation offensichtlicher Ohnmacht befanden. Die Behauptung, daß sie schon immer in dieser radikalen Entfremdung ihres Geschlechts gefangen gewesen seien, leuchtet mir nicht ganz ein. Was nun, wenn es gar nicht um das Geschlecht ginge? Wir sähen dann, daß die gesamte Macht- und Souveränitätsfrage sich anders stellt« (Baudrillard, Laßt euch nicht verführen!, S. 130f.). Die Nähe Baudrillards zur Betonung der mimetischen Spiele liegt in seiner Theorie der Verführung begründet: »Dem gegenwärtigen System der Abschreckung und der Simulation gelingt es, alle Zweckbestimmungen, alle Bezugsgrößen, jeglichen Sinn zu neutralisieren, es scheitert allerdings bei der Neutralisierung des Scheins. Es hat zwar alle Prozeduren der Sinnproduktion unter seiner machtvollen Kontrolle, kontrolliert aber nicht die Verführung des Scheinhaften. Keine Deutung vermag diese zu erfassen, kein System vermag sie abzuschaffen. Darin besteht unsere letzte Chance. Hier läge, in diesem Sinn, eine zeitgenössische Strategie der Verführung. Gegen die immer komplizierter werdenden, im Polizei- und im Datenverarbeitungsbereich angewandten Erfassungs- und Ermittlungsmethoden einschließlich der biologischen und molekularen Erfassung des Körpers, gegen alle Verfahren zur Identifikation (die diejenigen zur Entfremdung ersetzt haben), zum Erzwingen von Identität, zur Aufdeckung und zur Abschreckung. – Wie tarnt man sich? – Wie verstellt man sich? – Wie stellt man sich mit seiner Aufmachung, seinem Schweigen, seinem Zeichenspiel, seiner Indifferenz am besten zur Schau – in einer Strategie des Scheinhaften? Die Verführung also als Erfindung von Körperstrategemen, als Tarnverfahren zum Überleben, als beständiges Auslegen von Ködern, als Kunst des Verschwindens und der Abwesenheit, als Abschreckung, die an Wirksamkeit diejenige des Systems noch übertrifft. Die Verführung kann all die unheilvollen Kräfte, die sie gegen Gott und gegen die Moral mobilisiert hat, die Kräfte der List und des Bösen Geists der Verhüllung und der Abwesenheit, der Herausforderung und der Umkehrung, die sie stets verkörpert hat und um derentwillen sie in Verruf geraten ist, heute wieder gegen die terroristische Vereinnahmung der Wahrheit und der Verifizierung einsetzen: gegen die Erfassung und Programmierung, die uns umschließt« (Baudrillard, Das Andere selbst, S. 59f.).

528 Foucault, Überwachen und Strafen, S. 333f.

529 Butler, Das Unbehagen der Geschlechter, S. 216f.

530 ebda., S. 61.

531 Derrida, zit.n.: Moi, Sexus Text Herrschaft, S. 202.

532 Deleuze/Guattari, Anti-Ödipus, S. 381.

533 Baudrillard, Laßt euch nicht verführen!, S. 20f.

534 Irigaray, Das Geschlecht das nicht eins ist, S. 198.

III. Politische Philosophie

III.1 Allgemeines

Gemäß der Immanenz des Politischen im philosophischen Diskurs folgt nun nicht der ›politische Teil‹ der poststrukturalistischen Philosophie, der sich *neben* das andere stellt. Es folgt jener Teil dieser Arbeit, der sich mit den konkreten Entsprechungen, Wirkungen und Konsequenzen (weniger ›Umsetzungen‹ – zum Verhältnis von Theorie und Praxis vgl. III,3,8) poststrukturalistischen Denkens für die Gestaltung und Organisation unserer Lebensverhältnisse auseinander setzt: mit der Ökonomie, den gesellschaftlichen Institutionen, dem, was mensch ›Realpolitik‹ nennt, sozialen Beziehungen und individuellen wie kollektiven Subjektivierungen und Lebens- wie Organisationsformen.
Für die PoststrukturalistInnen sind die herrschenden Verhältnisse unerträglich, und sie zielen auf deren radikale Umwälzung ab. Viele Gedanken tragen dabei anarchistische Züge; diese werden in dem, was ich schreibe, bestimmend sein. Die politische Aktivität der PoststrukturalistInnen ist jedoch keine eindimensionale. So »handelt es sich meiner (Guattaris) Ansicht nach darum, eine neue Art von Logik des politischen Engagements zu definieren, und ich würde sagen, daß es in Bezug auf das Politische weder Eindeutigkeit noch Zweideutigkeit mehr geben kann, sondern Vieldeutigkeit.«[1]
Was die PoststrukturalistInnen wollen, ist der Kampf gegen Herrschaft und Autorität und die Entfaltung aktiver, lebendiger, intensiver, ungebundener und bejahender Lebensformen (»*Bejahen heißt nicht, sich aufladen, auf sich nehmen, was ist, sondern das, was lebt, entbinden, befreien.* ... Nicht das Leben mit dem Gewicht höherer Werte belasten, sondern neue Werte *schaffen*, die solche des Lebens sind, die das Leben zum Leichten, zum Aktiven erheben«[2]). Gehuldigt wird »dem Heidentum, dem Paganismus. Gesucht wird eine unfromme und gerechte Politik«.[3] Wenn Foucault sagt, »daß der *Anti-Ödipus* eine *Einführung in das nicht-faschistische Leben* ist«[4], sollte das für den Poststrukturalismus insgesamt gelten. »Erlaubt ist alles, mit Ausnahme dessen, was den vollständigen Begehrensprozeß ... zerschlagen würde.«[5] ...»Es handelt sich jedenfalls um einen wirklichen Kampf, in dem das Leben als politisches Thema gewissermaßen beim Wort genommen und gegen das System gewendet wird, das seine Kontrolle übernommen hat«[6]; es überrascht nicht, »daß das Resultat ... ein fröhlicher und freier Mensch zu sein habe, ein Träger von Lebensströmen und imstande, sie bis in die Wüste zu tragen und zu decodieren.«[7]

III.2 Zur Analyse herrschender Lebens- und Organisationsformen

Es wurde einleitend darauf hingewiesen, dass die Mechanismen der herrschenden ökonomischen, politischen und gesellschaftlichen Verhältnisse spätestens seit den 60er Jahren mit dem traditionellen kritischen Analyseapparat des Marxismus, der auf dem Klassenkampf, der unmittelbaren Mehrwertabschöpfung und dem ökonomischen Primat einer Basis-Überbau-Konzeption aufbaute, nicht mehr zu erfassen waren. Nicht nur, dass der Kapitalismus Entwicklungen durchmachte, die eindeutige Bestimmungen der Machtverteilung, der Unterdrückung oder der gesellschaftlichen Widersprüche nicht mehr zuließen, sondern es traten durch neue Arten der Kämpfe (von Homosexuellenbewegungen bis hin zu sich religiös legitimierenden sozialen Bewegungen), die Zuspitzung zuvor wenig erkannter globaler Probleme (Umweltzerstörung, Monopolisierung der Medien, Konzernimperialismus, usw.) und Wandlungen in den Ausdrucksformen herrschaftlicher Konstanten wie Rassismus oder Sexismus Phänomene auf, die neuer Analysekonzepte bedurften.

Das heißt nicht, dass deshalb alle Intellektuelle werden müssen. Was etwa die poststrukturalistischen Intellektuellen sagen, »ist dies, daß die Massen sie gar nicht brauchen, um verstehen zu können; sie haben ein vollkommenes, klares und viel besseres Wissen als die Intellektuellen; und sie können es sehr gut aussprechen«[8]. Für sie gilt, »daß die Arbeiter die Intellektuellen nicht brauchen, um zu wissen was sie zu tun haben, sie wissen es sehr gut von selbst«[9]. Die Arbeit der PoststrukturalistInnen bleibt dennoch wichtig, denn »die Philosophie hat eine Funktion, die durchaus aktuell bleibt: Begriffe schaffen, Konzepte kreieren. Niemand kann das an ihrer Stelle tun. ... Die Philosophie ... ist schöpferisch oder gar revolutionär, ... sofern sie nicht aufhört, neue Begriffe zu schaffen«[10] – nur gibt ihr das keinen herausragenden Status: »Die Exklusivität des Schaffens von Konzepten gibt der Philosophie eine Funktion, aber keinen Vorrang, kein Privileg, insofern es andere Arten des Denkens und Schaffens gibt, andere Weisen von Entwürfen, die nicht über Konzepte laufen müssen.«[11] »Das heißt aber, daß der Augenblick gekommen ist, um gegen diese Vulgarität anzugehen, um in den ideologischen oder philosophischen Diskurs das gleiche Raffinement, die gleiche Lockerungskraft einzuführen, die sich in den Werken der Malerei, der Musik, des sogenannten experimentellen Kinos und natürlich auch der Wissenschaften abzeichnet«[12], so »daß man ... mit Pollock z.B. Kritik an einem marxistischen Theorismus üben sollte«[13].

So genannte TheoretikerInnen oder Intellektuelle liefern kein besonders wichtiges Wissen, sondern ein spezifisches, so wie unzählige andere Gruppen auch (was vielleicht zu selten so gesehen wird: »Es mangelt uns vielmehr eine Teufelei oder eine Apathie, die so beschaffen ist: daß das theoretische Genre Subversionen erleidet, von denen sich sein Anspruch nicht wieder erholt; daß es wieder zu einer Gattung unter anderen und damit von seiner Meister- oder Herrschaftsposition enthoben wird, die es zumindest seit Platon innehat«[14]) – für manche mag dieses Wissen von größter Bedeutung im Kampf gegen die Herrschaftsstrukturen sein, anderen nützt es in ihrem Widerstand vielleicht gar nichts, weil sie andere Wege der Befreiung kennen. Nur schwaches und despotisches Denken fordert Anerkennung; starke und subversive Theorie ist unaufdringlich (»weil wir an die Kräfte glauben, zwingen ... wir nicht, sich unserem diskursiven Modell anzugleichen«[15]).

III.2.1 Macht als produktives Netz

»Unter Macht, scheint mir, ist zunächst zu verstehen: die Vielfältigkeit von Kräfteverhältnissen, die ein Gebiet bevölkern und organisieren; das Spiel, das in unaufhörlichen Kämpfen und Auseinandersetzungen diese Kräfteverhältnisse verwandelt, verstärkt, verkehrt; die Stützen, die diese Kräfteverhältnisse aneinander finden, indem sie sich zu Systemen verketten – oder die Verschiebungen und Widersprüche, die sie gegeneinander isolieren; und schließlich die Strategien, in denen sie zur Wirkung gelangen und deren große Linien und institutionelle Kristallisierungen sich in den Staatsapparaten, in der Gesetzgebung und in den gesellschaftlichen Hegemonien verkörpern.«[16]

Das ist die Kurzfassung von Foucaults Analytik der Macht, die das Bild derselben wesentlich erneuert hat: Macht ist nicht Repression. »Man muß aufhören, die Wirkungen der Macht immer negativ zu beschreiben, als ob sie nur ›ausschließen‹, ›unterdrücken‹, ›verdrängen‹, ›zensieren‹, ›abstrahieren‹, ›maskieren‹, ›verschleiern‹ würde. In Wirklichkeit ist die Macht produktiv; und sie produziert Wirkliches«[17]; Macht ist die jeweilige Ordnung der Kräfteverhältnisse; diese wandeln sich ständig, »die Kräfte befinden sich in einem unendlichen Werden, *es gibt ein Werden der Kräfte, das die Geschichte begleitet* oder sie eher umgibt«[18].

Macht bezeichnet also die sich ständig wechselnden Verhältnisse der Kräfte, der Kraftzentren. *Die* Macht gibt es nicht – *Macht* wird zum Namen für den momentanen Spielstand eines nie aufhörenden Kampfes, eines in keinem Moment stillstehenden Spieles von Kräften. »*Die* Macht gibt es nicht. Ich will damit folgendes sagen: die Idee, daß es an einem gegebenen Ort oder ausstrahlend von einem gegebenen Punkt irgendetwas geben könnte, das eine Macht ist, scheint mir auf einer trügerischen Analyse zu beruhen und ist jedenfalls außerstande, von einer beträchtlichen Anzahl von Phänomenen Rechenschaft zu geben. Bei der Macht handelt es sich in Wirklichkeit um Beziehungen, um ein mehr oder weniger organisiertes, mehr oder weniger pyramidalisiertes, mehr oder weniger koordiniertes Bündel von Beziehungen.«[19] »Zweifellos muß man Nominalist sein: die Macht ist nicht eine Institution, ist nicht eine Struktur, ist nicht eine Mächtigkeit einiger Mächtiger. Die Macht ist der Name, den man einer komplexen strategischen Situation in einer Gesellschaft gibt.«[20]

Die Macht wirkt nicht repressiv, sie ist nicht negativ, im Gegenteil: sie ist etwas Positives, sie steht für ständige, ununterbrochene Produktion.[21] In genau *diesem* Sinne ist sie auch überall: »Nicht weil sie alles umfaßt, sondern weil sie von überall kommt, ist die Macht überall.«[22] Die Macht wird also von niemandem besessen, sie durchläuft vielmehr die Herrschenden ebenso wie die Beherrschten. »Die Macht muß als etwas analysiert werden, das zirkuliert oder vielmehr als etwas, das nur in einer Art Kette funktioniert. Sie ist niemals hier oder dort lokalisiert, niemals in den Händen einiger weniger, sie wird niemals wie ein Gut oder wie Reichtum angeeignet. Die Macht funktioniert und wird ausgeübt über eine netzförmige Organisation. Und die Individuen zirkulieren nicht nur in ihren Maschen, sondern sind stets auch in einer Position, in der sie diese Macht zugleich erfahren und ausüben; sie sind niemals die unbewegliche und bewußte Zielscheibe dieser Macht, sie sind stets ihre Verbindungselemente. Mit anderen Worten: die Macht wird nicht auf Individuen angewandt, sie geht durch sie hindurch.«[23] So kann niemand die Macht sein/ihr eigen nennen: »Die Macht ist nicht etwas, das man erwirbt, wegnimmt, teilt, was man bewahrt oder verliert; die Macht ist etwas, was sich von unzähligen Punkten aus und im Spiel ungleicher und beweglicher Beziehungen vollzieht.«[24] »Die Macht wird nicht besessen, sie wirkt in der ganzen Dicke und auf der ganzen Oberfläche des gesellschaftlichen Feldes gemäß einem System von Relais, Konnexionen, Transmissionen, Distributionen etc.«[25] Die Macht hat auch kein Zentrum, von dem aus sie das gesellschaftliche Feld besetzt. Das berühmte »Zentrum der Macht« (oder die noch berühmteren »Schalthebel der Macht«, an denen weiß Gott wer sitzen soll) werden zu naiven Vorstellungen. (In anderem Sinne ist die Macht allerdings sehr wohl lokal: »Die Macht ist lokal, insofern sie nie global ist, sie ist jedoch nicht lokal oder lokalisierbar, insofern sie diffus ist.«[26]) Und schließlich ist die Macht nicht von den ökonomischen Bedingungen abhängig, vielmehr können sich diese in ihren jeweiligen Formen nur aufgrund bestimmter Machtverhältnisse entwickeln. Die Macht ist »eines der konstitutiven Elemente der Produktionsweise, sie funktioniert im Herzen der Produktionsweise«[27]. »Die Machtbeziehungen verhalten sich zu anderen Typen von Verhältnissen (ökonomischen Prozessen…) nicht als etwas Äußeres, sondern sind ihnen immanent. (…) Die Machtbeziehungen bilden nicht den Überbau, der nur eine hemmende oder aufrechterhaltende Rolle spielt – wo sie eine Rolle spielen, wirken sie unmittelbar hervorbringend.«[28]

Die gängige Repressionshypothese der Macht scheint zu einfach: »Wenn sie (die Macht) nur repressiv wäre, wenn sie niemals etwas anderes tun würde als nein sagen, ja glauben sie dann wirklich, daß man ihr gehorchen würde? Der Grund dafür, daß die Macht herrscht, daß man sie akzeptiert, liegt ganz einfach darin, daß sie nicht nur als neinsagende Kraft auf uns lastet, sondern in Wirklichkeit die Körper durchdringt, Dinge produziert, Lust verursacht, Wissen hervorbringt, Diskurse produziert; man muß sie als ein produktives Netz auffassen, das den ganzen sozialen Körper überzieht und nicht so sehr als negative Instanz, deren Funktion in der Unterdrückung besteht.«[29]
Es verschiebt sich die in Bezug auf die Macht vorrangige Frage: Die Frage ist nicht mehr, wie die Macht *ist*, sondern wie sie *funktioniert*. Das heißt, dass es die jeweiligen Machttypen, die das gesellschaftliche Feld bestimmen, herauszufinden gilt. Es gilt herauszufinden, in welcher Form die singulären Kräfte affizieren und affiziert werden, in welcher Form sie verbunden, verkettet, getrennt, kurz, geordnet sind, um den bestimmenden Machttypus (die in einem bestimmten Teil des gesellschaftlichen Feldes die meisten Kräfte verbindende Ordnung) erkennen und analysieren zu können, um die Wirkung, das Funktionieren der Macht festzustellen. Es sind vor allem vier Aufgaben, die wir anpacken müssen: »die Machtbeziehungen aufsuchen, wo sie am verborgensten sind; ihnen bis in die ökonomischen Infrastrukturen nachgehen; sie unter ihren nicht nur staatlichen, sondern infra- oder para-staatlichen Formen verfolgen; ihr materielles Spiel rekonstruieren«[30]. Ein Machttypus wird hauptsächlich bestimmt durch die Art und Weise der Verkettungen der singulären Kräfte – durch die Verkettungen vollzieht sich in den Kräfteverhältnissen ein Ordnungsprozess: der Raum wird aufgeteilt, übersichtlich gemacht, die Zeit eingeteilt, räumliche und zeitliche Ordnungen in Verbindung gebracht. Die Verkettungen der Macht haben ihre wichtigsten Glieder in gesellschaftlichen Institutionen, die natürlich sehr vielseitig sein können (am offensichtlichsten: Familie, Schule, Kirche u.a.). Je mehr Institutionen als Verknüpfungspunkte gefunden werden, je mehr Kräfte Glieder der gleichen Kette (der gleichen Ordnung) werden, desto dichter, kompakter und stabiler wird das Netz des jeweiligen Machttypus, desto weiter dringt dieser Machttypus in alle Bereiche des von ihm bestimmten Bereichs des gesellschaftlichen Feldes ein, bis sich schließlich ein- und derselbe Machttypus selbst in den kleinsten Ritzen dieses »Feld-Bereichs« eingeschlichen hat. Im kleinsten Teil des gesellschaftlichen Feldes wird die Macht mit unglaublicher Intensität ausgeübt: *Mikrophysik der Macht* – »Wenn ich von der Mechanik der Macht spreche, denke ich an die feinsten Verzweigungen der Macht bis dorthin, wo sie an die Individuen rührt, ihre Körper ergreift, in ihre Gesten, ihre Einstellungen, ihre Diskurse, ihr Lernen, ihr alltägliches Leben eindringt«[31] (»Wir ahnen jetzt, daß die Macht

in den feinsten Mechanismen des gesellschaftlichen Verkehrs gegenwärtig ist: nicht nur im Staat, in den Klassen, den Gruppen, sondern ebenso in den Moden, gängigen Meinungen, Schauspielen, Spiel- und Sportveranstaltungen, Informationen, familiären und privaten Beziehungen bis hin zu den befreienden Aufschwüngen, durch die versucht wird, sie in Frage zu stellen«[32]). Um zu verstehen, wie Macht funktioniert, »muß man bereit sein, im Detail auf der Stelle zu treten und auf Kleinigkeiten zu achten«[33]. Es geht um eine »politische Anatomie des Details« (Foucault, Überwachen und Strafen, S. 178). Gefordert sind MikrophysikerInnen der Macht.

Zu Missverständnissen führt immer wieder das Postulat »die Macht ist überall«. Der Vorwurf ist meist der folgende: Wenn alles Macht ist, ist Widerstand a) nicht möglich (wo sollte sein Ort sein?) und b) sinnlos (weil es ohnehin immer nur Macht gibt). Auflösbar scheinen die Missverständnisse so: Erstens heißt »Macht ist überall« nicht, dass Macht unveränderbar ist (»Die Machtbeziehungen sind bewegliche Beziehungen, was heißt, daß sie sich verändern können und nicht ein für allemal gegeben sind«[34]), und zweitens heißt das nicht, dass immer nur Herrschaft reproduzierbar ist (»die Macht ist nicht das Böse. Macht heißt: strategische Spiele«[35]). Die Machtverhältnisse bezeichnen nur das Verhältnis der gesellschaftlichen Kräfte: dieses ist a) jederzeit veränderbar und muss b) nicht herrschaftlich sein:

a) Macht und Widerstand sind nicht zu trennen: »Wo es Macht gibt, gibt es Widerstand. Und doch oder vielmehr gerade deswegen liegt der Widerstand niemals außerhalb der Macht. Soll man nun sagen, daß man notwendig ›innerhalb‹ der Macht ist, daß man ihr nicht ›entrinnt‹, daß es kein absolutes Außen zu ihr gibt, weil man dem Gesetz unvermeidlich unterworfen ist? … Das hieße den strikt relationalen Charakter der Machtverhältnisse verkennen. Diese können nur kraft einer Vielfalt von Widerstandspunkten existieren, die in den Machtbeziehungen die Rolle von Gegnern, Zielscheiben, Stützpunkten, Einfallstoren spielen. Diese Widerstandspunkte sind überall im Machtnetz präsent. Darum gibt es im Verhältnis zur Macht nicht den einen Ort der Großen Weigerung – die Seele der Revolte, den Brennpunkt aller Rebellionen, das reine Gesetz des Revolutionärs. Sondern es gibt einzelne Widerstände: mögliche, notwendige, unwahrscheinliche, spontane, wilde, einsame, abgestimmte, kriecherische, gewalttätige, unversöhnliche, kompromißbereite, interessierte oder opferbereite Widerstände, die nur im strategischen Feld der Machtbeziehungen existieren können. Aber das heißt nicht, daß sie gegenüber der eigentlichen Herrschaft eine Folgewirkung, eine Negativform darstellen, die letzten Endes immer nur die passive und unterlegene Seite sein wird. Die Widerstände rühren nicht von irgendwelchen ganz anderen Prinzipien her … Sie sind in den Machtbeziehungen die andere Seite, das nicht wegzudenkende Gegenüber. Darum sind auch sie unregelmäßig gestreut; die Widerstandspunkte, -knoten und -herde sind mit größerer und geringerer Dichte in Raum und Zeit verteilt, gelegentlich kristallisieren sie sich dauerhaft in Gruppen oder Individuen oder stecken bestimmte Stellen des Körpers, bestimmte Augenblicke des Lebens, bestimmte Typen des Verhaltens an. Große radikale Brüche, massive Zweiteilungen? Sowas kommt vor. Aber weit häufiger hat man es mit mobilen und transitorischen Widerstandspunkten zu tun, die sich verschiebende Spaltungen in eine Gesellschaft einführen, Einheiten zerbrechen und Umgruppierungen hervorrufen, die Individuen selber durchkreuzen, zerschneiden und umgestalten, in ihrem Körper und in ihrer Seele abgeschlossene Bezirke abstecken. Wie das Netz der Machtbeziehungen ein dichtes Gewebe bildet, das die Apparate und Institutionen durchzieht, ohne an sie gebunden zu sein, so streut sich die Aussaat der Widerstandspunkte quer durch die gesellschaftlichen Schichtungen und die individuellen Einheiten. Und wie der Staat auf der institutionellen Integration der Machtbeziehungen beruht, so kann die strategische Codierung der Widerstandspunkte zur Revolution führen.«[36] Es zeigt sich, dass Macht ohne Widerstand bzw. ohne Freiheit zur Umwandlung der Machtverhältnisse nicht denkbar ist. »Das heißt, daß es in den Machtbeziehungen gezwungenermaßen Widerstandsmöglichkeiten gibt, denn wenn es keine Widerstandsmöglichkeit gäbe – Gewalt, Flucht, List, Strategien, die die Lage umkehren -, gäbe es überhaupt keine Machtbeziehungen. Wenn dies die allgemeine Form ist, weigere ich mich, auf die mir oft gestellte Frage zu antworten: ›Aber wenn die Macht überall ist, dann gibt es keine Freiheit.‹ Ich antworte: Wenn es in jedem gesellschaftlichen Feld Machtbeziehungen gibt, dann deshalb, weil es überall Freiheit gibt.«[37] Plastischer gesagt: »Dort wo die Determinierungen gesättigt sind, existiert kein Machtverhältnis; die Sklaverei ist kein Machtverhältnis, wenn der Mensch in Eisen gekettet ist (da handelt es sich um ein physisches Zwangsverhältnis), sondern nur dann, wenn er sich bewegen und im Grenzfall entweichen kann. Macht und Freiheit stehen sich also nicht in einem Ausschließungsverhältnis gegenüber (wo immer Macht ausgeübt wird, verschwindet die Freiheit), sondern innerhalb eines sehr viel komplexeren Spiels: in diesem Spiel erscheint die Freiheit sehr wohl als die Existenzbedingung von Macht.«[38] Widerstand ist also in den Machtbeziehungen, gehört zu ihnen, ist Teil der Machtverhältnisse. Das heißt, Revolutionen sind kein Wegfegen der Macht, sondern eine Veränderung des Machttyps: »Ich würde sagen, daß der Staat eine Kodifizierung vielfältiger Machtbeziehungen ist, die sein Funktionieren ermöglichen und daß die Revolution ein anderer Typ der Kodifizierung dieser Beziehungen ist. Dies impliziert, daß es viele verschiedene Arten von Revolution gibt, ungefähr so viele nämlich, wie es mögliche subversive Kodifizierungen der Machtbeziehungen gibt.«[39]

b) Macht und Herrschaft sind nicht dasselbe: »Mir scheint, man muß zwischen Machtbeziehungen als strategischen Spielen zwischen Freiheiten

(also Spielen, in denen die einen das Verhalten der anderen zu bestimmen versuchen, worauf die anderen mit dem Versuch antworten, sich darin nicht bestimmen zu lassen oder ihrerseits versuchen, das Verhalten der anderen zu bestimmen) und Herrschaftszuständen unterscheiden, die das sind, was man üblicherweise Macht nennt.«[40] Denn es ist so, »daß die Machtbeziehungen nicht etwas an sich Schlechtes sind, wovon man sich frei machen müßte; ich glaube, daß es keine Gesellschaft ohne Machtbeziehungen geben kann, sofern man darunter Strategien begreift, mit denen die Individuen das Verhalten der anderen zu lenken und zu bestimmen versuchen. Das Problem ist also nicht, sie in der Utopie einer vollkommen transparenten Kommunikation aufzulösen zu versuchen, sondern sich die Rechtsregeln, die Führungstechniken und auch die Moral zu geben, das Ethos, die Praxis des Selbst, die es gestatten, innerhalb der Machtspiele mit dem geringsten Aufwand an Herrschaft zu spielen.«[41]
Kurz: »Die Behauptung: ›Sie sehen überall Macht, also gibt es keinen Platz für die Freiheit‹ scheint mir absolut unangemessen zu sein. Man kann mir nicht unterstellen, daß ich die Macht für ein Herrschaftssystem halte, das alles kontrolliert und das der Freiheit keinen Raum läßt.«[42]
Im Kontext eines solchen Machtverständnisses kann es nicht darum gehen, gegen die Macht zu kämpfen, da jeder Kampf Machtpraktiken impliziert (»eine Gesellschaft ›ohne Machtverhältnisse‹ kann nur eine Illusion sein«[43]); »das Problem liegt eher darin, zu wissen, wie man bei diesen Praktiken (in denen die Macht nicht ›nicht-spielen‹ kann und nicht schlecht an sich ist) Herrschaftseffekte vermeiden kann.«[44]

III.2.2 Die Disziplinar-Gesellschaft und die Bio-Macht

Die herrschenden Machtverhältnisse, »die nicht mit dem Recht sondern mit der Technik arbeiten, nicht mit dem Gesetz sondern mit der Normalisierung, nicht mit der Strafe sondern mit der Kontrolle«[45], konstituieren das, was Foucault die *Disziplinar-Gesellschaft* nennt:
Sie beruht vorwiegend auf jenen Wissenspraktiken, die in II,2,4 beschrieben wurden und auf Subjekterzeugung, Individualisierung, Geständnis und klassifizierendem Wissen als Sammeln von Daten und Informationen beruhen. Die Verbindungen zwischen den Individuen können damit ebenso geregelt und kontrolliert werden wie die individuellen Verhaltensweisen, zumal es im Zuge einer Perfektionierung der dazu dienenden Techniken möglich wird, in die Wunschproduktion der individualisierten Einzelnen einzugreifen. Darüber hinaus heißt erhöhte Kontrolle erhöhte ökonomische Produktivität[46] (»Zu einer ausnutzbaren Kraft wird der Körper nur, wenn er sowohl produktiver wie unterworfener Körper ist«[47]), was die Disziplinar-Gesellschaft kapitalistischen Interessen so dienlich macht: »Ich glau-

be, daß die Gesellschaften des 18. Jahrhunderts die Disziplin erfunden haben, weil die großen Terrormechanismen zu kostspielig und zu gefährlich geworden waren. Was war seit der Antike der Terror? Die Armee, der man eine Bevölkerung auslieferte und die brandschatzte, plünderte, vergewaltigte, hinmordete. Wollte sich ein König für einen Aufstand rächen, so ließ er seine Truppen los. Diese spektakuläre, aber kostspielige Methode kann man sich nicht mehr leisten, sobald man eine sorgfältig kalkulierte Wirtschaft hat und Ernten, Manufakturen, industrielle Anlagen nicht aufs Spiel setzen kann. Also muß man etwas anderes finden: die emsigen, gleichmäßigen, unauffälligen Disziplinen.«[48] So ist »die Disziplin … die Kunst der Zusammensetzungen von Kräften zur Herstellung eines leistungsfähigen Apparates«[49]. In *Überwachen und Strafen* fasst Foucault diesen Disziplinierungsprozess so zusammen: »Sie richtet die unsteten, verworrenen, unnützen Mengen von Körpern zu einer Vielfalt von individuellen Körpern, Elementen, kleinen abgesonderten Zellen, organischen Autonomien, evolutiven Identitäten und Kontinuitäten, kombinatorischen Segmenten ab. Die Disziplin ›verfertigt‹ Individuen: sie ist die spezifische Technik einer Macht, welche die Individuen sowohl als Objekte wie als Instrumente behandelt und einsetzt.«[50] »Die Individuen werden untereinander und im Hinblick auf diese Gesamtregel differenziert, wobei diese sich als Mindestmaß, als Durchschnitt oder als optimaler Annäherungswert darstellen kann. Die Fähigkeiten, das Niveau, die ›Natur‹ der Individuen werden quantifiziert und in Werten hierarchisiert. Hand in Hand mit dieser ›wertenden‹ Messung geht der Zwang zur Einhaltung einer Konformität. Als Unterschied zu allen übrigen Unterschieden wird schließlich die äußere Grenze gegenüber dem Anormalen gezogen (die ›Schandklasse‹ der École militaire). Das lückenlose Strafsystem, das alle Punkte und alle Augenblicke der Disziplinaranstalten erfaßt und kontrolliert, wirkt vergleichend, differenzierend, hierarchisierend, homogenisierend, ausschließend. Es wirkt *normend, normierend, normalisierend.*«[51] »An die Stelle der Male, die Standeszugehörigkeit und Privilegien sichtbar machten, tritt mehr und mehr ein System von Normalitätsgraden, welche die Zugehörigkeit zu einem homogenen Gesellschaftskörper anzeigen, dabei jedoch klassifizierend, hierarchisierend und rangordnend wirken. Einerseits zwingt die Normalisierungsmacht zur Homogenität, anderseits wirkt sie individualisierend, da sie Abstände mißt, Niveaus bestimmt, Besonderheiten fixiert und die Unterschiede nutzbringend aufeinander abstimmt.«[52] »Allgemein kann man sagen, daß die Disziplinen Techniken sind, die das Ordnen menschlicher Vielfältigkeiten sicherstellen sollen. (…) Das Eigenartige der Disziplinen ist, daß sie versuchen, angesichts der Vielfältigkeiten eine Machttaktik zu definieren, die drei Kriterien entspricht: die Ausübung der Macht soll möglichst geringe Kosten verursachen (wirtschaftlich ist das möglich durch geringe Ausgaben; politisch durch Diskretion, geringes Aufsehen, relative Unsichtbarkeit, Erregung von möglichst wenig Widerstand); die Wirkung der gesellschaftlichen Macht soll möglichst intensiv sein und sich so weit wie möglich erstrecken, ohne Niederlagen oder Lücken zu riskieren; schließlich soll sich diese ›ökonomische‹ Steigerung der Macht mit der Leistungsfähigkeit der Apparate verbinden, innerhalb derer sie ausgeübt wird (ob es sich um pädagogische, militärische, industrielle, medizinische Apparate handelt). Es gilt also gleichzeitig die Fügsamkeit und die Nützlichkeit aller Elemente des Systems zu steigern.«[53]

Als Einschreibefläche dient der Disziplinierung vor allem der Körper, über den eine strenge Verwaltung des Lebens möglich wird: »Im Laufe des klassischen Zeitalters spielte sich eine Entdeckung des Körpers als Gegenstand und Zielscheibe der Macht ab. Die Zeichen für jene große Aufmerksamkeit, die damals dem Körper geschenkt wurde, sind leicht zu finden. Die Aufmerksamkeit galt dem Körper, den man manipuliert, formiert und dressiert, der gehorcht, antwortet, gewandt wird und dessen Kräfte sich mehren. ... es geht nicht darum, den Körper in der Masse, en gros, als eine unterschiedslose Einheit zu behandeln, sondern ihn im Detail zu bearbeiten; auf ihn einen fein abgestimmten Zwang auszuüben; die Zugriffe auf der Ebene der Mechanik ins Kleinste gehen zu lassen: Bewegungen, Gesten, Haltungen, Schnelligkeit. Eine infinitesimale Gewalt über den tätigen Körper. ... Die Methoden, welche die peinliche Kontrolle der Körpertätigkeiten und die dauerhafte Unterwerfung ihrer Kräfte ermöglichen und sie gelehrig/nützlich machen, kann man die ›Disziplinen‹ nennen. ... Der historische Augenblick der Disziplinen ist der Augenblick, in dem eine Kunst des menschlichen Körpers das Licht der Welt erblickt, die nicht nur die Vermehrung seiner Fähigkeiten und auch nicht bloß die Vertiefung seiner Unterwerfung im Auge hat, sondern die Schaffung eines Verhältnisses, das in einem einzigen Mechanismus den Körper um so gefügiger macht, je nützlicher er ist, und umgekehrt. So formiert sich eine Politik der Zwänge, die am Körper arbeiten, seine Elemente, seine Gesten, seine Verhaltensweisen kalkulieren und manipulieren. Der menschliche Körper geht in eine Machtmaschinerie ein, die ihn durchdringt, zergliedert und wieder zusammengesetzt. Eine ›politische Anatomie‹, die auch eine ›Mechanik der Macht‹ ist, ist im Entstehen. Sie definiert, wie man die Körper der anderen in seine Gewalt bringen kann, nicht nur, um sie machen zu lassen, was man verlangt, sondern um sie so arbeiten zu lassen, wie man will: mit den Techniken, mit der Schnelligkeit, mit der Wirksamkeit, die man bestimmt. Die Disziplin fabriziert auf diese Weise unterworfene und geübte Körper, fügsame und gelehrige Körper. Die Disziplin steigert die Kräfte des Körpers (um die ökonomische Nützlichkeit zu erhöhen) und schwächt diese selben Kräfte (um sie politisch fügsam zu machen). ... so können wir sagen, daß der Disziplinarzwang eine gesteigerte Tauglichkeit und eine vertiefte Unterwerfung im Körper miteinander verkettet.«[54] (Und noch einmal wird deutlich, wie Macht und Wissen zusammenspielen: »Eine bestimmte Politik des Körpers, eine bestimmte Methode, die Anhäufung der Menschen gefügig und nützlich machen, machte die Eingliederung bestimmter Wissensbeziehungen in die Machtverhältnisse erforderlich; sie verlangte nach einer Technik zur Verflechtung der subjektivierenden Unterwerfung und der objektivierenden Vergegenständlichung; sie brachte neue Verfahren der Individualisierung mit sich. Das Kerkernetz (vgl. unten, Anm.d.A.) bildet ein Arsenal dieses Komplexes aus Macht/Wissen, der die Humanwissenschaften geschichtlich ermöglicht hat.«[55])

Die über die Körper laufende Disziplinierung muss, um höchste Effektivität zu erreichen, bis ins Innerste des erzeugten Subjekts eindringen, woraus diesem gleichzeitig die Informationen über seinen Körper zu entreißen sind (vgl. II,2,4). So wird die Disziplinierung der Körper von der Diskursivierung der Seele begleitet: »Man sage nicht, die Seele sei eine Illusion oder ein ideologischer Begriff. Sie existiert, sie hat eine Wirklichkeit, sie wird ständig produziert – um den Körper, am Körper, im Körper – durch Machtausübung an jenen, die man bestraft, und in einem allgemeineren Sinn an jenen, die man überwacht, dressiert und korrigiert, an den Wahnsinnigen, den Kindern, den Schülern, den Kolonisierten, an denen, die man an einen Produktionsapparat bindet und ein Leben lang kontrolliert. ... Diese wirkliche und unkörperliche Seele ist keine Substanz; sie ist das Element, in welchem sich die Wirkungen einer bestimmten Macht und der Gegenstandsbezug eines Wissens miteinander verschränken; sie ist das Zahnradgetriebe, mittels dessen die Machtbeziehungen ein Wissen ermöglichen und das Wissen die Machtwirkungen erneuert und verstärkt. Über diese Verzahnung von Machtwirklichkeit und Wissensgegenstand hat man verschiedene Begriffe und Untersuchungsbereiche konstruiert: Psyche, Subjektivität, Persönlichkeit, Bewußtsein, Gewissen usw.; man hat darauf wissenschaftliche Techniken und Diskurse erbaut; man hat darauf die moralischen Ansprüche des Humanismus gegründet. Doch täusche man sich nicht: ... Der Mensch, von dem man uns spricht und zu dessen Befreiung man einlädt, ist bereits in sich das Resultat einer Unterwerfung, die viel tiefer ist als er. Eine ›Seele‹ wohnt in ihm und schafft ihm eine Existenz, die selber ein Stück der Herrschaft ist, welche die Macht über den Körper ausübt. Die Seele: Effekt und Instrument einer politischen Anatomie. Die Seele: Gefängnis des Körpers.«[56] »Die Modellierung des Körpers bringt eine Erkenntnis des Individuums mit sich, die Erlernung von Techniken führt zur Annahme von Verhaltensweisen, und die Aneignung von Fähigkeiten verstrickt sich mit der Fixierung von Machtverhältnissen. Man bildet kräftige und geschickte Landwirte aus und mit dieser technisch kontrollier-

ten Arbeit produziert man untergebene Subjekte sowie ein verläßliches Wissen über sie. Die am Körper angewendete Disziplinartechnik hat zwei Effekte: eine Seele, die zu erkennen, und eine Unterwerfung, die zu vertiefen ist.«[57]
Mit der Disziplinierung der Körper taucht *das* (biologische) Leben als Gegenstand des Wissens auf (»bis zum Ende des achtzehnten Jahrhunderts existiert in der Tat das Leben nicht, sondern lediglich Lebewesen«[58]). Die Körper und mit ihnen das Leben sind produktiv; und da sie durch und durch diszipliniert sind, braucht es keine Drohung des Todes mehr, um sie zu beherrschen – es entsteht eine Macht über das Leben, die eine Macht *zum* Leben ist (und den Tod verdrängt): »Konkret hat sich die Macht zum Leben seit dem 17. Jahrhundert in zwei Hauptformen entwickelt, die keine Gegensätze bilden, sondern eher zwei durch ein Bündel von Zwischenbeziehungen verbundene Pole. Zuerst scheint sich der Pol gebildet zu haben, der um den Körper als Maschine zentriert ist. Seine Dressur, die Steigerung seiner Fähigkeiten, die Ausnutzung seiner Kräfte, das parallele Anwachsen seiner Nützlichkeit und seiner Gelehrigkeit, seine Integration in wirksame und ökonomische Kontrollsysteme – geleistet haben all das die Machtprozeduren der *Disziplinen: politische Anatomie des menschlichen Körpers*. Der zweite Pol, der sich etwas später – um die Mitte des 18. Jahrhunderts – gebildet hat, hat sich um den Gattungskörper zentriert, der von der Mechanik des Lebenden durchkreuzt wird und den biologischen Prozessen zugrundeliegt. Die Fortpflanzung, die Geburten- und Sterblichkeitsrate, das Gesundheitsniveau, die Lebensdauer, die Langlebigkeit mit all ihren Variationsbedingungen wurden zum Gegenstand eingreifender Maßnahmen und regulierender Kontrollen: *Bio-Politik der Bevölkerung*. Die Disziplinen des Körpers und die Regulierungen der Bevölkerung bilden die beiden Pole, um die herum sich die Macht zum Leben organisiert hat. Die Installierung dieser großen doppelgesichtigen – anatomischen und biologischen, individualisierenden und spezifizierenden, auf Körperleistungen und Lebensprozesse bezogenen – Technologie charakterisiert eine Macht, deren höchste Funktion nicht mehr das Töten, sondern die vollständige Durchsetzung des Lebens ist. Die alte Mächtigkeit des Todes, in der sich die Souveränität symbolisierte, wird nun überdeckt durch die sorgfältige Verwaltung der Körper und die rechnerische Planung des Lebens. ... verschiedenste Techniken zur Unterwerfung der Körper und zur Kontrolle der Bevölkerungen schießen aus dem Boden und eröffnen die Ära einer ›Bio-Macht‹.«[59]
Wie gesagt, den Tod braucht es nicht mehr, um zu herrschen: »Die Macht ist also im Gegensatz zur herrschenden Meinung niemals die Macht zu töten, sondern gerade umgekehrt die Macht, am Leben zu lassen.«[60] Diese Ausschaltung des Todes bleibt freilich nicht ohne Bedeutung für das, was Leben ist: »Die Anstalt wird im Innern des sozialen Feldes aufgelöst und aufgesogen, da die Normalität jenen Grad an Vollkommenheit erreicht hat,

an dem … der Virus der Einschließung in alle Fasern der ›normalen‹ Existenz eingedrungen ist. … Ist der Tod ins Überleben verdrängt, so ist das Leben selbst, infolge einer wohlbekannten Rückläufigkeit, nur noch ein durch den Tod determiniertes Überleben.«[61] So »ist das Leben nur noch eine trübsinnige defensive Buchhaltung, die in ihrem Sarge alle Risiken einschließt. Eine Buchhaltung des Überlebens anstelle einer radikalen Verbindung von Leben und Tod«[62]. Das Leben entfernt sich zur Gänze von Aufregung, Abenteuer, Intensität: »Eine Vorbeugung gegen den Tod auf Kosten einer kontinuierlichen Abtötung: das ist die paradoxe Logik der Sicherheit.«[63]
In Institutionen wie dem Gefängnis, der Psychiatrie, Kasernen, Schulen oder Fabriken feiert die Disziplinierung zwar ihre Triumphe (»Was ist daran verwunderlich, wenn das Gefängnis den Fabriken, den Schulen, den Kasernen, den Spitälern gleicht, die allesamt den Gefängnissen gleichen?«[64]), doch schreibt sie sich genauso sehr in das gesamte gesellschaftliche Feld ein, das von diesen Institutionen besiedelt wird. Das heißt: Wir brauchen nicht zur Delinquenz zu gehören, um diszipliniert zu werden, es reicht, in verwalteten und kontrollierten Familien-, Wohn-, Ausbildungs- oder Arbeitsverhältnissen zu leben (»Die Arbeit (auch in der Form der Freizeit) ergreift das ganze Leben als fundamentale Repression, als Kontrolle, als permanente Beschäftigung an festgelegten Orten und zu festgelegten Zeiten, nach einem allgegenwärtigen Code. Die Menschen müssen überall *fixiert* werden, in der Schule, in der Fabrik, am Strand, vor dem Fernseher oder in der beruflichen Weiterbildung«[65]); wir haben es nämlich zu tun mit »einem großen Kerker-Kontinuum, das die Bestrafungstechniken in die harmlosesten Disziplinen einführt und die Disziplinarnormen in das Herz des Strafsystems eingepflanzt hat und die geringste Gesetzwidrigkeit ebenso wie die kleinste Regelverletzung, Abweichung oder Anomalie unter die Drohung der Delinquenz stellt. Ein feines und abgestuftes Kerkernetz, das sowohl aus kompakten Institutionen wie aus allgegenwärtigen Prozeduren besteht, hat die willkürliche, massive und schlecht integrierte Einsperrung des klassischen Zeitalters abgelöst.«[66] »Das Gefängnis setzt an den ihm Anvertrauten eine Arbeit fort, die anderswo begonnen worden ist und von der gesamten Gesellschaft mit unzähligen Disziplinarmechanismen an jedem einzelnen fortgeführt wird. Dank dem Kerker-Kontinuum schleicht sich die Instanz, die verurteilt, zwischen alle Instanzen ein, die kontrollieren, modifizieren, korrigieren, bessern.«[67] Auf Ordnung bedachte Väter, aufmerksame Hausmeister, autoritäre Lehrer und Firmenchefs tun ebenso ihre dafür fruchtbare Arbeit wie Bürgermeister, Finanzbeamte oder Polizisten; wobei ohnehin gilt: »Immer mehr Berufe sind gezwungen, Polizeifunktionen auszuüben: Professoren, Lehrer, Erzieher, Psychiater usw.«[68] »Jeder tut in seiner Ecke, was er kann, und jeder spielt nach seinen Möglichkeiten seine kleine Polizistenrolle: als Familienoberhaupt, als Phallokrat

in der Zweierbeziehung, als tyrannisches Kind usw.«[69] Die gesellschaftliche Situation ist die: »Das Irrenhaus, das Ghetto, das Hôpital Général, das Gefängnis, all diese Verwahrungs- und Konzentrationsanstalten ... verlieren ... heute ihre Begrenzungen, sie breiten sich über die gesamte Gesellschaft aus, weil die Form der Anstalt, die Form des Gefängnisses, die Diskriminierung nunmehr die Gesellschaft in ihrer Gesamtheit, alle Momente des wirklichen Lebens erfaßt.«[70] »Wir aber wissen, was diese unauffindbaren Orte bedeuten, denn wenn die Fabrik nicht mehr existiert, so ist die Arbeit überall – wenn das Gefängnis nicht mehr existiert, so gibt es überall im gesellschaftlichen Zeit/Raum Zwangsverwahrung und Einschließung – wenn die Anstalten nicht mehr existieren, so hat sich die psychische und therapeutische Kontrolle generalisiert und zum Gemeinplatz erhoben – wenn die Schule nicht mehr existiert, so sind alle Fasern des gesellschaftlichen Prozesses von Disziplin und pädagogischer Formierung durchtränkt.«[71] »Die Anstalt wird im Innern des sozialen Feldes aufgelöst und aufgesogen, da die Normalität jenen Grad an Vollkommenheit erreicht hat, an dem ... der Virus der Einschließung in alle Fasern der ›normalen‹ Existenz eingedrungen ist.«[72] Dementsprechend verändert gestaltet sich die Beherrschung der Einzelnen: »Man reißt euch nicht mehr barbarisch aus eurem Leben heraus, um euch der Maschine auszuliefern – man integriert euch mitsamt eurer Kindheit, euren Ticks, euren menschlichen Beziehungen, euren unbewußten Trieben, und selbst mit eurer Arbeitsverweigerung – man wird schon einen Platz mit alldem für euch finden, einen persönlichen Job, oder, wenn nicht, so doch eine Arbeitslosenunterstützung, die nach eurer persönlichen Gleichung berechnet ist – jedenfalls wird man euch nie mehr verlassen.«[73] »Indem es sie solchermaßen homogenisiert und von Willkür bzw. Gewalt befreit, indem es die Gefahr der Revolte vermindert und Erbitterung und Maßlosigkeit überflüssig macht, indem es überall dieselben, kalkulierten, mechanischen und diskreten Methoden ins Spiel bringt, läßt das Kerkersystem jene große ›Ökonomie‹ der Macht wirklich werden, deren Formel das 18. Jahrhundert gesucht hatte, als das Problem der Akkumulierung und der nutzbringenden Handhabung der Menschen auftrat. – Das verallgemeinerte Kerkersystem, das in die Tiefe des Gesellschaftskörpers hineinwirkt«[74] (»wie auch nicht in Demokratien den Despoten erkennen, heuchlerischer noch und kälter, noch berechnender«[75]). Noch einmal zur Einschreibung der Disziplinierung in die Wunschproduktion, die die Menschen die Disziplinierung begehren lässt: Viel hat diese Einschreibung mit dem zu tun, was Nietzsche das Reaktiv-Werden der Kräfte nennt, nämlich die Tugendisierung des eigenen Unvermögens, sich zu entfalten und das aktive Spiel des Lebens zu bejahen, sodass der diese reaktiven Kräfte antreibende Wille nur noch die Unterdrückung aller Kräfte will und sich von einem Willen zur Macht zu einem Willen zum Nichts

wandelt (*asketisches Ideal* (vgl. II,3,5)).Darüber hinaus beruht sie auf dem Unvermögen bzw. der Schwäche, die Singularität zu bejahen, und der daraus entstehenden Rettung in disziplinäre, starre Ordnungen, in denen mensch sich sicher fühlt (paranoid-reaktionärer Pol des Wunsches – vgl. III, 2,6); und außerdem ist nicht zu vergessen, dass die erhöhte Waren-Produktion, die die Disziplinar-Gesellschaft bewirkt, selbst den Wunsch zu besetzen vermag: Produzieren, nur um zu konsumieren, kann (leider) ohne Frage begehrenswert sein (vgl. III,3,9). Insgesamt gilt: »Der bürgerliche Immanenzzusammenhang ... errichtet eine Sklaverei, die unvergleichbar, und führt eine Unterjochung ein, die ohne Beispiel ist: nicht einmal Herren gibt es mehr, sondern nur noch Sklaven, die anderen Sklaven Befehle erteilen – nicht mehr muß jemand das Tier beladen, es belädt sich nun selbst. Nicht daß der Mensch Sklave der technischen Maschine sei; er ist Sklave der Gesellschaftsmaschine, der Bourgeois zeugt davon, wenn er den Mehrwert zu Zwecken absorbiert, die absolut nichts mehr mit seinem eigenen Genuß zu tun haben: mehr Sklave als der letzte der Sklaven, erster Diener der gierigen Maschine, Reproduktionsvieh des Kapitals, Verinnerlichung der unendlichen Schuld.«[76]
Dieses Vermögen der Disziplinar-Gesellschaft, den Wunsch für sich zu gewinnen, ist neben der Subjektkonstitution, ihren Wissenspraktiken, Überwachungstechniken und ihrer formalen Egalität (schließlich kann sie allen gleiche Rechte zugestehen, da die Disziplinierung über die Norm läuft) der Hauptgrund für jene drei Attribute, die sie anderen Machtverhältnissen so überlegen zu machen scheint: 1) ungeahnte Ausgedehntheit und Dichte gesellschaftlicher Überwachung und Kontrolle bei 2) ungemeiner Steigerung ökonomischer Produktivität und 3) drastischer Reduzierung der Gefahr revolutionärer Aufstände.

III.2.3 Die vielen Gesichter des Ödipus, oder: Es gibt kein Entkommen!

Es wurde im vorigen Abschnitt gesagt, dass die Disziplinierung als Unterwerfung unter eine starre Ordnung alle gesellschaftlichen Bereiche durchzieht und nicht auf die großen Machtinstitutionen wie Gefängnis usw. beschränkt bleibt. Es handelt sich dabei vor allem auch um die Unterwerfung unter das ödipale Dreieck, unter den »Imperialismus des Ödipuskomplexes«[77], dem wir uns ständig ausgeliefert sehen und der alle Beziehungen zwischen den Einzelnen nur als Autoritäts- und Abhängigkeitsverhältnisse denkbar macht, in denen wir einmal Herr und einmal Knecht zu spielen haben. »Da man uns lehrt, daß der Ausbilder, der Lehrer, der Oberst, selbst die Mutter immer nur der Vater ist, *da man auf diese Weise alle Agenten der gesellschaftlichen Produktion ... auf die Gestalten der familialen Re-*

produktion zuschneidet, wird verständlich, daß die aufgeschreckte Libido es nicht mehr wagt, aus Ödipus auszuscheren, und ihn folglich internalisiert.«[78] »Daher blüht Ödipus in den unterworfenen Gruppen, wo selbst die repressiven Formen einer herrschenden Ordnung besetzt werden. ... Ödipus hängt von einem solchen nationalistischen, religiösen, rassistischen Gefühl ab, nicht umgekehrt. Nicht projiziert sich der Vater in den Chef, vielmehr appliziert der Chef sich auf den Vater, sei es um uns zu sagen: ›du wirst deinen Vater nicht übersteigen‹, sei es um uns zu sagen: ›du wirst deinen Vater übersteigen, indem du unsere Ahnen wiederfinden wirst‹.«[79] »Hier wie dort stets dasselbe: Ödipus, das ist die mit anderen Mitteln fortgeführte Kolonisation, die innere Kolonie, und wir werden sehen, daß er selbst für uns Europäer eine intime Kolonialformation bildet.«[80] »Er stellt unser intimes Kolonialgebilde dar, das der gesellschaftlichen Herrschaftsform entspricht. Wir sind alle kleine Kolonien, und Ödipus ist unser Kolonisator.«[81] »Ödipus: gleichsam die Euthanasie im Völkermord. Je mehr die gesellschaftliche Reproduktion in ihrer wesentlichen wie ihrer extensiven Dimension den Mitgliedern der Gruppe entgleitet, um so mehr stürzt sie sich auf sie oder legt sie um auf eine eingeschränkte und neurotisierte familiale Reproduktion, deren Agent Ödipus ist.«[82] Und was Ödipus für die Frauen heißt, weiß Irigaray: »Der weibliche Ödipuskomplex ist im Endeffekt das Eintreten der Frau in ein Wertesystem, das nicht das ihre ist, und in dem sie nur ›erscheinen‹ und zirkulieren kann, wenn sie in den Bedürfnissen-Wünschen-Phantasmen der anderen – Männer – eingewikkelt ist.«[83] »4, 3, 2, 1, 0: Ödipus ist ein Lauf zum Tode.«[84]

Besonders anschaulich wird, wie wenig die Disziplinargesellschaft mit einer starren Herrschaftsausübung einiger Menschen über andere zu tun hat, und wie sehr sie eine von allen individuellen Instandsetzungen und Aufrechterhaltungen entfernte Ordnung ist, die formale Herrschaftsstrukturen zur Grundlage unseres Zusammenlebens macht und Herren und Knechte permanent und beliebig vertauscht, da mensch sich in unterschiedlichen ödipalen Triangulationen befindet (einmal als Kind, einmal als Mama, einmal als Papa; bzw. gleichzeitig als Papa, als Hilfsarbeiter, als Parteimitglied). »Eben dieses ... erklärt, daß ein Unterdrückter immer eine aktive Rolle im Unterdrückungssystem spielen kann: die Arbeiter der reichen Länder wirken aktiv an der Ausbeutung der Dritten Welt, an der Bewaffnung von Diktaturen und an der Vergiftung der Atmosphäre mit.«[85] Es gibt »eine Machtenteignung, die die arbeitenden Klassen der Industrieländer über die Kategorien der ›Überausgebeuteten‹ ausüben: über die Arbeiter der Dritten Welt, Immigranten, Frauen und Kinder als Opfer der sexuellen und familiären Unterdrückungssysteme, Minderheiten jeder Art«[86]. Natürlich haben einige Menschen im ödipalen Machtspiel mehr Glück als andere und sind öfter und länger die Herren, sodass es »sicher ... innerhalb des

gesellschaftlichen Feldes ›eine Klasse‹ (gibt), die strategisch gesehen einen privilegierten Platz einnimmt«[87]. Aber der Platz ist eben ein strategischer und hat nichts (oder nur sehr wenig) mit den ihn besetzenden Individuen selbst zu tun, sondern vielmehr mit der Struktur, die sie dorthin setzt.[88]
Kurz, »gewaltsam konfrontiert man uns mit Ödipus und der Kastration, werden wir auf sie niedergedrückt«[89]. Worum es im Unterschied dazu gehen kann, ist: »Nicht-figurative Lieben, Anzeichen revolutionärer Besetzung des gesellschaftlichen Feldes, weder ödipal noch prä-ödipal, da beides gleich ist, sondern jungfräulich anödipal, die den Revolutionären das Recht geben, zu antworten: ›Ödipus, kenn' ich nicht!‹ Die Form der Personen und des Ich abbauen, nicht zugunsten eines prä-ödipal Undifferenzierten, vielmehr zugunsten anödipaler Singularitätslinien, der Wunschmaschinen.«[90]

III.2.4 Vom Mikrobereich bis zur globalen Ordnung: der Staat

Die gesellschaftliche Etablierung des Ödipuskomplexes als allgemeines Machtprinzip funktioniert über die Unterdrückung, Bändigung und Ausschaltung jener Wünsche, die auf ein Leben der Ungebundenheit, des Wandels, der Gefahr, der rastlosen Aktivität und der Vielheit aus sind. Ödipus bezeichnet demnach ein Staatsverhältnis, da der Staat für die starre Einteilung, Ordnung und Kontrolle eines Gebietes steht. Der Staat steht für Herrschaft und Unterdrückung. Es ist so, »daß, ob geistig oder weltlich, tyrannisch oder demokratisch, kapitalistisch oder sozialistisch, es stets nur einen Staat gegeben hat, den Heuchelhund Staat, der mit Rauch und Gebrüll redet. Nietzsche spricht aus, wie dieser neue Sozius verfährt: kraft eines beispiellosen Terrors, demgegenüber das alte System der Grausamkeit, die primitiven Formen der Dressur und der Erziehung ein Kinderspiel darstellten.«[91] »Es ist der Staat, der die Unterscheidung zwischen Regierenden und Regierten ermöglicht.«[92]
»Der Staat hat sich nicht nach und nach entwickelt, sondern taucht vollbewaffnet auf: Meisterstück, originärer *Urstaat*, ewiges Vorbild dessen, was jeder Staat sein will und begehrt.«[93] Es hat ihn immer als Feind der Freiheit gegeben: »Wir müssen ... zugeben, daß es immer einen ziemlich perfekten und vollständig ausgebildeten Staat gegeben hat. Je mehr Entdeckungen die Archäologen machen, desto mehr Imperien entdecken sie. Die Hypothese eines *Urstaates* scheint bestätigt zu sein: ›Der Staat reicht bis in die am weitesten zurückliegenden Zeiten der Menschheit.‹ Wir können uns kaum primitive Gesellschaften vorstellen, die nicht an der Peripherie oder in unzureichend kontrollierten Gebieten mit imperialen Staaten Kontakt gehabt hätten.«[94]
Demnach muss unterschieden werden zwischen dem *Prinzip des Staates* und den Nationalstaaten. Letztere sind als beliebig verschiebbare Grenz-

einteilungen weit weniger interessant als die Herrschaftsmechanismen des Staatsprinzips, die natürlich auch in den Nationalstaaten wirksam sind (»Demokratie, Faschismus oder Sozialismus, wer wäre vom Urstaat als unvergleichbarem Vorbild nicht heimgesucht worden?«[95]), allerdings ohne in ihnen konzentriert zu sein. Denn der (Ur)Staat beherrscht bereits das Denken: Es wird postuliert, »daß das Denken sein genuin philosophisches Bild dem Staat als substantieller oder subjektiver Innerlichkeit entlehnt. Es denkt sich einen ›eigentlichen‹ spirituellen Staat aus, gleich einem absoluten Staat, der nun keineswegs bloßes Traumgespinst ist, da er ja wirklich und wirksam im Geist funktioniert. Daher rühren die Bedeutung solcher Begriffe wie Universalität, Methode, Frage und Antwort, Anerkennung, richtige Ideen, sowie der Wunsch und Zwang, stets richtige Ideen zu haben.«[96] So wird der Staat überall dort reproduziert, wo es herrschaftet: von der Kleinfamilie über Nationalbourgeoisien bis hin zu den Vereinten Nationen und dem globalen Markt. »Es steht fest, daß der Staat in den gegenwärtigen Gesellschaften nicht bloß eine der Formen und einer der Orte ist, sondern daß in gewisser Weise alle anderen Typen von Machtverhältnissen sich auf ihn beziehen. Aber dies rührt nicht daher, daß alles von ihm abstammt, sondern eher daher, daß sich eine stetige Etatisierung von Machtverhältnissen ergeben hat (auch wenn sie in den Bereichen der Pädagogik, der Justiz, der Ökonomie, der Familie nicht dieselbe Form angenommen hat). Wenn man sich diesmal an den engeren Sinn des Wortes ›Gouvernement‹ hält, kann man sagen, daß die Machtverhältnisse fortschreitend ›gouvernementalisiert‹, das heißt in der Form oder unter dem Schirm staatlicher Institutionen ausgearbeitet, rationalisiert und zentralisiert worden sind.«[97] In Bezug auf alle Institutionen gilt daher: »Wenn Sie meinen, anstelle der offiziellen Institution könne eine andere Institution dieselben Funktionen besser und anders erfüllen, sind Sie bereits ein Gefangener der herrschenden Struktur.«[98]

Hinter dem Aspekt der *Gouvernementalisierung* verschwinden die Unterschiede zwischen kapitalistischen, real-sozialistischen oder anders organisierten Staaten: Sie sind alle »Komplizen geworden; sie haben ihr Bestreben gemeinsam, auf dem Planeten eine immense Maschine zur Versklavung des menschlichen Lebens in all seinen Aspekten zu errichten – in denen der Arbeit genauso wie in denen der Kindheit, der Liebe, des Lebens, in denen der Vernunft genauso wie in denen des Traums und der Kunst«[99].

Um das Prinzip des Staates zu treffen, ist es besser, zu sagen, dass es »nicht den Staat, sondern lediglich eine Durchstaatlichung« gibt[100], da das Staatliche über (durchaus vielfältige) Herrschaftsdiskurse pro- und reproduziert wird und der (Ur)Staat weder Wesen noch fixen Ort hat und alles andere als einheitliche Apparatur ist: »Der Staat ist nicht ein fremdes Monster, dem entflohen oder das gezähmt werden muß. Er ist überall, beginnend bei

uns selbst, bei der Wurzel unseres Unbewußten.«[101] »Wenn in unseren historischen Formationen die Staats-Form so viele Kräftebeziehungen umfaßt, so nicht deshalb, weil diese sich von dort herleiteten, sondern im Gegenteil, weil sich – übrigens je nach Fall sehr variabel – im Bereich der Pädagogik, der Justiz, der Ökonomie, Familie, Sexualität eine Operation ›kontinuierlicher Durchstaatlichung‹ vollzieht.«[102]
Der Staat ist Herrschaft, Gewalt, Einschränkung, Verwaltung, Repression. Wer etwas anderes will, muss ihn bekämpfen.

III.2.5 Kapitalismus als formale Axiomatik[103]

Es wurde in der Auseinandersetzung mit den Mechanismen unmittelbarer Unterdrückung und einschleichender Unterwerfung bereits ihr Verhältnis zu und ihr Nutzen für ökonomische Entwicklungen, die auf unentwegte Produktionssteigerung abzielen, angesprochen. Das heißt, wir haben bereits gesehen, welche Herrschafts- und Gewaltverhältnisse mit dem Kapitalismus unweigerlich verbunden sind.
Doch ist damit noch sehr wenig über den Kapitalismus bzw. sein Wirken gesagt. Denn was seine Stärke und Stabilität anlangt, *stützt* sich der Kapitalismus weder auf unmittelbare Gewaltausübung (bzw. nur in seinen primitivsten Formen – was nicht heißt, dass er nicht in jedem Moment von Gewaltverhältnissen *begleitet* wird) noch auf irgendwelche sonstigen inhaltlich eindeutig bestimmbaren Konstanten (Klassen, Kapitalisten usw.) – der Kapitalismus erfordert weder physische Zwangsverhältnisse noch hat er einen Inhalt, sondern er herrscht als formale Axiomatik: »Der Kapitalismus ist die einzige Gesellschaftsmaschine, die sich ... als solche auf decodierten Strömen aufgebaut und die intrinsischen Codes durch eine abstrakte Axiomatik abstrakter Quantitäten in Form des Geldes ersetzt hat.«[104] Es »wird dadurch eine weltweite, unabhängige Axiomatik in die Tat umgesetzt, die so etwas wie eine einzige Stadt ist, Megapolis oder ›Megamaschine‹, von der die Staaten nur Teile oder Stadtviertel sind«[105].
Da er keinen Inhalt zu verteidigen hat, braucht sich der Kapitalismus auch nicht zu legitimieren. »Man könnte sagen, daß das Kapital keine Legitimation benötigt, weil es – im strengen Sinne einer Verpflichtung – nichts vorschreibt, und daß es daher keine Instanz vorweisen muß, welche die Präskription normiert. Es ist überall gegenwärtig, aber eher als Notwendigkeit denn als Zweckmäßigkeit.«[106]
Der Kapitalismus ist – von der Prämisse der permanenten Produktionssteigerung ausgehend – für alle Formen offen: privat oder staatlich, liberalistisch oder sozialdemokratisch, legal oder illegal - dem Kapitalismus ist alles recht. Das heißt erstens, dass er verschiedene gesellschaftliche Organisationsmodelle vereinbaren kann (»Heute kann man das Bild einer soge-

nannten staatenlosen, ungeheuren Geldmasse zeichnen, die durch Devisen und über Grenzen hinweg zirkuliert, sich der Kontrolle des Staates entzieht, eine ökumenische, multinationale Organisation bildet, und faktisch eine übernationale Macht darstellt, die von den Entscheidungen der Regierungen unabhängig ist«[107]), und das heißt zweitens, dass der Kapitalismus rasch und problemlos auf alle gesellschaftlichen Entwicklungen einzugehen imstande ist: »Es gibt keinen universellen Kapitalismus, keinen Kapitalismus an sich, der Kapitalismus steht an der Kreuzung aller möglichen Formationen; noch schlimmer, er ist von Natur aus immer ein Neokapitalismus«[108] (»Die Aktualität des Kapitals in dieser ›kapitalistischen‹ Gesellschaft läßt sich nicht einholen. Und dennoch tun unsere marxistischen Kritiker nicht Unrecht, wenn sie dem Kapital nachlaufen, nur wird es immer einen Vorsprung behalten. Wenn man endlich eine seiner Entwicklungsphasen offengelegt hat, ist es bereits in die nächste eingetreten ... Das Kapital ist hinterhältig, es spielt nicht das Spiel der Kritik, das wahre Spiel der Geschichte, sondern es vereitelt die Dialektik«[109]).
Der Kapitalismus ist für alles offen, ein wahrer Meister an Flexibilität: Sozialpartnerschaft und Gewerkschaften sind ebenso integrierbar wie Zensur und partielle Produktionsverbote. Es können unzählige Axiome zugefügt, unzählige abgezogen werden – es ist egal, wenn nur immer mehr produziert und immer mehr konsumiert wird. »Welche Geschmeidigkeit in der Axiomatik des Kapitalismus, immer bereit, seine eigenen Grenzen zu erweitern, um ein neues Axiom dem eben noch saturierten System anzufügen! Sie möchten ein Axiom für die Lohnabhängigen, die Arbeiterklasse und die Gewerkschaften, wird gemacht ... Selbst für die Sprache der Delphine werden wir ein Axiom finden.«[110] »Die kapitalistische Axiomatik ist so umfangreich, man fügt eben ein Axiom hinzu, sei's für die Bücher eines großen Schriftstellers, ... sei's für den Diskurs des Verrückten.«[111] »Es macht die Potenz des Kapitals aus, daß seine Axiomatik nie saturiert und immer imstande ist, den bestehenden Axiomen ein weiteres anzufügen.«[112]
Ein Beispiel: »Sehen wir uns an, auf welche Weise Bosse amerikanischer Unternehmen jenes Hindernis, das die Ökonomen des M.I.T. einer Fortsetzung der Wachstumspolitik in den Weg stellen wollten, sofort *umgedreht* haben. Die Ökonomen des M.I.T.: mit der Produktion wächst die Umweltverschmutzung ins Unermeßliche; also halten wir das Wachstum an, begrenzen wir die Produktionsinvestitionen und regulieren wir die Maschine auf dem *Nullwachstum.* Wiedererscheinen der Kategorie der Grenze, der Katastrophe. Antwort der Kapitalisten und Unternehmer: nehmen wir lieber die Kosten des Umweltschutzes in den Korpus der Produktionskosten auf; das wird die Preise wieder beträchtlich erhöhen, der Markt verkleinert sich in gleichem Maße und die Produktion wird sich auf der Grundlage dieser verringerten Konsumtionskapazitäten von selbst regeln. Jeder weiß,

daß man die Umweltverschmutzung auf diese Weise nicht beseitigen kann. Aber es ist völlig klar, daß sich der Kapitalismus nicht zu einer Regulierung der Produktionsmaschine (Nullwachstum) entschließen wird, weil er dazu nicht in der Lage ist. Durch ein zusätzliches ›Axiom‹ (Anrechnen der Kosten des Umweltschutzes auf die Herstellungskosten, oder, besser noch, durch Versteuerung) wird er das Hindernis einfach umdrehen«[113] – »mit der Dialektik von Umweltschmutz und Umweltschutz entsteht die Hoffnung auf ein unbegrenztes Wachstum«[114]. Der Clou liegt also darin, dass dem Kapitalismus eine aktive Logik der Axiomatisierung innewohnt, das heißt, dass sie unglaubliche Vereinnahmungskraft besitzt: alternative, soziale und ökologische Bewegungen beispielsweise haben den Kapitalismus in den letzten Jahren weit mehr angetrieben, als sie ihn irgendwie hätten bremsen können: Öko-Produkte in Hülle und Fülle, gleichfalls Esoterik-Messen, Alternativ-Restaurants, Bio-Läden, Natur-Urlaube, Wohltätigkeitsbälle usw. Nach dem einfachen Gesetz: »Unaufhörlich gehen aus den revolutionären Subjekt-Gruppen unterworfene Gruppen hervor. Ein Axiom mehr«[115]; was soweit geht, dass »die Ökologie die industrielle Fortsetzung der Umweltverschmutzung ist«[116]. Alles dient der Ankurbelung von Produktion und Konsumtion, und damit hat sich's.[117] Daraus resultiert die Stärke, die Stabilität des Kapitals – sein Totalitarismus: »Denn ganz gewiß bedeutet das Regime der Decodierung nicht Fehlen von Organisation, vielmehr die düsterste Organisation, das härteste, zäheste Berechenbar-Machen, eine die Codes ersetzende und sie umfassende Axiomatik.«[118]

»Der Kapitalismus ist auf keinen Fall das Reich der Freiheit.«[119] Zunächst *(erstens)* deshalb nicht, weil die Axiomatik von unmittelbarer Gewalt nicht zu trennen ist: »Im kapitalistischen Herrschaftsgebilde (voller Körper des Geldkapitals als Sozius) hat die große gesellschaftliche Axiomatik ... einen molaren, einen Herdenkomplex erstellt, der an Unterjochung seinesgleichen sucht. ... Niemals hat es, außer in der Ideologie, einen humanen, liberalen, väterlichen usw. Kapitalismus gegeben. Er bestimmt sich durch eine ... unvergleichbare Grausamkeit, durch einen ... unvergleichbaren Terror. Die Erhöhung der Löhne, die Verbesserung des Lebensstandards sind Realitäten, aber solche, die ihre Existenz diesem oder jenem supplementären Axiom verdanken, das in Funktion der Erweiterung seiner Grenzen der Kapitalismus stets imstande ist, der Axiomatik einzuverleiben (treiben wir *New-Deal*, wünschen und anerkennen wir starke Gewerkschaften, fördern wir die Mitbestimmung, die einzige Klasse, gehen wir Rußland einen Schritt entgegen, das doch uns soviele entgegen geht usw.). Aber in dieser wachsenden Realität, die jene kleinen Inseln bedingt, hört deshalb die Ausbeutung nicht auf, drückender zu werden, wird der Mangel in sachkundigster Weise eingeführt, die Endlösungen nach Art des ›Judenproblems‹ äußerst minutiös vorbereitet, die Dritte Welt als integrierter Teil des Kapitalismus organisiert. Die Reproduktion der inneren Grenzen des Kapitalismus auf stets erweiterter Stufenleiter zeitigt mehrere Konsequenzen: sie gestattet die Vermehrung und Verbesserung des Lebensstandards im Zentrum, verschiebt die härtesten Ausbeutungsformen vom Zentrum zur Peripherie, vermehrt aber im Zentrum selbst die Enklaven der Überausbeutung … Nicht im metaphorischen Sinne wird festgestellt: die Fabriken sind Gefängnisse, diesen nicht ähnlich, sondern schlicht Gefängnisse.«[120] – Dann aber *(zweitens)* – und das scheint entscheidender – deshalb nicht, weil jede Tätigkeit unter die herrschenden kapitalistischen Gesetze der Produktion und des Tauschens fällt (denn »man muß produzieren, egal was«,[121] unter »dem Zwang zur Verbreitung und dem Gebot totaler Zirkulation«[122]) und nur noch als solche Bedeutung erlangt (und nicht als Teil eines aktiven Lebens): »Die Repression äußert sich nicht in der Züchtigung, sondern in einer Mahnung an die Axiomatik, das Wertgesetz: gibst du mir, so gebe ich dir.«[123] »Jedes Objekt kann in den Kreislauf des Kapitals eintreten – wenn es sich nur tauschen läßt. Was sich tauschen läßt, was sich verwandeln läßt, … ist … *Objekt* für das Kapital«[124]; »sobald etwas nach dem Wertgesetz austauschbar, umsetzbar ist, ist alles gut, paßt alles zusammen – austauschbar sein ist die einzige Bedingung.«[125] So kann der Kapitalismus alle Lebensinhalte (Religionen, Ernährungsweisen, Freizeitbeschäftigungen, Sexualpraktiken, Mode, Kunst, Sport usw.) aus kollektiven Lebenszusammenhängen herausheben, sie ›freisetzen‹, um sie zu bloß noch konsumierbaren Inhalts-Waren zu machen und der kapitalistischen Herrschaft auszuliefern. »Diese Regel der immanenten Vertauschbarkeit macht das Geheimnis der für den Kapitalismus spezifischen Einschreibung und Unterdrückung der Wunschproduktion auf dem organlosen Körper aus: Besetzungen und Neuinvestitionen im Rahmen des Wertgesetzes. Sie macht auch die Repression des Systems aus.«[126] »Denn das strukturale Wertgesetz ist die allerreinste gesellschaftliche Herrschaftsform, … die nunmehr ohne Referenzen zu einer herrschenden Klasse oder zu einem Machtverhältnis, ohne Gewalt auskommt, die ganz und gar, ohne einen Tropfen Blut, in den Zeichen aufgegangen ist, die uns umgeben.«[127] Diese Herrschaft bedarf keiner großartigen Repressionsapparate, »die totalitären kapitalistischen Maschinen … schleichen sich ein in die Ordnungen, in die Familien, in die Zweierbeziehungen, in die Kindheit; sie lassen sich nieder im Herzen der Subjektivität und der Sicht der Welt«[128]. So ist die Tatsache, dass nichts mehr mit eigenen Lebensformen, sondern alles nur noch mit Konsum zu tun hat, tief in der Gesellschaft verankert: »Man hört Reggae, schaut Western an, ißt mittags bei McDonald und kostet zu Abend die heimische Küche, trägt französisches Parfum in Tokio, kleidet sich nostalgisch in Hongkong, und als Erkenntnis tritt auf, wonach das Fernsehquiz fragt. … es ist die Zeit der Erschlaffung … dieser Realismus der Beliebigkeit ist der des Geldes.«[129] Doch wie sollte es an-

ders sein, denn »der Kapitalismus fegt alles hinweg, … nimmt den Völkern ihre Kultur, den Einschreibungen die Geschichte, wiederholt sie irgendwo, wo sie sich verkaufen lassen …: man kann alles produzieren, alles konsumieren, alles tauschen, alles bearbeiten, alles einschreiben, ganz egal, wie, Hauptsache es läuft, es fließt, es wandelt sich. Das *einzige* unantastbare Axiom betrifft … den Tauschwert.«[130] Das heißt: kein Inhalt, den der Kapitalismus nicht verwenden kann; und je radikaler die Attitüde, desto besser lässt sie sich vermarkten, weswegen gilt: »Der Kapitalismus gesteht dem Subjekt zwar Anspruch auf Revolte zu, wobei er sich auf jeden Fall das Recht ihrer Unterdrückung vorbehält, doch die ideologischen Systeme, die er ihm anbietet, beherrschen, vereinigen, konsolidieren die Revolte und drängen sie in den Spielraum des Subjekts oder des Staates zurück.«[131]
Durch die so genannte Freisetzung der Lebens-Inhalte laufen diese Gefahr, ihre Bedeutung für die Entfaltung eigener Lebensformen zu verlieren und zu bloßen, der Produktion und dem Tausch anheim gegebenen Waren zu werden, wodurch der Kapitalismus der Entwicklung aller Lebensformen, die auf eine Überwindung seiner Gesetze abzielen, den Boden unter den Füßen entreißt. Durch das Tauschgesetz bekommt mensch nichts, wofür mensch nichts geben kann, das heißt, niemand entkommt der Integration in den Produktionsprozess, weil jeder und jede Geld zum Tauschen braucht. Einzige Möglichkeit dem Produktionsprozess zu entgehen: Mensch tauscht nicht Arbeit gegen Lohn, sondern die ›Person‹ gegen staatliche Fürsorge. Eins wie das andere: Unterordnung unter die kapitalistische Gesetzmäßigkeit. Das sind die Komponenten der kapitalistischen Despotie – seiner immanenten Gewalt, seines immanenten Terrors (»Geld und Markt sind die wirklichen Polizisten des Kapitalismus«[132]).

Ergänzung: Zum Verhältnis von Kapitalismus und Staat[133]

Im Grunde ist Jean-François Lyotards Aufsatz »Energieteufel Kapitalismus«[134] eine Lobpreisung des *Anti-Ödipus*. Doch bringt er dort zugleich eine Bemerkung unter, die auf den ersten Blick durchaus berechtigt scheint und zu einer Verdeutlichung der bisher in diesem Text präsentierten Gesellschaftsanalyse herausfordert:
Die Bemerkung konzentriert sich darauf, dass das Ödipus-Konzept der unmittelbaren Herrschaft mit der kapitalistischen Unterwerfung unter eine Axiomatik nicht zusammengeht: Entweder funktioniert die Macht gegenwärtig als sichtbares Gewaltverhältnis oder sie funktioniert als unsichtbarer Formalapparat: »Warum und wie sollte diese Zirkulation der Ströme, die nur durch das Tauschwertgesetz reguliert werden, zusätzlich, als eine Art Repressionsprämie, auf die Gestalt von Ödipus, d.h. für Deleuze und Guattari des Staates angewiesen sein?«[135] Für Lyotard ist im Kapitalismus

Ödipus nicht mehr nötig: »Nirgends eine Verknüpfung mit dem Großen Signifikanten, lediglich das Tauschgesetz, das zwischen den Termen, deren Wert allein in ihrer Beziehung liegt, immanent wirksam ist.«[136] »Im Grunde bedarf es keiner weiteren Repression.«[137]
Diese Gedanken besitzen offensichtliche Plausibilität: Warum braucht es einen Ödipus, wenn ohnehin alles über die Axiomatik läuft? Doch scheint dieses Verhältnis nicht so einfach, bzw.: es ist kein ausschließendes. Ödipus funktioniert augenscheinlich anders als die Axiomatik; aber er schließt sie genauso wenig aus, wie sie ihn:
1. Wie schon gesagt wurde, stützt sich der Kapitalismus heute zwar nicht wesentlich auf unmittelbare Gewalt und Unterdrückung, doch heißt das keineswegs, dass er von diesen nicht begleitet wird (vielmehr wird er es sogar notwendig):
Nämlich *erstens* vor allem dort, wo er seine Peripherien (Dritte Welt, Frauen, Kinder usw.) bzw. Billigproduktionsstätten bildet (»Der Zentralkapitalismus braucht die Peripherie der Dritten Welt, in die er einen großen Teil seiner modernsten Industrie verlagert, in die er nicht nur Kapitalien investiert, sondern aus der er auch Kapital bezieht«[138]), in denen nach wie vor Produktionsbedingungen herrschen, die fast ausschließlich auf Gewalt- und Ausbeutungsverhältnissen basieren, da »das Kapital als Produktionsverhältnis in nicht-kapitalistischen Produktionsweisen agiert«, sodass »die Polymorphie der Staaten in der Dritten Welt teilweise vom Zentrum aus organisiert wird, und zwar mit Hilfe eines Axioms, das die Kolonisierung ersetzt«[139].
Und *zweitens* dort, wo es um die Anpassung an ein unterwerfendes System geht: in den Familien und Ausbildungsstätten (Schule, Lehre usw.): Bevor wir uns am Markt frei verkaufen dürfen, müssen wir wissen, was es heißt, sich unterzuordnen. Anders gesagt, der Staat muss Machtverhältnisse schaffen, in denen kapitalistische Verfahren erst durchführbar sind: So war »die Arbeitskraft festhalten und seßhaft machen, die Bewegungen des Arbeitsablaufs steuern, ihm bestimmte Kanäle und Leitungen zuweisen, Korporationen im Sinne von Organismen bilden, und im übrigen auf eine erzwungene Arbeitskraft vertrauen … immer eine der wesentlichen Angelegenheiten des Staates«[140]; so war die »Bio-Macht … gewiß ein unerläßliches Element bei der Entwicklung des Kapitalismus, der ohne kontrollierte Einschaltung der Körper in die Produktionsapparate und ohne Anpassung der Bevölkerungsphänomene an die ökonomischen Prozesse nicht möglich gewesen wäre«[141] (»Die Abstimmung der Menschenakkumulation mit der Kapitalakkumulation, die Anpassung des Bevölkerungswachstums an die Expansion der Produktivkräfte und die Verteilung des Profits wurden … durch Ausübung der Bio-Macht in ihren vielfältigen Formen und Verfahren ermöglicht. Die Besetzung und Bewertung des lebenden Körpers, die Verwaltung und Verteilung seiner Kräfte waren unentbehrliche Voraussetzungen«[142]); und so

»bezweckt die Arbeit im Gefängnis (und ähnlichen Institutionen: Schule usw.; Anm.d.A.) ... nicht Gewinn und auch nicht die Formierung einer nützlichen Fähigkeit, sondern die Bildung eines Machtverhältnisses, einer leeren ökonomischen Form, eines Schemas der individuellen Unterwerfung und ihrer Anpassung an einen Produktionsapparat«[143].
2. Die kapitalistische Freisetzung der (Lebens-)Inhalte ist nicht so vollständig, dass alle allen alles zugestehen, das heißt: die bürgerlichen Ressentiments sind vom Kapitalismus nicht gänzlich weggefegt worden, sondern sie sind in der europäischen Gesellschaft nach wie vor von enormer Bedeutung, sodass »die gesellschaftliche Axiomatik der modernen Gesellschaften zwischen zwei Pole geraten ist, zwischen denen sie fortwährend oszilliert ... : Archaismus und Futurismus, Neo-Archaismus und Ex-Futurismus...«[144] Genauso wie wir kapitalistischen Realitäten ausgesetzt sind, sehen wir uns mit bürgerlichen Zwängen, gesellschaftlichen Diskriminierungen und reaktionären Tendenzen konfrontiert.
3. Der Staat schafft nicht nur die Machtvoraussetzungen des Kapitalismus, er übernimmt auch immer wieder die Organisation des Kapitals: »Mit anderen Worten, die Konjunktion decodierter Ströme, ihre differentiellen Verhältnisse und ihre vielfältigen Spaltungen und Brüche erfordern eine umfassende Regulierung, deren Organ der Staat ist. Der kapitalistische Staat stellt den Regulator der als solche decodierten und in die Axiomatik eingelassenen Ströme dar. ... Niemals zuvor hat ein Staat in solchem Ausmaß an Macht und Stärke verloren und sich mit ebensolcher Gewalt in den Dienst des Zeichens der ökonomischen Macht gestellt.«[145] »Mit dem Kapitalismus werden die Staaten nicht abgeschafft, sondern ändern ihre Form und bekommen eine neue Bedeutung: Realisierungsmodelle einer Weltaxiomatik, die über sie hinausgeht.«[146]
4. Die innere Grenze des Kapitalismus ist beliebig verschiebbar. Doch heißt das nicht, dass der Kapitalismus keine äußere Grenze hat, die er mit Gewalt verteidigt (vgl. III,3,8). »Wenn die Funktion des modernen Staates tatsächlich die Regulierung der decodierten, deterritorialiserten Ströme ist, so besteht einer ihrer Hauptaspekte darin, zu reterritorialisieren, also zu verhindern, daß die decodierten Ströme aus allen Öffnungen der gesellschaftlichen Axiomatik fliehen.«[147] »In diesem Sinne vermag die kapitalistische Axiomatik nicht davon abzulassen, immer neue Territorialitäten hervorzurufen und neue despotische Urstaaten zum Leben zu erwecken.«[148]
Zusammenfassung: »Der Kapitalismus hat den *Urstaat* wiederbelebt und gibt ihm neue Kräfte.«[149]
Wir sehen, dass der Staat (bzw. Ödipus) im Kapitalismus mehrere und nicht wegzudenkende Rollen spielt, und dass er mit der Axiomatik in einem Wechselverhältnis steht, die beide neben- und ineinander die herrschenden Machtverhältnisse bestehen lassen. Lyotard betont vielleicht die Rolle des

Kapitals zu sehr. Noch 1984 schreibt er: »Man hört allenthalben, das große Problem heutiger Gesellschaften sei der Staat. Das ist ein – vermutlich gravierender – Irrtum. Das Problem, das alle anderen überlagert, auch das des zeitgenössischen Staats, ist das Kapital.«[150] Wir haben schon gesehen (vgl. Anmerkung 47, S. 196), dass andere PoststrukturalistInnen nicht unbedingt dieser Ansicht sind.

III.2.6 Der paranoid-reaktionäre Wunsch

Deleuze und Guattari: »Die grundlegende Frage der politischen Philosophie ist immer noch jene, die Spinoza zu stellen wußte (und die Reich wiederentdeckt hat): Warum kämpfen die Menschen *für* ihre Knechtschaft, als ginge es um ihr Heil? Was veranlaßt einen, zu schreien: Noch mehr Steuern! Noch weniger Brot! Wie Reich sagt, liegt das Erstaunliche nicht darin, daß Leute stehlen, andere streiken, vielmehr darin, daß die Hungernden nicht immer stehlen und die Ausgebeuteten nicht immer streiken. Warum ertragen Menschen seit Jahrhunderten Ausbeutung, Erniedrigung, Sklaverei, und zwar in der Weise, daß sie solches nicht nur für die anderen wollen, sondern auch für sich selbst?«[151] Warum begehren die Menschen Lebensformen, die offensichtlich repressiv, terroristisch und grausam sind? Warum stimmt es, »daß die ›Strenge des Gesetzes‹ nicht wenige Leute geil macht«[152]? Warum werden »auch Beherrschung und Ausschließung … gewünscht«[153]? Warum arbeiten Menschen oft so leidenschaftlich gegen ihre so genannten objektiven Klasseninteressen? Warum tun die Massen oft so wenig gegen ihre Unterdrückung, dass Lyotard sogar glaubt, sagen zu können, dass »die arbeitslosen Engländer … nicht zu Arbeitern geworden sind, um zu überleben, sie haben – haltet euch gut fest und verachtet mich meinetwegen – diese hysterische, masochistische (und ich weiß nicht, was sonst noch) Erschöpfung *genossen*, sie haben es genossen, es in den Minen, den Gießereien, den Fabriksälen, in der Hölle *auszuhalten*, sie haben die verrückte Zerstörung ihrer organischen Körper genossen, die ihnen sicher aufgezwungen wurde, sie haben es genossen, daß sie ihnen aufgezwungen wurde, sie haben die Auflösung ihrer persönlichen Identität genossen, derjenigen, die die bäuerliche Tradition ihnen geschaffen hatte, sie haben die Auflösung der Familien und der Dörfer genossen, sie haben die entsetzliche neue *Anonymität* der Vorstädte und der Pubs in den Morgen- und Abendstunden genossen«?[154] Wichtige Fragen, auf die aber die Antworten zu fehlen scheinen. Es scheint zu einfach, schlichte ›Unaufgeklärtheit‹ als Erklärungsmuster heranzuziehen. »Wilhelm Reich ist nicht zuletzt dann ein großer Denker, wenn er es ablehnt, zur Erklärung des Faschismus Verkennen und Illusionismus seitens der Massen heranzuziehen, und demgegenüber darauf besteht, ihn mittels des Wunsches, in dessen Begriffen zu

erklären: Nein, die Massen sind nicht getäuscht worden, sie haben den Faschismus in diesem Augenblick gewünscht. Nur in solcher Perspektive läßt sich diese Perversion des Massenwunsches angehen.«[155] Doch wie kann mensch sich Unterdrückung wünschen?
Deleuze und Guattari erklären das mit dem reaktionären Pol des Wunsches: »Auf die Frage: Wie kann das Begehren seine eigene Unterdrückung, seine eigene Versklavung begehren? heißt unsere Antwort: Die Mächte, die das Begehren vernichten oder unterjochen, sind bereits selbst Teil der Begehrensverkettungen«[156], »wenngleich es ein sonderbares Abenteuer des Wunsches sein mag, seine Repression zu wünschen«[157]. Der paranoid-reaktionäre Pol des Wunsches ist jener »faschisierende paranoische Typ oder Pol, der die Formation der zentralen Herrschaft besetzt, sie überbesetzt, indem er sie zur ewigen causa finalis aller anderen Gesellschaftsformen in der Geschichte stilisiert, die Enklaven oder Peripherien gegenbesetzt, von jeder freien Figur des Wunsches die Besetzung abzieht – ja, ich bin einer der Euren und gehöre der höheren Klasse und Rasse an«[158]. »Der Paranoiker macht Massen zu Maschinen, er ist der Künstler großer molarer Einheiten, statistischer Formationen, herdenhafter Gebilde, organisierter Massenphänomene. Er besetzt alles unter dem Zeichen großer Zahlen.«[159] Sein »Begehren geht soweit, daß es auch seine eigene Vernichtung begehrt, oder das, was die Macht zur Vernichtung hat. Die Begierde nach Geld, Armee, Polizei und Staat, das Begehren des Faschisten, selbst der Faschismus ist Begehren.«[160]
Wo der paranoid-reaktionäre Pol des Wunsches herkommt bzw. wann sich der Wunsch auf ihn verlagert, wissen auch Deleuze und Guattari nicht – denn die Antwort, dass das dann der Fall ist, wenn sich die gesellschaftlichen Maschinen in die Wunschproduktion einschreiben (vgl. II,3,5), verschiebt das Problem nur. Trotzdem ist die Theorie von diesem faschistischen Wunschpol nicht nichts sagend:
1. Die Rationalität oder das Bewusstsein, auf die so viele bei ›politischer Konfliktlösung‹ oder ›sachlicher Aufklärung‹ setzen, die sowohl zum ›Erlangen vernünftiger Lösungen‹ als auch zum ›Abbau irrationaler Ängste‹ dienen soll, scheint vielleicht zu viel bemüht. Nicht weil die Irrationalität immer stärker wäre, sondern weil die Dichotomie von Irrationalität und Rationalität ein simplifiziertes Bild darstellt. Beides scheint in jeweils unterschiedlichem Verhältnis vom Wunsch erzeugt zu werden (der nicht mit der Irrationalität als bloßer *Nicht*-Rationalität verwechselt werden darf).[161] »Deshalb genügt es nicht, wenn Subjekte, Individuen oder Gruppen ihren Klasseninteressen offensichtlich zuwiderhandeln, wenn sie sich Interessen und Ideale einer Klasse zu eigen machen, die zu bekämpfen ihre eigene objektive Situation ihnen vorschreiben müßte, zu sagen: Sie sind getäuscht worden, die Massen sind getäuscht worden. Das ist kein ideologisches Problem, keines des Verkennens und der Illusion, das ist ein Problem des

Wunsches, *und der Wunsch ist Teil der Basis.*«[162] Was zählt, ist also der Wunsch: »Die Benachteiligsten, die Ausgeschlossensten sieht man mit Leidenschaft das sie unterdrückende System besetzen, und sie werden hier immer ein Interesse *finden*, da sie es ja hier suchen und daran bemessen. Das Interesse folgt immer.«[163] So sind auch »die libidinösen Besetzungen gesellschaftlicher Macht ... der Grund dafür, daß Parteien und Gewerkschaften, die sich für das Klasseninteresse revolutionär engagieren sollten, reformistische oder gänzlich reaktionäre Haltungen einnehmen«[164]. Keiner ist Faschist, weil er blöd ist, sondern weil er sich wünscht, Faschist zu sein (was in keinster Weise irrational sein muss – für viele gibt es oft gute Gründe, Faschist sein zu wollen). »Hitler hat, im wahrsten Sinne des Wortes, die Faschisten aufgegeilt.«[165] »Hitler brachte es zustande, daß den Faschisten einer stand – wie auch Fahnen, Nationen, Armeen, Banken viele Leute aufgeilen.«[166] »Den Wunsch unterdrücken, nicht nur den der anderen, sondern in sich, Bulle der anderen und seiner selbst sein, das ist es, was aufgeilt und worin keine Ideologie, sondern Ökonomie zum Vorschein kommt.«[167]
Die Frage ist also nicht, wie wir die Menschen gescheit und gebildet machen und mit ›politischem Bewusstsein‹ ausstatten, um antifaschistisch leben zu können (denn selbst wenn der intendierte Rationalisierungsprozess eintreten sollte – was selten der Fall scheint –, gilt immer noch: »Eine unbewußte Besetzung faschistischen oder reaktionären Typs kann mit einer bewußten revolutionären Besetzung koexistieren«[168]), sondern wie ein *kollektiver Wunsch nach antifaschistischen Lebensformen* entstehen kann: »Eine Revolution, in welchem Bereich sie auch immer stattfindet, ereignet sich durch eine vorhergehende Befreiung libidinöser Energie.«[169] Für die radikale Linke hieße das, dass es nicht mehr darum ginge, wie mensch den Leuten etwas erklären kann, wie mensch etwas begreiflich machen kann, wie mensch die Leute erreichen kann (»Die Verkennung und die Unterdrückung von Wunschphänomenen inspirieren die Unterwerfungs- und Bürokratisierungsstrukturen, den von Haß-Liebe getragenen militanten Stil... Die Konstanz, mit der die revolutionären Gruppen ihre Aufgabe verraten haben, ist nur allzu bekannt. Sie arbeiten mit Abtrennung, Herauslösung und residualer Selektion: Abtrennung einer angeblich wissenschaftlichen Avantgarde; Herauslösung eines wohldisziplinierten, organisierten und hierarchisierten Proletariats; Residuum eines Subproletariats, das so dargestellt wird, als müsse es entweder ausgeschlossen oder ›umerzogen‹ werden«[170]), sondern darum, Lebensverhältnisse zu schaffen, von denen ausgehend antifaschistisches Leben einzeln wie kollektiv begehrt wird: »Wie kann eine Gruppe zum Träger ihres eigenen Wunsches werden, ihn mit dem Wunsch anderer Gruppen in Verbindung bringen?«[171]
2. Wenn Reaktionär- und Faschistisch-Sein mit dem Wunsch zu tun hat, der das Leben jedes und jeder Einzelnen bestimmt, heißt das auch, dass der

Faschismus nicht mit irgendeiner Staatsordnung kommt und mit dieser wieder geht[172] und nicht in irgendwelchen Rechtsradikalen-Kreisen da ist und sonst nicht: »Ländlicher Faschismus und Faschismus der Stadt oder des Stadtteils, junger Faschismus oder Faschismus des alten Kämpfers, linker und rechter Faschismus, Faschismus in der Ehe, in der Familie, in der Schule oder im Büro«[173]. Der Faschismus lauert überall, und es gilt, ihn überall zu bekämpfen: »Der Hauptfeind … ist … nicht nur der historische Faschismus, der Faschismus Hitlers und Mussolinis – der fähig war, den Wunsch der Massen so wirksam zu mobilisieren und in seinen Dienst zu stellen –, sondern auch der Faschismus in uns allen, in unseren Köpfen und in unserem alltäglichen Verhalten, der Faschismus, der uns die Macht lieben läßt, der uns genau das begehren läßt, was uns beherrscht und ausbeutet.«[174] Die Kampfsituation ist keine einfache: »Der ›Feind‹ ändert das Gesicht: es kann der Verbündete sein, der Kamerad, der Verantwortliche oder sogar man selbst.«[175] Daher kommen wir nicht dran vorbei: »Der Kampf muß in den eignen Reihen geführt werden, gegen die eigne innere Polizei«[176], denn »es ist allzu leicht, auf molarer Ebene ein Antifaschist zu sein, ohne den Faschisten zu sehen, der man selber ist, den man unterstützt und nährt und an dem man selber mit persönlichen und kollektiven Molekülen liebevoll hängt«[177].

Es geht um einen Kampf im Bereich des Begehrens, ohne den revolutionäre Umwälzungen nicht möglich sind: »Der revolutionäre Kampf darf nicht auf die Ebene der offenbaren Machtverhältnisse allein beschränkt werden. Er muß sich auch auf allen Ebenen der Wunschökonomie entwickeln, die … verseucht sind (auf der Ebene des Individuums, der Zweierbeziehung, der Familie, der Schule, der Militantengruppe, des Wahnsinns, der Gefängnisse, der Homosexualität usw.).«[178] »Solange man die Dichotomie zwischen dem Kampf an der Klassenfront und dem Kampf an der Front des Begehrens aufrecht erhält, bleiben alle Vereinnahmungen möglich«[179].

3. Wenn alles beim Wunsch liegt, und wenn alle Lebensformen, die reaktionär und faschistisch sind, mit einem reaktionär-faschistischen Begehren zu tun haben, bedeutet das: Auch wenn verwaltetes und unterdrücktes Leben verschiedentlich organisiert sein kann (nationalsozialistisch, stalinistisch, parlamentarisch-kapitalistisch usw. usw.), gründet es sich immer auf den reaktionären Pol des Wunsches. Das heißt, dass alle, die gegen das verwaltete und unterdrückte Leben kämpfen, zwar die unterschiedlichsten Organisationsformen und Bedingungen vorfinden, die unterschiedlichsten Kämpfe führen, die unterschiedlichsten Möglichkeiten und Perspektiven haben und im Widerstand die unterschiedlichsten Lebensformen entwikkeln, dass sie aber alle etwas gemeinsam haben: nämlich den Kampf gegen die reaktionäre Besetzung der Wunschproduktion.

(Siehe auch III,3,1.)

III.3 Zu alteritären Lebensformen und revolutionärem Widerstand

Was hier als subversive politische Philosophie vorgestellt wird, will nichts mit einem Programm zu tun haben, nichts mit einem revolutionärem Modell, in dessen Rahmen auf alle Fragen bei korrekter Deduktion korrekte Antworten gegeben werden können (»Die Aktivität der militanten Gruppe bekundet sich nicht darin, vorgefertigte Antworten zu geben; im Gegenteil, sie soll die Problematik vertiefen«[180]), sondern mit vielfältigen Überlegungen zur Entfaltung antifaschistischer Lebensverhältnisse, was von Überlegungen zur Überwindung von bzw. zum Widerstand gegen Organisationsformen, die solche Lebensverhältnisse verhindern, nicht zu trennen ist. Ebenso wenig will es mit dem gesellschaftlich eingerichteten Polit-Berufsfeld vermischt werden. Denn erstens »ist die Politik heute nichts mehr als der Ausdruck der Dominanz toter Strukturen über das Phylum der lebendigen Produktion«[181], und zweitens »passiert für uns das Entscheidende nicht in der Politik im traditionellen Sinn der Verteilung von Macht, der angeblich repräsentativen Instanzen wie der Kommunistischen Partei oder der C.G.T. Die Realität spielt sich heute in einer Fabrik, in einer Schule, in einer Kaserne, auf einem Kommissariat ab.«[182]

Auch wenn die Überlegungen dieser politischen Philosophie vielfältig sind, bilden sie eine Einheit, aber keine starr-dogmatische, sondern eine offene, die sich über nichts anderes konstituiert als über die Gemeinsamkeit, Lebensverhältnisse zu wünschen, die nicht auf Herrschaft, vorausgesetzter Autorität und institutionalisierter Gewalt, kurz: auf dem Staat, aufbauen, sondern dagegen wirken. Es gibt dementsprechend kein umfassendes politisches Programm (»Nichts ist gefährlicher als das totale Aufgehen in der angeblichen Wissenschaftlichkeit eines politischen Konzeptes, die durch entsprechende philosophische ›Behandlung‹ erzeugt werden kann. Ich betone nochmals, in diesem Bereich wird es nie eine absolute Sicherheit geben. Kein theoretisch-politisches Konzept könnte allein eine kohärente revolutionäre Praxis garantieren«[183]), keine ›richtige Linie‹ revolutionärer Politik (»Vieldeutigkeit statt ... der politischen Eindeutigkeit, des Guten und des Bösen, des Manichäismus der Werte. Kontingente, pragmatische Vieldeutigkeit«[184]), keine fixierte Vorstellung *des* herrschaftsfreien Lebens (»Ich meine, man ist dem gegenwärtigen System verhaftet, wenn man sich ein anderes System ausdenken will«[185]), kein ›ursprüngliches Ideal‹ (»Es geht überhaupt nicht um ein ›Zurück zu...!‹ Es geht überhaupt nicht darum, zu den prä-signifikanten und prä-subjektiven Semiotiken der Primitiven ›zurückzukehren‹. Wir werden immer wieder scheitern, wenn wir den Schwarzen, den Indianer oder gar den Chinesen spielen«[186]), überhaupt »kein starres Ziel, kein unveränderlich postuliertes Eins«[187]. Es geht um etwas anderes, nämlich »die Vollendung des Prozesses: kein schon bestehendes gelobtes Land, sondern eine Erde, die sich entsprechend seiner Tendenz, seiner Ablösung, seiner Deterritorialisierung selbst erschafft. ... Aktive Fluchtlinie, wo die revolutionären, die künstlerischen, die wissenschaftlichen, die (schizo-)analytischen Maschinen wechselseitig zu Teilen und Stücken werden.«[188] Es gibt auch keinen Moralkodex des Revolutionärs; nur Gedanken dazu, was alles revolutionär oder subversiv sein kann. »Wir wollen und machen eine aufgelöste, unberechenbare Politik, die für andere Arten von Politik *ketzerisch* ist.«[189] Alle revolutionären Fragen – Welche Aktionen will mensch durchführen? Welche Bündnisse eingehen? Welche Gruppen unterstützen? Welche Lebensformen entwickeln? usw. – werden sich dann in ihrer jeweiligen Konkretheit stellen, wenn sie aktuell sind, ebenso wie im revolutionären Prozess permanent neue und unvorhersehbare Fragen auftauchen. »Die Praxis des Prozesses geht mit Aufräumung einher, die vor nichts haltmacht. Sie zerstört jede Konstanz, erzeugt eine andere, die sie ebenfalls zerstört.«[190] Nichts ist vorwegnehmbar: »Es ist unmöglich vorherzusagen, welche *die Formen des Kampfes und der Organisation* sein könnten, die in der Zukunft die beginnende Revolution annehmen wird. Alle Fragen bleiben hier offen...«[191] Jede programmatische Festschreibung des revolutionären Weges droht die Vielheit der subversiven Gedanken, Konzepte, Handlungen und Aktionen zu gefährden, eine Vielheit und Offenheit, die sowohl von subversivem Widerstand wie von aktivem Leben nicht wegzudenken ist: »Man kann natürlich in dem gegenwärtigen Zustand von Subbewegung, von molekularer Revolution, die sich in eine Revolution verwandeln muß, eine künftige neue Ordnung nicht in präzisen Begriffen bestimmen. Man kann sich nicht genau vorstellen, wie die neuen Formen von sozialer Organisation aussehen werden, aus welchen mannigfaltigen neuen Ereignissen und Elementen sie sich bilden wird. Wer ›a priori‹ eine neue Ordnung auf dem wirtschaftlich-sozialen oder auf dem semiotischen Feld planen will, kann nur Anleitungen dogmatischer und repressiver Art geben.«[192] »Schließlich ... wollen wir es nicht als Ausflucht verstanden wissen, wenn wir erklären, daß als solche die Schizo-Analyse (vgl. III,3,14) kein im strikten Sinne politisches Programm anzubieten hat. Das Gegenteil wäre grotesk und beunruhigend zugleich. Sie sieht sich nicht als Partei, noch selbst als Gruppe, und gibt nicht vor, im Namen der Massen zu sprechen. Daß im Rahmen der Schizo-Analyse ein politisches Programm sich formuliert, gilt ihr als ausgeschlossen. Alles in allem etwas, das nicht vorgibt, im Namen wessen auch immer zu sprechen.«[193] »Wir überliefern keine Botschaft, ... wir bringen keine Offenbarung; und wir sprechen nicht anstelle derer, die schweigen.«[194] »Aber Ihre Gerechtigkeit? – Sie kann nicht in einer Formel oder einem kanonischen Gesetz bestehen. Sie ist eine Perspektive.«[195] »Singularität,

Autonomie und Freiheit sind die drei Verbindungslinien, die sich zur neuen erhobenen Faust verknoten werden, die sich gegen die kapitalistische Ordnung richtet«[196], »gegen alle Maschinen der Macht (die des bürgerlichen Staates, der Bürokratien aller Art, der Schule, der Familie, des Phallokratismus in der Zweierbeziehung, des Über-Ichs gegen das Individuum)«[197]. Dazu braucht es »neue Formen kollektiver Verkettungen der Aussage, des Lebens, des Schaffens, des Kampfes«[198]. »Weder zur Furcht noch zur Hoffnung besteht Grund, sondern nur dazu, neue Waffen zu suchen.«[199] Eines noch: »Die Idee der Revolution ... ist zweideutig. Sie ist okzidental, sofern sie sich auf eine Transformation des Staates bezieht, aber orientalisch, sofern sie auf eine Zerstörung, auf die Abschaffung des Staates abzielt.«[200]

III.3.1 Der schizo-revolutionäre Wunsch

Der Wunsch kann zwar repressiv werden, wenn er gesellschaftlich besetzt wird. Doch als molekularer Wunsch ist der Wunsch revolutionär: »Das Begehren ist in sich immanenter revolutionärer Prozeß.«[201] »Der Wunsch ›will‹ nicht die Revolution, er ist revolutionär an sich, unwillentlich, das wollend, was er will.«[202] »Wird der Wunsch verdrängt, so weil jede Wunschposition, wie winzig auch immer sie sei, etwas an sich hat, das die herrschende Ordnung einer Gesellschaft in Frage stellt: nicht daß der Wunsch nicht-gesellschaftlich sei, im Gegenteil. Aber er ist umstürzlerisch; keine Wunschmaschine, die nicht ganze gesellschaftliche Sektoren in die Luft jagte. Was auch immer gewisse Revolutionäre denken mögen, der Wunsch ist in seinem Innersten revolutionär ... und keine einzige Gesellschaft kann auch nur eine einzige wahre Wunschposition ertragen, ohne daß ihre hierarchischen, ihre Ausbeutungs- und Unterwerfungsstrukturen gefährdet wären. ... Es ist daher für eine Gesellschaft von vitalem Interesse, den Wunsch zu unterdrücken, mehr noch, besseres als die Repression zu finden, damit die Repression, die Hierarchie, die Ausbeutung, die Unterwerfung selbst noch gewünscht werden. Wie ärgerlich, solche grundlegenden Tatsachen sagen zu müssen, wie: der Wunsch bedroht eine Gesellschaft nicht deshalb, weil er Wunsch ist, mit der Mutter zu schlafen, sondern weil er revolutionär ist.«[203]

Der (schizo-revolutionäre) Wunsch begehrt immer Neues, immer Anderes, ist auf permanenten Wandel, permanentes Werden aus. Er folgt dem Schizo-Prozess, der alle Grenzen niederzureißen trachtet; bei Deleuze und Guattari gibt es ein wahre »Begeisterung für den Prozeß als schizophrenen Prozeß der Deterritorialisierung, der eine neue Erde erschaffen muß«[204]. »Die Schizophrenie ist, bevor sie Affektion des im Autismus personifizierten und künstlich gemachten Schizophrenen ist, Produktion des Wunsches und

der Wunschmaschinen«[205], sie ist »weder ein eigentümliches Wesen des Schizophrenen noch eine schizophrene Entität, die Schizophrenie ist das Universum der produktiven und reproduktiven Wunschmaschinen, die universelle Primärproduktion«[206]. »Die schizophrene Flucht besteht nicht nur darin, sich vom Gesellschaftlichen abzuwenden, am Rande zu leben: durch eine Vielzahl von Löchern, die das Gesellschaftliche zersetzen und durchbohren, läßt sie es fliehen, steht immerfort im Kontakt mit ihm, verfügt allenthalben über molekulare Ladungen, die in die Luft sprengen, was gesprengt werden muß, stoßen, was fallen muß, fliehen lassen, was fliehen muß, und sichert zudem an jedem Punkt die Umwandlung der Schizophrenie als Prozeß in wahrhaft revolutionäre Kraft. Denn was ist der Schizo wenn nicht zuerst jener, der ›alles das‹ nicht mehr ertragen kann, das Geld, die Börse, die Todesmächte ... – Werte, Moralen, Vaterländer, Religionen und private Gewißheiten!«[207] »Der Schizo reißt die decodierten Ströme mit sich, läßt sie die Wüste des organlosen Körpers durchqueren, wo er seine Wunschmaschinen errichtet und einen fortwährenden Ausfluß wirkender Kräfte erzeugt. ... Der Schizo weiß aufzubrechen: ... Denn hier ist die von unserer Welt verkündete Wüste, und auch die neue Erde, und die dröhnende Maschine, um die die Schizos kreisen, Planeten für eine neue Sonne. Diese Menschen des Wunsches sind wie Zarathustra. Ungeahnte Leiden, Schwindel und Krankheiten kennen sie. Sie haben ihre Gespenster. Sie müssen jede Geste neu erfinden. Aber ein solcher Mensch erschafft sich als freier, unverantwortlicher, als einsamer und fröhlicher Mensch, der endlich fähig ist, ohne Erlaubnis in seinem Namen etwas Einfaches zu sagen und zu tun, Wunsch, dem nichts fehlt, Strom, der die Sperren und Codes durchbricht, Name, der kein Ich mehr bezeichnet. Er hat einfach aufgehört, Angst vor dem Verrücktwerden zu haben.«[208] Er eilt »jenen neuen Bereichen ... entgegen, wo die Konnexionen immer partiell und nicht personal, die Konjunktionen nomadisch und polyvok, die Disjunktionen eingeschlossen sind, wo Homo- und Heterosexualität sich nicht mehr unterscheiden lassen: eine Welt transversaler Kommunikation«[209]. »Denn der Schizo ist jener, der jeglichem ödipalen, familialen und personengebundenen Bezug entwischt: ich werde nicht mehr Ich, nicht mehr Papa-Mama sagen – und er hält Wort.«[210] (Deshalb gilt für die Psychoanalyse: »Der Feind, das ist der Schizo.«[211] »Denn schließlich, machen wir uns da nichts vor, mag Freud die Schizophrenen nicht, nicht ihren Widerstand gegenüber der Ödipalisierung, neigt viel eher dazu, sie wie Idioten zu behandeln«[212]; wo es doch tatsächlich so ist, dass »das Umherschweifen des Schizophrenen ... gewiß ein besseres Vorbild abgibt als der auf der Couch hingestreckte Neurotiker.«[213])
»Der schizophrene Prozeß (schizoide Pol) ist revolutionär in dem Sinne, wie das paranoische Vorgehen reaktionär und faschistisch ist.«[214] Das heißt, der Schizo-Prozess steht für den, dem paranoid-reaktionären Pol (vgl.

III,2,6) gegenübergestellten, schizo-revolutionären Pol des Wunsches; »ein schizo-revolutionärer Pol, der den Fluchtlinien des Wunsches folgt, durch die Mauer bricht und Ströme fließen läßt, seine Maschinen und fusionierenden Gruppen in den Enklaven oder an der Peripherie aufstellt und in allem umgekehrt zu Werke geht als der erste Typ: Ich bin keiner der Euren, ich bin auf ewig von niederer Rasse, ich bin ein Tier, ein Neger.«[215] Der Schizo ist das Gegenstück zum Paranoiker: er beschreitet »den anderen Weg ..., den der Mikrophysik, den der nicht mehr den statistischen Gesetzen gehorchenden Moleküle; den der Wellen und Korpuskeln, Ströme und Partialobjekte, die nicht mehr den großen Zahlen unterworfen sind, infinitesimale Fluchtlinien statt Perspektiven großer Einheiten.«[216] Wir dürfen dabei aber nicht den Schizophrenen mit dem Revolutionär verwechseln (»wir sagen nicht, daß der Revolutionär Schizo ist«[217], »doch bildet der schizophrene Prozeß (dessen Unterbrechung oder Fortsetzung im Leeren der Schizo nur ist) das Potential der Revolution«[218]), da der Schizophrene als »jene vom Wirklichen, vom Leben abgeschnittene autistische Jammergestalt«[219] nicht für das Ausleben, sondern das brutale Abbrechen des Schizo-Prozesses steht: »Der Schizo als Entität taucht um so mehr als spezifisches Produkt auf, als der Produktionsprozeß in seinem Lauf umgeleitet, brutal unterbrochen wird.«[220] Deshalb »glauben wir keineswegs, daß der Revolutionär schizophren noch daß der Schizophrene revolutionär sei. Vielmehr haben wir unaufhörlich den Schizophrenen als Entität von der Schizophrenie als Prozeß geschieden; jener vermag sich allein in bezug auf Unterbrechungen, Fortsetzungen im Leeren oder finalistische Illusionen zu definieren, die die Repression dem Prozeß aufzwingt. Deshalb haben wir, um eine mögliche Konfusion des schizophrenen Prozesses mit der Produktion eines Schizophrenen so gut es geht zu vermeiden, nur von einem schizoiden Pol innerhalb der libidinösen Besetzung des gesellschaftlichen Feldes gesprochen.«[221]

Den beiden Pole (Typen) des Wunsches (schizo-revolutionär und paranoid-reaktionär) entsprechend »bestehen zwei Arten von Gruppen: die Subjekt-Gruppen und die unterworfenen Gruppen«[222]. Es »unterscheiden sich beide Besetzungen radikal darin, daß die eine sich auf die molaren Strukturen erstreckt, die sich die Moleküle unterordnen, die andere sich demgegenüber auf die molekularen Vielheiten, die sich die strukturierten Massenphänomene unterordnen. Die eine ist eine Besetzung *unterworfener Gruppen*, sowohl in der Herrschaftsform wie in kolonialen Formen von Herdeneinheiten, die den Wunsch der Personen unterdrückt und verdrängt; die andere stellt eine Besetzung von *Subjekt-Gruppen* in transversalen Vielheiten dar, die den Wunsch als molekulares Phänomen tragen, das heißt, im Gegensatz zu den Einheiten und Personen, Partialobjekte und Ströme.«[223] »Der Charakter der unterworfenen Gruppen zeigt sich ebensosehr in ihren selbstgewählten Herren, die als solche anerkannt werden, wie in den Massen selbst. Kennzeichnend ist die Hierarchie, die vertikale oder pyramidale Organisation, die den Zweck hat, jede Möglichkeit von Unsinn, Tod oder Bruch aus der Gruppe zu vertreiben, um so die Selbsterhaltungsmechanismen abzusichern, die auf dem Ausschluß anderer Gruppen beruhen; der Zentralismus der unterworfenen Gruppen arbeitet mit Strukturierung, Totalisierung und Unifizierung... Im Gegensatz dazu definieren sich die Subjektgruppen durch Koeffizienten der *Transversalität*, die sich gegen alle Totalitäten und Hierarchien auflehnen.«[224] Der Kampf um das Freihalten des Wunsches von faschistoiden Besetzungen, die permanent drohen (vgl. II,3,5 und III,2,6), ist also ein Kampf um das Bestehen von Subjekt-Gruppen, denn »eine Subjekt-Gruppe ... zeichnet sich dadurch aus, daß in ihr die libidinösen Besetzungen selbst revolutionär sind; sie führt den Wunsch in das gesellschaftliche Feld ein, unterwirft den Sozius oder die Machtform der Wunschproduktion; ... den symbolischen Bestimmungen der Unterjochung setzt sie reale Koeffizienten der Transversalität ohne Gruppenhierarchie und Gruppenüberich entgegen«[225].

Die Frage nach der politischen Aktivität ist eine Frage des Wunsches. Die PoststrukturalistInnen begehren antifaschistische Lebensformen und das ist alles. Weder kann dieser Wunsch meta-legitimiert werden noch ist er legitimer als andere Wünsche. Er ist sozusagen alleine durch seine Existenz legitimiert. Die Konsequenz, dass mensch dem schizo-revolutionären Wunsch dadurch weder eine höhere Moralität noch einen Rationalitätsvorsprung gegenüber reaktionären Wünschen postulieren kann, ist unvermeidbar – doch scheint sie gleichzeitig in keinster Weise problematisch. Denn zum Ersten wäre es voreilig, zu behaupten, dass dadurch politisches Engagement, Entscheiden und Eingreifen verloren ginge (weil mensch nicht mehr wüsste, was richtig sei, und seinen Handlungen eine moralische Legitimationsbasis fehlte), da es doch keinen stärkeren und konsequenteren Antrieb zu diesen Aktivitäten gibt als den Wunsch[226], während moralische Appelle oder Forderungen nach »rationaler Diskussion und Konfliktlösung« selten in konkretem Handeln Ausdruck finden[227] (Es »muß eine linke Politik möglich sein, die ohne all diese konfusen humanistischen Mythen auskommt«[228]). Und zum Zweiten tritt konkretes individuelles wie kollektives Bemühen um eigene und eigenverantwortliche Lebensformen an die Stelle abstrakter Moralismen, die zu oft entweder herrschaftlich oder wirkungslos bleiben (was oft dasselbe zu sein scheint) und zudem in ihrer Auslegung weit mehr der Beliebigkeit anheim gegeben werden als besagte Lebensformen, sodass in der Fokussierung auf den revolutionären Charakter des Wunsches vielversprechendere soziale Prozesse möglich scheinen.

Was wir wollen, ist eine Frage des Wunsches; und wenn wir kein reaktionäres Leben wollen, ist der schizo-revolutionäre Pol des Wunsches, der jeder Revolution und jeder Verhinderung der Errichtung etablierter Herrschaftsstrukturen innewohnt, das, was es zu verteidigen, zu befreien und zu stärken gilt, da »die Unterdrückung des Begehrens in seiner Singularität« den »Untergang des Sinns des Lebens« bedeutet[229]. »Wir wollen den Atheismus des libidinösen Bandes«[230], »denn von Wunschmaschinen gilt, was Tinguely sagt: *a truly joyous machine, by joyous I mean free*«[231]. »Will man sich ein Bild von der ›Person‹ machen, die zum Schauplatz eines solchen Prozesses wird, so ist man auf die dem normativen Bewußtsein unerträgliche Vorstellung einer Polymorphie angewiesen, die alle Perversionen kennt und doch keiner anhängt, die alle Laster durchstreift und sich gleichwohl keinem hingibt: nicht identisch, nicht authentisch, List und Verstand, ohne Innerlichkeit, ständiges Verwerfen. Als ein Ungeheuer, das – ohne sie zu verkennen – mit der paranoischen Realität des gesellschaftlichen Körpers sein Spiel treibt und von ihr nicht akzeptiert wird.«[232]

III.3.2 Das Außen

Wenn davon die Rede war, was die PoststrukturalistInnen wollen, wurde meist gesprochen von Aktivität, Lebendigkeit, Ungebundenheit, Vielheit, usw. Zusammengefasst werden können diese Werte unter dem, was einige der PoststrukturalistInnen das *Außen* nennen. »Das Denken mit dem Außen in Verbindung setzen, das ist genau, was die Philosophen niemals gemacht haben«[233], »während es doch um ein Denken des Außen geht. Das Denken in eine unmittelbare Beziehung mit dem Außen, mit den Kräften des Außen stellen, kurz gesagt, aus dem Denken eine Kriegsmaschine machen«[234], weil doch »eine radikale Erschütterung … nur von einem *Außen* her kommen« kann[235]. Das Denken und Leben des Außen steht für ein Denken und Leben des Ereignisses und der Intensität, das sich ständig wandelt, ständig neu wird. »Ein Denken, das sich mit äußeren Kräften herumschlägt, statt in eine innere Form eingebettet zu sein, das mit Schaltstellen funktioniert, statt ein Bild herzustellen, ein Ereignis-Denken, Haecceitas, statt eines Gegenstands-Denkens, ein Problem-Denken statt eines Substanz- oder Theorem-Denkens, ein Denken, das ein Volk herbeiwünscht, statt sich für einen Minister zu halten.«[236] Veränderungen der Gestaltung und Organisation werden nicht nur hingenommen, wenn sie unvermeidbar sind, sie werden vielmehr gesucht, denn »es ist … Sache der Beziehung zum Außen, die etablierten Kräfte wieder in Frage zu stellen«[237], um die Spannung und Aktivität des Lebens nicht erstarren zu lassen und sich nicht in fest gefügten Ordnungen wiederzufinden; keine Frage, dass »das Denken des Außen somit ein Denken des Widerstands ist«[238], schon alleine deshalb, weil »wir zum Leben als der Kraft des Außen gelangen müssen«[239].

Dieses Außen ist nicht das Gegenteil eines Innen, es ist ein Außen, »das das Intervall vertieft und das Innere aufsprengt und zersplittert«[240], das

keine Innen-Außen-Dichotomie kennt, reines Außen, überall; eigentlich »ist dieses Außen kein Außen ..., weil es kein Innen, kein *An-sich* gibt: das An-sich als vermeintliche Innerlichkeit fällt unmittelbar in die Äußerlichkeit. Es gibt nur Äußerlichkeit. Oder besser: es gibt Äußerlichkeit.«[241] Das heißt, dass das Außen nicht relational ist. Es geht nicht um ein »Außen der Macht« oder ein »Außen des Kapitalismus« oder ähnliches, weil es diese in ihrer Reinheit so nie gibt: »Wir brauchen den Platz, an dem wir sind, nicht zu verlassen, wir brauchen uns nicht zu schämen, an einer ›vom Staat bezahlten‹ Universität zu sprechen, wir brauchen uns nicht zu schämen, daß wir schreiben, daß wir veröffentlicht und kommerzialisiert werden, daß wir eine Frau, einen Mann lieben und wie verheiratet zusammenleben; es gibt keinen richtigen Platz, die ›freien‹ Universitäten sind wie die anderen auch, die ›wilden‹ Kleinverlage sind wie die zivilisierten, und keine Liebe kann sich einbilden, daß sie von der Eifersucht verschont bleibt«[242] (überall lauern die Faschismen). Es geht um das Außen, das an jedem Punkt alles zum Fliehen bringt, das Innen durchstreift und somit selbst vom negativ-abhängigen zum aktiven und wilden Außen wird. »Aber, hätte sie geantwortet, ist es überhaupt möglich, nicht im griechisch-männlichen-kapitalistischen Herrschaftsspiel mitzumachen? Beieinandersein, würde die schöne Prinzessin sagen, bedeutet nicht, beiseite zu stehen, sondern darin zu sein und dennoch untrennbar davon am Rande zu sein.«[243] Anders gesagt, geht es darum »zu bleiben, wo wir sind, aber ohne großes Aufsehen jede Gelegenheit zu ergreifen, als intensitätsleitende Körper zu funktionieren«[244].
Wenn Lyotard schreibt, »es gibt kein Außen in *diesem* Sinne, nicht das Andere des Kapitals, sei es die Natur, der Sozialismus, das Fest oder was weiß ich. Vielmehr befinden sich im Innern dieses Systems Berührungsfelder und Kriegsschauplätze, die sich beständig vervielfältigen«[245], so sind genau diese Berührungsfelder und Kriegsschauplätze im Innern die Streifen jenes Außen im *andern* Sinne, das gesucht wird.

III.3.3 Aktion statt Repräsentation

Die Idee der Repräsentation wurde in II,2,7 besprochen. Jeder repräsentative politische Anspruch hat die Tendenz, die Singularität, Spezifität, Lokalität und Spontaneität des Widerstands und Protests zu negieren, zu kanalisieren und den herrschenden Politprozeduren unterzuordnen. Der Repräsentationismus ist Regelungsverfahren des Status quo und Vernichter jeglicher unmittelbaren und starken Subversion, jedes singulären Aufbegehrens. Beispiel: »Es gibt im ›wir wollen anerkannt werden‹ der Prostituierten ganz sicher eine Forderung von kategorialer Natur, nämlich die: ›wir wollen durch das Gesetz geschützt werden‹. Doch zur gleichen Zeit etwas anderes, einen Skandal, der in der Dekadenz der Idee des weiblichen Körpers und damit des gesellschaftlichen ›Körpers‹ besteht: ›wir wollen, daß man die Lust der Prostitution gelten läßt‹. Was wird … irgendeine revolutionäre Organisation, deren Zweck immer noch auf Universalität und Einheit abzielt, dazu sagen? Was können sie mit diesem Skandal anfangen? Sie werden ihn erdrücken, zermalmen, in kategoriale Forderungen umschreiben und ihn so zum Teil des Ganzen machen.«[246] »Man stößt immer auf das alte Schema: Kommando einer Avantgarde, die fähig ist, die Synthesen herbeizuführen, eine Partei als embyrionalen Staatsapparat zu formen, Vorwegnahme einer gut erzogenen Arbeiterklasse; der Rest ist nur ein Abfall, ein Lumpenproletariat, vor dem man sich hüten muß. Diese Unterteilungen zu etablieren, ist eine Art, das Begehren zu fangen, zum Profit einer bürokratischen Kaste. Die Unterteilung ›Avantgarde des Proletariats – nichtproletarischer Pöbel‹ wurde durch die Parteien oder die Staatsapparate eingeführt, um die kollektive Kraft der Arbeit zu fangen und zu disziplinieren. Die gute Arbeiterklasse, das ist wie die gute Justiz, das ist wie gute Richter, gute Bullen, gute Herren zu fordern.«[247] In diesem Sinne braucht es kein »revolutionäres Subjekt der Geschichte« (»Um mit der Staatsmacht, mit dem Klassenkampf und mit der Ausbeutung Schluß zu machen, muß man heute … auch mit der Arbeiterklasse, muß man letztentlich mit einer bestimmten Art von Subjektivität … Schluß machen, die immer dualistischer und manichäistischer geworden ist«[248]), und in diesem Sinne mag Baudrillard auch recht gehabt haben, als er in den 80er Jahren meinte, dass »seit Kuba … die UdSSR auf der ganzen Welt *alle* … Revolutionsbewegungen abgewürgt« hat[249]. Deshalb die Forderungen: »Niemand nimmt mehr die Macht im Namen der Unterdrückten! Niemand konfisziert mehr die Freiheiten im Namen der Freiheit!«[250] Aber: »Das alles bedeutet kein Verschwinden der revolutionären Perspektive, sondern nur, daß ein bestimmter Revolutionstyp gescheitert ist. (…) Vom Verfall des Klassenkampfes und der Klassen selbst zu sprechen, heißt für mich nicht, auf die Revolution zu verzichten. Im Gegenteil. Man stellt fest, daß ein bestimmter Revolutionstyp nicht möglich ist, aber gleichzeitig begreift man, daß ein anderer Revolutionstyp möglich wird und zwar nicht durch eine bestimmte Form des Klassenkampfes, sondern durch eine molekulare Revolution, die nicht nur die sozialen Klassen und Individuen in Bewegung setzt, sondern auch eine maschinelle und semiotische Revolution.«[251]

Anstelle repräsentativer Politik muss es in einem subversiven Leben des Widerstandes um vielfältige Aktionen gehen. »Es gibt keine Repräsentation mehr, es gibt nur Aktion: die Aktion der Theorie und die Aktion der Praxis in einem Netz von Beziehungen und Übertragungen.«[252] Wo sich etwas ändern muss, muss es unmittelbar passieren, muss unmittelbar angegriffen werden von denen, für die die Verhältnisse unerträglich sind. Repräsentanten ist dabei zu misstrauen: »Man *interpretiert* sie (die Kämpfe), d.h. man schreibt sie in den imperialen Raum als Spannungen ein, die von der Peripherie ausgehen, in den imperialen Diskurs als dialektische Momente, in die imperiale Zeit als Vorzeichen des Weltuntergangs. Mit einem Schlag beraubt man sie so ihrer spezifischen Macht. Man verbietet ihre Gebräuche, ihre Mundarten, weil man ihre bejahende Kraft, die ›Perspektive‹ (im Sinne von Nietzsche), die jeder einzelne dieser Kämpfe in einer Zeit, die nicht kumulativ ist, entwirft, zerstören will.«[253] Baudrillard zum Mai 68: »Selbst der Generalstreik, jener Aufstandsmythos so vieler Generationen, ist zu einem reduktiven Schema geworden. Der Generalstreik des Mai '68, zu dem die Medien in weitem Umfang beigetragen haben, indem sie den Streik in die entferntesten Winkel Frankreichs exportierten, war scheinbar der Kulminationspunkt der Krise, in Wirklichkeit aber der Moment ihrer Entspannung, der Moment, in dem sie aufgrund der Ausdehnung den Atem verlor, der Moment ihrer Niederlage. Gewiß, Millionen Arbeiter sind in den Streik getreten. Aber dieser ›mediatisierte‹, als Aktionsmodell übermittelte und aufgenommene Streik (ob durch die Medien und durch die Gewerkschaften) – sie wußten mit ihm nichts anzufangen. In gewissem Sinn abstrakt, hat dieser Streik lokale, transversale und spontane Aktionsformen neutralisiert ... Die Abkommen zwischen Gewerkschaften und Regierung in der rue de Grenelle waren kein Verrat an ihm. Sie haben lediglich den *Übergang zur Allgemeinheit der politischen Aktion* sanktioniert, *der der Besonderheit der revolutionären Aktion ein Ende macht*. Heute ist der Generalstreik (in Form der kalkulierten Ausweitung des Streiks) zur absoluten Waffe der Gewerkschaften gegen wilde Streiks geworden. (...) Ich würde ... behaupten, daß die Medien ihre Rolle nie besser gespielt haben und daß sie in ihrer *gewöhnlichen* gesellschaftlichen Kontrollfunktion voll auf der Hohe der Ereignisse waren. Denn sie haben (trotz der Umwälzung der Inhalte) ihre Form bewahrt, und es ist diese Form, die sie, in welchem Kontext auch immer, unausweichlich mit dem Machtsystem solidarisiert. Indem sie das Ereignis in die abstrakte Allgemeinheit der öffentlichen Meinung ausstrahlten, haben sie ihm eine jähe und übermäßige Entwicklung aufgezwungen und durch diese forcierte und antizipierte Ausweitung die ursprüngliche Bewegung ihres eigenen Rhythmus' und Sinns beraubt – mit einem Wort: sie haben sie kurzgeschlossen. (...) Das wahre revolutionäre Medium im Mai waren die Wände mit ihren Parolen, die Siebdrucke oder handgemalten Plakate, die Straße, in der das Wort ergriffen und ausgetauscht wurde – all das, was *unmittelbare* Einschreibung war, was gegeben und zurückgegeben, was ausgesprochen und beantwortet wurde, was sich bewegte, zur gleichen Zeit und am gleichen Ort, reziprok und antagonistisch. In diesem Sinne ist die Straße die alternative und subversive Form aller Massenmedien, denn anders als jene ist sie nicht objektivierter Träger von Botschaften ohne Antwort, nicht auf Distanz wir-

kendes Übertragungsnetz, sondern Freiraum des symbolischen Austauschs der ephemeren und sterblichen Rede, einer Rede, die sich nicht auf der platonischen Bildfläche der Medien reflektiert. Wird sie institutionalisiert durch Reproduktion und zum Spektakel durch die Medien, muß sie krepieren.«[254]
Die politische Aktion hat ihre Stärke in sich selbst, nicht in ihrem Anlass zur Selbstdarstellung von ›Führern‹ oder ›Vertretern‹. »Befreie die politische Aktion von jeder vereinheitlichenden und totalisierenden Paranoia«[255]; anders gesagt: »Wie entwürdigend es ist, für die anderen zu sprechen.«[256]
Aktionismus heißt zunächst, den Widerstand in seine eigenen Hände nehmen. Außerdem heißt es, dass die widerständische Tat nicht für etwas anderes steht; der revolutionäre Wunsch kommt in der Aktion selbst zum Ausdruck, sie repräsentiert ihn nicht. Pflastersteine, die bei Demonstrationen fliegen, verweisen auf nichts; der Widerstand liegt im Pflasterstein selbst, es geht um ihn, um die, die ihn werfen, und um das, was getroffen wird. Was nicht heißt, dass damit keine anderen politischen Begierden verbunden sind (etwa Solidarität mit politischen Gefangenen), doch *bedeutet* die Aktion nicht die Solidarität, sondern sie *ist* in dem Moment die Solidarität. Kurz, Aktionismus heißt, die Mittel-Zweck-Relation überwinden, die den Ausdruck des Wunsches mit dem Appell an die Vernunft (externer Vorwurf: »nur Randalierer werfen Steine«; interner: »bringt doch nix«) kontrolliert, harmlos und schwach werden lässt. Wer einen Pflasterstein wirft, bringt seine Solidarität mit Inhaftierten nicht nur anders zum Ausdruck als ein linker Journalist, es gibt damit auch eine *andere* Solidarität (die freilich nicht wichtiger oder besser sein muss – aber eben anders). Dieser Punkt scheint von Bedeutung, um die Unreduzierbarkeit einzelner Aktionsformen und die notwendige Vielfalt der Subversion, für die der Aktionismus steht, zu verdeutlichen; und auch um zu verdeutlichen, dass der politische Aktionismus »eine Kunst (*technè*) ist. Die Differenz zwischen der Technik in ihrem kapitalistischen Gebrauch und der *technè* läßt sich an der Lust festmachen: im einen Fall freut man sich am Effekt, der stets das Geld (das abstrakt Allgemeine) ist; im anderen Fall an der Bewerkstelligung selber, an der einzigartigen Schönheit des Coups«[257]: »Die Gewalt des *Zengakuren* geht ihrer eigenen Regulation nicht voraus, sie wird mit ihr, im selben Augenblick, geboren: Sie ist unmittelbar Zeichen: sie drückt nichts aus (weder Haß noch Unwillen noch eine moralische Idee) und hebt sich um so sicherer in einem vergänglichen Ziel auf (im Sturm ein Rathaus nehmen, eine Stacheldrahtsperre öffnen).«[258]
Schließlich heißt Aktionismus, dass die Aktion selbst als Ausdruck subversiven Lebens Sinn macht, und nicht in Hinblick auf sichtbare Auswirkungen auf die politische Ordnung. Die Machtverhältnisse verschieben sich allemal, und wenn es auch nur für die kleine Gruppe der AktionistInnen ist: »Wenn sie (die RAF) den Computer der U.S. Streitkräfte in Heidelberg

zerstört, der unter anderem die Bombereinsätze gegen Nordvietnam programmiert, heißt es nicht: die Massen werden das verstehen, sondern: das ist ein Anschlag auf das Potential des imperialistischen Gegners ... Das ist alles. Eine Strategie *ohne einen Dritten* also ... hier die RAF, dort die amerikanischen Streitkräfte. Die Wirkung, die man erzielen will, ist nicht das Erwachen des *Logikon* der Massen, sondern die – wenn auch nur zeitweilige – Zersetzung des Feindes. Keine langatmigen Ableitungen. ... Es wird sich herausstellen, daß es sich dabei immer um eine Art *Retorsion* handelt, um eine List oder einen Anschlag, durch welche die Kleinen, die ›Schwachen‹ für einen Augenblick stärker als die Stärksten werden.«[259] Es geht darum, zu sagen: »Wir sind nicht immer die Schwächeren! Wir haben gezeigt, daß es uns gibt, daß wir uns mit den Verhältnissen nicht abfinden und daß wir bereit sind, dafür einzustehen!«
Im politischen Aktionismus scheint es wesentlich, sich selbst als starken Widerstandspunkt[260], und Widerstand selbst als Entwickeln alteritärer Lebensformen zu begreifen.[261] Etwas, das unabdingbar ist, wollen wir andere Lebensverhältnisse schaffen, ohne uns den Risiken der Repräsentationspolitik auszusetzen.[262]

III.3.4 Lokale, spezifische, unmittelbare Kämpfe

In unmittelbarem Zusammenhang mit der Ablehnung der Repräsentation und jeder beanspruchten Avantgarderolle steht die Bedeutung der Singularität und Unaustauschbarkeit jener »lokalen, spezifischen Kämpfe«[263], die zur Veränderung der Verhältnisse geführt werden und die »nicht ... einem Prozeß der Totalisierung oder Zentralisierung entstammen«[264], sondern »auf Nebenschauplätzen eine Vielzahl von kleineren Gefechten anzetteln, wie ... die Gefangenen, die Wehrpflichtigen, die Prostituierten, die Studenten, die Bauern, die Abtreiberinnen. Man erfindet kleine Geschichten, manchmal nur Bruchstücke von Geschichten, man hört sie, man verbreitet sie, man spielt sie im richtigen Augenblick.«[265] »Die ... revolutionäre Bewegung ist also auf viele ›Herde‹ verstreut, und zwar nicht aus Schwäche oder Unvermögen, sondern weil eine bestimmte Totalisierung der Macht und der Reaktion angehört«[266] – »eine Vielzahl von Kleinkriegen und Provokationen.«[267] »Jeder Kampf entfaltet sich um ein bestimmtes Machtzentrum, wie z.B. einen kleinen Chef, einen Hausmeister, einen Gefängnisdirektor, einen Richter, einen Gewerkschaftsvertreter, einen Chefredakteur.«[268]
Jeder Kampf hat *seine* Anliegen, *seine* Methoden, *seine* Formen und *seinen* Ort.[269] »Die lokale und singuläre Manifestation des Begehrens kleiner Gruppen«[270] bedingt »die Fähigkeit der Gemeinschaften, der Rassen, der sozialen Gruppen, der Minoritäten aller Art, sich einen autonomen Ausdruck zu erkämpfen«[271], anders gesagt: »Das Projekt, die Taktiken und die

Zielscheiben, die man sich geben muß, sind von denen selbst zu erfinden, die sich schlagen und sich streiten, sie zu finden.«[272] Aus diesen Gründen »sind es ›unmittelbare‹ Kämpfe. In diesen Kämpfen kritisieren die Leute diejenigen Machtinstanzen, die ihnen am nächsten sind, jene, die direkt auf die Individuen einwirken. Sie fragen nicht nach dem ›Hauptfeind‹, sondern nach dem unmittelbaren Feind. Auch setzen sie nicht darauf, daß die Lösung ihres Problems in irgendeiner Zukunft liegen könnte (Befreiungen, Revolutionen, Ende des Klassenkampfes). Gemessen an den theoretischen Erklärungsmustern oder an der revolutionären Ordnung, die ihnen der Historiker unterlegt, sind dies anarchische Kämpfe.«[273] »Viel wichtiger als der politische Linksradikalismus, viel enger mit einer Politik der Intensitäten verbunden: eine ungeheure unterirdische Bewegung, noch zögernd, eher noch eine Unruhe. ... Bremsen der Produktion, Konsumverweigerung, ›Arbeits‹-verweigerungen, (illusorische?) Kommunen, Happenings, Bewegungen zur sexuellen Befreiung, Fabrik- und Hausbesetzungen, Entführungen, Produktion von Tönen, Worten, Farben ohne ›Werkintentionen‹. Das sind die ›Menschen der Steigerung‹, die ›Herren‹ von heute: Außenseiter, experimentierende Maler, Popkünstler, Hippies und Yippies, Parasiten, Verrückte, Eingesperrte. Eine Stunde ihres Lebens enthält mehr an *Intensität* (und weniger an Intention) als tausend Worte eines Berufsphilosophen. Sie sind Nietzsche viel näher als seine *Leser*.«[274]

Nur diejenigen, die diese Kämpfe kämpfen, können wirklich wissen, worum es geht.[275] »Es sind nicht mehr die Spezialisten des Denkens oder der Militanz, die neue Modelle vorschlagen sondern die unmittelbar betroffenen Leute, die neue Lebensweisen erproben ... analytisch-militante Mikro-Verkettungen, die sich um eine Klasse, eine Schule, eine Gruppe von Kindern usw. bilden.«[276] Das heißt, dass alle alleine »den Kampf an ihrem Ort und aufgrund ihrer eigenen Aktivität (oder Passivität) beginnen können. Mit diesem Kampf, dessen Ziel sie genau kennen und dessen Methode sie bestimmen können, treten sie in den revolutionären Prozess ein.«[277]

Die Kämpfe sind in ihrer Konkretheit von besonderer Bedeutung[278]: »Jede molekulare Revolution, jede Autonomie, jede minoritäre Bewegung wird eine Einheit bilden mit einem Aspekt der Wirklichkeit, um dort die Bereiche befreiender Singularitäten zu entwickeln.«[279] Nichts kann sich an die Stelle der Konkretheit, an die Stelle dieser »molekularen Kämpfe der Befreiung«[280] setzen: keine abstrahierenden Verhandlungen, keine Stellvertreterkriege, keine Parteien; »niemand kann sich anmaßen ... im Namen der autonomen Arbeiter zu sprechen, im Namen der feministischen Bewegung, im Namen der Masse der Arbeitslosen, im Namen der Arbeiter des Südens, im Namen der Marginalisierten und Minoritäten jeder Art«[281].

Die Kämpfe müssen vielfältig sein, »denn der Widerstand muß sein wie die Macht: genauso erfinderisch, genauso beweglich, genauso produktiv wie sie. ... Muß wie sie ›von unten‹ kommen.«[282] »Die Vielfalt ihrer Funktionen und der originale und spezifische Charakter der Artikulation der Singularitäten ... implizieren mit Sicherheit, daß die Form dieser Maschinen das Projekt des Zentralismus nicht wiederholt, die Illusion eines Filtrierens der Demokratie auf dem Weg zentralistischer Strukturen«[283]. Die Aktionen müssen unmittelbar bleiben, denn »wenn die Aktion massenmedial, spektakulär bleibt, wird sie keinen anderen Effekt haben als die möglichen Träger wirklicher sozialer Veränderungen zu demobilisieren«[284]. Bei Verlust der Konkretheit des Kampfes drohen meist zwei ähnlich unattraktive Möglichkeiten: Anpassung bzw. Vereinnahmung oder sektiererischer Terrorismus[285]. Werden jedoch die Kämpfe in ihrer Konkretheit gestärkt, sind sie nie umsonst, sondern sind sie unverzichtbarer Bestandteil der Entwicklungen von Widerstand als subversiver Lebensform. »Von einem molekularen Gesichtspunkt ist jeder Versuch ideologischer Vereinheitlichung eine absurde und reaktionäre Operation. Das Begehren, im Bereich des Sozialen, weigert sich, sich auf die Zonen des Konsenses beschränken zu lassen, auf die Flächen ideologischer Legitimation. Warum von einer feministischen Bewegung eine doktrinäre und programmatische Übereinstimmung mit ökologischen Initiativgruppen oder mit gemeinschaftlichen Erfahrungen Farbiger oder mit einer Arbeiterbewegung verlangen? Die Ideologie vernichtet; sie vereint nur scheinbar. Im Gegenteil ist das Wesentliche, daß jede Bewegung sich fähig erweist, irreversible molekulare Revolutionen zu entfesseln.«[286]

III.3.5 Die nomadische Einheit

Unmittelbarkeit und Spezifität haben nichts mit Isolation zu tun. Was oben gesagt wurde, heißt nicht, dass Intellektuelle keine ArbeiterInnen, EuropäerInnen keine AfrikanerInnen oder Hetero- keine Homosexuellen in ihren Kämpfen unterstützen können. Und es heißt erst recht nicht, dass nicht viele der minoritären Kämpfe (bspw. jene der Frauen und jene der Schwarzen) viel miteinander zu tun haben. Alle haben ihre Eigenheiten, die immens wichtig sind und nicht vergessen werden dürfen, um den jeweiligen Kampf nicht zu kanalisieren, damit er nicht geschwächt bzw. zerstört wird. Aber alleine schon aufgrund der ähnlichen Strukturen, gegen die alle ankämpfen, gibt es unübersehbare Gemeinsamkeiten: »Das System, um das es geht, und die Macht, die darin ausgeübt wird, geben dem Kampf seine Einheit.«[287] Zudem ist bei vielen Kämpfen ohnehin notwendigerweise überregionaler Charakter im Spiel, auch wenn sie an einem Ort geführt werden: Kämpfe um Immigrations- und Asylrechte, Aufstände von ArbeiterInnen multinationaler Konzerne im Trikont, ökologische Aktivitäten aller Art: »Diese Kämpfe betreffen die ganze Welt, auch wenn sie lokal sind.«[288]

Viele Kämpfe sind also von vornherein miteinander verbunden, und auch wenn sie selbst eine Menge an Energie haben, trägt gegenseitige Unterstützung immer dazu bei, einzelne Kämpfe zu stärken und größere Bewegungen zu entfalten, die verstärkte Lust, Intensität und Kraft bringen; das heißt, dass wir eine »Verbindung der Vielfalt der molekularen Begehren«[289] brauchen, »worin zum Beispiel der schizophrene Diskurs, der Drogendiskurs, der perverse Diskurs, der homosexuelle Diskurs und alle marginalen Diskurse bestehen bleiben, aber alle diese Fluchten und Diskurse sich in eine Kriegsmaschine einschalten, die keinen Staats- oder Parteiapparat reproduziert«[290]. Das heißt, Einheiten von spezifischen Kämpfen sind nicht nur nicht abzulehnen, sondern zu begrüßen. Das Problem ist nur, dass diese Einheiten nicht gegen die spezifischen Momente jedes einzelnen Kampfes wirken dürfen, sondern sie vielmehr für ihre Stärke und die Stärke der verschiedenen lokalen Kämpfe zu benutzen wissen müssen, denn wir brauchen »lokale Gegenstöße, … aktive und … präventive Verteidigungsmaßnahmen. Wir haben das nicht zu totalisieren, was sich nur aufseiten der Macht zu einem Ganzen fügt und was wir unsererseits nur totalisieren können, wenn wir ebenfalls repräsentative Formen des Zentralismus und der Hierarchie errichten würden. Unsere Aufgabe ist vielmehr, Basisgruppen zu bilden und zwischen ihnen ein ganzes System von Querverbindungen herzustellen.«[291] Das Problem ist also, »vielfältige subversive Verbindungen«[292] zu entwickeln, dabei aber Einheiten zu vermeiden, die abstrakten Idealen anhängen[293], die Parteistrukturen annehmen oder von Totalisierungs- und Avantgardetendenzen durchzogen werden, denn »die pyramidale Gestaltung der politischen Organisation entspricht genau der herrschenden sozialen Organisation«[294]. »Das Problem ist also das einer Unifizierung, die transversal vorgeht, durch die Vielfalt hindurch, aber nicht vertikal und ohne die dem Wunsch eigene Vielfalt zu zermalmen. Das bedeutet …, daß die Unifizierung die *einer Kriegsmaschine und nicht die eines Staatsapparates* sein muß.«[295]
So können wir sagen, »daß das heutige revolutionäre Problem darin besteht, eine Einheit der punktuellen Kämpfe zu finden, ohne in eine despotische und bürokratische Organisation der Partei oder des Staatsapparates zurückzufallen: eine Kriegsmaschine, die nicht mit einem Staatsapparat zu vergleichen ist, eine nomadische Einheit in Beziehung zum Außen, die nicht mit der inneren despotischen Einheit verglichen werden kann«[296]. Massen werden Meuten gegenübergestellt: »Zu den Eigenschaften der Masse, im Sinne von Canetti, gehören eine große Quantität, Teilbarkeit und Gleichheit ihrer Mitglieder, Konzentration, die Soziabilität des Ganzen, Ein-Weg-Hierarchie, Organisation von Territorialität oder Deterritorialisierung und das Aussenden von Zeichen. Zu den Eigenschaften der Meute gehören die Kleinheit oder Begrenztheit der Zahl, Zerstreut-Sein, unteilbare variable Abstände, qualitative Metamorphosen, Ungleichheiten als Reste oder

Befreiungen, Unmöglichkeit einer dauerhaften Summierung oder Hierarchisierung, Brownsche Richtungsvielfalt, Deterritorialisierungslinien, Projektion von Partikeln. Zweifellos gibt es in Meuten nicht mehr Gleichheit und nicht weniger Hierarchie als in Massen, aber sie sind verschieden. Der Anführer der Meute oder des Rudels spielt Zug um Zug, er muß bei jedem Zug immer wieder alles aufs Spiel setzen, während der Führer der Gruppe oder Masse das Gewonnene konsolidiert und kapitalisiert. ... Canetti schreibt, daß in einer Meute jeder allein bleibt und trotzdem mit anderen zusammen ist (so wie Wölfe bei der Jagd); jeder verfolgt seine eigenen Ziele, während er gleichzeitig zum Rudel gehört.«[297]

Kurz, es geht um flexible Einheiten zur Stärkung der Unmittelbarkeit, Vielheit oder Lust; und es geht gegen Einheiten, die herrschende Totalitarismen reproduzieren (und damit gerade Hauptfeinde der Unmittelbarkeit, der Vielheit oder der Lust sind). Wir brauchen einen »Zustand der Gesellschaft, in dem die Minderheiten zueinander in flottierenden Beziehungen stünden«[298], einen Typ von Revolution, in dem »die Zerstörung solcher Versteinerungen und die Transformation der linken Splittergruppen die Entwicklung eines neuen Bezugsrahmens und die Herstellung neuer Organisationsformen gebieten, so neu, daß der Markt des Marxismus-Leninismus mit dem Assortiment, das er zur Zeit feilbietet, nicht die Spur einer Vorstellung davon vermitteln könnte«[299].

III.3.6 Minoritäten

Jene unmittelbaren Kämpfe, von denen in den letzten beiden Punkten die Rede war, werden als von Minderheiten geführte beschrieben. Von Minderheiten nicht im Sinne statistischer Kleingruppen, sondern im Sinne revolutionärer Bewegungen, die einen Angriff auf die große und immer majoritäre Herrschafts-Konstante starten, was von einem Minoritär-Werden untrennbar ist, womit sich diese Bewegungen immer als minoritäre konstituieren. Dieses Majoritäts-Minoritäts-Verhältnis stellt sich nach Deleuze und Guattari so dar: »Minorität und Majorität sind nicht nur in quantitativer Weise entgegengesetzt. Majorität impliziert eine Ausdrucks- oder Inhaltskonstante, die so etwas wie ein Maßstab ist, anhand dessen sie bewertet wird. Nehmen wir an, daß die Konstante oder der Maßstab der männliche-weiße-erwachsene-Mann wäre, der Städte bewohnt und irgendeine europäische heterosexuelle Standardsprache spricht ... Es ist offensichtlich, daß ›der Mann‹ die Majorität hat, selbst wenn er weniger zahlreich ist als Mücken, Kinder, Frauen, Schwarze, Bauern, Homosexuelle etc. Er kommt nämlich zweimal vor, einmal in der Konstante und einmal in der Variablen, aus der man die Konstante gewinnt. Die Majorität setzt einen Zustand der Macht oder der Beherrschung voraus und nicht umgekehrt. ...

Eine andere Bestimmung als die der Konstante wurde also als minoritär angesehen, ganz gleich welcher Art und wie groß sie war, das heißt, sie wurde als ein Sub-System oder Außensystem betrachtet.«[300] »Es ist klar, daß es wahrscheinlich mehr Fliegen und Moskitos als Menschen gibt, der Mensch stellt nichtsdestoweniger einen Maßstab dar, gemessen an dem die Menschen notwendigerweise in der Mehrheit sind. Die Mehrheit bezeichnet keine größere Menge, sondern zunächst diesen Maßstab, im Vergleich zu dem die anderen Mengen, wie groß sie auch sein mögen, kleiner genannt werden. Zum Beispiel sind die Frauen und Kinder, die Schwarzen und Indianer etc. minoritär im Verhältnis zum Maßstab, der durch den weißen, christlichen, irgendwie männlichen erwachsenen Menschen, den Stadtbewohner Amerikas oder Europas unserer Tage aufgestellt wird.«[301] »Unter Mehrheit verstehen wir keine relativ größere Menge, sondern die Bestimmung eines Status' oder Standards, auf den bezogen die größten Mengen ebenso als minoritär bezeichnet werden wie die kleinsten: Weißer-Mensch, Erwachsener-Mann etc. Mehrheit setzt einen Herrschaftsstatus voraus, nicht umgekehrt. Es geht nicht darum, ob es mehr Mücken oder Fliegen als Männer gibt, sondern darum, daß ›der Mann‹ im Universum einen Standard aufgestellt hat, auf den bezogen die Männer notwendigerweise (analytisch) eine Mehrheit darstellen. ... In diesem Sinne sind Frauen, Kinder und auch Tiere, Pflanzen und Moleküle minoritär.«[302] Kurz, »die Majorität definiert sich durch ein Modell, mit dem man konform gehen muß ... während eine Minorität kein Modell hat«[303]. Es gibt also eine Herrschaftskonstante (in Guattaris Version: »der zivilisierte, weiße, gut angepaßte, ›geistesgesunde‹ Bürger«[304]; in der Derridas: »wir erwachsenen weißen männlichen fleischessenden opferbereiten Europäer«[305]), die *immer* majoritär ist. »Deshalb müssen wir das Mehrheitliche als homogenes und konstantes System, die Minderheiten als Subsysteme und das Minderheitliche als potentielles, erschaffendes und schöpferisches Werden unterscheiden. Das Problem kann nie darin bestehen, die Mehrheit zu erlangen, selbst wenn man dabei eine neue Konstante einführen sollte. Es gibt kein mehrheitliches Werden, Mehrheit ist niemals ein Werden. Das Werden ist immer minderheitlich.«[306]

Diese Konstante lässt keine Differenz zu, sondern nur schwache Abbilder oder Gegenteile, die als solche direkt von der Konstante abhängig sind und keinen Abstand zu ihr einnehmen (vgl. II,2,2). Das ist unser Rassismus: »Der europäische Rassismus als Anmaßung des Weißen Mannes bestand niemals darin, jemanden auszuschließen oder als den Anderen zu bezeichnen: es sind vielmehr die primitiven Gesellschaften, die einen Fremden als den ›Anderen‹ begreifen.[307] Der Rassismus besteht in der Festlegung von Abweichungsgraden im Verhältnis zum Gesicht des Weißen Mannes, das abweichende Merkmale in immer exzentrischeren und retardierenderen Wellenbewegungen auffangen will, um sie entweder an bestimmten Orten, unter bestimmten Bedingungen, in einem bestimmten Getto zu tolerieren, oder sie von der Wand zu wischen, die Andersartigkeit nicht erträgt (das ist ein Jude, ein Araber, ein Neger, ein Verrückter... etc.). Aus der Sicht des Rassismus gibt es keine Außenwelt und keine Menschen, die draußen sind. Es gibt nur Menschen, die wie wir sein sollten und deren Verbrechen darin besteht, daß sie es nicht sind. Der Einschnitt wird nicht mehr zwischen innen und außen gemacht, sondern innerhalb simultaner Signifikationsketten ... Der Rassismus entdeckt nie die Partikel des Anderen, sondern verbreitet Wellen des Gleichen, bis zur Ausrottung dessen, was sich nicht identifizieren läßt (oder sich nur mit einem bestimmten Abweichungsgrad identifizieren läßt).«[308] Das heißt aber auch, dass alles, was sich der Zuordnung der Konstante entzieht, nicht in ihrer Abhängigkeit funktioniert (die anständige Frau, das gezähmte Tier, der fleißige Schwarze) und eine eindeutige Differenz zu ihr zu erzeugen vermag (die Hexe, die Bestie, der Nigger), erstens minoritär und zweitens subversiv ist; »denn wenn die Mehrheit auf ein historisches oder strukturelles Machtmodell oder beides gleichzeitig verweist, muß man auch sagen, daß jedermann minoritär ist, potentiell minoritär, insofern er von diesem Modell abweicht«[309]. Das heißt, »Minoritär-Werden ist eine politische Angelegenheit und erfordert einen Kraftwaufwand, eine aktive Mikropolitik. Dies ist das Gegenteil von Makropolitik ... wo es nur darum geht, zu wissen, wie man eine Mehrheit erobert oder sich verschafft«[310].

Von seinem vorgegebenen Rollenmodell abzuweichen, heißt, sich der gesellschaftlichen Repräsentation entziehen. Einige Gruppen tun das immer wieder, manche sind von vornherein jeder Repräsentation beraubt. Daraus ergeben sich jene Gruppen, auf deren Kräfte als subversiv-minoritäre zu setzen ist: »Frauen, Homosexuelle, Geschiedene, Prostituierte, Enteignete, Gastarbeiter«[311], »Arbeitslose, Marginalisierte, *non garantis* ..., Leute aus den *barrios, favellas*, Ghettos, Elendsviertel, (...) Studenten ohne Unterstützung, Sozialhilfeempfänger jeder Art, (...) Transvestiten, Drogensüchtige, Sado-Masos, ... Kinder, Jugendliche, ... Psychoten, Künstler, Revolutionäre, ... alle sexuellen Minderheiten«[312]. (Nicht zwangsläufig dazugezählt wird der Arbeiter, dem in vielen Fällen unterstellt wird, es sich auf der Mehrheits-Konstante bequem gemacht zu haben, wobei in dem Zusammenhang auch das Primat des Ökonomischen in Frage gestellt wird: »Dies gesagt, ist der Proletarier heute ein ›normales‹ Wesen, ist der Arbeiter zur Würde eines vollwertigen ›Menschenwesens‹ befördert worden, in welcher Eigenschaft er übrigens alle herrschenden Diskriminierungen übernimmt: er ist rassistisch, sexistisch und repressiv. Verglichen mit den gegenwärtigen Abweichlern, den Diskriminierten aller Art, steht er auf der gleichen Seite wie die Bourgeoisie, auf der Seite des Humanen, auf der Seite des Normalen. So sehr ist es wahr, daß das Grundgesetz dieser Gesellschaft nicht das Gesetz der Ausbeutung ist, sondern der *Code der Normalität*.«[313]).

Die Kämpfe dieser Gruppen müssen nicht spektakulär ablaufen, um wichtig zu sein: »Die minoritären Bejahungen geschehen unaufhörlich selbst dann, wenn sie kaum oder nicht wahrnehmbar sind. Sie sind raffiniert und zart, lange bevor sie sich öffentlich äußern oder in Szene setzen; milliardenmal haben Frauen am Herd um Kleinigkeiten gestritten – lange vor der Frauenbewegung; milliardenmal haben sie sich, oft unter tragischen Umständen, gegen versteckte Schmähungen und haßerfüllte Demütigungen gewehrt – vor den Kämpfen für die Freigabe der Abtreibung; tausende von witzigen Geschichten hat man sich in Prag erzählt, vor dem ›Frühling‹; Millionen von Gesten, Signalen, gekritzelten Botschaften (Graffiti), alle von der Öffentlichkeit verunglimpft, haben die Homosexuellen erfunden, um sich an halböffentlichen Orten treffen und erkennen zu können – lange vor der Homosexuellenbewegung; Milliarden von Finten und Kniffen von Arbeitern in den Werkhallen und in den Büros – lauter Unfeinheiten ... Diese Wirklichkeit ist ... minoritär und deshalb zwangsläufig vielförmig und vielfältig, oder, wenn einem das lieber ist, immer einzeln, einzigartig und singulär. Sie ereignet sich nicht anderswo als die große Politik, sondern auf derselben Haut, aber auf andere Weise.«[314]
Diese Kämpfe haben großes revolutionäres Potential, das als solches leider zu selten wahr- oder ernst genommen wird. »Es finden sich heute in unseren Gesellschaften wahrhaft revolutionäre Kräfte, die sich aus den Schichten zusammensetzen, die kaum in die Gesellschaft integriert sind, jene Schichten, die ständig zurückgestoßen werden und die nun ihrerseits das bürgerliche Moralsystem zurückstoßen. Wie kann man mit ihnen in der politischen Auseinandersetzung zusammenarbeiten, wenn man nicht diese moralischen Vorurteile abschüttelt, die uns anhaften? Schließlich, wenn man den gewohnheitsmäßigen Arbeitslosen berücksichtigt, der einem sagt: ›Ich, also ich ziehe es vor, nicht zu arbeiten, anstatt zu arbeiten.‹; wenn man die Frauen, die Prostituierten, die Homosexuellen, die Drogenabhängigen usw. berücksichtigt, dann stößt man auf eine Kraft, die die Gesellschaft in Frage stellt, und ich denke, daß man kein Recht hat, diese Kraft im politischen Kampf außer acht zu lassen. ... Anderer Leute Eigentum stehlen, einen Banküberfall zuwege bringen, Prostitution betreiben, mit einem Mann schlafen, wenn man selber einer ist – wenn diese Handlungen für sie psychologische Probleme darstellen, bei deren Lösung sie dem Individuum helfen müssen, sind sie dann nicht auch im Grunde Komplizen des Systems? Verschleiern sie nicht die Tatsache, daß letzten Endes das Begehen eines Delikts, das Begehen eines Verbrechens die Gesellschaft in fundamentaler Weise in Frage stellt?«[315]
Noch einmal anders gefragt: »Was ist das für eine Gesellschaft, in der die Verrückten auf der einen und die Revolutionäre auf der anderen Seite stehen?«[316] Die revolutionär bedeutende Differenz liegt nicht zwischen der herrschenden und der unterdrückten Klasse; sie liegt »zwischen der Klasse und jenen außerhalb der Klasse, den Klassenlosen«[317].

Minoritäten sind nicht aus psycho-sozialen Gründen (weil es ihnen ›am schlechtesten‹ geht) das revolutionäre Potential, sondern aus Gründen, die notwendig der Logik der herrschenden Verhältnisse entspringen. »In allen Fällen handelt es sich um Minderheiten, die im Namen des IMPERIUMS vernichtet wurden. Sie sind nicht unbedingt kritisch (die Indianer); sie sind viel ›schlimmer‹: sie *glauben nicht*, sie glauben nicht, daß das GESETZ und die zentrale Macht miteinander identisch oder verwachsen sind, sie sagen ja zu einem anderen Raum, der aus einem *patchwork* von Gesetzen und Sitten (heutzutage sagt man Kulturen) ohne Zentrum besteht. In diesem Sinne sind sie polytheistisch, was sie auch immer über sich selbst gesagt und gedacht haben mögen: jeder Nation ihre Autoritäten, keine hat universellen Wert oder eine totalitäre Berufung. Diese Kämpfe sind Kämpfe von Minderheiten, die Minderheiten bleiben und als solche anerkannt werden wollen.«[318] Das Gute daran ist: »Man kann sich kaum vorstellen, wie ein Amazonen-Staat, ein Frauen-Staat oder auch ein Staat von Gelegenheitsarbeitern, ein ›Verweigerungs‹-Staat aussehen könnte. Minderheiten bilden deshalb keine kulturell, politisch und ökonomisch lebensfähigen Staaten, weil weder die Staatsform noch die Axiomatik des Kapitals oder die entsprechende Kultur ihnen angemessen sind.«[319]
»Wichtig am ... Kampf ist das, was ihn zu einem Kampf der Minderheiten macht, einem Kampf der Kleinen gegen all die, die sich auf die eine oder andere Weise ein Privileg auf die Universalität anmaßen: der Staat, die Arbeitgeber, die Gewerkschaft ..., die Partei, wie in Kronstadt, in Budapest oder in Prag. So zeigt er, daß es keine Einheit eines vorausgesetzten sozialen Organismus, keine Universalität eines vorausgesetzten Lehrkörpers mehr gibt, so partizipiert er an der Aktion der Dekadenz und bewirkt, daß wir nicht länger an eine Repräsentation der Kleinen glauben.«[320] »Groß und revolutionär ist nur das Kleine, das ›Mindere‹. Haß gegen alle ... Herren. Hinwendung zu den Knechten.«[321]

III.3.7 Affirmation statt Kritik

Alles, was sich an revolutionären und subversiven Strömungen ergibt, ist zwangsläufig affirmativ und nicht kritisch. Es geht nicht um Fortschreibung kritischer Theorien, denn die Kritik lässt sich immer auf die Logik dessen ein, was kritisiert wird, »sie richtet sich im Feld des Anderen ein und akzeptiert, selbst in dem Moment, da sie ihn bekämpft, die Dimensionen, die Richtungen und den Raum des Anderen«[322]. Kritik ist immanent, und als solche keineswegs unbrauchbar, da wir auch mit Leuten streiten, die in *unseren* Dimensionen sind, nur ist das dann nicht Subversion. Subversion ist das Entfalten des Außen und besteht nicht in logischen Überführungen der bestehenden Verhältnisse, sondern in der Bejahung und

Stärkung jener Kräfte, die diese direkt angreifen (»Umwertung der Werte bedeutet: ... die Werte wie deren Wert entspringen ... der Affirmation als solcher«[323]). Die Unterschiede scheinen deutlich:
Erstens hält Kritik Versuche auf, theoretische Konzepte zu entwerfen: »Wann immer man mir mit einem Einwand kommt, möchte ich am liebsten sagen: ›Einverstanden, einverstanden, gehen wir weiter...‹ Mit den meisten Einwänden verhält es sich wie mit den allgemeinen Fragen. Sie bringen uns nicht weiter.«[324] »Kein Buch *gegen* etwas, was dies auch immer sei, hat jemals Bedeutung; es zählen allein die Bücher ›für‹ etwas Neues, und die Bücher, die es zu produzieren wissen.«[325] »Jedenfalls ist es nicht der Mühe wert, ... gegen die Widersinnigkeiten zu protestieren, man kann sie nicht ... bekämpfen, wenn sie einmal da sind. Es ist wichtiger, andere Dinge zu tun, mit denen zu arbeiten, die in dieselbe Richtung gehen.«[326]
Zweitens ist Kritik immer negativ und verneinend, das heißt auf das Kritisierte fixiert (»Wir haben schon wiedergeholt gesagt, daß wir uns nichts daraus machen, zu kritisieren, weil das heißt, daß man auf der Ebene des kritisierten Gegenstandes in einer dogmatischen, also paranoischen Beziehung zum Wissen bleibt«[327]), und verabsäumt es somit, jene nur durch die Bejahung herrschaftlich ausgeschlossener Intensitäten zu erreichenden anderen Lebensformen zu entfalten: »Die Kritik ist eine wesentliche Dimension der Repräsentation: sie ist in der Ordnung des Theatralischen das, was sich ›raushält‹, das Äußere, das man fortwährend in Beziehung zur Innerlichkeit setzt, das heißt die Peripherie im Verhältnis zum Zentrum. Zwischen den beiden besteht eine, wie man sagt, dialektische Beziehung; auch sie rettet die Autonomie der Kritik nicht. Zweierlei ist möglich in diesem Verhältnis: entweder erobert die Peripherie das Zentrum (das erste Schicksal der Kritik: Umsturz und Machtergreifung); oder das Zentrum verortet die Peripherie und nützt sie für seine eigenen Zwecke, für seine innere Dynamik (ihr zweites Schicksal: in die Opposition gehen). In beiden Fällen also ein glorreicher Tod«[328]. *Drittens* hat Kritik immer mit Vermittlung zu tun (Kritik ist immer auch mit einem rationalen Appell an das Kritisierte verbunden), was für das bejahende Leben der radikalen Differenz unfruchtbar und uninteressant ist: »Das Negative in der Kritik ist der Motor der Überzeugung, es erzieht, indem es das Falsche zerstört. Aber gerade darin muß man den schlecht verhüllten Sokratismus erkennen. Eben damit brechen wir ... mit einer Denktradition, die auf die Wirksamkeit des Negativen vertraut, die die Kraft der Überzeugung preist und das Bewußtsein erwecken will. Solange sich das theoretische und praktische Denken als Pädagogik begreift, wird es zwangsläufig die erwähnten Züge wiederholen. Sich auf die ›Seite‹ der Affirmation stellen, setzt voraus, daß man Kategorien wie ›Krankheit‹, ›Abweichung‹, ›Entartung‹, ›Fäulnis‹ usw. aufgibt.«[329] Kurz, »die Urteile fällende Kritik schläfert mich ein«[330].

Im Unterschied dazu hat der affirmative Widerstand mit Lust zu tun (»Wenn er nicht kritisch, das heißt religiös sein kann, dann muß er also heidnisch, das heißt affirmativ, bejahend sein«[331]) – was wichtig ist, denn »die Revolutionäre vergessen allzuoft (oder mögen es doch nicht anerkennen), daß eine Revolution aus Wunsch und nicht aus Pflicht gemacht wird«[332]. Das heißt auch, dass das Revolutionäre vor allem mit einzelnen wie kollektiven Lebensentwürfen zu tun hat und nicht mit Parteien, zentralistischen Bewegungen usw. Politisches Engagement, das von allen lustvollen Werdensprozessen getrennt ist, kann nicht revolutionär sein. Revolutionär ist nur, was im Werden die Gegensätze von Politischem und Privatem (und zwar nicht als *das Private ist politisch*, sondern als Zerstörung des Privaten als Gegensatz des Öffentlichen) und von Revolution und Lust überwindet, was der Linken als historisches Versäumnis vorgeworfen wird: »Die Linken wollen das Gerechte, aber um den Preis der tiefsten Frömmigkeit«[333] (»Und ich für mein Teil will dem nur hinzufügen, daß die Ungerechtigkeit, die sie erzeugt, von jener Frömmigkeit herrührt, an die sie appelliert und die sie fordert«[334]). In diesem Sinne wird behauptet, »daß der Rigorismus des Revolutionärs sicherlich seine bürgerliche Herkunft oder auf jeden Fall eine kulturelle und ideologische Verwandschaft mit der Bourgeoisie verrät«[335]. Konsequenz: »Es gibt eine ganze hedonistische Dimension, die man im progressiven Lager wieder ein wenig zur Geltung bringen muß.«[336]

Dabei gibt es eine Anforderung zu erfüllen: »Lösen wir uns von der schlechten Politik, der Politik des schlechten Gewissens und seiner weisen Gefolgschaft, den weihevollen Prozessionen gespielter Frömmigkeit«[337], und ein Missverständnis auszuräumen: »Denke nicht, daß man traurig sein muß, um militant sein zu können – auch dann nicht, wenn das, wogegen man kämpft, abscheulich ist!«[338] Denn die Stärke der herrschenden Ordnung »rechtfertigt eine gewisse Traurigkeit«[339]. Aber »umso mehr gilt es, in den Kampf soviel Fröhlichkeit, Helligkeit und Ausdauer wie nur möglich hineinzutragen«[340], denn »da, wo Praxis nicht Lachen ist, ist nichts Neues; und da, wo nichts Neues ist, ist die Praxis nicht lustvoll, ist sie bestenfalls leerer Wiederholungsakt«[341]. »Eine Heiterkeit mitten im Schrecken, wie sie den Revolutionären eigen ist, widersetzt sich jener scheußlichen Heiterkeit der Henker. Der Haß muß nur lebendig genug sein, dann läßt sich eine große Lust aus ihm gewinnen, nicht an der Ambivalenz, nicht am Haß selbst, sondern Lust, das zu zerstören, was das Leben verstümmelt«[342]; »wirklich traurig wäre, sich nicht zu schlagen…«[343]

Worum es geht, ist eine affirmative Subversion und/oder eine subversive Affirmation, je nach dem – »Frauen unter sich fangen übrigens damit an, daß sie lachen.«[344]

III.3.8 Theorie und Praxis

Das Verhältnis von Theorie und Praxis wird meist so gesehen, dass die Theorie in abstrakten Verarbeitungen konkreter Lebensverhältnisse entsteht, diese als gute Theorie widerspiegelt, um dann auf sie als anleitendes Modell zurückzuwirken (gerade auch in linken Zusammenhängen[345]). Diese dualistische Vorstellung entspricht einer Verdoppelung der Welt, die im Poststrukturalismus als herrschaftliche zurückgewiesen wird (es geht gegen »das ganze platonische Ideal, das die Grundlage der Intellektuellenklasse bildet, auch wenn sie es kritisiert«[346] – vgl. auch II,2), vor allem weil sie selbsternannten Intellektuellen-Avantgarden das Recht zuschanzt, den revolutionären Widerstand vom Standpunkt des Wissenden aus in die richtige Richtung zu lenken, was immer ein despotisches Element in sich trägt und mit der Entfaltung selbstbestimmter Lebensformen nicht zwangsläufig viel zu tun hat (»Der beste Schutz gegen den Terror: es an Respekt gegenüber den Theoretikern fehlen zu lassen und angesichts der Theorie den Bauch zum Lachen zu bringen, den Humor ins Spiel zu bringen«[347]).

Die Theorie ist weder Abbild von noch Anleitung für die Praxis, sie ist nicht von ihr getrennt, es geht darum, »den Bruch zwischen wissenschaftlichem Wissen und Alltagspraxis, zwischen Handarbeit und Kopfarbeit zurückzuweisen«[348]. »Darum ist die Theorie nicht der Ausdruck, die Übersetzung, die Anwendung einer Praxis; sie ist selbst eine Praxis.«[349] Die Theorie ist ein praktisches Werkzeug zur Analyse und Umgestaltung (oder – in ihrer konservativen Form – zur Verteidigung) der bestehenden Verhältnisse, sodass Foucault sagen kann: »Das Schreiben interessiert mich nur, sofern es sich als Instrument, Taktik, Erhellung in einen wirklichen Kampf einfügt. Ich möchte, daß meine Bücher so etwas wie Operationsmesser, Molotowcocktails oder unterirdische Stollen sind und daß sie nach dem Gebrauch verkohlen wie Feuerwerke. ... Ich verstehe das, was ich mache, überhaupt nicht als ›Werk‹ und ich bin bestürzt, daß sich jemand ›Schriftsteller‹ nennen kann. Ich bin ein Werkzeughändler, ein Rezeptaussteller, ein Richtungsanzeiger, ein Kartograph, ein Planzeichner, ein Waffenschmied...«[350] »Alle meine Bücher ... sind, wenn Sie so wollen, kleine Werkzeugkisten. Wenn die Leute sie aufmachen wollen und diesen oder jenen Satz, diese oder jene Idee oder Analyse als Schraubenzieher verwenden, um die Machtsysteme kurzzuschließen, zu demontieren oder zu sprengen, einschließlich vielleicht derjenigen Machtsysteme, aus denen diese meine Bücher hevorgegangen sind – nun gut, umso besser.«[351] »Theorie als Werkzeugkiste – das soll heißen: – daß es darum geht, nicht ein System, sondern ein Instrument zu konstruieren: eine den Machtverhältnissen und den um sie herum ausbrechenden Kämpfen angemessene *Logik*; – daß diese Untersuchung nur nach und nach, ausgehend von einer (in be-

stimmten Dimensionen notwendig historischen) Reflexion auf gegebene Situationen vonstatten gehen kann.«[352]
So kommt es zur Aufforderung: »Gebrauche das Denken nicht, um eine politische Praxis auf Wahrheit zu gründen …! Gebrauche die politische Praxis als Intensifikator des Denkens und die Analyse als Multiplikator der Formen und Bereiche der Intervention der politischen Aktion!«[353] Nur so (und weder als revolutionäre Gebrauchsanleitung noch als intellektuelle Stärkedemonstration – »zumindest wird von uns verlangt, daß wir den Glauben an den Wert der Position unseres eigenen Diskurses, des theoretischen Diskurses und seiner Funktion als *wahrer Diskurs* oder Diskurs, der *auf Wahres aus ist*, aufgeben«[354]) ist die Theorie interessant und spannend, denn so »ist es nicht mehr wichtig, recht zu haben, d.h. sich im Museum aufzuhalten, sondern lachen und tanzen zu können«[355]. (Und wenn wir Theorie als Erklärungspraxis begreifen, die nur interessant ist, wenn sie als solche funktioniert[356], richtet sich das direkt gegen WissenschaftlerInnen und Intellektuelle, die angeblich rein theoretische Fragen erörtern, dabei aber nicht nur keiner Erklärungspraxis folgen, sondern immer an der Fortschreibung jener abstrakten Theorienbildung beteiligt sind, die immer mit herrschaftlichen Verhältnissen korreliert, da sich ihr die Lebensverhältnisse unterzuordnen haben[357]. »Theoretische Theoretiker« bringen nicht nur nichts für subversive Wünsche, sondern sie gehören zu deren Feinden: »Die politischen Asketen, die traurigen Militanten, die Terroristen der Theorie, diejenigen, die die reine Ordnung der Politik und des politischen Diskurses bewahren möchten. Bürokraten der Revolution und Beamte der Wahrheit.«[358])
Foucault hat skizziert, was das für die Intellektuellen heißt. Er unterscheidet einen traditionellen *universellen Intellektuellen* von einem *spezifischen Intellektuellen*, wobei der Erste für jene selbsternannten Allwissenden steht, die dem konkret-subversiven Einsatz der Theorie nur im Weg stehen, da sie jener abstrakt-herrschaftlichen Theorienbildung huldigen, mit der wir nichts zu schaffen haben wollen[359], während der Letztere eher dem intellektuellen Handwerker entspricht, den wir suchen: »Die Intellektuellen sind dazu übergegangen, ihre Arbeit nicht mehr im ›Allgemeinen‹ und ›Exemplarischen‹, in dem, was ›für alle wahr und gerecht‹ ist, anzusiedeln, sondern in bestimmten Bereichen und an spezifischen Punkten, kurz dort, wo sie in ihren Arbeits- und Lebensbedingungen betroffen sind (am Wohnort, im Krankenhaus, im Irrenhaus, in den Forschungsstätten, an der Universität, in den Familienverhältnissen und in der Sexualität). Dabei haben sie sich sicher ein sehr viel konkreteres und unmittelbareres Bewußtsein der Kämpfe erworben, sind sie auf Probleme gestoßen, die spezifisch, nicht ›universell‹ waren und sich oft von denen des Proletariats und der Massen unterschieden. Und dennoch haben sie sich ihnen in Wirklichkeit angenähert und das, wie ich meine, aus zweierlei Gründen: zum einen, weil es

sich um reale, materielle, tägliche Kämpfe handelte, und zum anderen, weil sie oft, wenn auch in anderer Form, auf denselben Gegner stießen wie das Proletariat, die Bauern oder die Massen, nämlich die multinationalen Konzerne, den Justiz- und Polizeiapparat, die Bodenspekulation usw. Und diesen Typ würde ich im Gegensatz zum ›universellen‹ Intellektuellen den ›spezifischen‹ Intellektuellen nennen.«[360] »Mir scheint, daß man im Intellektuellen jetzt daher nicht mehr den ›Träger universeller Werte‹ sehen darf, sondern jemanden, der eine spezifische Position besetzt«[361]; auf jeden Fall »kommt es dem Intellektuellen ... nicht mehr zu, sich an die Spitze oder an die Seite aller zu stellen, um deren stumme Wahrheit auszusprechen«[362]. »Der Intellektuelle hat nicht mehr die Rolle des Ratgebers zu spielen. ... Was der Intellektuelle tun kann, ist, Instrumente der Analyse zu liefern«[363], »er hat dort gegen die Macht zu kämpfen, wo er gleichzeitig deren Objekt und deren Instrument ist: in der Ordnung des ›Wissens‹, der ›Wahrheit‹, des ›Bewußtseins‹, des ›Diskurses‹«[364]. »Die Rolle eines Intellektuellen ist nicht, den anderen zu sagen, was sie zu tun haben. Mit welchem Recht täte er es? Erinnern Sie sich an all die Prophezeiungen, Versprechungen, Einschärfungen und Programme, die die Intellektuellen im Lauf der letzten zwei Jahrhunderte formuliert haben und deren Wirkung man nun gesehen hat. Die Arbeit eines Intellektuellen besteht nicht darin, den politischen Willen der anderen zu modellieren. Sondern durch die Analysen, die er in seinen Bereichen anstellt, die Evidenzen und Postulate wieder zu befragen, die Gewohnheiten des Handelns und des Denkens aufzurütteln, die eingebürgerten Selbstverständlichkeiten zu sprengen, die Regeln und die Institutionen neu zu vermessen und von dieser Reproblematisierung aus (in der er sein spezifisches Intellektuellenhandwerk ausübt) an der Bildung eines politischen Willens teilzunehmen.«[365] Die Intellektuellen haben genauso wie alle gesellschaftlichen Gruppen *ihren* Kampf zu führen, der sich jederzeit in Austausch mit anderen ergeben kann, solange sie keine besonderen Ansprüche stellen, solange sie aufhören, »die Welt als entfremdet anzusehen und zu glauben, man müsse die Menschen retten oder ihnen helfen oder ihnen sogar *dienen*, es bedeutet, die männliche Position aufzugeben, das Weibliche, den Unsinn, die Verrücktheit anders, nicht mehr als Übel zu verstehen. Mein Haß gilt diesem Macker, der sich als Hure *verkleidet*, ohne den Wunsch zu haben, eine zu sein – eine üble Karikatur des stolzen Transvestiten«[366]. Wir müssen dahin kommen, wo es berechtigt ist, zu sagen, »daß das Problem ›Schreiben Sie oder kämpfen Sie?‹ ein altes Problem ist, das jetzt völlig *out of date* ist, und daß ... die Spezifität ... es ausschließt, daß die theoretische oder historische Analyse vom präzisen Kampf getrennt wird«[367].

Um die Forderungen der Spezifität einzulösen, muss die Arbeit der Intellektuellen um die *unterworfenen Wissensarten* kreisen: »Unter unterworfenen Wissensarten verstehe ich zweierlei: zum einen möchte ich damit

historische Inhalte bezeichnen, die verschüttet wurden und innerhalb funktionaler Folgerichtigkeiten oder in formalen Systematisierungen untergingen. ... Zum anderen glaube ich, daß man unter unterworfenen Wissensarten etwas anderes ... verstehen muß: eine ganze Reihe von Wissensarten, die als nicht sachgerecht oder als unzureichend ausgearbeitet disqualifiziert wurden: naive, am unteren Ende der Hierarchie, unterhalb des erforderlichen Wissens- oder Wissenschaftlichkeitsniveaus rangierende Wissensarten. Und gerade über diese aus der Tiefe wiederauftauchenden Wissensarten, diese nicht qualifizierten, ja geradezu disqualifizierten Wissensarten (das Wissen des Psychiatrisierten, des Kranken, des Krankenwärters, das des Arztes – das jedoch parallel und marginal zum Wissen der Medizin besteht –, das Wissen des Delinquenten usw.), die ich als Wissen der Leute bezeichnen würde und die nicht zu verwechseln sind mit Allgemeinwissen oder gesundem Menschenverstand, sondern im Gegenteil ein besonderes, lokales, regionales Wissen ein differentielles, von anderen Wissen stets unterschiedenes Wissen darstellen, das seine Stärke nur aus der Härte bezieht, mit der es sich allem widersetzt, was es umgibt.«[368] So »geht es darum, lokale, diskontinuierliche, disqualifizierte Wissensarten ins Spiel zu bringen, die nicht legitimiert sind gegenüber der einheitlichen theoretischen Instanz, die den Anspruch erhebt, sie im Namen eines wahren Wissens und der Rechte einer Wissenschaft, die sich im Besitz von irgendjemand befände, zu filtern, zu hierarchisieren und zu klassifizieren«[369]. Es geht darum, »die historischen Wissensarten aus der Unterwerfung zu befreien, d.h. sie fähig zum Widerstand und zum Kampf gegen den Zwang eines theoretischen, einheitlichen, formalen und wissenschaftlichen Diskurses zu machen. Aktivierung der lokalen – Deleuze würde vielleicht sagen: minderen – Wissensarten gegen die wissenschaftliche Hierarchisierung des Wissens und die ihr innewohnenden Machtwirkungen: genau das ist die Absicht«[370]; »es geht ... um eine Schlacht, und zwar die der einzelnen Wissen gegen die Machtwirkungen des wissenschaftlichen Diskurses«[371].
Erstens gibt es spezifische Kämpfe im Bereich der Theorie, etwa »einen Kampf um den Status der Wahrheit und um ihre ökonomisch-politische Rolle«[372]. Zweitens implizieren spezifische Kämpfe spezifische Wissensarten und brauchen spezifische und konkrete Theorien zur eigenen Stärkung, Theorien, die sich als Erklärungspraktiken nur aus dem unmittelbaren Kampf selbst ergeben können (was nicht heißt, dass mensch sich nicht theoretisches Material anderswoher holen kann, wenn sich unmittelbar zeigt, dass es der spezifischen Situation angemessen ist – »Werkzeugprinzip«). Die Theorie und die Intellektuellen haben genug zu tun im revolutionären Prozess, wenn sie sich als PraktikerInnen der Theorie verstehen. Niemand braucht größenwahnsinnige Führer, die allgemeines Wissen gepachtet haben wollen (»Es ist immer etwas Lächerliches im philosophischen Diskurs,

wenn er von außen den andern vorschreiben und vorsagen will, wo ihre Wahrheit liegt und wie sie zu finden ist, oder wenn er ihnen in naiver Positivität vorschreiben will, wie sie zu verfahren haben«[373]).

III.3.9 Die Grenze und die energetischen Potentiale des Kapitalismus

In II,2,5 war vom Kapitalismus und der Verschiebbarkeit seiner inneren Grenzen die Rede. Als seine äußere wird der Schizo-Fluss beschrieben. Dieser steht bei Deleuze und Guattari für permanentes Werden, ständige Bewegung, absolute Deterritorialisierung. Und hier kommt der Kapitalismus nicht mehr mit. Was nicht selbstverständlich ist, denn der Kapitalismus selbst baut auf immensen Deterritorialisierungen und Bewegungen auf, nur: im Kapitalismus gibt es eine Ordnung derselben: sie müssen produktiv und tauschbar, das heißt ökonomisch verwertbar sein.[374] Der Schizo-Fluss kennt solche Einschränkungen nicht, er hat »das Gespür für Grenzen als für etwas, das überschritten, zurückgedrängt, aufgehoben werden muß«[375], er reißt alles und damit auch den Kapitalismus mit sich fort, »weil der Kapitalismus, wie wir gesehen haben, wohl die Grenze einer jeden Gesellschaft ist, insofern er die Ströme decodiert, die die anderen Gesellschaftsformationen codierten und übercodierten. Indessen bildet er nur eine *relative* Grenze oder einen relativen Einschnitt, da er den Codes eine äußerst rigorose Axiomatik substituiert, die die Energie der Ströme auf dem Körper des Kapitals als deterritorialisierten Sozius, der aber ebenso unbarmherzig wie jeder andere Sozius, wenn nicht unbarmherziger ist, in gebundenem Zustand beläßt. Die Schizophrenie demgegenüber bildet die *absolute* Grenze, die die Ströme in freiem Zustand über den desozialisierten organlosen Körper fließen läßt. Man kann demnach sagen, daß die Schizophrenie die *äußere* Grenze des Kapitalismus oder den Endpunkt seiner innersten Tendenz darstellt, der Kapitalismus aber nur unter den Bedingungen funktioniert, daß er diese Tendenz hemmt oder diese Grenze zurückversetzt oder verschiebt und sie durch seine eigenen relativen, immanenten Grenzen ersetzt, die er fortschreitend auf erweiterter Stufenleiter reproduziert. Was er mit der einen Hand decodiert, axiomatisiert er mit der anderen.«[376] »Von absoluter Grenze wird immer dann gesprochen, wenn die Schizoströme die Mauer passieren, alle Codes durcheinanderwirbeln und den Sozius deterritorialiseren: der organlose Körper ist der deterritorialisierte Sozius, die Wüste, wohin die decodierten Wunschströme fließen, Ende der Welt, Apokalypse. Zweitens jedoch ist die relative Grenze nur die kapitalistische Gesellschaftsformation, da sie wohl effektiv decodierte Ströme ankurbelt und fließen läßt, aber die Codes durch eine noch zwanghaftere Berechnungsaxiomatik ersetzt. So daß der Kapitalismus entsprechend der

Bewegung, kraft deren er seiner eigenen Tendenz entgegenwirkt, sich unaufhörlich der Mauer nähert und zugleich die Mauer zurückverlegt. Die Schizophrenie bildet die absolute, der Kapitalismus aber die relative Grenze.«[377] Die Axiomatik ist die Waffe des Kapitalismus gegen den Schizo-Fluss, indem sie diesen durch die Einsetzung bestimmter Axiome in ihre Ordnung einreiht und für sich verwertet (die Vereinnahmungen, von denen schon gesprochen wurde: vgl. II,2,5). Das heißt, der Schizo-Fluss muss so kompromisslos vorangetrieben werden, wie nur möglich (»nicht vom Prozeß sich abwenden, sondern unaufhaltsam weitergehen, ›den Prozeß beschleunigen‹«[378]), um ihn Lebensformen ermöglichen zu lassen, die den Kapitalismus hinter sich lassen, denn »die große Linie führt zum organlosen Körper, wo sie ... die Mauer überschreitet, auf die molekularen Elemente auftrifft und derart wahrhaft das wird, was sie von Beginn an war, schizophrener Prozeß, reiner schizophrener Deterritorialiserungsprozeß«[379]. Das heißt auch, dass vieles, mit dem der Kapitalismus seine Produktion ankurbelt, kanalisierte Schizo-Prozesse sind, wobei es in seinem Produktionsprozess unvermeidlich ist, dass »er zahlreiche Strömungen aller Art hervorruft, die seiner Axiomatik entgehen«[380], weswegen das Weitertreiben einiger im Kapitalismus produktiv wirksamen Ströme durchaus zur Überwindung kapitalistischer Verhältnisse führen könnte: »Der Kapitalismus entweicht unaufhörlich aus allen Ecken und Enden. Seine Produktionen, seine Kunst und seine Wissenschaft bilden decodierte und deterritorialisierte Ströme, die sich nicht nur der entsprechenden Axiomatik unterwerfen, sondern einige ihrer Ströme durch die Maschen der Axiomatik unterhalb der Recodierungen und Reterritorialisierungen fließen lassen. Subjekt-Gruppen entstehen durch Auflösung unterworfener Gruppen. Fortgesetzt knebelt der Kapitalismus die Ströme, unterbricht sie und schiebt den Einschnitt zurück, aber auch jene ergießen sich unaufhaltsam, trennen sich selbst entsprechend Spaltungen, die sich gegen den Kapitalismus wenden und ihm Wunden beibringen. Stets bereit, seine inneren Grenzen zu erweitern, bleibt der Kapitalismus weiterhin von einer äußeren Grenze bedroht, die um so eher ihn ereilen und von innen spalten wird, als die inneren Grenzen wachsen.«[381] Als Beispiele können die Machtabnahme der Nationalstaaten angeführt werden, Aktivitäts- und Kreativitätsströme, ökonomisch erreichbare Freiräume, gewisse Formen der Luststeigerung (schnelle Autos, Kabelfernsehen, Konsumtempel und McDonald's sind für viele Menschen, um mit Deleuze oder Lyotard zu sprechen, eben geil; ohne diese Geilheit wäre der Kapitalismus nicht, was er ist; »ersetzen wir die trübe Kritik durch eine Haltung, die eher dem entspricht, was wir in unseren gewöhnlichen Beziehungen mit dem Kapital wirklich empfinden, im Büro, auf der Straße, im Kino, auf den Autobahnen, in den Ferien, in den Museen, den Krankenhäusern, den Bibliotheken – nämlich eine schaudernde Faszination angesichts des ganzen Umfangs der Dispositive des Lustempfindens«[382]). Keine Frage, dass es waghalsig scheint, dem Ungeheuer Kapitalismus soviel Revolutionäres zuzugestehen. Doch Lyotard zum Beispiel meint: »Der Kapitalismus wird niemals am schlechten Gewissen krepieren, er wird nicht an einem Mangel zugrundegehn, weil die Ausgebeuteten nicht bekommen, was man ihnen schuldet. Wenn er verschwindet, dann durch den Exzeß, weil seine Energetik unaufhörlich die eigenen Grenzen ... verschiebt.«[383]

Der Kapitalismus lebt von Deterritorialisierungen und energetischen Potentialen, doch gleichzeitig sind diese Energien im Kapitalismus dem Zwang der Produktionssteigerung und der Warenzirkulation unterworfen, sodass sie von totalitären und ungeheuer herrschaftlichen, gewalttätigen und zerstörerischen Verhältnissen nicht zu trennen sind. Es gilt, die energetischen Ströme des Kapitalismus von dessen Joch zu befreien und den Schizo-Fluss zu stärken, damit energetisches Leben ohne herrschaftlich-zerstörerische Implikationen Platz gewinnt. »Wenn der Kapitalismus solche Ähnlichkeit mit der Schizophrenie hat, dann folgt daraus, daß seine Zerstörung nicht über eine Deterritorialisierung verlaufen kann (z.B. durch die einfache Aufhebung des Privateigentums...), diese überlebt er qua Definition: der Kapitalismus *ist* diese Deterritorialisierung. Seine Zerstörung kann nur von einer noch flüssigeren Verflüssigung, von noch mehr *clinamen* und noch weniger Geradenfall, von noch mehr Tanz und noch weniger Frömmigkeit kommen. Wir brauchen noch unvorhersehbarere, noch stärkere Intensitätswechsel. Es ist notwendig, daß sich die Höhen und Tiefen der Wunschproduktion ›im sozialen Leben‹ einschreiben können, ohne Ziel, ohne Rechtfertigung, ohne Ursprung, wie in den starken Zeiten des ›affektiven‹ oder ›kreativen‹ Lebens.«[384]

III.3.10 Zum Umgang mit den Axiomen

Axiome dienen zur Unterwerfung aller Ströme unter die Regeln des Kapitals. Der Schluss, dass dadurch jeder Kampf um ein Axiom (zum Beispiel die Einführung eines Mindestlohns oder ähnliches) bedeutungslos, ja vielleicht sogar ›kontraproduktiv‹ ist, weil er dem System wieder nur zur Verschleierung seines Despotismus dient, scheint dabei jedoch voreilig. Ganz abgesehen davon, dass es an Zynismus grenzen kann, die Wünsche der jeweils Betroffenen (z.B. Minimalverdiener) einer abstrakten Revolutionshoffnung zu opfern, stimmt es nicht, dass Reformen *nichts* verändern würden: »Es ist falsch zu behaupten, daß sich damit nichts ändert, auch wenn es zwei Modalitäten ein und derselben disziplinarischen Gesellschaft sind. Aber weil es sich um eine Machtstrategie in dieser Gesellschaft handelt, ist der Gegner nicht mehr genau derselbe, sind die Funktionen neu verteilt, erscheinen neue Personen, die die Zielscheiben und die Bedingungen für

Kämpfe und Gegenstrategien vollkommen verändern. Das gilt zum Beispiel für die Kontroll- und Überwachungsaufgaben, die heute unter dem Gesichtspunkt einer Gefängnis- oder Psychiatriereform den ›Sozialarbeitern‹ zugeschrieben werden. ... Der Unterschied ist gering, wenn man die Macht als ein Eigentum begreift, das immer noch in den gleichen Händen ruht; er ist groß, wenn man sie als Entfaltung und Strategie begreift.«[385] Dabei scheint es zumindest vier Gründe zu geben, warum solche Veränderungen nicht zwangsläufig reformistisch und für radikale Bestrebungen zwecklos sind:
Erstens ist vieles, was als Reform dargestellt wird, durchaus revolutionär: »Der Begriff der Reform (... ist) dumm und heuchlerisch. Entweder ist die Reform von Leuten erarbeitet, die sich für repräsentativ halten und die sich einen Beruf daraus machen, für die anderen, im Namen der anderen zu sprechen, so ist das ganze ein Unternehmen der Machthaber, in dem die Repression nur ausgeweitet wird. Oder es handelt sich um eine Reform, die von den Betroffenen selbst verlangt wird, dann ist es keine Reform mehr, sondern eine revolutionäre Aktion, die aufgrund ihres partiellen Charakters dazu bestimmt ist, die Totalität der Macht und ihrer Hierarchie in Frage zu stellen.«[386]
Zweitens ist es eben schlicht nicht egal, ob wir in Nazi-Deutschland oder im (so genannten) demokratischen Wohlfahrtstaat leben. Auch wenn Axiome die Unerträglichkeit der Verhältnisse vielleicht nicht erträglicher machen, machen sie die Unerträglichkeit unter Umständen leichter lebbar.
Drittens (und damit kommen wir zum ersten der beiden vielleicht wichtigsten Punkte) sind Kämpfe um Axiome nicht automatisch (nur) reformistisch, sondern können pragmatischer Bestandteil einer Bewegung mit insgesamt weit radikaleren Absichten sein. »Die ›Reformen‹, die ich hier vorschlage, haben einen Wert nur unter der Bedingung, daß sie in eine revolutionäre Perspektive und in eine effektive Praxis des ... Kampfes eingebettet sind: Das Bewußtsein von ihrer Fragilität ist eine Garantie dafür, daß sie als Elemente eines langwierigen Kampfes verstanden werden, nicht als Aushängeschild, das der herrschenden Ordnung als Alibi und ›gutes Gewissen‹ dienen könnte«[387] (solche Reformen fordern etwa Feministinnen im Recht auf Abtreibung, Schwarze im Recht auf Universitätsquoten, oder Jugendliche im Recht auf selbstverwaltete Jugendzentren).
Und *viertens* können sich aus zunächst harmlos anmutenden Streitereien um Lohnerhöhungen oder ähnliches revolutionäre Situationen entwickeln, die über die Erfahrungen im Kampf um die Axiome plötzlich die gesamte Axiomatik in Frage stellen, da dieses Vermögen allen (›Reform‹-)Kämpfen innewohnt: »Es wäre falsch, sich nicht für den Kampf auf der Ebene der Axiome zu interessieren. (...) Er ist ganz im Gegenteil entscheidend (auf den unterschiedlichsten Ebenen: Kampf der Frauen für Wahlrecht, Abtreibung, Arbeitsplätze; Kampf der Regionen um Autonomie; Kampf der Drit-

ten Welt; Kampf der unterdrückten Massen und Minoritäten ...) ... So bescheiden eine Forderung auch immer sein mag, sie enthält immer einen Punkt, den die Axiomatik nicht unterstützen kann: wenn die Leute fordern, ihre eigenen Probleme selber zu formulieren und zumindest die besonderen Bedingungen zu bestimmen, unter denen diese eine allgemeinere Lösung bekommen könnte (am *Besonderen* als innovativer Form festhalten)«[388]; denn wenn Leute in dieser Form zusammenarbeiten, gilt immer: »Gemeinschaftsarbeit kann immer neue analytische und militante Maschinen konstituieren.«[389]

Kämpfe um Rechte, Proteste gegen Sozialabbau, Forderungen nach der Stärkung von Betriebsräten, Verlangen nach Umgestaltung der Gefängnisse, Arbeiten in Institutionen usw. sind nicht immer zwangsläufig als reformistisch abzulehnen. Es kommt darauf an, worin sie eingebettet sind, wie sie durchgeführt werden und was daraus wird. »Ebenso wie ich denke, daß es illusorisch ist, auf eine Schritt-für-Schritt-Transformation der Gesellschaft zu setzen, glaube ich, daß gemeinschaftliche mikroskopische Experimente, Stadtviertel-Komitees, die Organisation einer Kindertagesstätte in einer Fakultät usw. eine wesentliche Rolle spielen können.«[390]

III.3.11 »... wenn sie nur radikal sind«

Kämpfe um Axiome werden immer dann unterstützt, wenn sie im Rahmen radikaler Bewegungen stattfinden, in Bewegungen, die Unruhe stiften: »Hier ein Korse, da ein Palästinenser, ein Flugzeugentführer, ein sich wehrender Stamm, eine Feministenbewegung, ... – es wird immer eine(n) geben, die (der) im Süden auftaucht«[391]; »am Horizont ein Chinese, eine kubanische Raketenabschußrampe, ein Black-Panther, ein entführter Botschafter, ein Mai 68, oder selbst Hippies auf dem Trip, in Wut geratene Schwule...«[392] Radikalität versteht sich als Kompromisslosigkeit, als Affirmation des Außen, nicht als reformistische Kritik: »Kämpfe gehören zur revolutionären Bewegung, wenn sie nur radikal und kompromißlos sind, wenn sie nicht reformistisch bloß den Inhaber der Macht auswechseln, diese aber beibehalten wollen.«[393]

Radikal sein heißt, radikal anders leben wollen, heißt, sein Leben auf anderen Flächen aufbauen wollen als auf den herrschenden, nicht auf geordneten, sondern auf immer wieder neu zu besiedelnden. »Das ist, was den Kapitalismus zermürbt: wo wird die Revolution ausbrechen, unter welcher Form *in* den ausgebeuteten Massen? Gleich dem Tode: wo, wann? Decodierter, deterritorialisierter Strom, der zu weit fließt, zu fein abschneidet, der der Axiomatik des Kapitals entwischt. Ein Castro, ein Araber, ein Blackpanther, ein Chinese am Horizont? Ein Mai 68, ein Mao des Inneren, der wie ein Einsiedler auf dem Fabrikweg sich aufgepflanzt hat? Immer wieder ein Axiom anfügen, damit die gerade aufgetane Bresche wieder geschlossen wird, die faschistischen Oberen fangen an, Mao zu lesen, man wird sich nicht mehr überraschen lassen. Castro ist, sogar gegenüber sich selbst, unmöglich geworden, man isoliert die Vakuolen, errichtet Ghettos, ruft die Gewerkschaften zu Hilfe, erfindet die schlimmsten Formen der ›Abschreckung‹, verstärkt die Unterdrückung der Interessen – aber wo wird der Einbruch des Wunsches sich ereignen?«[394]

Radikal sein heißt für Deleuze und Guattari, eine anti-staatliche *Kriegsmaschine* zu installieren: »Die Kriegsmaschine ist eine Erfindung der Nomaden (da sie nicht zum Staatsapparat gehört und sich von der militärischen Institution unterscheidet).«[395] Wogegen sie sich richtet, wird damit deutlich: »Beide, die Kriegsmaschine und die nomadische Existenz, müssen zwei Dinge zugleich verhindern: die Rückkehr zur Aristokratie der Abstammungslinie und die Entstehung eines imperialen Beamtentums.«[396] »Wenn sich daraus zwangsläufig ein Krieg entwickelt, liegt das daran, daß die Kriegsmaschine mit Staaten und Städten zusammenstößt, also mit Kräften (der Einkerbung), die dem positiven Ziel entgegenstehen: von da an sind der Staat, die Stadt und das staatliche oder städtische Phänomen der Feind der Kriegsmaschine, die sich das Ziel setzt, sie zu vernichten. Genau hier wird sie zum Krieg: die Kräfte des Staates vernichten, die Staats-Form zerstören.«[397] Daher das Bild des Kriegers: »Aus der Sicht des Staates erscheint die Originalität des Kriegsmannes, seine Exzentrizität, zwangsläufig als negativ, als Dummheit, Mißgestalt, Verrücktheit, Unrechtmäßigkeit, Usurpation, Sünde. Dumézil analysiert die drei Sünden des Kriegers in der indoeuropäischen Tradition: er ist gegen den König, gegen den Priester und gegen die vom Staat erlassenen Gesetze.«[398]

Radikalität und Kriegsmaschine sind untrennbar miteinander verbunden, denn »um den Staat zu zerstören, muß die molekulare Revolution fähig sein, authentische und zusammenhängende Kriegsmaschinen zu bilden, Kriegsmaschinen, die nicht nur auf nationaler, sondern auch auf internationaler Ebene koordiniert sind, weil man sich heute nicht mehr ohne adäquates Instrumentarium gegen die repressive Macht des Imperialismus wehren kann. Die vietnamesischen Revolutionäre haben Kriegsmaschinen nicht nur auf nationalem, sondern auch auf internationalem Niveau konstruieren müssen, nämlich auf der politischen und diplomatischen Ebene, – ebenso die Palästinenser, die zusammen mit deutschen und japanischen Genossen Flugzeuge entführen: in beiden Fällen sieht man hier die Suche nach der Konstruktion einer internationalen Kriegsmaschine. Soweit zur Zerstörung des Staates.«[399] »Man kann sagen, daß jedesmal dann, wenn man sich gegen den Staat wehrt (Undiszipliniertheit, Aufstand, Guerillakrieg oder Revolution), eine Kriegsmaschine wiederbelebt wird, ein neues, nomadisches Potential auftaucht, und damit die Rekonstitution eines glatten Raumes oder einer Lebensweise wie in einem glatten Raum.«[400] Etwas muss dabei berücksichtigt werden: »Es

stimmt natürlich, daß der Krieg tötet und schrecklich verstümmelt. Aber wenn der Staat sich die Kriegsmaschine aneignet, wird es umso schlimmer«[401]: »Er macht aus der Kriegsmaschine eine militärische Institution, er *paßt* die Kriegsmaschine dem Staatsapparat *an*, (… so)daß die Kriegsmaschine jetzt nur noch ein Ziel hat, nämlich den Krieg selbst«[402], »während die Guerilla explizit die Nicht-Schlacht anstrebt«[403], denn »das Ziel der Krieges ist nicht unbedingt die Schlacht, und vor allem ist das Ziel der Kriegsmaschine nicht unbedingt der Krieg, auch wenn Kriege und Schlachten (unter bestimmten Bedingungen) sich zwangsläufig aus ihr entwickeln können«[404]. »Es geht also weniger um die Durchführung des Krieges als um die Aneignung der Kriegsmaschine«[405] und »viel eher als kriegerisch kann eine Kriegsmaschine revolutionär sein oder künstlerisch«[406].
Radikalität ist »aktiv gewordene Zerstörung, fest an die Bejahung gebundene Aggressivität«[407]. Sie ist von der Subversion nicht zu trennen, ebenso wenig wie von der Autonomie.

III.3.12 Der ewige Krieg

Die PoststrukturalistInnen haben keinen paradiesischen Friedenszustand vor Augen. Natürlich ist die institutionalisierte Gewalt des Staates Teil dessen, gegen das sich die PoststrukturalistInnen richten; doch tun sie das weder, indem sie der Gewalt abstrakt Gewaltlosigkeit entgegensetzen, noch indem sie einen staatslosen mit einem gewaltlosen Zustand gleichsetzen.[408] So spricht Foucault »über den Krieg als dauernde soziale Beziehung, den Krieg als unauslöschlichen Grund aller Machtverhältnisse und -einrichtungen«[409]: »Der Krieg ist der Motor der Institutionen und der Ordnung. Auch in dem geringsten seiner Räderwerke wird der Frieden vom Krieg getrieben. Anders gesagt: man muß unter dem Frieden den Krieg herauslesen. Der Krieg ist die Chiffre eben des Friedens. Drittens: wir befinden uns im Krieg – die einen gegen die andern. Eine Schlachtlinie durchquert die gesamte Gesellschaft durchgängig und andauernd, und diese Schlachtlinie stellt jeden von uns in ein Lager oder in ein anderes. Es gibt kein neutrales Subjekt, man ist unvermeidlicherweise der Gegner von jemandem.«[410]
Die PoststrukturalistInnen interessieren ›friedliche‹ oder ›gewaltlose‹ Aktionen oder Ordnungen nicht sonderlich, da es keinen Raum gibt, der nicht mit Krieg und Gewalt umgehen muss (und auch wenn es nur aufgrund äußerer Bedrohung sein sollte): »Die Gewalt ist überall, auch im Bereich der Zweierbeziehung, der Kinder, der Schule, der Arbeit usw.«[411] »Ist die Macht nicht einfach eine Form kriegerischer Herrschaft? … Eine Art verallgemeinerter Krieg, der nur zu bestimmten Zeiten die Form des Friedens und des Staates annähme? Der Frieden wäre dann eine Form des Krieges und der Staat eine Art ihn zu führen.«[412]

Das Problem, dass immer wieder Leute von Frieden oder Gewaltlosigkeit reden, verschärft sich freilich dadurch, dass in der Disziplinar-Gesellschaft die Gewaltverhältnisse immer weniger sichtbar sind. Polizeigewalt ist tatsächlich eine der wenigen sichtbaren Gewaltakte des Staates. Ansonsten verbirgt sich die Gewalt hinter idyllischen Häuserfassaden, schönen, weißen Kitteln, seriösen Büros und Männern im Nadelstreif. Doch wer glaubt, die Demokratie sei friedlich, täuscht sich: »Am Beispiel der Behandlung, die man der RAF-Gruppe angedeihen läßt, stellen wir fest, daß eine bestimmte Vorstellung von wissenschaftlicher Effizienz und eine bestimmte Idee von der Kontrolle des ›Gegebenen‹, die weit über die Idee der Repression hinausgeht, im fortgeschrittenen liberalen Kapitalismus zusammenfallen. Die Körper gehören zu diesem ›Gegebenen‹. Man braucht nicht das Waffenarsenal eines Hitler, das alles kann in einem demokratischen System bewerkstellig werden.«[413] Freilich ist all das schwer zu sehen: die Gewalt ist durch eine beinahe vollständige Verwissenschaftlichung und Verbürokratisierung den Blicken entzogen worden. Aber es gibt sie: »Die Gewalt der Typen, die ihre Frau schlagen, ... die Gewalt gegenüber den Kindern, aber auch, umgekehrt, die Gewalt der Kinder gegenüber ihren Eltern, ihren Erzieherinnen usw., die Gewalt der psychiatrischen Klinik, aber auch die Gewalt gewisser ›Geisteskranker‹ gegen ihre Familie ... die Gewalt in den hierarchischen Beziehungen, in den bürokratischen Beziehungen: all das läuft gemeinsam.«[414] Angesichts dieser alltäglichen Gewalt, angesichts von Gefängnis, Psychiatrie, Obdachlosigkeit, Vergewaltigung, Diskriminierung aller Art, Massenarbeitslosigkeit usw. zu behaupten, dass wir in friedlichen Zeiten leben, scheint in der Tat gewagt; zumal wir noch nicht alle Gewaltverhältnisse, die uns alle mehr oder weniger direkt angehen und denen wir uns nicht entziehen können, genannt haben: Neben den sichtbaren und unsichtbaren Gewaltverhältnissen, in denen wir uns bewegen, beteiligen wir uns alle an jenen Gewalttätigkeiten, die sich ununterbrochen gegen die kapitalistische Peripherie richten: Wer als KonsumentIn am Weltmarkt teilhat, ist als eine der wichtigsten Konstanten unmittelbar an der Gewaltausübung in den Billigproduktionsländern beteiligt. Die Behauptung, dass Konsum im Kapitalismus Gewalt ist, mag plakativ sein, doch macht sie das nicht falsch.

Wenn wir diesen Prozessen nachspüren bzw. Machtanalyse betreiben, wird die Rede vom Frieden in der westlichen Welt fragwürdig[415]: »Man würde ... die Formel von Clausewitz umkehren und sagen, daß die Politik die Fortsetzung des Krieges mit anderen Mitteln ist. Das bedeutet dreierlei: erstens, daß die Machtverhältnisse, wie sie in einer Gesellschaft wie der unsrigen wirksam sind, im wesentlichen in ein bestimmtes Kräfteverhältnis einmünden, das zu einem bestimmten, historisch determinierbaren Zeitpunkt des Krieges entsteht. Und wenn es zutrifft, daß die politische Macht den Krieg beendet und in der zivilen Gesellschaft Frieden herrschen läßt oder zu herrschen lassen versucht, dann geschieht dies keineswegs um die Wirkungen des Krieges zu beseitigen oder das Ungleichgewicht aufzuheben, das sich in der letzten Schlacht hergestellt hat; in dieser Hypothese hätte die politische Macht die Aufgabe, dieses Kräfteverhältnis mittels einer Art stillen Krieges beständig von neuem in die Institutionen, die ökonomischen Ungleichheiten, in die Sprache und bis hinein in die Körper der Einzelnen einzumeißeln.«[416] Das heißt, »die politische Macht fängt nicht dann an, wenn der Krieg aufhört. Die rechtliche Organisation der Macht, die Struktur der Staaten, der Monarchien, der Gesellschaften hat ihr Prinzip nicht dort, wo der Lärm der Waffen verstummt. Der Krieg ist nicht zu Ende. Zunächst hat er die Geburt der Staaten geleitet. Das Recht, der Frieden, die Rechte sind im Blut und im Schlamm der Schlachten geboren worden.«[417] Es wird erkennbar, »daß so etwas wie ein ununterbrochener Kampf den Frieden durchzieht und daß also die zivile Ordnung im Grunde und in ihren wesentlichen Mechanismen eine Schlachtordnung ist«[418]. »In dieser Humanität ist das Donnerrollen der Schlacht nicht zu überhören.«[419] Für das Recht heißt das beispielsweise: »Das Gesetz ersteht aus wirklichen Schlachten, aus Siegen, aus Eroberungen mit ihren Schandtaten und ihren Schreckenshelden. Das Gesetz geht aus verbrannten Städten und verwüsteten Ländern hervor… Aber das heißt nicht, daß die Gesellschaft, das Gesetz, der Staat gleichsam der Waffenstillstand in diesen Kriegen ist, die endgültige Besiegelung der Siege. Das Gesetz ist nicht Befriedung. Unter dem Gesetz geht der Krieg weiter, er wütet weiter innerhalb aller Machtmechanismen, auch der geregeltsten.«[420] Es bleiben Urteile wie diese: wir »brauchen nicht eine neue Charta der Freiheiten oder eine neue Erklärung der Menschenrechte: das sind unnütze Spielereien«[421]; »in den Unrechtsstaaten ist das, was zählt, die Natur der Befreiungsprozesse, die durchaus nomadisch sind. Und in den Rechtsstaaten sind es nicht die erworbenen und gesetzlich verankerten Rechte, sondern das, was derzeit die Errungenschaften des Rechts in Frage stellt.«[422] Eine revolutionäre Perspektive der Kriminalität tut sich auf: »die kleinen Gesetzeswidrigkeiten nicht als unvermeidliche Randerscheinungen der Gesellschaft, sondern als das Donnerrollen der Schlacht in ihrer Mitte«[423]; »Verbrechen ist ›ein Staatsstreich von unten‹«[424].

Wer sich der ständigen Präsenz der Gewaltverhältnisse nicht bewusst ist, läuft Gefahr, »schnell in der sozialdemokratischen und humanistischen Vereinnahmung (zu versinken). Man kommt dort dazu, jede gewalttätige Aktion im Namen einer Moral zu verurteilen, die sich gleichzeitig mit den weit größeren Gewalttaten abfindet, die jene begehen, die sie für sich reklamieren! Man kommt dort dazu, zu akzeptieren, daß es keinen anderen Weg der sozialen Umwälzung gibt als die, die mit der Legalität konform gehen.«[425] Und wer gar im modernen Staat einen Friedensstifter erkennen will, ist hereingefal-

len auf dessen »strukturelle Gewalt, die das Recht, die Gewalt als polizeilich und nicht als kriegerisch definiert. ... Der Staat kann also sagen, daß die Gewalt ein ursprüngliches, einfaches Naturphänomen ist, für das er nicht verantwortlich ist, er, der Gewalt nur gegen Gewalttäter anwendet, gegen ›Kriminelle‹, gegen Primitive, gegen Nomaden – damit Frieden herrscht.«[426] Militanter Widerstand scheint oft unausweichlich: »Es ist wahr, daß man kaum hoffen kann, mit ausschließlich pazifistischen Mitteln die bürgerlichen und demokratischen Institutionen umzuwälzen...! Heute kann eine effektive Aktion nichts anderes tun, als der herrschenden Ordnung Gewalt anzutun. ... Die Gewalt ist legitim wenn sie ausgeübt wird durch die Arbeiter, die Frauen, die Jungen, die für eine Veränderung ihrer Lage kämpfen.«[427] Eines ist dabei ganz wichtig: »Ihr müßt aufhören, die Gewalt und den weißen Terror zu verwechseln. Der weiße Terror ist auf Instanzen ausgerichtet, er zerstört hier etwas, um anderswo etwas aufzubauen, er zerstört bestimmte Teile des großen Haut-Films, aber nur, um ein Zentrum aufzubauen. Die Gewalt ist nicht aufbauend, sie besteht ganz und gar aus dem Nicht-Aufbauen (der Nutzlosigkeit), der Zertrümmerung von Verteidigungen, der Öffnung von Durchgängen, Sinnen, Geist. Diese Zertrümmerung ist blutig wie ein Bulldozer. Die rote Gewalt oder Grausamkeit zerstört die Aneignung der Instanzen, die Macht.«[428]
»*Friedliche Koexistenz?* Mir ist nicht ganz klar, was das heißen soll. Ich glaube, daß die friedliche Koexistenz nicht existiert. Es ist die trügerische Illusion einer Ökonomie, die auf Macht und Krieg beruht.«[429] Friede und Gewaltlosigkeit werden zu einem Schwindel. Es gibt sie nicht. Vielmehr gilt heute: »Der Frieden löst technisch den grenzenlosen materiellen Prozeß des totalen Krieges aus.«[430] Wenn wir tatsächlich immer inmitten von Krieg und Gewalt leben, scheint die vordringliche Frage nicht, wie wir sie überwinden können, sondern wie wir ein Leben leben können, in dem Krieg und Gewalt nicht faschistisch institutionalisiert sind zur Sicherung totalitärer Ordnungen, sondern in dem Krieg und Gewalt als anti-staatliche Mechanismen die Aktivität begleiten. »Warum muß man den Krieg finden? Weil jener alte Krieg ein andauernder Krieg ist. Wir haben tatsächlich Schlachtenforscher zu sein, weil der Krieg nicht zu Ende ist, weil entscheidende Schlachten gerade erst vorbereitet werden, weil die entscheidende Schlacht erst zu gewinnen ist, d.h. daß die Feinde, die uns gegenüberstehen, uns weiterhin bedrohen und wir zum Ende des Krieges nur gelangen können – nicht indem wir eine Befriedigung einklagen, sondern indem wir die Sieger sein werden.«[431]

III.3.13 Tier-Werden, Schwarz-Werden, Frau-Werden

Werden spielt im Poststrukturalismus eine besonders wichtige Rolle. Werden ist immer revolutionär. Wenn wir im Abschnitt über Minderheiten von einer Mehrheitskonstante und minoritären Differenzen zu dieser gesprochen haben, so bleibt zu ergänzen, dass die Konstante immer ein statisches Sein beschreibt, während die minoritäre Differenz immer ein Minoritär-Werden ist. »Es gibt kein Majoritär-Werden, Majorität ist niemals ein Werden. Es gibt nur ein minoritäres Werden.«[432] »Wir wollen versuchen, es noch anders auszudrücken: es gibt kein Mann-Werden, weil der Mann die molare Entität par excellence ist, während die Arten des Werdens molekular sind.«[433] »Deshalb müssen wir folgendes unterscheiden: das Majoritäre als homogenes und konstantes System, die Minoritäten als Sub-Systeme und das Minoritäre als mögliches, kreatives und geschaffenes Werden. Es geht niemals darum, die Majorität zu erringen.«[434]

Dieses Werden ist unentwegter Prozess, ständiges Bewegen, Verwandeln. Es bezeichnet keine zeitlich begrenzte Übergangsphase von einem Seinszustand zu einem anderen – im Gegenteil: als infiniter und permanenter Werdensprozess lässt es alle Seinszustände hinter sich. Das Minoritär-Werden (eigentlich ein Pleonasmus: denn alles Minoritäre ist ein Werden und alles Werden minoritär) kann verschiedene Formen annehmen: »Frau-Werden, Kind-Werden; Tier-, Pflanze- oder Mineral-Werden; alle möglichen Arten von Molekular-Werden, Partikel-Werden.«[435]

Zu den wichtigsten dieser Werdensprozesse gehören das Tier-Werden, das Schwarz-Werden oder das Frau-Werden. Zu den wichtigsten deshalb, weil sie in den meisten Prozessen des Minoritär-Werdens eine Rolle spielen (bezüglich des Frau-Werdens sagen Deleuze und Guattari sogar, »daß alle Arten des Werdens mit dem Frau-Werden beginnen und sich durch das Frau-Werden vollziehen. Es ist der Schlüssel zu den anderen Arten des Werdens«[436]), weswegen sie sich auch gut dazu eignen, die revolutionäre Bedeutung des Werdens zu beschreiben:

Wir kommen dabei zunächst wieder zum Verhältnis von Mehrheit und Minderheit. Mehrheitlich ist »Mensch-weiß-westlich-männlich-erwachsen-vernünftig-heterosexuell-Stadtbewohner-Sprecher einer Standardsprache.«[437] Frauen, Tiere, Schwarze, Kinder, Homosexuelle, usw. gehören nicht zur Mehrheit. Das alleine macht sie aber noch nicht minoritär bzw. revolutionär. Denn die Mehrheitskonstante leugnet nicht die Existenz der Frauen oder Tiere, sie ordnet sie sich unter: als ein Weniger, ein Abbild usw. (vgl. II,2,2). In diesem Sinne gibt es für alle von der Mehrheit Ausgeschlossenen viele Möglichkeiten, mehrheitlich zu funktionieren; so »kann man sagen, daß der Mann auf eine sehr aktive Weise damit beschäftigt ist ›seine Frau‹ zu produzieren«[438]: die katholische Hausfrau oder auch die emanzipierte Top-Managerin (»Der Kapitalismus wird die Methode, die sich in dieser Fragestellung abzeichnete, verallgemeinern: die Frauen nicht durch Verbannung ausschließen, sondern durch *Homologisierung*.«[439] – Die allgemeine Formel dieser Vollendung der Ausschließung durch Vereinnahmung lautet so: »Plötzlich ist der andere nicht mehr da, um vernichtet, gehaßt, zurückgewiesen, verführt zu werden, er ist da, um verstanden, befreit, umsorgt, anerkannt zu werden. Nach den Menschenrechten müßte man nun die Rechte des Anderen aufstellen. Das ist im Übrigen schon geschehen: im universellen Recht auf Differenz. Eine Orgie psychologischen und politischen Verständnisses für den anderen, eine Wiederauferstehung des anderen dort, wo es ihn nicht mehr gibt. Wo das Andere war, ist das Gleiche geworden«[440]). Überall wird sie betrieben, »die kleine afrikanische imperialistische Arbeit der Erforschung, der Ethnologie, der Missionarisierung, des Kontors, der Pazifizierung und Kolonialisierung…; es ist das Los, das das Kapital für die Forderungen der Arbeiter vorsieht, die Weißen für die *colored people*, die Erwachsenen für die Kinder, die Normalen für die Verrückten und die ›Männer‹ für die ›Frauen‹.«[441] So »sollte man ›minoritär‹ als Werden oder Prozeß nicht mit ›Minorität‹ als Gesamtheit oder Status verwechseln. Die Juden, die Zigeuner etc. können unter bestimmten Bedingungen Minoritäten bilden, doch das reicht nicht aus, daraus ein Werden zu machen. Man reterritorialisiert sich in einer Minorität als Status oder läßt sich in ihr reterritorialiseren; aber man deterritorialisiert sich in einem Werden«[442]. Die konstruierten Seinszustände, die *molaren Entitäten*, haben mit dem Werden nichts zu tun: »Was wir hier als molare Entität bezeichnen, ist zum Beispiel die Frau innerhalb einer dualen Maschine, in der sie dem Mann entgegengesetzt ist, insofern sie durch ihre Form bestimmt, mit Organen und Funktionen ausgestattet und als Subjekt bezeichnet ist. Frau-Werden heißt nicht, diese Entität zu imitieren oder sich gar in sie zu verwandeln.«[443]

Es gibt freilich gute Gründe dafür, dass diese Ausgeschlossenen nicht von vornherein (oder: nicht unmittelbar) zur Mehrheit gehören, sondern sich ihr anzupassen haben bzw. nur von ihr abgeleitete Positionen besetzen dürfen. Denn »es kommt vor, daß sich aus jener Unterwelt Kräfte erheben, die feindlich geworden sind, weil sie des Rechts beraubt sind, sich im hellen Tageslicht auszuleben. Sie drohen, das Gemeinwesen zu verwüsten und das Unterste nach oben zu kehren. … Das Gemeinwesen kann sich vor solchen Ansprüchen nur schützen, indem es sie als Elemente des *Verderbens*, die es zerstören könnten, unterdrückt.«[444] Alle nicht unmittelbar zur Konstante gehörenden Gruppen bezeichnen Potentiale der Differenz, deren Entfaltung es für die Mehrheit zu verhindern gilt (»Das ›Weibliche‹ bestimmte sich niemals anders als durch und für das Männliche. … Aber diese Situation spezifischer Unterdrückung ist vielleicht dasjenige, was es heute den Frauen erlauben kann, eine ›Kritik der politischen Ökonomie‹ auszuarbeiten, insofern sie sich hinsichtlich der Gesetze des Austauschs, gerade weil sie in diesen als ›Waren‹ eingeschlossen sind, in einer Position der Äußerlichkeit befinden«[445]).

Es bedarf einer Verrückung dessen, was Frau-Sein, Tier-Sein usw. für die Mehrheit ist, hin zu einem Frau-Sein, Tier-Sein (usw.), das keines mehr ist, sondern als Frau-*Werden* oder Tier-*Werden* unentwegt (»Die Variation muß unaufhörlich selber variieren, d.h. sie muß immer neue, unerwartete Wege beschreiten«[446]) revolutionäre Differenzen zu den herrschenden Verhältnissen produziert. »Es geht um ein Werden, das … die größtmögliche Differenz umfaßt, die Intensitätsdifferenz, das Überschreiten einer Schwelle.«[447] Es geht im Werden um eine »Affirmation der Differenz«, die Cixious für die Frauen so beschreibt: »ein Vorrücken, ein Abenteuer, eine Erkundung der Kräfte der Frau: ihrer Macht, ihrer Stärke, ihrer immer gefürchteten Gewalt und der Regionen der Weiblichkeit.«[448]

Nachdem die Werdensprozesse Wege erschließen, die von der Konstante wegführen, können sie jeden Teil der Konstante mitreißen, »insofern jeder seine Variation um die Einheit des despotischen Maßstabs herum konstituiert, und auf die eine oder andere Weise dem System der Macht entkommt, die aus ihm einen Teil der Mehrheit macht«[449]. Im Frau-Werden können auch die Männer anders als die Männer der Konstante werden, im Tier-Werden verändern sich die Menschen usw. »Wenn … die Juden selbst Jude werden müssen, die Frauen Frau werden müssen, die Kinder Kind werden und die Schwarzen zum Schwarzen werden müssen, dann deshalb, weil nur eine Minorität dem Werden als aktives Medium dienen kann, jedoch unter der Bedingung, daß sie im Verhältnis zur Mehrheit kein unbestimmbares Ganzes mehr ist … Eine Frau muß Frau werden, aber im Frau-Werden des ganzen Mannes. Ein Jude wird Jude, aber im Jude-Werden des Nicht-Juden.«[450]

Es geht beim Werden darum, festgeschriebene Seinszustände zu überwinden und keine neuen entstehen zu lassen (»ein niemals vollendetes Werden, immer im Entstehen begriffen, pulsierend, vibrierend«[451]). Das heißt, es geht erstens nicht darum, im Werden irgendeinen Endzustand zu erreichen: »Werden, das ist niemals … es einem Modell (und sei's eines der Wahrheit oder der Gerechtigkeit) gleichtun oder ihm sich angleichen. Ein Ausgangspunkt existiert ebenso wenig wie ein erreichter oder zu erreichender Endpunkt. … Die Frage: ›Was wirst du?‹ ist töricht«[452]; und zweitens nicht darum, Werden als Imitation aufzufassen (Löwe-Werden als »so wie ein Löwe sein«): »Werden ist ein Rhizom und kein klassifikatorischer oder genealogischer Baum. Werden besteht gewiß nicht darin, etwas nachzuahmen oder sich mit etwas zu identifizieren… Werden ist ein Verb, das eine eigene Konsistenz hat; es läßt sich auf nichts zurückführen und führt uns weder dahin, ›zu scheinen‹, noch ›zu sein‹, ›äquivalent zu sein‹ oder ›zu produzieren‹.«[453] »Was real ist, ist das Werden selber, der Block des Werdens, und nicht angeblich feststehende Endzustände, in die derjenige, der wird, übergehen würde. Das Werden kann und muß als ein Tier-Werden bestimmt werden, ohne einen Endzustand zu haben, der das gewordene Tier wäre.«[454] »Alles Werden ist molekular; das Tier, die Pflanze oder der Stein, zu dem man wird, sind molekulare Gemeinschaften, Haeccei-

tates, keine molaren Formen, Objekte oder Subjekte, die man außerhalb von uns kennt und die man nur aus Erfahrung, durch Wissenschaft oder Gewohnheit erkennt. Wenn das stimmt, dann gilt das auch für den Menschen: es gibt ein Frau-Werden und ein Kind-Werden, die nicht der Frau oder dem Kind als klar unterschiedenen molaren Entitäten ähneln.«[455] Was bezüglich des Frau-Werdens etwa heißt: »die weibliche Form nicht imitieren oder übernehmen, sondern Partikel aussenden, die in ein Verhältnis von Bewegung oder Ruhe eingehen, oder in die Nachbarschaftszone einer Mikroweiblichkeit, das heißt, eine molekulare Frau in uns produzieren, die molekulare Frau erschaffen«[456]. Jetzt können wir verstehen, was Folgendes meint: »... nicht so tun, als sei man Kind, Verrückter, Frau, Tier, Stotterer oder Fremder, nicht Kind etc. spielen oder imitieren, wohl aber das alles zu werden, um neue Kräfte oder neue Waffen zu erfinden.«[457]
Die Unterscheidungen in Frau-Werden, Tier-Werden und andere Arten des Werdens bezeichnen die verschiedenen Versionen des Werdens, die sich durch die unterschiedlichen Stellungen von Frau oder Tier zur herrschaftlichen Konstante ergeben bzw. durch die unterschiedlichen Möglichkeiten, Beziehungen zu Minoritärem (Tiere, Schwarze usw.) herzustellen. Das heißt, es gibt ein *Frau*-Werden, wenn wir den festgeschriebenen Status der Frau zerstören, ›Frau‹ verrücken bzw. Verbindungen mit der ›verrückten‹ Frau eingehen, und dabei einen Werdensprozess entfesseln, ein *Tier*-Werden, wenn das mit den Tieren geschieht usw. Nehmen wir Letzteres als Beispiel: »Es gibt eine Politik des Tier-Werdens ...: diese Politik entfaltet sich in Gefügen, die weder zur Familie noch zur Religion oder zum Staat gehören. Sie bringen eher Gruppen zum Ausdruck, die minoritär, unterdrückt oder verboten sind, die revoltieren oder sich immer am Rande der anerkannten Institutionen befinden ... Wenn das Tier-Werden die Form einer Versuchung annimmt, die Form von Ungeheuern, die in der Phantasie vom Dämon heraufbeschworen werden, so deshalb, weil es in seinen Ursprüngen wie in seiner Entwicklung von einem Bruch mit den zentralen Institutionen begleitet wird, die bereits bestehen oder sich zu bilden versuchen. Wir wollen ein paar Beispiele aufführen ...: das Tier-Werden in der Kriegsmaschine, die wilden Männer jeder Art, wobei allerdings die Kriegsmaschine von außen kommt und gegenüber dem Staat extrinsisch ist, der den Krieger als anomale Macht behandelt; das Tier-Werden in Verbrechergesellschaften, die Leoparden-Männer, die Alligator-Männer, wenn der Staat lokale und Stammeskriege verbietet; das Tier-Werden in aufständischen Gruppen, wenn Kirche und Staat mit Bauernaufständen, in denen Hexen eine Rolle spielen, zu tun bekommen und sie unterdrücken wollen, indem sie ein Rechts- und Gerichtssystem einsetzen, das Pakte mit dem Teufel verdammen soll; das Tier-Werden in asketischen Gruppen, der von Gras lebende Einsiedler oder das wilde Tier, wobei die Askesemaschine

sich allerdings in einer anomalen Position befindet, auf der Fluchtlinie, neben der Kirche, und deren Anmaßung bestreitet, sich als imperiale Institution zu geben; das Tier-Werden in Gesellschaften mit sexueller Initiation ..., Wolfsmänner, Bocks-Männer etc.«[458] Hier wird auch deutlich, wie wenig Wolf-Werden damit zu tun hat, ein Wolf zu werden (im Sinne von »aus sich einen Wolf machen« oder ähnliches – »Werden ist nie imitieren«[459]), sondern dass es in ihm darum geht, in molekularen Wolfsverbindungen Differenzen zur herrschenden Ordnung herzustellen, Differenzen wie sie etwa der nicht-vereinnahmte Wolf ihr gegenüber einnimmt (der wilde, gejagte Wolf im Unterschied zum unterworfenen Haushund): »Ein Mann kann nie sagen: ›Ich bin ein Stier, ein Wolf...‹, aber er kann sagen: ich bin für die Frau, was der Stier für eine Kuh ist, ich bin für einen anderen Mann, was der Wolf für das Lamm ist.«[460] Letzteres aber nur, wenn er die Bedingung des Tier-Werdens erfüllt: »Wir können nicht Tier werden, ohne von der Meute, der Mannigfaltigkeit fasziniert zu sein.«[461] Denn nur die braven Haustiere sind gezähmt und haben sich von der Meute entfernt; doch genau deshalb gehören sie zur Konstante und können keinen Werdensprozess initiieren (genauso wenig wie es ein Mann-Werden gibt, gibt es ein Deutscher-Schäferhund-Werden); Tier-Werden hat mit *animals* und nicht mit *pets* zu tun, das heißt: »Beim Tier-Werden hat man es immer mit einer Meute zu tun, mit einer Bande, einem Rudel, einer Population, einer Bevölkerung, kurz gesagt, mit einer Mannigfaltigkeit.«[462]

Wenn also Wolf-Werden nicht heißt, ein Wolf zu werden, sondern sich wie ein Wolf zur herrschenden Ordnung zu verhalten bzw. mit dem Wolf (in welcher Weise auch immer) eine revolutionäre Differenz zu dieser aufzubauen, heißt das zwar, dass im Wolf-Werden sowohl ich mich verändere als auch der Wolf, weil wir beide deterritorialisiert werden, an Orte kommen, wo wir zuvor noch nicht waren, anders werden, »denn in dem Maße, wie einer wird, ändert sich das, was er wird, genauso wie er selbst. Werden in all seinen Konfigurationen – das meint keine Nachahmung oder Angleichung, sondern ein zweiseitiges Einfangen, eine nicht-parallele Entwicklung, eine Vermählung zweier Reiche«[463]; »es geht darum, mit dem Tier einen Körper zu bilden, einen organlosen Körper, der durch Intensitäts- oder Nachbarschaftszonen definiert wird«[464]. Doch gilt es auch hier, nichts misszuverstehen: »Wenn das Tier-Werden nicht darin besteht, ein Tier zu spielen oder nachzuahmen, dann ist auch klar, daß der Mensch nicht ›wirklich‹ zum Tier wird und daß das Tier auch nicht ›wirklich‹ zu etwas anderem wird. Das Werden produziert nichts als sich selber. Es ist eine falsche Alternative, wenn wir sagen: entweder man ahmt etwas nach oder man ist es. ... Das Tier-Werden des Menschen ist real, ohne daß das Tier, zu dem er wird, real ist; auch das Anders-Werden des Tieres ist real, ohne daß dieses Andere real wäre.«[465] »Robert de Niro bewegt sich in einer Filmszene ›wie‹ ein Krebs; er sagt aber, daß es nicht dar-

um geht, einen Krebs zu imitieren; es geht darum, etwas, das mit dem Krebs zu tun hat, mit dem Bild, mit der Bildgeschwindigkeit zu kombinieren. Und das ist für uns das Wesentliche: Tier werden kann man nur, wenn man, durch welche Mittel und Elemente auch immer, Korpuskeln aussendet, die in ein Verhältnis von Bewegung und Ruhe der Tierpartikel eingehen, oder, was auf dasselbe hinausläuft, in die Nachbarschaftszone des Tiermoleküls. Man wird nur auf molekulare Weise Tier. Man wird nicht zum bellenden, molaren Hund, aber durch das Bellen, wenn es mit genug Gefühl, Notwendigkeit und Kombinationsgeschicklichkeit geschieht, sendet man einen molekularen Hund aus. Der Mensch wird nicht zum Wolf oder Vampir, als ob er seine molare Spezies gewechselt hätte, aber der Vampir und der Werwolf sind Arten von Werden des Menschen, das heißt Nachbarschaften zwischen zusammengesetzten Molekülen, Beziehungen von Bewegung und Ruhe, Schnelligkeit und Langsamkeit, zwischen ausgesendeten Partikeln. Sicher gibt es Werwölfe und Vampire, wir sagen das aus voller Überzeugung, aber man sollte darin nicht die Ähnlichkeit oder Analogie mit dem Tier suchen, denn es ist das Tier-Werden in actu, es ist die Produktion des molekularen Tieres (während das ›wirkliche‹ Tier in seiner molaren Form und Subjektivität gefangen bleibt).«[466]
Alle revolutionären Prozesse sind Prozesse des Werdens und alles Werden ist revolutionär. Das Schaffen anderer Lebensformen als der herrschenden ist untrennbar mit dem Werden verbunden: Mädchen-Werden, Panther-Werden, usw. Vergessen wir nicht: »Man erfindet ... ein unvorhersehbares spezifisches autonomes Werden, indem man viele minoritäre Elemente benutzt und verbindet.«[467]

III.3.14 Die Schizo-Analyse

Felix Guattari will die Psychoanalyse durch die *Schizo-Analyse* ersetzt sehen, durch »diese Analyse der Linien, der Räume, der Werden«[468]. Der wesentliche Unterschied besteht darin, dass die Schizo-Analyse kein konstruiertes Familiendreieck analysiert, sondern die rhizomatischen Felder, in denen wir uns bewegen. Sie wird damit als individuelle wie kollektive Gesellschaftsanalyse theoretisches Werkzeug revolutionären Kampfes. Als solche fasst sie die politische Philosophie des Poststrukturalismus recht gut zusammen.
Definiert wird die Schizo-Analyse »zweifach: als Destruktion expressiver Pseudo-Formen des Unbewußten, als Aufweis unbewußter Besetzungen des gesellschaftlichen Feldes durch den Wunsch«[469]. Ihr Bild des Unbewussten unterscheidet sich dabei völlig vom Unbewussten der Psychoanalyse: »Die Schizo-Analyse ... setzt sich zum Ziel die Nutzbarmachung eines transzendentalen statt metaphysischen Unbewußten; eines materiellen statt ideologischen; eines schizophrenen statt ödipalen; eines nicht-figurativen statt

imaginären; eines realen statt symbolischen; eines maschinellen statt strukturalen; eines molekularen, mikropsychischen, mikrologischen statt molaren oder herdenhaften; eines produktiven statt expressiven Unbewußten.«[470] »Das Unbewußte der Schizo-Analyse ignoriert die Personen, Einheiten und Gesetze; die Imagines, Strukturen und Symbole. Es ist elternlos, wie es anarchistisch und atheistisch ist.«[471]

Alles, was mit dem Repräsentations-Unbewussten zu tun hat, muss zerstört werden. »Demgemäß ist das praktische Problem der Schizo-Analyse ...: die Synthesen des Unbewußten auf ihren immanenten Gebrauch zurückzubringen. Desödipalisieren, das Spinnengewebe von Papa-Mama zerreißen, die Glaubenssätze zerstören, um zur Produktion von Wunschmaschinen und zu den ökonomischen und gesellschaftlichen Besetzungen, in denen die militante Analyse sich abspielt, zu gelangen. Das impliziert wahrlich konkrete Interventionen – Scheiß auf deinen Ödipus, wenn du so weitermachst, beenden wir die Analyse, oder du kriegst einen Elektroschock verpaßt, hör mit deinem Papa-Mama auf.«[472] »Deshalb muß die Schizo-Analyse unter Aufbietung aller Kräfte sich den notwendigen Zerstörungen überlassen, muß Glaubensüberzeugungen und Repräsentationen, Theaterbühnen zerstören. Und nie wird sie für diese Aufgabe bösartig genug sein können. Ödipus und Kastration in die Luft zu sprengen, jedesmal, wenn ein Subjekt den Gesang des Mythos anstimmen oder die Verse der Tragödie rezitieren will, brutal eingreifen, ihn zur *Fabrik* zurückführen. Wie Charlus sagt: ›Uns ist doch unsere alte Großmutter schnuppe, nicht wahr, kleiner Schurke!‹ Ödipus und Kastration, nichts als reaktionsbedingte Formationen, Widerstände, Blockierungen und Panzerungen, deren Zerstörung noch zu lange auf sich warten läßt.«[473] »Zerstören, zerstören: die Aufgabe der Schizo-Analyse führt über die Destruktion, die umfassende Säuberung, Ausschabung des Unbewußten. Ödipus zerstören, die Illusion des Ich, den Hampelmann Überich, das Schuldgefühl, das Gesetz, die Kastration...«[474]

Absicht der Schizo-Analyse ist es, im Zuge dieser Zerstörung das maschinelle Unbewusste zu befreien: »Die Schizo-Analyse ... muß in den molekularen Elementen der Wunschproduktion die deterritorialisierten Ströme des Wunsches entweichen lassen«[475], damit »das Theater der Repräsentation in die Ordnung der Wunschproduktion zurückversetzt wird«[476]. »Aufgabe der Schizo-Analyse ist es, unablässig die Iche und ihre Voraussetzungen zu zerstören, die präpersonalen Singularitäten, die jene einschließen und verdrängen, zu befreien, die Ströme fließen zu lassen, die jene auszusenden, zu empfangen oder zu unterbrechen fähig wären, immer weit weg und feiner die unterhalb der Identitätsbedingungen liegenden Spaltungen und Einschnitte zu errichten, die Wunschmaschinen zu montieren, die einen jeden erschließen und mit anderen gruppieren. Denn jeder ist eine Kleinstgruppe und muß so leben ... Die Schizo-Analyse trägt diesen ihren Namen, weil sie, statt wie die Psychoanalyse neurotisiert, während ihres gesamten Behandlungsverfahrens schizophrenisiert.«[477] Dabei gibt es nichts zu interpretieren, sondern nur Wunschmaschinen zu verketten: »Ein Mechaniker ist der Schizo-Analytiker und ausschließlich funktional gerichtet die Schizo-Analyse.«[478] Nach Zerstörung der abgeschlossenen Entitäten (Ich, Bewusstsein usw.) kann diese Verkettungsarbeit nur im gesellschaftlichen Bereich geschehen: »In diesem Sinne müssen wir davon ausgehen, daß die *Analyse* sich nicht in einem begrenzten Bereich verschanzen kann; sie muß sich in das gesamte menschliche Feld als biologische, soziale, historische, familiale, imaginäre oder auch ethische Realität begeben.«[479]

»Als Analyse des Begehrens ist die Schizoanalyse unmittelbar praktisch, unmittelbar politisch, ob es sich nun um ein Individuum, eine Gruppe oder eine Gesellschaft handelt«[480]: »Die Schizoanalyse ist eine militante Analyse, ökonomisch-libidinös, politisch-libidinös.«[481] Sie »hat nur einen Zweck, nämlich, daß die revolutionäre Maschine, die künstlerische Maschine, die analytische Maschine Teile und Räderwerke voneinander werden«[482]. Es gibt dabei »einige einfache Regeln für die Leitung der Analyse des maschinellen Unbewußten« zu beachten: »1. ›Nichts aufhalten/behindern.‹ … 2. ›Wenn sich etwas ereignet, beweist das, daß sich etwas ereignet‹ (wichtige Tautologie um die wesentliche Differenz mit der Psychoanalyse anzuzeigen, in der ein grundlegendes Prinzip will: ›wenn sich nichts ereignet beweist das, daß sich in Wirklichkeit im Unbewußten etwas ereignet.‹) … 3. ›Die beste Position, um das Unbewußte abzuhören, ist nicht notwendigerweise die, hinter einer Couch sitzenzubleiben.‹ 4. ›Das Unbewußte benetzt die, die sich ihm nähern.‹ … 5. ›Die wichtigen Dinge ereignen sich niemals dort, wo man sie erwartet.‹ … 7. ›Nichts ist jemals gesichert.‹ 8. Letztes, aber tatsächlich erstes Prinzip: ›die ganze Idee des Prinzips muß für verdächtig gehalten werden.‹«[483]

»Schizoanalyse oder Pragmatik haben keinen anderen Sinn: Macht Rhizome! Aber ihr wißt nicht, mit wem ihr ein Rhizom machen könnt, welcher unterirdische Strang tatsächlich ein Rhizom bildet oder bilden wird und eure Wüste bevölkert. Probiert es aus.«[484]

III.3.15 Subjektivierung und Ethik

Michel Foucaults letzten beiden Büchern, *Die Sorge um sich* und *Der Gebrauch der Lüste*, erfahren recht unterschiedliche Interpretationen. Vielfach ist von einer »Rückkehr zum Subjekt« die Rede, vereinzelt von einer »ethischen Wende«[485] oder sogar davon, dass »der Bruch total ist«[486] (und manche zerteilen Foucault sogar in »Foucault 1, 2 und 3«[487]). Was ist passiert? Foucault hat sich in den besagten Banden seiner Forschungsreihe *Sexualität und Wahrheit* den Lebensentwürfen der Männer in der Antike zugewandt und dabei Subjektivierungen beschrieben, die sich von der

Zwangssubjektivierung/-individualisierung der abendländischen Disziplinar-Gesellschaft unterscheiden.[488] Für die oben zitierten Autoren Grund genug, von der Wiederkehr des Subjekts zu sprechen. Doch sehen andere (ich zähle mich dazu) zu solchen Schlüssen überhaupt keinen Anlass: Foucault hat zu keiner Zeit Subjektivierungsprozesse in Zweifel gezogen (»Zu glauben, daß Foucault die Subjektivität wiederentdeckt, wiederfindet, die er zuvor geleugnet hatte, ist ein ... schwerwiegendes Mißverständnis«[489]), sondern immer die spezifische Konstruktion eines autonom-rationalen Subjekts als grundlegend für die Entwicklung moderner Herrschaftsstrukturen analysiert und bekämpft (vgl. auch II,2,4). Und »hier muß man unterscheiden. Zunächst denke ich ..., daß es kein souveränes und konstitutives Subjekt gibt, keine universelle Form des Subjekts, die man überall wiederfinden könnte. Einer solchen Konzeption vom Subjekt stehe ich sehr skeptisch, ja feindlich gegenüber. Ich denke hingegen, daß das Subjekt sich über Praktiken der Unterwerfung konstituiert bzw. – auf autonomere Art und Weise – über Praktiken der Befreiung und der Freiheit.«[490] Das heißt: »Der Kampf für eine moderne Subjektivität geht durch einen Widerstand gegen die beiden aktuellen Formen der Unterwerfung hindurch; die eine besteht darin, uns gemäß den Ansprüchen der Macht zu individualisieren, die andere darin, jedes Individuum an eine gewußte und bekannte, ein für allemal festgelegte Identität zu fesseln. Der Kampf für die Subjektivität präsentiert sich folglich als Recht auf Differenz, als Recht auf Variation, zur Metamorphose.«[491] Für Foucault selbst stand nie in Zweifel, dass seine beiden letzten Bücher zu seinen anderen Arbeiten passten und ihnen keineswegs widersprachen: »Ich glaube nicht, daß es einen großen Unterschied zwischen diesen Büchern und den vorhergehenden gibt.«[492] Wenn also Foucault von »einer Geschichte der ›Ethik‹, verstanden als Ausarbeitung einer Form des Verhältnisses zu sich, die es dem Individuum gestattet, sich als Subjekt einer moralischen Lebensführung zu konstituieren« schreibt[493], so kehrt er weder zum Subjekt zurück noch wird er zum Moralisten, sondern er beschreibt ›freie‹ Subjektivierungen, die nicht mit Unterwerfung, sondern mit einer Gemeinschaft von soziale Verantwortung tragenden Gleichen korrelieren (die innerhalb der Gesellschaft natürlich privilegiert waren, daran besteht kein Zweifel – weswegen folgende Frage an Foucaults letzte Bücher durchaus berechtigt scheint: »Verfällt Foucault nicht einer naiven Idealisierung, wenn er von verantwortlicher Macht über andere Menschen spricht, von einer Sorge um die anderen, die doch weitgehend bloßer Ausdruck der Herrschaft privilegierter Männer über Frauen und Sklaven ist?«[494]). »Für Foucault war die Subjektivierung keine theoretische Rückkehr zum Subjekt, sondern die praktische Suche nach einer anderen Lebensweise, nach einem neuen Stil«[495] (»Es ist dumm, darin eine Rückkehr zum Subjekt zu sehen, es handelt sich um die Bildung von Existenzweisen oder, wie Nietzsche sagte, die Erfindung neuer Lebensmöglichkeiten«[496])

Woran Foucault in seinen letzten Büchern arbeitet, entspricht also genau seiner eigenen Forderung: »Wir müssen neue Formen der Subjektivität zustandebringen, indem wir die Art von Individualität, die man uns jahrhundertelang auferlegt hat, zurückweisen.«[497] Deleuze meint diesbezüglich: »Der von Foucault zuletzt eröffnete Weg ist besonders reich: die Subjektivierungsprozesse haben nichts mit dem ›Privatleben‹ zu tun; vielmehr bezeichnen sie die Operation, in der sich Individuen oder Gemeinschaften als Subjekte konstituieren, neben den formierten Wissen und den etablierten Mächten - oder um neuen Wissens- und Machtformen den Weg zu bahnen. ... Foucault war fasziniert von den Subjektivierungsbewegungen, die sich heute in unseren Gesellschaften abzeichnen: welches sind die aktuellen Prozesse, die im Begriff stehen, Subjektivität zu produzieren? Wenn man von einer Rückkehr zum Subjekt bei Foucault redet, so sieht man überhaupt nicht das Problem, das er aufwirft. (... Aber) darüber lohnt es sich nicht zu diskutieren«[498] (auch wenn mensch noch anmerken kann: »Daher ist es unglaublich dumm, wenn manche sagen: er merkte, daß er sich getäuscht hatte, er mußte das Subjekt wieder einführen. Er hat nie das Subjekt wieder eingeführt, er hat nie eine andere Notwendigkeit gekannt als die, die ihm sein Werk auferlegte«[499]). Foucault unterscheidet im Zuge seiner letzten Arbeiten zwei Formen von Moral: »Von der Antike zum Christentum geht man von einer Moral, die wesentlich Suche nach einer persönlichen Ethik war, über zu einer Moral als Gehorsam gegenüber einem Regelsystem«[500]: »›zur Ethik orientierte‹ Moralen ... neben den ›zum Code orientierten‹ Moralen«[501]. »Der Unterschied ist folgender: Die Moral stellt sich dar als ein Ensemble von zwingenden Regeln eines speziellen Typs, Regeln, nach denen Handlungen und Absichten beurteilt werden, indem sie diese auf transzendentale Werte beziehen (das ist gut, das ist böse...); die Ethik ist ein Ensemble fakultativer Regeln, nach denen das, was wir tun, was wir sagen, entsprechend der Existenzweise bewertet wird.«[502] Die eine Form ist die moralistische Variante des christianisierten Abendlandes, die jener Moral entspricht, die in dieser Arbeit angegriffen wurde. Die andere Form entspricht hingegen singulären Lebensentwürfen: sie entspricht einer »*Ästhetik der Existenz*. Darunter ist eine Lebensweise zu verstehen, deren moralischer Wert nicht auf ihrer Übereinstimmung mit einem Verhaltenscode und auch nicht auf einer Reinigungsarbeit beruht, sondern auf gewissen Formen oder vielmehr auf gewissen allgemeinen formellen Prinzipien im Gebrauch der Lüste, auf ihrer Aufteilung, Begrenzung und Hierarchisierung.«[503] »Die Existenz nicht als Subjekt, sondern als Kunstwerk. Es geht darum, Existenzweisen zu erfinden ..., die geeignet sind, der Macht zu widerstehen und sich dem Wissen zu entziehen«[504] (und deshalb ist es so »wichtig, daß die Subjektivierung sich von jeder Moral unterscheidet, von jedem moralischen Code: sie ist ethisch und ästhetisch, im Unterschied zur Moral, die mit Wissen und

Macht im Bunde steht«[505]). In Bezug auf die Antike erläutert Foucault diese Ästhetik der Existenz: »Der Grund, denke ich, liegt darin, daß das Hauptziel, die Hauptabsicht dieser Art von Ethik ästhetischer Art war. Erstens war diese Art von Ethik nur Sache der persönlichen Entscheidung. Zweitens war sie auf einige Leute innerhalb der Bevölkerung beschränkt; es ging nicht darum, ein Verhaltensmuster für jedermann zu liefern. Es war die persönliche Entscheidung einer kleinen Elite. Der Grund für diese Entscheidung lag im Willen, ein schönes Leben zu leben und anderen das Gedächtnis an eine schöne Existenz zu hinterlassen.«[506] Ein solches sozial ausgerichtetes »schönes Leben« bestimmt sich wesentlich darüber, welche Rolle wir selbst innerhalb dessen, in dem wir uns bewegen und mit dem wir zu tun haben (andere Menschen, andere Geschlechter, unsere Umwelt im Allgemeinen), einnehmen, wie wir mit dem Differenten umgehen. In diesem Sinne stellt Kristeva die Ethik der wissenschaftlichen Moral gegenüber und trifft damit eine ähnliche Unterscheidung wie Foucault: »Unter *Ethik* verstehen wir die Verneinung des Narzißmus in einer *Praxis*. ... Schließlich trennt uns unsere Auffassung von Ethik ... von der ›wissenschaftlichen Moral‹, die auf der Basis des Erkennens eine normative Ethik begründen will, die sich den Schein einer Freiheitsethik gibt. Solcher Moralismus predigt die Verwerfung des Subjekts, das sein eigener Herr sein darf, sofern es sich nur der Einförmigkeit des transzendentalen Ego unterwirft ... Eine als Grundsatz formulierte Ethik verrät den Befehlshaber, der sie anpreist: das Gute, zu dem er sich – gestützt auf wissenschaftliche Beweise – bekennt, deutet auf die Teleologie eines Systems, das *per definitionem* Zwangssystem ist.«[507] »Man sieht also, wie die *Ethik*, d.h. eine Typologie immanenter Existenzweisen, die Moral ersetzt, die die Existenz immer mit transzendenten Werten verknüpft. Die Moral ist das Gottes-Urteil, das *Urteils-System*. Die Ethik aber kehrt das Urteils-System um. Im Gegensatz zu den Werten (gut – böse) wird der qualitative Unterschied der Existenzweisen (gut – schlecht) an deren Stelle gesetzt«[508]; oder (in verschärfter Terminologie): »Man braucht nämlich keine wie auch immer geartete Ethik. Vielleicht braucht man eine *ars vitae*, eine Lebenskunst, aber dann sollte man Künstler sein und kein Propagandist, Abenteurer, aber kein Zensor«[509]; oder (ohne *Ethik* und *Moral*): »Sein eigenes Leben schaffen, etwas ein wenig Lebendiges schaffen, nicht nur mit seinen Verwandten, mit den Kindern – in einer Schule, oder anderswo – mit den Freunden, mit den Militanten, sondern auch mit einem selbst.«[510] Wir müssen uns »heute fragen: Welche ist unsere Ethik, wie produzieren wir eine künstlerische Existenz, welches sind unsere Subjektivierungsprozesse, die nicht auf unsere moralischen Codes reduzierbar sind? An welchen Orten und wie werden neue Subjektivitäten hervorgebracht?«[511] Während die PoststrukturalistInnen von der Moral zumeist Abstand nehmen, impliziert ihre politische Philosophie notwendigerweise eine Ethik der Existenz, wie sie Foucault beschreibt, denn »es ist schließlich Sache des Bezugs zu sich, neue Weisen der Subjektivierung hervorzurufen und zu produzieren«[512].

III.3.16 Hoffnungsvoller Zynismus: Baudrillard[513]

Das, was in den letzten fünfzehn Abschnitten als politische Philosophie des Poststrukturalismus vorgestellt wurde, ist, wenn es nach Jean Baudrillard geht, in vielen seiner wichtigsten Punkte illusorisch. Revolutionäre Aktivität, Brüche der Ordnung, spontane Revolten, Entfaltung anderer Lebensformen – Baudrillard scheint das meist nach kindischer Träumerei zu klingen. Foucault, Deleuze, Lyotard und die anderen, die daran noch glauben, haben nur wenig verstanden von der Gesellschaft, in der wir leben. In dieser gibt es nämlich keine Politik mehr, kein Soziales, keine Macht, keinen Wunsch, keinen Widerstand: »Das Geheimnis der Macht lautet wie das Geheimnis des Geheimnisses: es gibt sie gar nicht.«[514] In Bezug auf Foucault heißt das, »daß Foucault uns nichts anderes als das Schlußwort dazu geliefert hat – in dem Moment, in dem es schon keinen Sinn mehr hatte. Dasselbe gilt für *Überwachen und Strafen*, für die darin enthaltene Theorie der Disziplin, des Panoptikums und der Transparenz. Eine meisterhafte Theorie, aber überholt«[515]; und mit einem Seitenhieb auf Deleuze und Guattari: »Wenn die Macht sich zum Wunsch begibt und der Wunsch zur Macht, sollten wir beide vergessen.«[516] (Foucaults Theorien hält Baudrillard übrigens für so überholt, dass er ein Buch mit dem Titel *Oublier Foucault* schrieb – woraufhin Foucault angeblich meinte: »Mein Problem wäre es wohl eher, mich Baudrillards zu erinnern«[517].)

Warum es die Macht, das Soziale usw. nicht mehr gibt, hat damit zu tun, dass sich all das auf die Existenz von Realem bezieht, das tatsächlich schon längst verschwunden ist. Wir leben nur noch in der *Hyperrealität*, in der »Hölle der Simulation«[518], in der alles zirkuliert (Macht, Wunsch usw. ebenso wie Fernseher und Kühlschränke). Alles, was den Eindruck von Realem vermittelt, ist nur ein ›als ob‹: *Simulation*. »Das Zeitalter der Simulation wird überall eröffnet durch die Austauschbarkeit von ehemals sich widersprechenden oder dialektisch einander entgegengesetzten Begriffen. Überall die gleiche *Genesis der Simulakren*; die Austauschbarkeit des Schönen und Häßlichen in der Mode, der Linken und der Rechten in der Politik, des Wahren und Falschen in allen Botschaften der Medien, des Nützlichen und Unnützen auf der Ebene der Gegenstände, der Natur und der Kultur auf allen Ebenen der Signifikation. … Alles wird unentscheidbar, das ist die charakteristische Wirkung der Herrschaft des Codes, die auf dem Prinzip der Neutralisierung und der Indifferenz beruht. Das ist das allgemeine Bordell des Kapitals.«[519] So »eröffnet die Simulation ein politisches Universum, in dem alle Hypothesen zugleich umkehrbar und wahr (oder falsch) sind. Weder wahr noch falsch übrigens. Das ist wie das Hyperreale: weder schön noch häßlich – sondern das Reale, plus dem Realen, plus dem Bild des Realen usw.«[520] Eine Gesellschaft, »in der alle Zeichen in dem Sinne Simulation sind, daß sie zwar untereinander, keineswegs aber gegen ›Reales‹ sich austauschen«[521]. Alles tauscht sich aus, sodass »selbst die Verurteilten von Burgos noch ein Geschenk Francos an die abendländische Demokratie darstellen, die hier die Gelegenheit findet, ihren eigenen wakkeligen Humanismus wiederherzustellen, und deren beleidigter Protest andererseits die spanischen Massen gegen diese ausländische Intervention vereinigt und somit Francos Regime konsolidiert«[522]. Außerhalb dieses Tauschwerts gibt es keinen Wert mehr (»der Referenzwert wird abgeschafft und übrig bleibt allein der strukturale Wertzusammenhang«[523]), nur noch Indifferenz, alles ist das gleiche: »Nichts widerspricht sich mehr. Neo-Geo, der Neue Expressionismus, die Neue Abstraktion, die Neue Figuration: all das existiert aufs Prächtigste nebeneinander in totaler Indifferenz. Weil all diese Tendenzen nichts Eigenes mehr haben, können sie in ein und demselben Kulturraum zusammenleben. Da sie uns nur tiefe Gleichgültigkeit hinterlassen, können wir sie gleichzeitig akzeptieren.«[524]

Wir leben im Hyperrealen und dagegen ist nichts zu unternehmen; ein Zurück ins Reale gibt es nicht. Die einzige Hoffnung des Zusammenbruchs des Systems liegt in seiner Übersättigung, in seiner *Implosion*, indem alles in sich zusammenfällt: »Hinter dieser gigantischen Geschlossenheit und Sättigung eines Systems, das sich aufgrund seiner eigenen Kräfte ständig neutralisiert und unbrauchbar macht, dem jegliche Explosionskraft und Einsicht fehlt, läßt sich absolut kein Projekt, keine Macht, keine Strategie und kein Subjekt mehr erkennen - es sei denn, die Möglichkeit *einer Explosion nach innen*, eine *Implosion*, in der sich alle Energieformen in einem katastrophalen Prozeß auflösen (und zwar im wörtlichen Sinne, d.h. im Sinne einer Umkehrung der Kreisfigur auf ihren kleinsten Punkt hin, bzw. einer Umkehrung aller Energieformen auf ihre unterste Schwelle hin).«[525] »Panik im Leerlauf, ohne äußeren Anlaß. Das ist die Gewalt, die einem gesättigten Ensemble innewohnt. DIE IMPLOSION.«[526]

Die Implosion kann lediglich dann ihren Höhepunkt erreichen, wenn jede Vortäuschung des Realen ein Ende hat und die Simulation total wird. Denn die Hyperrealität lebt immer noch vom (vorgetäuschten) Realen: »Disneyland existiert, um das ›reale‹ Land, das ›reale‹ Amerika, das selbst ein Disneyland ist, zu kaschieren … Disneyland wird als Imaginäres hingestellt, um den Anschein zu erwecken, alles Übrige sei real. Los Angeles und ganz Amerika, die es umgeben, sind bereits nicht mehr real, sondern gehören der Ordnung des Hyperrealen und der Simulation an. Es geht nicht mehr um die falsche Repräsentation der Realität (Ideologie), sondern darum, zu kaschieren, daß das Reale nicht mehr das Reale ist, um auf diese Weise das Realitätsprinzip zu retten. Das Imaginäre von Disneyland ist weder wahr noch falsch, es ist eine Dissuasionsmaschine, eine Inszenierung zur Wiederbelebung der Fiktion des Realen.«[527] Ob die Hyperrealität ohne diese Dissuasionsmaschine lange überleben kann, ist fraglich. Die Hoffnung liegt also in der Vollendung der Simulation. Deshalb das zynische Zurücklehnen und Abwarten Baudrillards (»Seien wir Stoiker: Wenn die Welt fatal ist, sollten wir noch fataler als sie sein. Ist sie gleichgültig, sollten wir gleichgültiger sein als sie. Die Welt muß durch eine Gleichgültigkeit besiegt und verführt werden, die der ihren zumindest ebenbürtig ist«[528]), der alle politischen Aktivisten und militanten Intellektuellen (wie Deleuze oder Foucault) nur noch mitleidig zu belächeln scheint und ihnen vorwirft, an der Verzögerung der Implosion mitzuwirken, indem sie ein Reales konstruieren, das es gar nicht mehr gibt. So macht sich Baudrillard über all jene lustig, die beweisen wollen, dass Andreas Baader 1977 in Stammheim hingerichtet wurde und nicht Selbstmord begangen hat: »Aasgeier der Wahrheit auch sie. Selbstmord oder Liquidation, was ändert das schon? Aber so sehen Sie doch, wenn sie liquidiert worden sind und man kann das beweisen, dann wissen die Massen, von der Wahrheit der Fakten geleitet, daß der deutsche Staat faschistisch ist, und sie werden sich aufmachen, sich zu rächen. Alles Quark. ... Was macht's denn schon aus, daß man Euch die ›Realität‹ dieses Todes (die Wahrheit über...) raubt, denn er gehört doch gar nicht zur Ordnung des Realen, und gerade darin liegt seine Stärke. Ihr seid doch die, die ihn erniedrigen, indem Ihr ihn zum Faktum, zum Kapital des Todeswerts machen und in der Rache ausschöpfen wollt; diese nicht beglichene Rechnung des Todes dagegen, dieser nicht in Sinnäquivalenz und Rache liquidierte Tod eröffnet einen schwindelerregenden Zyklus, in den das System selbst sich nur zeitweise, oder, brutaler, durch seinen eigenen Tod einschalten kann.«[529] Auf den Tod, auf den *sinnlosen* Tod, kann das System kaum noch antworten; er bringt es hart an den Abgrund: »Die Polizei, die Armee, sämtliche Institutionen und die ganze Gewaltmobilisierung der Macht vermögen nichts gegen den winzigen, aber symbolischen Tod eines einzelnen oder einiger weniger. Denn dieser zieht sie auf eine Ebene, auf der für sie keine Antwort mehr möglich ist.«[530] In diesem Zusammenhang gelangt Baudrillard zu Auffassungen, die viele linksradikalen Aktivisten nicht weniger empören als die moralistische Bürgerschaft: »Das verändert alle revolutionären Perspektiven über die Abschaffung der Macht. ... wenn die Macht sich immer und überall definiert durch den Akt des Gebens, ohne daß sie euch zurückgegeben wird, dann ist klar, daß die Macht des Herrn, einseitig das Leben zu gewähren (vgl. III,2,2), nur abgeschafft werden kann, indem dieses Leben ihm zurückgegeben wird – *in einem nichtaufgeschobenen Tod*. Es gibt keine andere Alternative: man wird diese Macht nicht abschaffen, indem man das Leben bewahrt, da dann keine Reversion des Gegebenen stattgefunden hat. Nur die Rückgabe dieses Lebens, die Vergeltung des aufgeschobenen Todes mit dem unmittelbaren Tod stellt eine radikale Erwiderung dar und die einzige Möglichkeit, die Macht abzuschaffen. Eine revolutionäre Strategie kann nur davon ausgehen, daß der Knecht seinen eigenen Tod wieder ins Spiel bringt… Sich weigern, nicht getötet zu werden, in der tödlichen Frist der Macht zu leben, sich weigern, das Leben zu schulden und dieses Leben nie loszuwerden, allen Ernstes verpflichtet zu sein, diese Schuld langfristig zu begleichen, während des langsamen Todes der Arbeit, ohne daß dieser langsame Tod jetzt und in Zukunft irgendetwas ändern würde an der schändlichen Dimension und dem Verhängnis der Macht. Der gewaltsame Tod ändert alles, der langsame Tod ändert nichts.«[531] »Deshalb ist jeder Tod und jede Gewalt, die dem Monopol des Staates entgeht, subversiv – ein Vorzeichen der Abschaffung der Macht. Die Faszination, die die großen Mörder, die Banditen oder Gesetzlosen ausüben, liegt eben darin begründet; … Nur ganz bestimmte Tode und Praktiken entgehen dieser Umwandelbarkeit, nur sie sind subversiv … Unter ihnen hat der Selbstmord in unseren Gesellschaften ein Ausmaß und eine differente Definition erhalten, so daß er im Rahmen der offensiven Reversibilität des Todes zur Form von Subversion selber wurde.«[532] Und auch »die Geiselnahmen und verwandte Aktionen haben etwas Faszinierendes: sie sind zugleich für das System der monströse Spiegel seiner eigenen repressiven Gewalt und das Modell einer symbolischen Gewalt, die ihm verwehrt ist, der einzigen Gewalt, die es nicht ausüben kann: der seines eigenen Todes«[533]; je sinnloser sie sind, je weniger verhandelt werden kann, desto besser: »Der Einsatz ist der eines Todes ohne Möglichkeit der Verhandlung … Sicher sucht das ganze Verhandlungssystem sich zu entfalten, und die Terroristen begeben sich oft selbst in dieses Tausch-Szenarion … (das Leben der Geiseln gegen das und das Lösegeld, oder gar ihre Freilassung bloß für das Prestige der Aktion). Unter diesem Gesichtspunkt ist die Geiselnahme ganz und gar nicht originell … Aber etwas anderes ist im Spiel …: die Unmöglichkeit jeder Verhandlung, und daher der Übergang zur symbolischen Ordnung… Auf diesen Einbruch des Symbolischen (der das schlimmste ist, was ihm widerfahren kann, und im Grunde die einzige ›Revolution‹) weiß das System nur zu antworten mit dem physischen, dem realen Tod der Terroristen – aber das ist seine Niederlage, da dieser Tod gerade *ihr* Einsatz war und das System nichts getan hat, als sich an seiner eigenen Gewalt aufzuspießen, *ohne wirklich auf die Herausforderung zu antworten, die ihm entgegengeschleudert worden ist.*«[534] Kurz, »der Tod der Terroristen (oder der Geiseln) gehört der implosiven Ordnung an: Aufhebung des Werts, des Sinns, des Realen an einem bestimmten Punkt«[535].

Baudrillard lobt nie das Engagement der AktivistInnen, wenn er von Revolten usw. spricht, sondern kümmert sich immer nur darum, ob die Simulation augenscheinlich und die Implosion vorangetrieben wurde oder nicht. So ist für ihn das Bedeutende am Mai 68 nicht dessen revoltierende Kraft, sondern die Tatsache, dass »der Mai '68 ... ohne Zweifel die erste implosive Episode« war[536] (was Guattari zu den Bemerkungen Anlass gibt: »1968. Es sind nicht die Phantasmen des ›Todes der Politik‹ oder der ›Implosion des Sozialen‹, die dort etwas verändert haben!«[537] – und weiter: »Der Ausgang aus der Krise, oder wenn man will: aus der schwarzen Serie, wird politisch und sozial sein. Oder es wird keinen geben! Sodaß sich die Menschheit weiter auf den Weg dorthin macht, wo man keine äußerste Implosion kennt«[538]).
(Die Suche nach der totalen Simulation ist auch der Grund für die Amerika-Begeisterung Baudrillards. Während die Europäer – vor allem in Hinblick auf irgendwelche kulturellen Traditionen – immer noch aufs Reale versessen sind, leben die US-Amerikaner fröhlich die Simulation: »Die Kultur ist hier nicht dieses köstliche Universalmittel, das man wie bei uns in einem geistigen Sakramentalraum genießt und das auf eine Spezialrubrik in den Zeitungen und im Denken Anspruch erhebt. Die Kultur, das sind Raum, Geschwindigkeit, Kino. Technologie. Sie sind authentisch, wenn man das überhaupt von irgendetwas behaupten kann. Weder Kino, Geschwindigkeit noch Technik sind Dreingaben (bei uns spürt man immerzu dieses Hinzuaddierte, Heterogene, Anachronistische der Technik). In Amerika ist das Kino wahr, weil der ganze Raum und der ganze Lebensstil kinematographisch sind. Diesen Bruch, diese Abstraktion, die wir bedauern, gibt es hier nicht: das Leben ist Kino. Deshalb kommt mir die Suche nach Kunstwerken und kultivierten Veranstaltungen immer unpassend und deplaziert vor. Und wie ein Zeichen von kulturellem Ethnozentrismus. Wenn die Unkultur das Ursprüngliche ist, muß man die Unkultur beim Schopfe nehmen. Wenn der Begriff des Geschmacks überhaupt einen Sinn haben soll, dann verlangt er von uns, unsere ästhetischen Ansprüche nicht dorthin zu exportieren, wo sie nichts zu suchen haben.«[539])
Bei aller Betonung der allumfassenden Simulation gibt es (neben dem Tod) noch ein Prinzip, das der totalen Indifferenz der sich selbst als Differenzexzess inszenierenden Simulations-Gesellschaft gegenübersteht: die *Andersheit*, Prinzip eines radikalen Anti-Eurozentrismus. Die Differenz hat als Grundlage der Indifferenz (und damit der ignorant-terroristischen Zwangsanpassung) nichts mit der Andersheit zu tun. *Diese* ist »radikale Antiethnologie, Antiuniversalismus, Antidifferentialismus«[540] – *jene* Grundlage des europäischen Rassismus: »Das ist die absurde Lage unseres altruistischen ›Verständnisses‹, an die nur die tiefe Verachtung, die sie insgeheim birgt, heranreicht: ›Wir respektieren eure Differenz‹ – meint: liebe Unterentwickelte, sie ist das einzige, was euch noch bleibt, zerstört sie bloß nicht

… Nichts ist verachtender, nichts verächtlicher … Die anderen Kulturen haben weder Universalität noch Differenz beansprucht (zumindest nicht, bevor man sie ihnen eingeimpft hat, wie in einem kulturellen Opiumkrieg). Sie leben von ihrer Einzigartigkeit, ihrer Ausnahme, von der Unhinterfragbarkeit ihrer Riten, ihrer Werte. Sie wiegen sich nicht in der tödlichen Illusion, all das zu versöhnen, in dieser Illusion, die sie auslöscht. … Wer die Differenz denkt, ist anthropologisch überlegen (natürlich, denn er hat die Anthropologie erfunden). Er besitzt alle Rechte, da er sie ja auch erfindet. Wer die Differenz nicht denkt, wer das Spiel der Differenz nicht spielt, muß ausgerottet werden. Wie die Indianer Amerikas, als die Spanier ankamen. Sie verstanden nichts von der Differenz, sie befanden sich in radikaler Andersheit (die Spanier sind nicht different, sie sind Götter, punctum). Das war der Grund für die Wut, mit welcher die Spanier sie vernichtet haben.«[541] Neben der Vernichtung ist die zweite Variante der Auslöschung des Anderen die der Vereinnahmung: »Im Laufe der letzten Jahrhunderte wurden alle Formen gewaltsamer Andersheit wohl oder übel in den Diskurs der Differenz aufgenommen, der gleichzeitig einschließt und ausschließt, anerkennt und diskriminiert. Kindheit, Wahnsinn, Tod, wilde Gesellschaften, all das wurde in das universelle Einverständnis integriert, aufgenommen, aufgesogen. Hat der Wahnsinn einmal mit seinem Status des Ausschlusses gebrochen, sieht er sich in viel subtileren psychologischen Netzen gefangen. Die einmal in ihrer Identität als Tote anerkannten Toten sahen sich auf Friedhöfe abgestellt und auf Distanz gehalten, bis zur totalen Auslöschung des Gesichts des Toten. Den Indianern erkannte man das Recht auf Existenz nur über ihre Abschiebung in Reservate zu. Das sind die Höhepunkte einer Logik der Differenz. Rassismus existiert nicht, solange der Fremde fremd bleibt. Seine Existenz beginnt, wenn der andere different wird, d.h. gefährlich nahe kommt. Da beginnt man aufzupassen, daß er auf Distanz bleibt.«[542] Doch letztlich ist es so: »Es gibt keine Lösung für die Fremdheit. Sie ist ewig und radikal. Es geht nicht einmal darum, zu wollen, daß sie es ist. Sie ist es.«[543] Denn »die Völker der Welt, die den westlichen Lebensstil annehmen, haben dem System nie angehört und verachten es insgeheim. Sie bleiben außerhalb dieses Wertesystems. Ihre Art, sich anzuschließen, hat Züge einer affenähnlichen Parodie: ihre Form der Bastelei mit dem Abfall der Aufklärung und des Fortschritts. Selbst dort, wo sie mit dem Westen verhandeln oder einen Pakt schließen, denken sie immer noch, daß ihr eigener Ritus der Grundritus ist.«[544] So zeigt sich, dass »die Differenz selbst … eine umkehrbare Illusion ist. Wir haben sie zu den entlegensten Punkten der Welt getragen, von dort kommt sie zu uns zurück, unkenntlich, islamisch, integristisch, rassistisch, sie kommt als irrationale und unhintergehbare Andersheit zurück, und das ist gut so.«[545]

Anmerkungen

[1] Guattari, Wunsch und Revolution, S. 40.

[2] Deleuze, Nietzsche und die Philosophie, S. 200.

[3] Lyotard, Apathie in der Theorie, S. 31.

[4] Foucault, Dispositive der Macht, S. 228.

[5] Deleuze/Parnet, Dialoge, S. 108.

[6] Foucault, Der Wille zum Wissen, S. 173.

[7] Deleuze/Guattari, Anti-Ödipus, S. 428.

[8] Foucault, in: Der Faden ist gerissen, S. 88.

[9] Foucault, zit.n.: Eribon, Michel Foucault, S. 361.

[10] Deleuze, in: Pariser Gespräche, S. 34.

[11] Deleuze/Guattari, Qu'est-ce que la philosophie?, S. 13f.

[12] Lyotard, Apathie in der Theorie, S. 73.

[13] Lyotard, Essays zu einer affirmativen Ästhetik, S. 54.

[14] Lyotard, Apathie in der Theorie, S. 73.

[15] Lyotard, Ökonomie des Wunsches, S. 370.

[16] Foucault, Der Wille zum Wissen, S. 113f.

[17] Foucault, Überwachen und Strafen, S. 250.

[18] Deleuze, Foucault, S. 119.

[19] Foucault, Dispositive der Macht, S. 126.

[20] Foucault, Der Wille zum Wissen, S. 114.

[21] Das Folgende mag trivial erscheinen, doch beginnen an dieser Stelle bereits viele der Missverständnisse, was Foucaults Machttheorie anlangt, also: »Positiv« ist hier nicht als moralisches Werturteil zu lesen (die Macht ist also nicht ›gut‹), sondern schlicht als Attribut, das der Macht einen produktiv-dynamischen Charakter zuschreibt anstelle eines repressiv-statischen. Wieso Foucault dies tut, sollte (so hoffe ich), im Laufe des Abschnittes klar werden.

[22] ebda., S. 114.

[23] Foucault, Dispositive der Macht, S. 82.

[24] Foucault, Der Wille zum Wissen, S. 115.

[25] Foucault, Mikrophysik der Macht, S. 114.

[26] Foucault, Der Wille zum Wissen, S. 114. – Ein bisschen zu einfach scheint mir das Bild jenes autonomen Genossen, der meint, von Foucault gelernt zu haben, »daß die Macht kein Zentrum, kein ›Herz‹ hat, das man angreifen kann, sondern, daß sie immer an ihren Rändern, an ihrer Peripherie wirkt: Und daß deswegen der Ort, an dem man ihr Kämpfe liefert, die Peripherie, die Randbereiche sind« (VAL, Liebe, Krieg und Alltag, S. 37). Das Problem scheint: ohne Zentrum auch keine Peripherie. Das heißt, Foucault sagt nicht einfach, dass in Wahrheit die »Vorortfilialen der Deutschen Bank« die Macht ausüben und nicht die Bankpräsidenten (ebda.). Denn erstens verschiebt er nicht den Ort der Macht von ihrem Zentrum zu ihrer Peripherie, sondern löst die Orte der Macht (und damit sowohl Zentren als auch Peripherien) auf und sagt, sie wirke überall in sich verschiebenden Intensitäten; und zweitens – und das ist entscheidend – übersehen wir das Wichtigste an Foucaults Machtanalyse, wenn wir sie auf eine Ortsverschiebung ihres Wirkens reduzieren: nämlich welche Rolle wir, unsere Nachbarn, Freunde und Freundinnen, Geliebten, Gruppen usw. für die (Aufrechterhaltung der) Macht spielen (und da können wir die bösen Banken -- egal ob Hauptgebäude oder Vorortfilialen – für einen Augenblick auch ruhig einmal vergessen).

[27] Foucault, Dispositive der Macht, S. 78.

[28] Foucault, Mikrophysik der Macht, S. 36.

[29] Foucault, Dispositive der Macht, S. 35.

[30] ebda., S. 190.

[31] Foucault, Mikrophysik der Macht, S. 32.

[32] Barthes, Lektion, S. 15.

[33] Foucault, Überwachen und Strafen, S. 178.

[34] Foucault, Freiheit und Selbstsorge, S. 19.

[35] ebda., S. 25.

[36] Foucault, Der Wille zum Wissen, S. 116ff.

[37] Foucault, Freiheit und Selbstsorge, S. 19f.

[38] Foucault, Das Subjekt und die Macht, S. 255f.

[39] Foucault, Dispositive der Macht, S. 40.

[40] Foucault, Freiheit und Selbstsorge, S. 26.

[41] ebda., S. 25.

[42] ebda., S. 20.

[43] Foucault, Das Subjekt und die Macht, S. 257.

[44] Foucault, Freiheit und Selbstsorge, S. 36.

[45] Foucault, Der Wille zum Wissen, S. 110f.

[46] In diesem Zusammenhang taucht auch die Frage nach dem marxistischen Primat der Ökonomie auf. Ich werde mich hier mit dieser Frage nicht länger aufhalten, möchte jedoch auf Pierre Clastres verweisen, der in seinen ethnologischen Texten ein solches Primat kritisiert und im Poststrukturalismus, vor allem bei Deleuze und Guattari, viel Beachtung erfährt: »Die politische Beziehung der Macht geht der ökonomischen Beziehung der Ausbeutung voraus und begründet sie. Bevor die Entfremdung ökonomisch ist, ist sie politisch, vor der Arbeit steht die Macht, das Ökonomische ist ein Ableger des Politischen, das Auftauchen des Staats bestimmt das Entstehen der Klassen. (...) Also ist der politische Schnitt entscheidend und nicht die ökonomische Veränderung. Die wirkliche Revolution in der Protogeschichte der Menschheit ist nicht die neolithische, da sie die alte soziale Organisation durchaus intakt lassen kann, sondern die politische Revolution, jenes geheimnisvolle, irreversible, für die primitiven Gesellschaften tödliche Auftauchen dessen, was wir unter dem Namen Staat kennen. Und wenn wir die marxistischen Begriffe von Basis und Überbau beibehalten wollen, dann müssen wir vielleicht zugeben, daß die Basis das Politische, der Überbau das Ökonomische ist« (Clastres, Staatsfeinde, S. 188 und 192.) (Vgl. die *Hommage für Pierre Clastres* in Deleuze/Guattari: Tausend Plateaus, S. 489ff.).

[47] Foucault, Überwachen und Strafen, S. 37.

[48] Foucault, Mikrophysik der Macht, S. 75.

[49] Foucault, Überwachen und Strafen, S. 212.

[50] ebda., S. 220.

[51] ebda., S. 236.

[52] ebda., S. 237.

[53] ebda., S. 279f.

[54] ebda., S. 174ff.

[55] ebda., S. 393f.

[56] ebda., S. 41f.

[57] ebda., S. 381.

[58] Foucault, Die Ordnung der Dinge, S. 207.

[59] Foucault, Der Wille zum Wissen, S. 166f.

[60] Baudrillard, Der symbolische Tausch und der Tod, S. 70.

[61] ebda., S. 200.

[62] ebda., S. 283.

[63] ebda., S. 283. – Anders stellt Baudrillard das Verhältnis zum Tod bei »den Wilden« dar: »Die Wilden haben keinen biologischen Begriff vom Tode. Beziehungsweise das biologische Faktum – Tod, Geburt oder Krankheit –, alles was natürlich ist und dem wir einen Status von Notwendigkeit und Objektivität beilegen, hat für sie ganz einfach gar keinen Sinn. ... *Wir* haben den Tod desozialisiert, indem wir ihn bio-anthropologischen Gesetzen unterstellten, ihm die Immunität der Wissenschaft beilegten und ihn als individuelles Schicksal verselbständigten. Aber die physische Materialität des Todes, die uns durch das ›objektive‹ Vermögen, welches wir ihm gegeben haben, paralysiert, schreckt die Wilden nicht. Sie haben den Tod niemals ›naturalisiert‹, sie wissen, daß der Tod (wie der Körper oder ein Naturereignis) eine *soziale Beziehung ist*, daß seine Definition gesellschaftlich ist. Darin sind sie größere ›Materialisten‹ als wir, da die wahre Materialität des Todes für sie ... in seiner *Form* liegt, die immer eine soziale Beziehung ist« (ebda., S. 206).

[64] Foucault, Überwachen und Strafen, S. 292.

[65] Baudrillard, Der symbolische Tausch und der Tod, S. 28.

[66] Foucault, Überwachen und Strafen, S. 384.

[67] ebda., S. 390f.

[68] Deleuze, in: Der Faden ist gerissen, S. 94.

[69] Guattari, in: Antipsychiatrie und Wunschökonomie, S. 151.

[70] Baudrillard, Der symbolische Tausch und der Tod, S. 36.

[71] ebda., S. 198.

[72] ebda., S. 200. – Angesichts dieser Entwicklung mag es berechtigt sein, wie Deleuze festzustellen: »Wir treten ein in Kontrollgesellschaften, die nicht mehr durch Internierung funktionieren, sondern durch unablässige Kontrolle und unmittelbare Kommunikation« (Deleuze, Unterhandlungen, S. 250 – vgl. auch: *Postskriptum über die Kontrollgesellschaften*, ebda., S. 254-262); dabei scheint es sich allerdings (wie oben erklärt) eher um die Vollendung der Disziplinar-Gesellschaft als um eine völlig neue Gesellschaftsform zu handeln.

[73] ebda., S. 28.

[74] Foucault, Überwachen und Strafen, S. 391.

[75] Deleuze/Guattari, Anti-Ödipus, S. 283.

[76] ebda., S. 327.

[77] Deleuze/Guattari, Anti-Ödipus, S. 32.

[78] ebda., S. 82.

[79] ebda., S. 134.

[80] ebda., S. 217f.

[81] ebda., S. 342.

[82] Deleuze/Guattari, Anti-Ödipus, S. 217.

[83] Irigaray, Das Geschlecht das nicht eins ist, S. 139f.

[84] Deleuze/Guattari, Anti-Ödipus, S. 465.

[85] Deleuze/Guattari, Tausend Plateaus, S. 307.

[86] S. 377.

[87] Foucault, Mikrophysik der Macht, S. 115.

[88] Was nicht heißt, dass es *nie* mit den Einzelnen zu tun hat, wenn sie Autoritätspositionen besetzen: In Gruppen, die hier als *Subjekt-Gruppen* beschrieben werden (vgl. III,3,1), gelangen Leute in wichtige Positionen, weil sie einige Aufgaben zu übernehmen haben, die für die Gruppe wichtig sind und weil sie von der Gruppe anerkannt werden, die von ihnen erwartet, diese Aufgaben gut erfüllen zu können. Das heißt für diese Autoritäten, dass sie sich (und das unterscheidet sie wesentlich von staatlichen) auf nichts anderes stützen können als auf ihr Vermögen, ihre Rolle gut zu spielen; in jedem Augenblick, denn die Kontrolle der Gruppe ist eine unmittelbare. Über diese Form der sich rein aufs Prestige stützenden »Autoritäts-

ausübung«, die noch mit den Einzelnen unmittelbar zu tun hat, scheinen viele zusammenzufinden: der Indianerhäuptling, Penthesilea, der Räuberhauptmann, der Piratenkapitän oder die Anführerin einer Mädchenbande. In dem Moment aber, in dem sich die Machtverhältnisse von konkreten kollektiven Lebensentwürfen hin zu abstrakten eingefahrenen Organisationsmodellen wandeln, verlieren die sozialen Fähigkeiten der Einzelnen ihre Bedeutung und die Gründe, wer ›oben‹ und wer ›unten‹ ist, liegen in einem Spiel aus Zufall, Betrug und bürgerlichem Konkurrenzkampf, wo alle, die sich darin durchsetzen, herrschen, gleichzeitig aber jederzeit durch alle anderen ersetzt werden können.

89 Deleuze/Guattari, Anti-Ödipus, S. 87.

90 ebda., S. 475.

91 Deleuze/Guattari, Anti-Ödipus, S. 247.

92 Deleuze/Guattari, Tausend Plateaus, S. 492.

93 Deleuze/Guattari, Anti-Ödipus, S. 279.

94 Deleuze/Guattari, Tausend Plateaus, S. 493f.

95 ebda., S. 336.

96 Deleuze/Parnet, Dialoge, S. 21.

97 Foucault, Das Subjekt und die Macht, S. 258f.

98 Foucault, Von der Subversion des Wissens, S. 104.

99 Guattari/Negri, Les nouveaux espaces de liberté, S. 7.

100 Deleuze, Foucault, S. 106.

101 Guattari/Negri, Les nouveaux espaces de liberté, S. 108.

102 Deleuze, Foucault, S. 107.

103 Dieses Kapitel bzw. die darin dargestellte Analyse kapitalistischer Entwicklung kann durchaus als frühe Analyse dessen gelesen werden, was heute meist »Neoliberalismus« heißt. (Anm. 2005.)

104 Deleuze/Guattari, Anti-Ödipus, S. 177.

105 Deleuze/Guattari, Tausend Plateaus, S. 603.

106 Lyotard, Postmoderne für Kinder, S. 83.

107 Deleuze/Guattari, Tausend Plateaus, S. 629. – In gewissem Sinn ist ihm dabei eine Verschiedenheit der gesellschaftlichen Organisationsmodelle sogar von Nutzen: »In dem Maße, wie der Kapitalismus eine Axiomatik entwickelt (Produktion für den Markt), tendieren alle Staaten und Gesellschaftsformationen dahin, in ihrer Eigenschaft als Realisierungsmodelle *isomorph* zu werden: es gibt nur einen einzigen, zentralen Weltmarkt, nämlich den kapitalistischen, an dem auch die sogenannten sozialistischen Länder beteiligt sind. Die Weltorganisation hört also auf, ›zwischen‹ heterogenen Formen hindurchzugehen, weil sie die Isomorphie der Formationen sichert. Es wäre aber falsch, Isomorphie mit Homogenität zu verwechseln. Einerseits läßt die Isomorphie eine starke Heterogenität der Staaten bestehen oder sogar entstehen (die demokratischen, totalitären und erst recht ›sozialistischen‹ Staaten sind keine Fassaden). Andererseits sichert die internationale kapitalistische Axiomatik die Isomorphie der unterschiedlichen Formationen nur dort effektiv, wo der Binnenmarkt sich entwickelt und erweitert, das heißt ›im Zentrum‹. Aber sie unterstützt oder vielmehr fordert in dem Maße eine gewisse periphere Polymorphie, wie sie nicht gesättigt ist, wie sie ihre eigenen Grenzen aktiv verschiebt: daher die Existenz von heteromorphen Gesellschaftsformationen an der Peripherie, *die ganz bestimmt keine Überbleibsel oder Übergangsformen sind*, weil sie eine ultramoderne kapitalistische Produktion haben (Erdöl, Minen, Plantagen, Industrieanlagen, Stahl, Chemie…), die aber wegen anderer Aspekte ihrer Produktion und der erzwungenen Unzulänglichkeit ihres Binnenmarktes im Verhältnis zum Weltmarkt trotzdem präkapitalistisch oder außerkapitalistisch sind. Wenn sie zur kapitalistischen Axiomatik wird, enthält die internationale Organisation weiterhin heterogene Gesellschaftsformationen, sie läßt ihre ›Dritte Welt‹ entstehen und organisiert sie« (ebda., S. 605).

108 ebda., S. 35.

[109] Baudrillard, Amerika, S. 114.

[110] Deleuze/Guattari, Anti-Ödipus, S. 306f.

[111] ebda., S. 317.

[112] ebda., S. 322.

[113] Lyotard, Intensitäten, S. 106f.

[114] Baudrillard, Der symbolische Tausch und der Tod, S. 41.

[115] Deleuze/Guattari, Anti-Ödipus, S. 487.

[116] Baudrillard, der symbolische Tausch und der Tod, S. 282.

[117] Wie unter diesen kapitalistischen Gesetzen der Produktionsfluss *über die totale Besetzung der Zeit* am Laufen bleiben muss, beschreibt Lyotard: »Im Falle des Tausches wird das zweite Vorkommnis – die Bezahlung – jedoch nicht während des ›ersten‹ erwartet, sondern als dessen Bedingung vorausgesetzt. Auf diese Weise bedingt die Zukunft die Gegenwart. Der Tausch erfordert, daß das Zukünftige wie gegenwärtig sei. Garantien, Versicherungen, Sicherheiten sind Mittel, Fälle als zufällig zu neutralisieren, sagen wir: der Zukunft vorzubeugen. ... Dabei erscheint das Geld als das, was es wirklich ist: gespeicherte Zeit, um dem vorzubeugen, was geschieht. ... Sagen wir nur, daß das, was man Kapital nennt, auf das Prinzip gegründet ist, daß Geld nichts weiter ist als Zeit, die gespeichert und verfügbar gemacht wird ... Für das Kapital ist nicht die bereits in Gütern oder Dienstleistungen investierte Zeit von Bedeutung, sondern die noch als Vorrat von ›freiem‹ oder ›frischem‹ Geld gespeicherte Zeit, weil diese die einzige Zeit ist, die von Nutzen sein kann, um die Zukunft zu organisieren und die Ereignisse zu neutralisieren. ... Warum werden wir dermaßen dazu angehalten, Geld und Zeit zu sparen, daß dieser Imperativ gleichsam zum höchsten Gesetz unseres Lebens wird? Weil das Sparen – wohlgemerkt das Sparen nach Maßgabe des Systems – dem System erlaubt, die Geldmenge zu vergrößern, die dazu bestimmt ist, die Zukunft zu antizipieren. Das ist insbesondere für das Kapital der Fall, das in die Forschung und Entwicklung investiert werden soll. Der Genuß der Menschheit – das ist klar – muß dem Interesse der sich erweiternden Monade geopfert werden« (Lyotard, Das Inhumane, S. 120ff.). Deshalb sind die kapitalistischen Imperative: »›kommuniziere‹, ›spare Zeit und Geld‹, ›kontrolliere Ereignisse und beuge ihnen vor‹, ›vergrößere den Austausch‹« (ebda., S. 126).

[118] Deleuze/Guattari, Anti-Ödipus, S. 196.

[119] Lyotard, Intensitäten, S. 80.

[120] Deleuze/Guattari, Anti-Ödipus, S. 483ff.

[121] Baudrillard, Der symbolische Tausch und der Tod, S. 40.

[122] Baudrillard, Das Jahr 2000 findet nicht statt, S. 9.

[123] Lyotard, Intensitäten, S. 132.

[124] ebda., S. 104f.

[125] Lyotard, Essays zu einer affirmativen Ästhetik, S. 51.

[126] Lyotard, Intensitäten, S. 139.

[127] Baudrillard, Der symbolische Tausch und der Tod, S. 23.

[128] Guattari, La révolution moléculaire, S. 55f.

[129] Lyotard, Beantwortung der Frage: Was ist postmodern?, S. 40.

[130] Lyotard, Intensitäten, S. 122.

[131] Kristeva, Die Revolution der poetischen Sprache, S. 207.

[132] ebda., S. 307.

[133] In Zusammenhang mit der Beschreibung des vorangegangenen Kapitels als frühe Analyse neoliberalen Kapitalismus (vgl. Anmerkung 104, S.198) kann dieses Kapitel gelesen werden als eines, das an zentrale Fragen der so genannten Antiglobalisierungsbewegung rührt, die wesentlich als Widerstand zu neoliberaler (Wirtschafts)Politik entstanden ist. (Anm. 2005.)

[134] in: Lyotard, Patchwork der Minderheiten.

[135] Lyotard, Intensitäten, S. 128.

[136] ebda., S. 134.

[137] ebda., S. 139.

[138] Deleuze/Guattari, Tausend Plateaus, S. 644.

[139] ebda., S. 645.

[140] ebda., S. 505f.

[141] Foucault, Der Wille zum Wissen, S. 168..

[142] Foucault, ebda., S. 168.

[143] Foucault, Überwachen und Strafen, S. 312.

[144] Deleuze/Guattari, Anti-Ödipus, S. 335.

[145] ebda., S. 324f.

[146] Deleuze/Guattari, Tausend Plateaus, S. 630.

[147] Deleuze/Guattari, Anti-Ödipus, S. 332.

[148] ebda., S. 485.

[149] Deleuze/Guattari, Tausend Plateaus, S. 637.

[150] Lyotard, Grabmal des Intellektuellen, S. 80.

[151] Deleuze/Guattari, Anti-Ödipus, S. 39.

[152] Lyotard, Ökonomie des Wunsches, S. 17.

[153] ebda., S. 27.

[154] ebda., S. 168.

[155] Deleuze/Guattari, Anti-Ödipus, S. 39.

[156] Deleuze/Parnet, Dialoge, S. 143.

[157] Deleuze/Guattari, Anti-Ödipus, S. 68.

[158] ebda., S. 357f.

[159] ebda., S. 360f.

[160] Deleuze/Guattari, Tausend Plateaus, S. 226.

[161] In dieser Hinsicht finde ich es auch wenig hilfreich, wenn Leute, die aus autonomen Zusammenhängen kommen, Sätze schreiben wie: »einige konkrete Vorschläge für die nächsten Schritte: ... Bereitschaft, Politik wissenschaftlich und nicht emotional zu begründen« (Schenk, Die Autonomen machen keine Fehler, sie sind der Fehler!!!, S. 179).

[162] Deleuze/Guattari, Anti-Ödipus, S. 134f.

[163] ebda., S. 448.

[164] Deleuze, in: Der Faden ist gerissen, S. 97.

[165] ebda., S. 135.

[166] ebda., S. 377f.

[167] ebda., S. 448.

[168] ebda., S. 136.

[169] Guattari, La révolution moléculaire, S. 309.

[170] Deleuze, Drei Gruppenprobleme, S. 15.

[171] ebda., S. 15.

[172] »Faschismus und Stalinismus. Einer der zahlreichen Gründe dafür, daß sie uns so verwirren, ist, daß sie trotz ihrer historischen Einmaligkeit nichts Ursprüngliches sind. Sie benutzten und erweiterten Mechanismen, die in den meisten anderen Gesellschaften schon vorhanden waren. Mehr als das: trotz ihres inneren Wahnsinns haben sie in großem Ausmaße die Ideen und Verfahrensweisen unserer politischen Rationalität benutzt« (Foucault, Das Subjekt und die Macht, S. 244).

[173] Deleuze/Guattari, Tausend Plateaus, S. 292.

[174] Foucault, Dispositive der Macht, S. 227f.

[175] Guattari, La révolution moléculaire, S. 26.

[176] Guattari, Antipsychiatrie und Wunschökonomie, S. 28.

[177] Deleuze/Guattari, Tausend Plateaus, S. 293.

[178] Guattari, in: Antipsychiatrie und Wunschökonomie, S. 11f.

[179] Guattari, ebda., S. 28.

[180] Guattari, Psychotherapie, Politik und die Aufgaben der institutionellen Analyse, S. 80.

[181] Guattari/Negri, Les nouveaux espaces de liberté, S. 20.

[182] Deleuze, in: Der Faden ist gerissen, S. 94.

[183] Guattari, Psychotherapie, Politik und die Aufgaben der institutionellen Analyse, S. 163.

[184] Guattari, Wunsch und Revolution, S. 41.

[185] Foucault, Von der Subversion des Wissens, S. 103.

[186] Deleuze/Guattari, Tausend Plateaus, S. 258.

[187] Irigaray, Genealogie der Geschlechter, S. 111.

[188] Deleuze/Guattari, Anti-Ödipus, S. 415.

[189] Lyotard, Ökonomie des Wunsches, S. 18.

[190] Kristeva, Die Revolution der poetischen Sprache, S. 111.

[191] Guattari, La révolution moléculaire, S. 114.

[192] Guattari, Wunsch und Revolution, S. 75.

[193] Deleuze/Guattari, Anti-Ödipus, S. 493.

[194] Lyotard, Ökonomie des Wunsches, S. 377.

[195] Lyotard, Apathie in der Theorie, S. 64. – (1) Das heißt nicht, dass die PoststrukturalistInnen nie konkrete politische Absichten nennen (und wir werden auf den folgenden Seiten auf eine Reihe davon stoßen); nur sind das keine unabänderbaren programmatischen Imperative, sondern aktuell formulierte Kampfziele. Ein Beispiel aus dem Jahr '85 (Guattari und Negri): »Fünf Aufgaben erwarten die zukünftigen Bewegungen: eine konkrete Neudefinition der Arbeitnehmerschaft; das Übernehmen der Kontrolle und der Befreiung der Zeit des Arbeitstages; ein permanenter Krieg gegen die repressiven Funktionen des Staates; das Schaffen des Friedens und die Organisation der Kriegsmaschinen, die fähig sind, diese Aufgaben zu übernehmen. Diese fünf Aufgaben sind *›diagrammatisiert‹ durch drei Propositionen*: mithelfen bei der Neuorganisation der Verbindungslinien des Proletariats gemäß der Nord-Süd-Achse; erkämpfen und erfinden neuer Territorien des Begehrens und der politischen Aktion …; kämpfen gegen den Krieg und arbeiten an der Konstruktion einer revolutionären Bewegung des Proletariats für den Frieden« (Guattari/Negri, Les nouveaux espaces de liberté, S. 94). In diesem Sinne ist mir etwa folgende Bemerkung zur politischen Philosophie der PoststrukturalistInnen unverständlich: »Der Verzicht auf politisch-gesellschaftliche Konzeptionsbildung kann nur eine Übergangsphase sein, die als Reaktion auf die Enttäuschung überzogener Erwartungen und Hoffnungen (Stichwort: 1968) durchaus verstehbar ist. Wird das Übergangsstadium indes festgeschrieben, die ›Mikro-Politik‹ verabsolutiert, so kommt eine – eventuell durch leerlaufende Radikalkritik gestützte – Randgruppen-Philosophie heraus« (Tepe, Postmoderner Poststrukturalismus, S. 105). Denn erstens scheinen mir nur allgemeine dogmatisch-utopische Gesellschaftskonzepte zu fehlen, aber keine konkreten politischen Absichten, und zweitens scheint mir (gerade *politisch*) eine »Randgruppen-Philosophie«, in der sich die Intellektuellen nicht als universalgeniale Geisteskönige aufspielen können, äußerst sympathisch (vgl. zu der Intellektuellen-Frage auch III,3,8). – (2) Während Lyotard lediglich sagt, dass Gerechtigkeit eine Perspektive sei, wird Derrida ein wenig konkreter: »Man kann nicht *unmittelbar, auf direkte Weise* von der Gerechtigkeit sprechen …: man kann die Gerechtigkeit nicht thematisieren oder objektivieren, man kann nicht sagen ›dies ist gerecht‹ und noch weniger ›ich bin gerecht‹, ohne bereits die Gerechtigkeit … zu verraten. (…) Wir müssen … auch wissen, daß sich diese Gerechtigkeit immer an das vielfältig Besondere … richtet. (…) Die Gerechtigkeit ist eine Erfahrung des Unmöglichen. Ein Gerechtigkeitswille, ein Gerechtigkeitswunsch, ein Gerechtigkeitsanspruch,

eine Gerechtigkeitsforderung, deren Struktur nicht in einer Erfahrung der Aporie bestünden, hätten keine Chance jenes zu sein, was sie sein wollten: ein gerechter, angemessener Ruf nach Gerechtigkeit« (Derrida, Gesetzeskraft, S. 21/41/33).

[196] Guattari/Negri, Les nouveaux espaces de liberté, S. 14.

[197] Guattari, La révolution moléculaire, S. 37.

[198] ebda., S. 377.

[199] Deleuze, Unterhandlungen, S. 256.

[200] Deleuze/Guattari, Tausend Plateaus, S. 531.

[201] Deleuze/Parnet, Dialoge, S. 104.

[202] Deleuze/Guattari, Anti-Ödipus, S. 150.

[203] ebda., S. 149f.

[204] ebda., S. 385.

[205] ebda., S. 33.

[206] ebda., S. 11.

[207] ebda., S. 440f.

[208] ebda., S. 169.

[209] ebda., S. 411.

[210] ebda., S. 468.

[211] ebda., S. 69.

[212] ebda., S. 32.

[213] ebda., S. 7.

[214] ebda., S. 493.

[215] ebda. S. 358.

[216] ebda., S. 361.

[217] Deleuze/Guattari, Rhizom, S. 63.

[218] Deleuze/Guattari, Anti-Ödipus, S. 441.

[219] ebda., S. 28.

[220] ebda., S. 176.

[221] ebda., S. 493.

[222] ebda., S. 81.

[223] ebda., S. 362.

[224] Deleuze, Drei Gruppenprobleme, S. 13f.

[225] ebda., S. 451.

[226] Descombes glaubt das nicht. Für ihn schwächt die poststrukturalistische Preisgabe einer »höheren Legitimation« den Willen: »Wenn alles erlaubt ist, wieso dann eher das eine als das andere? Wenn alles gleichgültig ist, verliert der Wille seine Unternehmungsfreude, die er besaß, als er noch an die Wahrheit des Wahren glaubte« (Descombes, S. 196). Ich verstehe diesen Gedanken nicht ganz. Mir scheint, der Wille will (bzw. der Wunsch wünscht) einfach – und das ist eben einfach so, und es braucht keinen Glauben an die Wahrheit zum Wollen/Wünschen dazu.

[227] »Historisch wurde die Todesstrafe immer infolge der Entdeckung vorteilhafterer ökonomischer Substitute reduziert, die später als ›menschlicher‹ rationalisiert wurden. So die geschonten Kriegsgefangenen, um aus ihnen Sklaven zu machen; so die Verbrecher in den Salzminen von Rom; so das Duellverbot im 17. Jahrhundert; die Institutionen der Zwangsarbeit als Reparationszahlung; und die von den KZ's bis zur ergotherapeutischen Wiedereingliederung sich ändernde Auspressung der Arbeitskraft. Daran ist nichts Verwunderliches: der Tod verschwindet oder verzögert sich nur, wenn das System aus irgendeinem Grunde daran interessiert ist (1830: die ersten mildernden Umstände in einem Prozeß gegen einen Bürger). Kein sozialer Erfolg oder Fortschritt der Vernunft, sondern nur die Logik des Profits oder des Privilegs« (Baudrillard, Der symbolische Tausch und der Tod, S. 272f.).

[228] Foucault, Von der Subversion des Wissens, S. 24.

[229] Guattari, La révolution moléculaire, S. 117.

[230] Lyotard, Ökonomie des Wunsches, S. 19.

[231] Deleuze/Guattari, Anti-Ödipus, S. 515.

[232] Kristeva, Die Revolution der poetischen Sprache, S. 161.

[233] Deleuze, Nietzsche, S. 112.

[234] Deleuze/Guattari, Tausend Plateaus, S. 518.

[235] Derrida, Randgänge der Philosophie, S. 121.

[236] Deleuze/Guattari, Tausend Plateaus, S. 520.

[237] Deleuze, Foucault, S. 169.

[238] ebda., S. 125.

[239] ebda., S. 132.

[240] ebda., S. 121.

[241] Lyotard, Das Patchwork der Minderheiten, S. 78.

[242] Lyotard, Ökonomie des Wunsches, S. 380.

[243] ebda., S. 78.

[244] ebda., S. 380.

[245] Lyotard, Intensitäten, S. 104.

[246] Lyotard, Intensitäten, S. 10f.

[247] Guattari, La révolution moléculaire, S. 61f.

[248] Guattari, Wunsch und Revolution, S. 46.

[249] Baudrillard, Die göttliche Linke, S. 45.

[250] Guattari/Negri, Les nouveaux espaces de liberté, S. 108.

[251] Guattari, Wunsch und Revolution, S. 27 und 69.

[252] Deleuze, in: Der Faden ist gerissen, S. 87.

[253] Lyotard, Das Patchwork der Minderheiten, S. 8f.

[254] Baudrillard, Kool Killer oder der Aufstand der Zeichen, S. 100/96/100f.

[255] Foucault, Dispositive der Macht, S. 229.

[256] Deleuze, in: Der Faden ist gerissen, S. 91.

[257] Lyotard, Essays zu einer affirmativen Ästhetik, S. 8.

[258] Barthes, Das Reich der Zeichen, S. 142. – Daraus ergibt sich für Baudrillard eine neue Theorie des Streiks: »Der Streik um des Streiks willen ist die gegenwärtige Wahrheit des Kampfes. Ohne Motivation, ohne politische Zielsetzung oder Referenz antwortet er mit seinem Widerstand auf eine Produktion, die selbst ohne Motivation ist, ohne Referenz, ohne gesellschaftlichen Gebrauchswert, ohne anderen Zweck als den ihrer selbst - auf eine *Produktion um der Produktion willen*, kurz auf ein System, das nur noch ein System der Reproduktion ist und das sich in einer gigantischen Tautologie des Arbeitsprozesses um sich selber dreht. Der Streik um des Streiks willen ist die umgekehrte, aber subversive Tautologie, da sie diese neue Form des Kapitals offenlegt, die dem letzten Stadium des Wertgesetzes entspricht. Der Streik hört endlich auf, ein Mittel, und nur ein Mittel, zu sein und Gewicht zu legen auf das Verhältnis *politischer* Kräfte und das Spiel der Macht. Er wird zu einem Zweck. Indem er sie radikal und auf ihrem eigenen Feld selbst parodiert, verneint er die Art der Zweckhaftigkeit ohne Zweck, zu der die Produktion geworden ist. ... ›Zahlt uns die Streiktage‹ – das heißt im Grunde: zahlt uns dafür, daß wir den Streik um des Streiks willen *reproduzieren* können. Dies ist die Umkehrung der Absurdität des allgemeinen Systems« (Baudrillard, Der symbolische Tausch und der Tod, S. 49f.).

[259] Lyotard, Das Patchwork der Minderheiten, S. 44f. – Lyotard weiß natürlich, dass die RAF durchaus avantgardistische Ansprüche hegte, weswegen der hier beschriebene Aspekt nur *einer* (nicht *der*) ihrer Aktionen ist, für die leider viel häufiger gilt: »Die Wirksamkeit, die

hier gefordert wird, ist die der Pädagogik: in der Seele der Kinder, in den Massen soll sich das Rationalitätsprinzip, das platonische *Logikon* erheben« (ebda., S. 43).

[260] »In zahlreichen Zeugnissen von Beteiligten der Mai-Revolte wird sichtbar, daß sie die Straßenschlachten und Barrikadenkämpfe mit der Polizei als lustvolles Erleben, befreiende Tat, Moment der Selbstverwirklichung in der Aktion empfunden haben« (Paas, Frankreich: der integrierte Linksradikalismus, S. 195f.). »Unser Auftreten bei Demos hat häufig den Charakter einer Inszenierung, eines Spiels – aber deswegen ist es nicht weniger wirksam und nicht weniger politisch, verdammt!« (VAL, Liebe, Krieg und Alltag, S. 35).

[261] Das heißt, dass der ›Zweck‹ (anderes Leben) von den ›Mitteln‹ (Widerstand) nicht mehr zu trennen ist, was im Widerstand zu berücksichtigen ist, um ihn nicht abstrakt werden zu lassen und den Bezug zur Entfaltung von Lebensformen zu verlieren (vgl. auch Anmerkung 286, S. 205). Die l.u.p.u.s.-Gruppe schreibt: »Jeder Widerstand muß sich legitimieren. Wenn wir uns dabei gerade nicht auf herrschende Gesetze und Geschichtslehren berufen, dann muß unsere Legitimität in den Kämpfen sichtbar werden, in der Art, wie wir kämpfen, wie wir unsere Lebensvorstellungen darin zum Ausdruck bringen« (l.u.p.u.s., Doitschstunde, S. 95f.).

[262] Darin liegt beispielsweise die große Bedeutung der Hausbesetzerszenen: »Häuser besetzen bedeutet, ... keine Miete zu zahlen, bedeutet die kapitalistische Schuhkartonstruktur aufzuheben. Bedeutet Kommunen und Zentren zu bilden, bedeutet das gesellschaftliche Leben des Stadtteils zu reorganisieren, bedeutet die Ohnmacht zu überwinden« (Proletarische Front in WWA Nr.4 Mai 1973, zit.n.: Geronimo, Feuer und Flamme, S. 39), bedeutet Räume zu schaffen, »die es uns ermöglichen, zunehmend selbstbestimmter zu leben, unseren Alltag kollektiv zu organisieren, von den ökonomischen Geschichten über's Essen, Kneipen(-Un)wesen anderer Kultur etc... Wir haben in diesen relativen Freiräumen Möglichkeiten, ein Zusammenleben in verschiedenen Gruppenzusammenhängen auszuprobieren, radikale Erfahrungen gemeinsam in den Alltag umzusetzen. Außerdem macht's Mut zu zeigen: Leben geht auch anders! (und es lohnt sich)« (HausbesetzerInnen, zit.n.: ebda., S. 97).

[263] Deleuze, in: Der Faden ist gerissen, S. 102f.

[264] Deleuze, ebda., S. 103.

[265] Lyotard, Apathie in der Theorie, S. 26.

[266] Deleuze, in: Der Faden ist gerissen, S. 98.

[267] Lyotard, Das Patchwork der Minderheiten, S. 45.

[268] Foucault, in: Der Faden ist gerissen, S. 96.

[269] Diese lokale Konkretheit verbietet den PoststrutkuralistInnen jede politische Gleichmacherei: »Der Gleichheitsanspruch bzw. die Forderungen nach Gleichheit der Menschen, der Rassen und Geschlechter entsprechen einer Mißachtung oder Verweigerung realer Phänomene, sie provozieren einen weit gefährlicheren Imperialismus als jene, die Merkmale von Unterschieden bewahren wollen« (Irigaray, Genealogie der Geschlechter, S. 12).

[270] Guattari, La révolution moléculaire, S. 41.

[271] Guattari/Negri, Les nouveaux espaces de liberté, S. 11.

[272] Foucault, Mikrophysik der Macht, S. 112.

[273] Foucault, Das Subjekt und die Macht, S. 246.

[274] Lyotard, Intensitäten, S. 32.

[275] »Hören wir auf, immer wieder die Opfer für uns sprechen zu lassen, ihnen unsere Antworten und Konsequenzen in den Mund zu legen. ... Beziehen wir uns in unseren Kämpfen heute auf die Frauen im Widerstand, auf die Widerstandsgruppen im 3. Reich – wir bräuchten ihnen nichts in den Mund zu legen – sie können uns was sagen« (l.u.p.u.s., Doitschstunde, S. 95).

[276] Guattari, La révolution moléculaire, S. 308.

[277] Foucault, in: Der Faden ist gerissen, S. 99.

[278] Oft werden an solche singulären Kämpfe von europäischen Linken ganzheitliche Korrektheitsansprüche herangetragen, im Sinne von: »Schwarze Befreiungsbewegungen sind im nationalen Unabhängigkeitskampf antiimperialistisch und antirassistisch, aber nicht unbedingt auch anti-

kapitalistisch oder antipatriarchalisch« (Viehmann u.a., Drei zu Eins, S. 38). Ehrlich gesagt, scheint mir das fast ein bisschen lächerlich. Was wissen wir denn über die Leute, die dort kämpfen, wie können wir denn glauben, dass es *einen* Rassismus, *einen* Sexismus, *eine* Behindertenfeindlichkeit usw. gibt, ja dass sich diese auch noch immer *gleich äußern*, sodass wir hemmungslos politische Korrektheits-Prädikate verteilen können: die sind sexistisch und rassistisch, die nicht, aber dafür kapitalistisch und antisemitisch, jene speziezistisch und behindertenfeindlich und autoritär usw., usw., bis wir immer wieder sagen können: dieser Kampf ist »falsch oder unvollständig« (ebda., S. 51). Ehrlich, wo soll das denn hinführen, und was für eine Position im revolutionären Kampf geben wir dabei uns selbst?

279 Guattari/Negri, Les nouveaux espaces de liberté, S. 52f.

280 ebda., S. 33.

281 Guattari, La révolution moléculaire, S. 175f.

282 Foucault, Dispositive der Macht, S. 195.

283 Guattari/Negri, Les nouveaux espaces de liberté, S. 67.

284 Guattari, La révolution moléculaire, S. 134.

285 Mit sektiererischem Terrorismus meine ich Gruppen, die jeden Bezug zu dem, was sich sozial und gesellschaftlich abspielt, verloren zu haben scheinen, und im Namen einer christlich-sozialistischen Moral Gewalttat an Gewalttat reihen. Dass ich damit militanter Politik an sich keine Absage erteilen möchte, sollte noch deutlich werden (vgl. vor allem III,3,11+12). Die Revolutionären Zellen und die Rote Zora (vgl.: *Die Früchte des Zorns* (2 Bde.), Amsterdam/Berlin: Edition ID-Archiv 1993) boten, meine ich (und trotz allem), Beispiele einer nichtsektiererischen militanten Strategie, ebenso wie (und auch trotz allem) die Bewegung 2. Juni: »Bewegung 2. Juni ist ein politischer Begriff. Er bezeichnet die alltägliche Konkretisierung des aus der Jugendrevolte der 60er gewachsenen politischen Widerstands. Das heißt, daß die Bewegung 2. Juni von allen jenen verkörpert wird, die versuchten und versuchen, dem alltäglichen kapitalistischen Terror Widerstand und Alternative entgegenzusetzen. Dazu gehören Hausbesetzer und Jugendliche, die ihre Jugendzentren in Selbstverwaltung übernehmen, dazu gehören Knast- und Frauengruppen, Kinderläden und Alternativzeitungen, die Organisatoren von Mietstreiks und Abtreibungsfahrten genauso wie die internationalistischen Solidaritätskomitees mit den Völkern in Vietnam, Iran, Palästina, Angola, West-Sahara oder sonstwo. Die bewaffneten Kommandos waren Ausdruck und Ergebnis dieser Bewegung, sie kamen aus ihr, wurden von ihr genährt und waren von ihr abhängig – auch wenn das heute einige nicht mehr wahrhaben wollen. Es war der Versuch, den latenten revolutionären Charakter der Bewegung in exemplarische Aktionen umzusetzen, und so die Entwicklung voranzutreiben, die partielle Ohnmacht der Bewegung – zum Beispiel gegenüber Knast und Polizei – zu überwinden« (Interview mit GenossInnen aus der Bewegung 2. Juni, zit.n.: Geronimo, Feuer und Flamme, S. 50f.).

286 Guattari/Negri, Les nouveaux espaces de liberté, S. 70.

287 Foucault, Von der Subversion des Wissens, S. 103.

288 Guattari, La révolution moléculaire, S. 184.

289 ebda., S. 41.

290 Deleuze, in: Antipsychiatrie und Wunschökonomie, S. 24.

291 Deleuze, in: Der Faden ist gerissen, S. 94.

292 Guattari/Negri, Les nouveaux espaces de liberté, S. 92.

293 Die l.u.p.u.s.-Gruppe: »Der Kampf um Befreiung ist international. Die Vorstellungen dessen, was Befreiung für jede/n bedeutet, ist nicht mal innerhalb nationaler Grenzen identisch. Nicht diese Tatsache erschwert so sehr die Formulierung herrschaftsantagonistischer Theorie, sondern ihre Ignoranz. In einer Broschüre stand vor Jahren der Satz: ›Kein Mensch wird je kämpfen, hat je gekämpft, um *den* Imperialismus abzuschaffen oder *den* Mehrwert aufzuheben, sondern, um menschliche Verhältnisse zu schaffen, bunt, vielfältig und so phantastisch wie jene wilden Gestalten der Commune von Paris, die als erstes die Uhren der Kirchtürme zerschossen, um aus dem Kontinuum der bisherigen Zeit auszubrechen.‹ Und genauso wird kein Mensch je kämpfen, um den Rassismus abzuschaffen oder um endgültig den Faschismus zu besiegen« (l.u.p.u.s., Geschichte Rassismus und das Boot, S. 147).

[294] Guattari, Psychotherapie, Politik und die Aufgaben der institutionellen Analyse, S. 79.

[295] Deleuze, Drei Gruppenprobleme, S. 16.

[296] Deleuze, Nietzsche, S. 121.

[297] Deleuze/Guattari, Tausend Plateaus, S. 52.

[298] Lyotard, Philosophie und Malerei im Zeitalter ihres Experimentierens, S. 46.

[299] Guattari, Psychotherapie, Politik und die Aufgaben der institutionellen Analyse, S. 158f.

[300] Deleuze/Guattari, Tausend Plateaus, S. 147.

[301] Deleuze, Kleine Schriften, S. 68.

[302] Deleuze/Guattari, Tausend Plateaus, S. 396.

[303] Deleuze, Unterhandlungen, S. 249.

[304] Guattari, La révolution moléculaire, S. 351.

[305] Derrida, Gesetzeskraft, S. 37.

[306] Deleuze, Kleine Schriften, S. 28.

[307] »Rasse und Stamm existieren nur auf der Ebene einer unterdrückten Rasse und im Namen einer Unterdrückung, die sie erleiden; es gibt nur eine minoritäre, untergeordnete Rasse; es gibt keine herrschende Rasse. Eine Rasse wird nicht durch ihre Reinheit, sondern durch ihre Unreinheit definiert, die ein Herrschaftssystem ihr zuschreibt. Bastard und Halbblut sind die wirklichen Namen der Rasse« (Deleuze/Guattari, Tausend Plateaus, S. 522). Ausführlicher erklärt Baudrillard: »Die Fortschritte der Menschheit und der Kultur sind eine einzige Kette von aufeinander folgenden Diskriminierungen, welche die ›Anderen‹ mit dem Charakter von Unmenschlichkeit, also Nichtigkeit, belegen. Für die Wilden, die sich ›Menschen‹ nennen, sind die Anderen noch etwas anderes. Für uns, unter dem Zeichen des Menschlichen als universellem Begriff sind die Anderen dagegen nichts. ›Mensch‹ sein ist anderswo eine Herausforderung...: als gewaltsam erfahrener Unterschied erlaubt diese *Eigenschaft*, diese gesellschaftliche Stellung, nicht nur einen Austausch mit anderen Wesen, d.h. mit Göttern, Vorfahren, Fremden, Tieren oder der Natur, sondern sie *erfordert*, daß sie überall mit Begeisterung und vollem Einsatz aufs Spiel gesetzt wird. *Wir* beschränken uns auf eine Sonderstellung im Universum und auf einen allgemeinen abstrakten Wert, dessen Äquivalent die Gattung bildet, durch Ausschließung alles Übrigen. Auf eine gewisse Weise hat sich also die Definition des Menschlichen im Laufe der Entwicklung der Kultur unerbittlich verengt: jeder ›objektive‹ Fortschritt der Zivilisation hin zum Universellen entsprach einer immer stärkeren Diskriminierung, bis zu dem Punkt, daß man eine Zeit der endgültigen Universalität des Menschen vorhersehen kann, welche mit der Exkommunikation aller Menschen zusammenfallen wird – in der Leere erstrahlt dann nichts als die Reinheit des Begriffs. Der Rassismus ist modern. Die früheren Kulturen oder Rassen haben sich ignoriert oder vernichtet, aber niemals unter dem Zeichen einer universellen Vernunft. Es gab kein Kriterium für den Menschen und keine Ausgliederung des Unmenschlichen, sondern nur Unterschiede, die einander bis in den Tod hinein gegenüberstehen. Erst *unser* undifferenzierter Begriff des Menschen läßt die Diskriminierung entstehen. Man muß den Bericht eines Mannes aus dem 16. Jahrhundert lesen, Jean de Léry's ›Brasilianisches Tagebuch 1557‹, um zu sehen, daß in jener Zeit, als sich die Idee des Menschen in all ihrer metaphysischen Reinheit noch nicht durchgesetzt hatte, okzidentale Kultur und Rassismus nicht existieren: der reformierte und puritanische Edelmann aus Genf, der nach Brasilien zu den Kannibalen fährt, ist kein Rassist. Seitdem sind wir es geworden, denn wir haben Fortschritte gemacht. Und nicht allein gegenüber den Indianern und Kannibalen – unsere Kultur hat, indem sie ihre Rationalität vertiefte, nach und nach die unbelebte Natur, die Tiere und die niederen Rassen der Unmenschlichkeit soweit ausgeliefert, daß der Krebs des Menschlichen diese Gesellschaft selbst erfaßt hat, die er in seiner absoluten Überlegenheit zu beschreiben vorgab. Michel Foucault hat die Auslieferung der Wahnsinnigen zu Beginn der okzidentalen Moderne analysiert, aber wir wissen auch um die Auslieferung der Kinder, von ihrer fortschreitenden Einschließung – selbst während der Entwicklung der Vernunft –, in ihren idealisierten Status der Kindheit, in das Ghetto des infantilen Universums und in die Gemeinheit der Unschuld. Aber auch die Alten sind

unmenschlich und an die Peripherie der Normalität gedrängt worden. Und wieviele andere ›Kategorien‹ gibt es, die eben nur im Zeichen fortschreitender Trennungen zu ›Kategorien‹ geworden sind, welche die Entwicklung der Kultur abstecken. Die Armen, die Unterentwickelten, die mit niedrigem I.Q., die Perversen, die Transsexuellen, die Intellektuellen, die Frauen – eine Volkskunde des Terrors, eine Volkskunde der Exkommunizierung auf der Grundlage einer zunehmend rassistischen Definition des ›Normal-Menschlichen‹. Die Quintessenz der Normalität: am Ende werden alle ›Kategorien‹ aus einer endlich universell gewordenen Gesellschaft ausgeschlossen, abgetrennt und geächtet, dort sind dann das Normale und das Universelle unter dem Zeichen des Menschlichen endlich vereint. ... Es geschieht immer aus der Sicht des Universellen, das den Rassismus *begründet* hat, daß man vorgibt, ihn vermöge der Gleichheitsmoral des Humanismus zu überschreiten. Aber bereits die Seele oder heute die biologischen Gattungsmerkmale, auf die sich diese Gleichheitsmoral stützt, sind keine objektiveren oder weniger willkürlichen Argumente als die Hautfarbe. Denn auch sie sind *distinktive* Kriterien. Auf der Basis dieser Kriterien (Seele oder Geschlecht) erhält man tatsächlich eine Gleichung Schwarz=Weiß – aber diese Gleichung schließt noch radikaler alles aus, was keine Seele oder kein ›menschliches‹ Geschlecht hat. Für die Wilden, die weder die Seele noch die Gattung hypostasierten, waren die Erde, das Tier und die Toten ein Sozius. Wir haben sie verstoßen aufgrund unserer universellen Prinzipien und unseres egalitären Metahumanismus, der, indem er die Schwarzen aufgrund weißer Kriterien integrierte, nur die Grenzen der abstrakten Soziabilität und der Sozialität *dem Recht nach* erweiterte. Es funktioniert immer die gleiche weiße Magie des Rassismus, die nichts anderes macht, als die Schwarzen im Zeichen des Universellen weiß zu machen« (Baudrillard, Der symbolische Tausch und der Tod, S. 195f.).

[308] Deleuze/Guattari, Tausend Plateaus, S. 244f.

[309] Deleuze, Kleine Schriften, S. 68.

[310] Deleuze/Guattari, Tausend Plateaus, S. 397.

[311] Lyotard, Das Patchwork der Minderheiten, S. 38.

[312] Guattari, La révolution moléculaire, S. 199/102/296.

[313] Baudrillard, Der symbolische Tausch und der Tod, S. 52.

[314] Lyotard, Das Patchwork der Minderheiten, S. 9f.

[315] Foucault, Mikrophysik der Macht, S. 66f.

[316] Guattari, Psychotherapie, Politik und die Aufgaben der institutionellen Analyse, S. 88.

[317] Deleuze/Guattari, Anti-Ödipus, S. 328.

[318] Lyotard, das Patchwork der Minderheiten, S. 8.

[319] Deleuze/Guattari, Tausend Plateaus, S. 654.

[320] Lyotard, Intensitäten, S. 11.

[321] Deleuze/Guattari, Kafka, S. 37.

[322] Lyotard, Intensitäten, S. 96.

[323] Deleuze, Nietzsche und die Philosophie. S. 190.

[324] Deleuze/Parnet, Dialoge, S. 9. – »Die Philosophie hat überhaupt nichts mit einer Diskussion zu tun; man hat genug damit zu tun zu verstehen, was für ein Problem einer aufwirft und wie er es aufwirft, man muß es nur anreichern, seine Bedingungen variieren, erweitern, verbinden, niemals diskutieren« (Deleuze, in: Pariser Gespräche, S. 38f.).

[325] Deleuze, Woran erkennt man den Strukturalismus?, S. 60.

[326] Deleuze/Guattari, Rhizom, S. 64.

[327] Lyotard, Ökonomie des Wunsches, S. 145.

[328] Lyotard, Das Patchwork der Minderheiten, S. 7.

[329] ebda., S. 10.

[330] Foucault, in: Philosophien, S. 32. – »Fehldeutungen sind niemals unschuldig, es sind Mischungen von Dummheit und Böswilligkeit, man will lieber Widersprüche bei einem Denker finden als

ihn verstehen (...) Es gibt Leute, die sich nur dann für intelligent halten, wenn sie ›Widersprüche‹ bei einem großen Denker entdecken« (Deleuze, Unterhandlungen, S. 44 und 131).

[331] Lyotard, Ökonomie des Wunsches, S. 19.

[332] Deleuze/Guattari, Anti-Ödipus, S. 446.

[333] Lyotard, Apathie in der Theorie, S. 9f.

[334] ebda., S. 10.

[335] Foucault, Mikrophysik der Macht, S. 65.

[336] Barthes, in: Antworten der Strukturalisten, S. 32. – Ein Beispiel aus dem so genannten Anarcho-Sponti-Umfeld (anlässlich des Reagan-Besuchs in Deutschland 82): »High Mr. President! Die Hönkel laden alle Rebellinnen, Chaoten, Pyromanen, Jumperinnen und Jobber, Gelegenheitsdiebe und Plünderinnen, Qutlaws, Girls and Boys, Lesben, Schwule und Heteros, die unverbesserlichen Erotischen zur Woche des Hönkel-Rausches in Dead Wall City ein. Hönkel sind Büchsenöffner im Supermarkt des Lebens. Nicht bereit zu warten, bis die Menschheit sich ändert, lebt der Hönkel als sei der Tag gekommen. Sie erwarten den Präsidenten der Vereinigten Staaten, wir seine Gegner, die erklärten Feinde des Alltags, der Arbeit, der Ordnung des Löschpapiers. ... Wir werden ... mit einem Trommelfeuer die Gemüter wecken, den Alltag erotisieren, der Stadt den Geschmack von Freiheit und Abenteuer auf die Straßen brennen. Hönkel ist die Weigerung, sich zum Opfer machen zu lassen. Her mit dem ganzen Leben – lassen wir uns unsere Kampfformen und Lust, den Zeitpunkt und den Ort, die Dauer und den Anfang nicht von ihrem Rahmenplan bestimmen. Wir fangen eine Woche vorher an und hören überhaupt nicht mehr auf. Wir tauchen überall da auf, wo niemand mit uns gerechnet hat. Scheiß auf die Rumkugel – her mit der ganzen Bäckerei« (zit.n.: Geronimo, Feuer und Flamme, S. 136). – Jüngeres Beispiel (aus dem unveröffentlichten Text eines Genossen, den – vielleicht nicht unbezeichnender Weise – Österreichs Autonomenzeitung, das *TATblatt*, nicht zu drucken bereit war): »wer noch glaubt die ›rosa-grüne-besoffenheit‹ der pilze hätte sich nicht längst zu einer systemstabilisierenden partei entwickelt, ist jetzt aufgefordert, die ersten drei strophen der bundeshymne, auf dem rechten fuß stehend, zu singen. diejenigen die sich zu keiner verantwortung im parlamentarischen rahmen hinreißen ließen, laufen gefahr ihren arsch nicht ins trockene zu bekommen. niederträchtige staatsfeinde haben es selbst im schönen kapitalismus schwer. von wegen trennung von staat und kirche und so – haut weg den scheiß, denn vom kreuz (sei es das katholische oder das parlamentarische) ist es nicht weit zum passenden haken. alle macht der phantasie, wir wollen nicht nur mehr, nein wir wollen alles und das jetzt. ... sie mögen ihre moraltrompeterei woanders blasen, und keine panik auf der titanik – ziel bremst zwar zahnbelag für 12 stunden, aber keine moralärsche« (rumpelstilzchen).

[337] Lyotard, Intensitäten, S. 115.

[338] Foucault, Dispositive der Macht, S. 229.

[339] Foucault, Mikrophysik der Macht, S. 129.

[340] ebda., S. 129.

[341] Kristeva, Die Revolution der poetischen Sprache, S. 219.

[342] Deleuze, in: Der Faden ist gerissen, S. 101.

[343] Foucault, Mikrophysik der Macht, S. 129. – »Was mich ankotzt, ist sehr einfach: die Neuen Philosophen machen eine Martyrologie, der Gulag und die Opfer der Geschichte. Sie leben von Kadavern. Sie haben die Zeugenfunktion entdeckt, die mit der des Autors oder Denkers zusammenfällt ... Aber es hätte nie Opfer gegeben, wenn diese so gedacht oder geredet hätten. Die Opfer mußten ganz anders denken und leben, um zum Gegenstand derer zu werden, die in ihrem Namen weinen, denken und Lehren erteilen. Diejenigen, die ihr Leben riskierten, denken im Allgemeinen in Termini des Lebens und nicht des Todes, der Bitterkeit und morbider Eitelkeit. Die Widerständler sind eher große Lebenskünstler. Noch nie hat man jemanden für seine Unfähigkeit und seinen Pessimismus ins Gefängnis gesteckt, im Gegenteil. Vom Standpunkt der Neuen Philosophen aus sind sie deshalb zu Opfern geworden, weil sie noch nicht begriffen hatten, was die Neuen Philosophen begriffen haben. Wenn ich Mitglied einer Vereinigung

wäre, würde ich Klage gegen die Neuen Philosophen erheben, die ein bißchen gar zu sehr die Bewohner des Gulag verachten« (Deleuze, Kleine Schriften, S. 192f.).

[344] Irigaray, Das Geschlecht das nicht eins ist, S. 169.

[345] Mao: »Der Marxismus legt der Theorie darum und nur darum ernste Bedeutung bei, weil sie die Anleitung zum Handeln sein kann«, etwas, »was man ... in die Praxis umsetzt«, um »die rationale Erkenntnis wieder in die gesellschaftliche Praxis zurückzuführen, die Theorie auf die Praxis anzuwenden und zu prüfen, ob sie zu dem gesteckten Ziel zu führen vermag« (Mao Tse-Tung, Über die Praxis, S. 358f.).

[346] Baudrillard, Die göttliche Kritik, S. 63.

[347] Lyotard, Philosophie und Malerei im Zeitalter ihres Experimentierens, S. 47.

[348] Foucault, Mikrophysik der Macht, S. 94.

[349] Foucault, in: Der Faden ist gerissen, S. 89.

[350] Foucault, Mikrophysik der Macht, S. 129.

[351] ebda., S. 53.

[352] Foucault, Dispositive der Macht, S. 216.

[353] ebda., S. 229.

[354] Lyotard, Das Patchwork der Minderheiten, S. 14.

[355] Lyotard, Intensitäten, S. 146.

[356] Vgl. Bernhard Tilg: »Die Theorie aber, die als Praxis verstanden wird, kann nicht mehr den Anspruch auf universelle Gültigkeit erheben, da sie eben als Erklärungspraxis nicht mehr beanspruchen kann, die OBJEKTIVE WAHRHEIT auszudrücken, sondern eben auf einer *Erklärungsnotwendigkeit* beruht, bestimmte Sachverhalte und Ereignisse aus einer bestimmten Erklärungspraxis zu betrachten, die wiederum von konkreten Umständen – das heißt von den Notwendigkeiten – bestimmt ist, und damit unmittelbar mit einer Denk- und Lebensform verbunden ist« (Tilg, Bemerkungen..., S. 8).

[357] »Denn Theorien, die nicht als *(Erklärungs)Praxis* verstanden werden, und mithin einer Praxis bedürfen, sind prädestiniert dafür, die Zukunft vor(aus)zuschreiben, und das Ende der Geschichte zu beschwören. Die Theorie, die nicht als (Erklärungs)Praxis verstanden wird, sondern der als Kriterium für die Relevanz einer Theorie die Übereinstimmung von REALITÄT und Theorie – also die Wahrheit – gilt, ist nun gezwungen, mit allen Mitteln (der Bürokratie) das von ihr prophezeite Ende der Geschichte und die damit verbundene, objektive, universelle Wahrheit in Gedanken, Worten und Taten herbeizuführen« (Tilg, Bemerkungen..., S. 5f.). Ähnlich bei Lyotard: »Die Theorie hat die Realität beständig neu zu schreiben, um mit ihr übereinzustimmen. Dieses Neuschreiben ist der Terror. Keine einmalige Verirrung, nicht ein Fall unter zahlreichen anderen, bei denen es rechtens zugeht, sondern ein notwendiger Effekt des Universalismus. Um seine Konformität mit der Realität zu beweisen, muß er die Effekte seiner Worte und seiner Aktionen kontrollieren. Diese Kontrolle konstituiert die Macht. In jedem Kampf, ganz gleich auf welcher Stufe, ist sie enthalten und sorgt für die unvermeidlichen Enttäuschungen der Revolutionäre, für die Wiederkehr des Staates« (Lyotard, Intensitäten, S. 12f.). – (Vgl. auch II,2,1.)

[358] Foucault, Dispositive der Macht, S. 227. – Für die Philosophie heißt das unter anderem: »Sobald man sich in einer unfruchtbaren Epoche befindet, zieht sich die Philosophie in ein Nachdenken ›über‹... zurück. Was könnte sie auch sonst tun, als über etwas nachzudenken, wenn sie selbst nicht mehr schöpferisch ist? Also denkt sie über das Ewige nach, oder über das Historische, aber es gelingt ihr nicht mehr, selbst die Bewegung hervorzubringen« (Deleuze, Unterhandlungen, S. 176).

[359] »Die Intellektuellen sind ungeheuer gebildet, sie haben eine Ansicht über alles. Ich bin kein Intellektueller, weil ich über keine Bildung wie über einen Vorrat verfüge. Was ich weiß, weiß ich nur für die Bedürfnisse einer laufenden Arbeit, und wenn ich einige Jahre später darauf zurückkomme, muß ich alles von neuem lernen. Es ist sehr angenehm, keine Meinung zu haben und keine Idee zu diesem oder jenem Punkt. Wir leiden nicht an Kommunikationslosigkeit, sondern im Gegenteil an allen Kräften, die uns verpflichten, uns auszudrücken, wenn wir kaum etwas zu sagen haben« (Deleuze, in: Pariser Gespräche, S. 36).

[360] Foucault, Dispositive der Macht, S. 44f.

[361] ebda., S. 52.

[362] Foucault, in: Der Faden ist gerissen, S. 89.

[363] Foucault, Mikrophysik der Macht, S. 112.

[364] Foucault, in: Der Faden ist gerissen, S. 89.

[365] Foucault, in: Pariser Gespräche, S. 27f.

[366] Lyotard, Ökonomie des Wunsches, S. 180.

[367] Foucault, zit.n.: Eribon, Michel Foucault, S. 449. – Eine Haltung, die Foucault freilich auch nicht vor Aussagen schützte wie dieser Serge Livrezots, Sprachrohr des »Aktionskomitee der Inhaftierten (CAP)«, der zur von Foucault initiierten und geleiteten Intellektuellengruppe zur Information über die Gefängnisse (GIP) meinte: »Die Spezialisten der Analyse können uns den Buckel herunterrutschen, ich brauche niemanden, um das Wort zu ergreifen und zu erklären, was ich bin« (zit.n.: Eribon, Michel Foucault, S. 333).

[368] Foucault, Dispositive der Macht, S. 59ff.

[369] ebda., S. 62.

[370] ebda., S. 65.

[371] ebda., S. 67.

[372] ebda., S. 53.

[373] Foucault, Der Gebrauch der Lüste, S. 16.

[374] »Gewiß doch, nicht für sich noch für seine Kinder arbeitet der Kapitalist, sondern für die Unsterblichkeit des Systems. Ziellose Gewalt, Freude, reine Freude, sich als Rädchen in der Maschine fühlen zu dürfen, von den Strömen durchquert, von den Spaltungen durchschnitten zu werden. Sich dorthin begeben, wo man derart vom Sozius durchmessen, durchschnitten, in den Arsch gefickt wird, den richtigen Platz aussuchen, wo man entsprechend den uns zugewiesenen Zielen und Interessen etwas fließen spürt, das weder Interesse noch Ziel besitzt. Gleichsam l'art pour l'art innerhalb der Libido, das Gefühl, gute Arbeit geleistet zu haben, und jeder an seinem Platz, der Bankier, der Polizist, der Soldat, der Technokrat, der Bürokrat, und warum nicht der Arbeiter, der Gewerkschafter ... Der Wunsch gafft« (Deleuze/Guattari, Anti-Ödipus, S. 448f.).

[375] Deleuze/Parnet, Dialoge, S. 45.

[376] Deleuze/Guattari, Anti-Ödipus, S. 316.

[377] ebda., S. 225.

[378] ebda., S. 308.

[379] ebda., S. 363. – »Der Marxismus besteht in einem gegebenen gesellschaftlichen System und besonders im kapitalistischen System immer auf der Existenz der gesellschaftlichen Widersprüche, um seine revolutionäre politische Aktion zu begründen. Aber eine Gesellschaftsformation, und vor allem der Kapitalismus, lebt ausgezeichnet von ihren Widersprüchen. Die Widersprüche des Kapitalismus sind für ihn geradezu eine Art Motor, sie sind für ihn sogar eine Art Nahrung; und schon seit langem haben alle die Idee aufgegeben, daß der Kapitalismus an seinen Widersprüchen sterben würde, im Gegenteil, er lebt von seinen Widersprüchen, seine Widersprüche sind sein Geschäft. Wir betonen also in einer Gesellschaftsformation wie der kapitalistischen nicht die Existenz von gesellschaftlichen Widersprüchen, sondern die Fluchtlinien, die durch ein System gehen. Und die Fluchtlinien sind durchaus nicht dasselbe wie die Widersprüche. ... Zweifellos versucht der Kapitalismus zu kontrollieren, zu schweißen und einen Knoten zu machen, aber dann gibt es Fluchten in anderer Richtung, und im allgemeinen dort, wo man es nicht vorhergesehen hat, wo man es nicht erwartet. Daher hat eine Fluchtlinie für uns viel mehr Bedeutung als ein Widerspruch« (Deleuze, in: Antipsychiatrie und Wunschökonomie, S. 129f.).

[380] Deleuze/Guattari, Tausend Plateaus, S. 654.

[381] Deleuze/Guattari, Anti-Ödipus, S. 488.

[382] Lyotard, Ökonomie des Wunsches, S. 209f. – »Und nun also die Frage: Warum *beugt* ihr, die politischen Intellektuellen, euch *zum Proletariat herab*? Aus Mitleid mit was? Ich verstehe, daß man euch haßt, wenn man Proletarier ist; es gibt keinen Grund, euch zu hassen, weil ihr Bürger, Privilegierte mit zarten Händen seid, sondern weil ihr das einzig Wichtige nicht zu sagen wagt: man kann auch Lust empfinden, wenn man das Sperma des Kapitals, die Materialien des Kapitals verschlingt, die Metalbarren, die Polysryrene, die Groschenhefte, die Hot Dogs, wenn man das Zeug tonnenweise bis zum Platzen verschlingt – und statt dies auszudrükken, was ja auch im Wunsch der Kapitalisierten, der Hand-, Sex- und Kopfarbeiter enthalten ist, setzt ihr ein *Männer*gesicht, ein *Macker*gesicht auf, und ihr beugt euch herab und sagt: ach, aber das ist doch Entfremdung, das ist aber gar nicht schön, wartet nur, wir werden euch befreien, wir werden dafür arbeiten, euch von dieser schlimmen Neigung zur Knechtschaft befreien, wir werden euch Würde verleihen. Und damit stellt ihr euch auf die widerwärtigste Seite, ihr Moralisten, dorthin nämlich, wo man wünscht, daß der Wunsch von uns Kapitalisierten voll und ganz verkannt und verboten, ja mit Füßen getreten wird; ihr verhaltet euch wie die Priester zu ihren Sündern, unsere knechtischen Intensitäten machen euch Angst, ihr müßt euch sagen: was müssen die leiden, wenn sie so viel ertragen müssen! Und wir leiden natürlich auch, wir Kapitalisierten, aber das heißt weder, daß wir keine Lust empfinden würden, noch daß das, was ihr uns als Heilmittel (wogegen bloß?) anbieten zu können glaubt, uns nicht noch mehr anekelt, wir verabscheuen die Therapeutik und ihr Vaseline, wir wollen lieber bei den quantitativen Exzessen platzen, die ihr für das Stumpfsinnigste haltet« (ebda., S. 174f.).

[383] Lyotard, Intensitäten, S. 115.

[384] ebda., S. 141.

[385] Deleuze, in: Der Faden ist gerissen, S. 122f.

[386] Deleuze, ebda., S. 90.

[387] Guattari, Psychotherapie, Politik und die Aufgaben der institutionellen Analyse, S. 38.

[388] Deleuze/Guattari, Tausend Plateaus, S. 652.

[389] Guattari, La révolution moléculaire, S. 23.

[390] ebda., S. 23.

[391] Deleuze/Parnet, Dialoge, S. 142.

[392] Deleuze/Guattari, Anti-Ödipus, S. 336.

[393] Foucault, in: Der Faden ist gerissen, S. 99.

[394] Deleuze/Guattari, Anti-Ödipus, S. 491.

[395] Deleuze/Guattari, Tausend Plateaus, S. 522.

[396] ebda., S. 543.

[397] ebda., S. 576.

[398] ebda., S. 485.

[399] Guattari, Wunsch und Revolution, S. 130f.

[400] Deleuze/Guattari, Tausend Plateaus, S. 532f.

[401] ebda., S. 589.

[402] ebda., S. 589.

[403] ebda., S. 575.

[404] ebda., S. 575.

[405] ebda., S. 581.

[406] Deleuze, Unterhandlungen, S. 53.

[407] Deleuze, Nietzsche und die Philosophie, S. 95.

[408] »Es ist durchaus gefährlich, sich auf reine, vom Identischen befreite und vom Negativen losgelöste Differenzen zu berufen. Die größte Gefahr besteht darin, den Vorstellungen … der schönen Seele zu verfallen: nichts als Differenzen, miteinander vereinbar und versöhnbar, fernab von blutigen Kämpfen. Die schöne Seele sagt: Wir unterscheiden uns voneinander,

sind einander nicht entgegengesetzt ... Wenn jedoch die Probleme den ihnen eigenen Grad an *Positivität* erreichen und wenn die Differenz zum Gegenstand einer entsprechenden *Bejahung* wird, so setzen sie, wie wir glauben, eine Aggressions- und Selektionsmacht frei, die die schöne Seele zerstört, indem sie diese ihrer Identität selbst beraubt und ihren guten Willen bricht. Das Problematische und das Differentielle bewirken Kämpfe oder Zerstörungen, denen gegenüber die des Negativen nur Schein sind und die frommen Wünsche der schönen Seele ebensoviele im Schein befangene Mystifikationen. ... Jeder Gedanke wird zur Aggression« (Deleuze, Differenz und Wiederholung, S. 12).

409 Foucault, Vom Licht des Krieges zur Geburt der Geschichte, S. 10.

410 ebda., S. 12.

411 Guattari, La révolution moléculaire, S. 362.

412 Foucault, Dispositive der Macht, S. 40.

413 Lyotard, Das Patchwork der Minderheiten, S. 19.

414 Guattari, La révolution moléculaire, S. 364.

415 Die l.u.p.u.s.-Gruppe: »›Revolutionäre Politik‹ muß sich in diesem Land daran messen lassen, ob sie den Versuch unternimmt, den alltäglichen oft institutionalisierten, insgesamt eher leisen Terror der hiesigen Verhältnisse, die nach wie vor auf einem breiteren Konsens ruhen, anzugreifen. Nicht nur wegen der Menschen hier, sondern auch weil dieses System global Ausbeutungs- und Zerstörungsverhältnisse produziert und stabilisiert, deren Ausmaße menschliche Vorstellungskraft gewöhnlich übersteigt« (l.u.p.u.s., Geschichte Rassismus und das Boot, S. 54).

416 Foucault, Dispositive der Macht, S. 71f.

417 Foucault, Vom Licht des Krieges zur Geburt der Geschichte, S. 11.

418 ebda., S. 7.

419 Foucault, Überwachen und Strafen, S. 397.

420 Foucault, Vom Licht des Krieges zur Geburt der Geschichte, S. 11f.

421 Foucault, Mikrophysik der Macht, S. 80.

422 Deleuze, in: Pariser Gespräche, S. 57.

423 Foucault, Überwachen und Strafen, S. 375.

424 Foucault, Mikrophysik der Macht, S. 67.

425 Guattari, La révolution moléculaire, S. 195.

426 Deleuze/Guattari, Tausend Plateaus, S. 621.

427 Guattari, La révolution moléculaire, S. 205.

428 Lyotard, Ökonomie des Wunsches, S. 379. – Es wird erzählt, dass die enge Verbindung von Foucault und Deleuze (bzw. Guattari) an der Frage zerbrochen ist, wie revolutionär die Gewalt sein kann. Denn während Letztere nicht nur von Flugzeug entführenden »Genossen« sprechen (vgl. Guattari-Zitat S. 173) und den Ausgangspunkt einiger RAF-Einstiege, das »Sozialistische Patienten-Kollektiv (SPK)« in Heidelberg, in höchsten Tönen loben (vgl. Antipsychiatrie und Wunschökonomie, S. 98), sondern auch 1977 die Auslieferung des RAF-Anwalts Klaus Croissant aus wenig verschleierter Sympathie mit der RAF selbst verhindern wollten, engagierte sich Foucault in diesem Fall nur unter Vorbehalten für Croissant. Jahre später sagt Foucault über Deleuze: »Wir sehen uns nicht mehr ... Seit Klaus Croissant. Ich habe den Terrorismus und das Blut nicht gebilligt und auch Baader und seine Gruppe nicht gutgeheißen...« (zit.n.: Eribon, Michel Foucault, S. 373). Es wäre allerdings nicht richtig, Deleuze und Guattari als bedingungslose RAF-Sympathisanten darzustellen. Guattari hat des Öfteren explizite Kritik an den Praktiken dieser und ähnlicher Gruppen geübt: »Ich für meinen Teil muß sagen, daß ich nichts schlimmeres, nichts widerwärtigeres kenne als diese Fotos Schleyers oder Moros mit ihrer kleinen Tafel auf der Brust. Ich weigere mich über die Begründung ihrer Exekution zu urteilen, über ihre Richter zu urteilen, aber ich kann diese Prozedur, dieses über die Medien angetriebene Bild nicht unterstützen. (...) Seine grundlegende Solidarität mit den Opfern der kapitalistischen Unterdrückung zu bestärken – mit allen Opfern – impliziert nicht, daß man sich verbürgt für die Verirrungen, die zu den unbeschreib-

lichen Spektakeln der Flugzeugentführung von Mogadischu oder den selbsternannten Volksgerichten, die im Keller tagen, führen! Die dumme Reproduktion des Modells der ›Justiz‹ und der Unterdrückung der Macht, der ekelhafte Gebrauch der Medien, die bornierte Sektiererei, die Manipulation der ›Weggefährten‹ sind keineswegs zweitrangige Fragen« (Guattari, La révolution moléculaire, S. 198 und 200). »Von jedem Gesichtspunkt aus war der rote Terrorismus *ein verheerender Einschnitt* für die Bewegung. Aber alles vor allem durch die Wiederbelebung der zentralistischen, abstrakten und ideologischen Konzeptionen der *Organisation. ... Nichts ist dringlicher als das Beenden dieser falschen Alternative*« (Guattari/Negri, Les nouveaux espaces de liberté, S. 57).

[429] Irigaray, Das Geschlecht das nicht eins ist, S. 135.

[430] Deleuze/Guattari, Tausend Plateaus, S. 647.

[431] Foucault, Vom Licht des Krieges zur Geburt der Geschichte, S. 13.

[432] Deleuze/Guattari, Tausend Plateaus, S. 147.

[433] ebda., S. 398.

[434] ebda., S. 147.

[435] ebda., S. 371.

[436] ebda., S. 378.

[437] Deleuze, Kleine Schriften, S. 27.

[438] Cixious, Die unendliche Zirkulation des Begehrens, S. 26.

[439] Lyotard, Das Patchwork der Minderheiten, S. 60.

[440] Baudrillard, Transparenz des Bösen, S. 143f. – In seiner kommerzialisierten Variante wird das so beschrieben: »Wie man sie liebt, diese Exterioritäten! Daher kommen die Reisen, die Ethnologie, die Psychiatrie, die Pädiatrie, Pädagogik, die Liebe zu den Ausgestoßenen: schöne Negerinnen, bezaubernde Indianer, rätselhafte Chinesen, Träumer, Kinder, tretet ein in meine Arbeit und meine Räume des Begriffs. Das ist das Theater: das sich ausbreitende Weiß des Okzidents, der widerliche, kannibalische Imperialismus« (Lyotard, Ökonomie des Wunsches, S. 31).

[441] Lyotard, Ökonomie des Wunsches, S. 82.

[442] Deleuze/Guattari, Tausend Plateaus, S. 396.

[443] ebda., S. 375.

[444] Irigaray, Speculum, S. 280.

[445] Irigaray, Das Geschlecht das nicht eins ist, S. 87.

[446] Deleuze, Kleine Schriften, S. 69.

[447] Deleuze/Guattari, Kafka, S. 32.

[448] Cixious, Die unendliche Zirkulation des Begehrens, S. 39.

[449] Deleuze, Kleine Schriften, S. 72.

[450] Deleuze/Guattari, Tausend Plateaus, S. 397.

[451] Irigaray, Genealogie der Geschlechter, S. 105.

[452] Deleuze/Parnet, Dialoge, S. 10.

[453] Deleuze/Guattari, Tausend Plateaus, S. 326.

[454] ebda., S. 325.

[455] ebda., S. 375.

[456] ebda., S. 375.

[457] Deleuze/Parnet, Dialoge, S. 13.

[458] Deleuze/Guattari, Tausend Plateaus, S. 337.

[459] ebda., S. 416.

[460] ebda., S. 323.

[461] ebda., S. 327.

[462] ebda., S. 326.

[463] Deleuze/Parnet, Dialoge, S. 10.

[464] Deleuze/Guattari, Tausend Plateaus, S. 373.

[465] ebda., S. 324f.

[466] ebda., S. 374.

[467] ebda., S. 148.

[468] Deleuze, Unterhandlungen, S. 54.

[469] Deleuze/Guattari, Anti-Ödipus, S. 213.

[470] ebda., S. 141f.

[471] ebda., S. 401.

[472] ebda., S. 145.

[473] ebda., S. 405.

[474] ebda., S. 401.

[475] ebda., S. 406.

[476] ebda., S. 351.

[477] ebda., S. 470.

[478] ebda., S. 416.

[479] Guattari, Psychotherapie, Politik und die Aufgaben der institutionellen Analyse, S. 25.

[480] Deleuze/Guattari, Tausend Plateaus, S. 278.

[481] Deleuze/Guattari, Rhizom, S. 57.

[482] ebda., S. 63f.

[483] Guattari, l'inconscient machinique, S. 201ff.

[484] Deleuze/Guattari, Tausend Plateaus, S. 342.

[485] vgl.: Fink-Eitel, Foucault zur Einführung, S. 125.

[486] Altwegg, Die Republik des Geistes, S. 211.

[487] vgl.: Tepe, Postmoderne Poststrukturalismus.

[488] Wobei das Problem nicht darin liegt, dass sich die Einzelnen in möglichst große Gruppen begeben müssten, um ihren Individualismus zu überwinden. Denn der Clou dieses Individualismus liegt ja darin, aus den Individuen eine verwalt- und kontrollierbare Mega-Gruppe zu formen: »Ich möchte … unterstreichen, daß die Macht des Staates (und das ist einer der Gründe für ihre Stärke) eine zugleich individualisierende und totalisierende Form der Macht ist. Ich glaube, daß es niemals in der Geschichte der menschlichen Gesellschaften, … eine so verwickelte Kombination von Individualisierungstechniken und Totalisierungsverfahren innerhalb ein und derselben politischen Struktur gegeben hat« (Foucault, Das Subjekt und die Macht, S. 248). Wir dürfen nicht der bürgerlichen Gegenüberstellung von Individuum und Gesellschaft aufsitzen und einfach mehr Gesellschaft und weniger Individuum fordern, weil wir damit nur in der gleichen Individualisierungslogik verblieben.

[489] Deleuze, Unterhandlungen, S. 135.

[490] Foucault, Von der Freundschaft, S. 137f.

[491] Deleuze, Foucault, S. 148.

[492] Foucault, Von der Freundschaft, S. 134.

[493] Foucault, Der Gebrauch der Lüste, S. 315.

[494] Marti, Michel Foucault, S. 141f.

[495] Deleuze, Unterhandlungen, S. 153.

[496] ebda., S. 139.

[497] Foucault, Das Subjekt und die Macht, S. 250. – Warum Foucault dabei seinen Blick auf die Antike richtet, erklärt er so: »Eine Periode, die nicht die unsere ist, besitzt keinen exemplarischen Wert … nichts, zu dem man zurückgehen könnte. Aber wir haben ein Beispiel einer ethischen Erfahrung, die eine sehr starke Verbindung von Lust und Begehren implizierte. (…)

Wir müssen uns nicht zwischen unserer Welt und der Welt der Griechen entscheiden. Aber da wir sehr gut erkennen können, daß manche der Hauptprinzipien unserer Ethik zu einem bestimmten Zeitpunkt an eine Ästhetik der Existenz gebunden waren, denke ich, daß diese Art historischer Analyse nützlich sein kann« (Foucault, Zur Genealogie der Ethik, S. 271 und 273).

[498] Deleuze, in: Pariser Gespräche, S. 54f.

[499] Deleuze, Unterhandlungen, S. 158.

[500] Foucault, Von der Freundschaft, S. 136.

[501] Foucault, Der Gebrauch der Lüste, S. 42.

[502] Deleuze, Unterhandlungen, S. 145.

[503] ebda., S. 118 (Hvhb.d.A.).

[504] Deleuze, Unterhandlungen, S. 134f.

[505] ebda., S. 165.

[506] Foucault, Zur Genealogie der Ethik, S. 266. – Was, denke ich, nichts mit Egoismus zu tun hat. Der Gegensatz von Egoismus und Altruismus kann nur bestehen, wenn wir im bürgerlichen Denken des autonomen Subjekts hängen bleiben. Die Auflösung dieses Subjekts im Poststrukturalismus und das dadurch entstehende Freiwerden des Blicks auf die Kollektivität des Einzelnen heißt, dass das *Kümmern um sich* wesentlich ein *Kümmern um das Verhältnis von sich zu allem anderen* ist. – Dabei sehe ich jedoch noch lange keinen »demokratischen Verhaltenskodex« entstehen (wie etwa Jürg Altwegg meint – vgl.: ders.: Französische Denker der Gegenwart, S. 190), denn eine Lebenskunst scheint mir von einem Verhaltenskodex doch durchaus verschieden.

[507] Kristeva, Die Revolution der poetischen Sprache, S. 227.

[508] Deleuze, Spinoza, S. 34.

[509] Lyotard, Ökonomie des Wunsches, S. 26.

[510] Guattari, La révolution moléculaire, S. 308.

[511] Deleuze, Unterhandlungen, S. 165.

[512] Deleuze, Foucault, S. 169. – Und dazu braucht es den Menschen gerade nicht – eher eine Form, die mit Nietzsches *Übermensch* zu tun hat: »Im Gegensatz zu dem, was der vorgefertigte Diskurs sagt, braucht man sich keineswegs auf den Menschen zu berufen, um Widerstand zu leisten. Was dieser Widerstand aus dem alten Menschen zieht, das sind, wie Nietzsche sagte, die Kräfte eines reicheren, aktiveren, bejahenderen, möglichkeitsreicheren Lebens. Der Übermensch hat nie etwas anderes bedeuten sollen als: *im Menschen selbst* gilt es das Leben zu befreien, da der Mensch selbst eine Weise darstellt, es einzusperren. (…) Was aber will Foucault sagen, wenn er erklärt, daß es am Tod des Menschen nichts zu beweinen gebe? Denn in der Tat, war der Mensch eine gelungene Form? Konnte sie die Kräfte im Menschen bereichern oder auch nur bewahren, die Kräfte des Lebens, des Sprechens und des Arbeitens? Hat sie den existierenden Menschen den gewaltsamen Tod erspart? Die Frage, die sich immer wieder neu stellt, lautet doch: wenn die Kräfte im Menschen eine Form nur bilden, indem sie in Beziehung zu neuen Kräften des Außen treten, mit welchen neuen Kräften werden sie sich jetzt einlassen, und welche neue Form kann hieraus entstehen, die weder Gott noch Mensch wäre? Dies ist die korrekte Formulierung des Problems, das Nietzsche mit dem Wort vom ›Übermenschen‹ bezeichnete« (Deleuze, Foucault, S. 129 und 186).

[513] Baudrillard ist der Einzige der in dieser Arbeit wiederholt zitierten AutorInnen, der nach wie vor häufig und regelmäßig veröffentlicht. Die hier berücksichtigten Texte reichen bis zum Jahre 1994. Zu seinen interessantesten neueren Texten (auch in Zusammenhang mit den hier präsentierten Grundzügen Baudrillardschen Denkens) mögen seine Überlegungen zu den Anschlägen auf die Twin Towers in New York gehören; vgl.: Der Geist des Terrorismus, Wien: Passagen 2003. (Anm. 2005.)

[514] Baudrillard, Oublier Foucault, S. 62.

[515] ebda., S. 18f.

[516] ebda., S. 23.

[517] Foucault, zit.n.: Eribon, Michel Foucault, S. 394.

[518] Baudrillard, Agonie des Realen, S. 32.

[519] Baudrillard, Der symbolische Tausch und der Tod, S. 20f.

[520] Baudrillard, Kool Killer oder der Aufstand der Zeichen, S. 45.

[521] ebda., S. 39. – Für die Politik heißt das etwa Folgendes: »Die Politikerklasse hat virtuell keinen spezifischen Charakter mehr. Ihr Element ist nicht mehr Entscheidung und Handlung, sondern das Videospiel. Es ist nicht mehr wichtig, repräsentativ zu sein, sondern angeschlossen und ›auf Sendung‹ zu sein. Und genau darum bemühen sich die ›Politiker‹ verzweifelt: Ihre Intervention beschränkt sich mehr und mehr auf die Berechnung der Spezialeffekte, der Beleuchtung und der gelungenen Selbstdarstellung. Selbst ihre Ideologie richtet sich nicht an unsere Grundüberzeugungen: Entweder sie spricht uns an oder nicht. Dadurch verlieren sie ihre politische Aura im eigentlichen Sinne und können vielleicht sogar im Mediendenken der Massen durch Vertreter des Show-Geschäftes oder des Sports ersetzt werden, das heißt durch echte Profis, durch Leute, die viel professionalisierter sind als sie und deren Verhältnis zur Technik viel weiter entwickelt ist als das ihre. ... Der Fall Reagan ist exemplarisch: ein professioneller Schauspieler, der gleichzeitig die politische Ära der Kennedeys und den eigentlich politischen Umgang mit den Staatsangelegenheiten beendet hat. Aber auch Johannes Paul II. ist ein gutes Beispiel: als Medienprofi mit evangelischem Look und Jet-set-Predigten hat er die apostelische Szene vollkommen umgewälzt. In den Ländern des Ostens kann man sehen, wie verdiente Sportler ausschließlich aufgrund ihrer Siege in der militärischen oder politischen Hierarchie aufsteigen; und in den USA bewerben sich Astronauten um die Präsidentschaft. Wir bewegen uns vielleicht in Richtung einer Republik der Schnulzensänger, Ansager, Sprinter oder Animateure. Warum nicht? Im alten Rom hat man schon einmal ein Pferd zum Kaiser gekrönt. Es gibt tatsächlich nichts Lustigeres als das; zumindest entflieht man der Langeweile und dem andauernden Philistertum unserer Regierenden. Ist es nicht viel lustiger, Reagan ohne jede Komplexe lachen zu sehen, als Mitterand wie am Tropf lächeln zu sehen? ... Und wenn unsere Gesellschaften Simulationsgesellschaften sind, ist es dann im Grunde nicht besser, daß die Herrschenden große Simulanten und Simulationsprofis sind? Reagan ist mit Sicherheit der vollkommene Repräsentant Amerikas (das dadurch zu einer absoluten Demokratie wird), er repräsentiert die endgültige Beförderung des Werbeslogans (›Ihr seid die besten‹) auf die politische Ebene, die Rache des Spektakulären und des Reklame-Bereiches an der Politik und somit auch die Rache des Volkes an der Politikerklasse. Wenn euch das nicht gefällt, umso schlimmer für euch. ... Was hat diese neue ›Sportivität‹ des politischen Lebens, die sich in der Tat dem Reklamewettbewerb annähert und bei der die Zufälligkeit der Umfragen wie die ›sportlichen Zufälle‹ funktioniert, zu bedeuten? In einer Welt ohne Trennungen, die durch die Abschaffung der Repräsentation vereinheitlicht worden ist, gibt es sowohl in der Politik wie in der Kultur nur noch (wie im Universum der Partikel) Wirbelbewegungen, flashs, Spezialeffekte, plötzliche Polarisierungen, die den Modeeffekten vergleichbar sind, und Verstopfungen, die nur das Imaginäre der untätigen Masse und ein Spiegel sind, in dem die Masse ihre gleichgültige Macht betrachtet, welche darin besteht, die Geschichte in *irgendeine beliebige* Richtung zu lenken – eine Rache für jene allzu lange Periode, in der man sie in diese oder jene Richtung drängen wollte« (Baudrillard, Die göttliche Linke, S. 96ff.). Und zu den Wahlen: »Die Wahl ist grundsätzlich *zufällig* geworden: wenn die Demokratie ein fortgeschrittenes formalisiertes Stadium erreicht hat, verteilt sie sich auf gleichwertige Quotienten (50/50). Die Wahl folgt der Brownschen Molekularbewegung oder der Wahrscheinlichkeitsrechnung; es ist, als ob alle blindlings wählen würden, es ist, als ob Affen wählen würden« (Baudrillard, Der symbolische Tausch und der Tod, S. 107).

[522] Baudrillard, Agonie des Realen, S. 32.

[523] Baudrillard, Der symbolische Tausch und der Tod, S. 17.

[524] Baudrillard, Transparenz des Bösen, S. 22.

[525] Baudrillard, Agonie des Realen, S. 65.

[526] Baudrillard, Kool Killer oder der Aufstand der Zeichen, S. 75. – Zeugnis der Implosion legt das Schweigen der Masse ab: »Das ist der paradoxe Sinn dieses Schweigens: es kann als absolute Form der Entfremdung erscheinen, aber es ist auch seine absolute Waffe. Die Masse

ist für die Schemata der Befreiung, der Revolution und der Geschichtlichkeit unzugänglich, aber das ist die ihr eigene Art der Verteidigung, die ihr eigentümliche Art der Vergeltung. Sie ist Simulationsmodell, Alibi zum Gebrauch einer phantomhaften politischen Klasse, die schon nicht mehr weiß, welche Art von ›politischer‹ Macht sie eigentlich über sie ausübt; und zugleich ist sie der Tod, das Ende dieses politischen Prozesses, der sie angeblich regiert. *In der Masse geht die Politik als Wille und Repräsentation zugrunde*« (Baudrillard, Kool Killer, S. 42). Baudrillard meint, »daß das einzig wirkliche Problem heute das Schweigen der Masse ist, die schweigende Mehrheit. Es ist die politische Ordnung, das Realitätsprinzip, das auf dem Spiel steht« (ebda., S. 43). Beispiel Arbeitsdisziplin: »Die ganze Arbeitsdisziplin ist dahin, alle moralischen Normen und Praktiken, die die industrielle Kolonialisierung seit zwei Jahrhunderten in Europa erzwungen hatte, verfallen und geraten in Vergessenheit, ohne sonderliche Anstrengung, ohne ›Klassenkampf‹ im eigentlichen Sinn. Unregelmäßigkeit, Laxheit, Unpünktlichkeit, Gleichgültigkeit gegenüber den Lohndrückern, dem Überschuß, der Beförderung, der Akkumulation, dem Voranschlag – man tut gerade, was man tun muß, hört dann auf und kommt später darauf zurück. Das sind genau die Verhaltensweisen, die die weißen Siedler den ›Unterentwickelten‹ vorwerfen: es sei unmöglich, ihnen den Wert der Arbeit, die rationale und kontinuierliche Zeit, den Begriff des Lohngewinns usw. beizubringen. Es bleibt nichts übrig, als sie in die Metropolen zu exportieren, bis man endlich dahin kommt, sie in den Arbeitsprozeß zu integrieren. Und genau in diesem Moment passiert es, daß die westlichen Arbeiter mehr und mehr zu Verhaltensweisen von ›Unterentwickelten‹ regredieren« (Baudrillard, Der symbolische Tausch und der Tod, S. 48).

527 Baudrillard, Agonie des Realen, S. 25.

528 Baudrillard, Das Andere selbst, S. 79.

529 Baudrillard, Kool Killer oder der Aufstand der Zeichen, S. 16.

530 Baudrillard, Der symbolische Tausch und der Tod, S. 67.

531 ebda., S. 71.

532 ebda., S. 278.

533 ebda., S. 68.

534 ebda., S. 66f.

535 Baudrillard, Kool Killer oder der Aufstand der Zeichen, S. 14. – Die Kritik an der »Todesrevolte« Baudrillards, »die dem Terrorismus ... wahre Wunderdinge zutraut« (Bergfleth, Baudrillard und die Todesrevolte, S. 393), die wir bei Gerd Bergfleth finden, halte ich deshalb für interessant, weil dieser nicht den moralisch Entrüsteten spielt, sondern schlicht auf die Probleme verweist, die die Theorie von der Faszination und Herausforderung des Systems durch den Tod mit sich bringt: »Als wir von der Tragödie erfuhren, die sich in Stammheim ereignet hatte, vom kollektiven Tod der Gefangenen der RAF, waren wir nicht fasziniert, sondern entsetzt, und es wäre gut gewesen, wenn etwas von diesem Entsetzen in Baudrillards Todesspekulation eingegangen wäre« (ebda., S. 383). »Auch die universelle Simulation gehorcht also dem Kalkül, sie ist die fortgeschrittenste Form kalkulatorischer Verfügbarkeit – so fortgeschritten, daß sie es mühelos schafft, auch die terroristische Herausforderung des Systems noch zu integrieren« (ebda., S. 396).

536 Baudrillard, Kool Killer oder der Aufstand der Zeichen, S. 80.

537 Guattari/Negri, Les nouveaux espaces de liberté, S. 46.

538 ebda., S. 102.

539 Baudrillard, Amerika, S. 143f.

540 Baudrillard, Transparenz des Bösen, S. 169.

541 ebda., S. 152f.

542 ebda., S. 147f.

543 ebda., S. 161.

544 ebda., S. 155f.

[545] ebda., S. 151. – Julia Kristeva meint mit *Fremdheit* etwas sehr Ähnliches wie Baudrillard mit der *Andersheit* und versucht daraus, gerade auch in der Auseinandersetzung mit dem Rassismus, eine ethische Perspektive zu gewinnen: »Vielleicht ist es gerade die Subversion dieses modernen Individualismus, der Moment, in dem der Staatsbürger als Individuum aufhört, sich als einheitlich zu betrachten und zu glorifizieren, und statt dessen seine Inkohärenzen und seine Abgründe, kurz: seine ›Fremdheit‹, entdeckt, von wo aus die Frage sich neu stellt: Nicht mehr nach Aufnahme des Fremden in ein System, das ihn auslöscht, sondern nach Zusammenleben dieser Fremden, von denen wir erkennen, daß wir alle es sind. Die Fremdheit des Fremden zu fixieren, zu verdinglichen suchen. Sie gerade nur berühren, sie streifen, ohne ihr eine endgültige Struktur zu geben. Einfach die beständige Bewegung, die sie kennzeichnet, durch einige der disparaten Gesichter, die sich heute vor unseren Augen zeigen, durch einige ihrer alten, wechselnden, in der Geschichte verstreuten Figuren skizzieren. Diese Fremdheit auch abschwächen, indem man unaufhörlich darauf zurückkommt – aber immer rascher. Sich von dem Haß und der Bürde befreien, sie nicht durch Angleichung oder Vergessen fliehen, sondern durch ein harmonisches Wiederaufgreifen der Differenzen, die sie voraussetzt und propagiert. ... Fremdheit, die anerkannt und schmerzlich ist, weil sie aufgenommen, gelindert, verstreut ist, eingeschrieben in ein neues, im Entstehen begriffenes Spiel, ohne Ziel, ohne Schranke, ohne Ende. Fremdheit, gerade nur gestreift – und die sich bereits entfernt« (Kristeva, Fremde sind wir uns selbst, S. 12f.). – Zur Begrifflichkeit: Wenn die *Andersheit/Fremdheit* hier gegen die *Differenz* ausgespielt wird, so trifft das nicht den Begriff der Differenz bei Deleuze und anderen PoststrukturalistInnen, da jene darauf insistieren, anderes als anderes wahrzunehmen (vgl. I,3,2). Gleichzeitig mag aufgrund der demokratischen Verwertbarkeit und dem damit einhergehenden Hochhalten von Differenzen (vor dem Hintergrund der totalen Indifferenz) diese begriffliche Radikalisierung vom *Differenten* zum *Anderen* durchaus fruchtbar sein.

Literatur:

Altwegg, Jürg: Die Republik des Geistes. Frankreichs Intellektuelle zwischen Revolution und Reaktion. München/Zürich: Piper 1986.

Altwegg, Jürg/Aurel Schmidt: Französische Denker der Gegenwart. Zwanzig Portraits. München: Beck 1987.

Antipsychiatrie und Wunschökonomie. Berlin: Merve 1976.

Antworten der Strukturalisten (hrsg. v. Adalbert Reif). Hamburg: Hoffmann und Campe 1973.

Aristoteles: Hauptwerke. Stuttgart: Kröner 1977.

autonome l.u.p.u.s.gruppe: Doitschstunde, in: Drei zu Eins. Amsterdam/Berlin: Edition ID-Archiv 1993, S.83-103.

autonome l.u.p.u.s. gruppe: Geschichte Rassismus und das Boot. Wessen Kampf gegen welche Verhältnisse?. Amsterdam/Berlin: Edition ID-Archiv 1992.

Barthes, Roland: Das Reich der Zeichen. Frankfurt/Main: Suhrkamp 1981.

Barthes, Roland: Das semiologische Abenteuer. Frankfurt/Main: Suhrkamp 1988.

Barthes, Roland: Die Lust am Text. Frankfurt/Main: Suhrkamp 1974.

Barthes, Roland: Kritik und Wahrheit. Frankfurt/Main: Suhrkamp 1967.

Barthes, Roland: Lektion. Antrittsvorlesung im Collège de France. Frankfurt/Main: Suhrkamp 1980.

Baudrillard, Jean: Agonie des Realen. Berlin: Merve 1978.

Baudrillard, Jean: Amerika. München: Matthes&Seitz 1987.

Baudrillard, Jean: Das Andere selbst. Habilitation. Wien: Passagen 1987.

Baudrillard, Jean: Das Jahr 2000 findet nicht statt. Berlin: Merve 1990.

Baudrillard, Jean: Der symbolische Tausch und der Tod. München: Matthes&Seitz 1982.

Baudrillard, Jean: Die göttliche Linke. München: Matthes&Seitz 1986.

Baudrillard, Jean: Kool Killer oder der Aufstand der Zeichen. Berlin: Merve 1978.

Baudrillard, Jean: Laßt euch nicht verführen!. Berlin: Merve 1983.

Baudrillard, Jean: Oublier Foucault. München: Raben 1983.

Baudrillard, Jean: Transparenz des Bösen. Ein Essay über extreme Phänomene. Berlin: Merve 1992.

Bergfleth, Gerd: Baudrillard und die Todesrevolte, in: Baudrillard, Der symbolische Tausch und der Tod, a.a.O., S.363-430.

Braidotti, Rosi: Patterns of Dissonance: Women and/in Philosophy, in: Feministische Philosophie (hrsg. v. Herta Nagl-Docekal). München/Wien: Oldenbourg 1990, S.108-122.

Brown, Joseph Epes: The Spiritual Legacy of the American Indian. New York: Crossroad 1990.

Butler, Judith: Das Unbehagen der Geschlechter. Frankfurt/Main: Suhrkamp 1991.

Cixious, Hélène: Die unendliche Zirkulation des Begehrens. Berlin: Merve 1977.

Cixious, Hélène: Sorties, in: Feminist Philosophies, a.a.O., S.366-371.

Cixious, Hélène: Weiblichkeit in der Schrift. Berlin: Merve 1980.

Clastres, Pierre: Staatsfeinde. Studien zur politischen Anthropologie. Frankfurt/

Main: Suhrkamp 1976.
Cornell, Drucilla: Das feministische Bündnis mit der Dekonstruktion, in: Dekonstruktiver Feminismus, a.a.O., S.279-316.
Culler, Jonathan: Dekonstruktion. Derrida und die poststrukturalistische Literaturtheorie. Reinbek: Rowohlt 1988.
Dekonstruktiver Feminismus. Literaturwissenschaft in Amerika (hrsg. v. Barbara Vinken). Frankfurt/Main: Suhrkamp 1992.
de la Motte, Brunhild: Feminismus im Spannungsfeld von Humanismus und Poststrukturalismus, in: Postmoderne – Globale Differenz (hrsg. Robert Weimann/ Hans Ulrich Gumbrecht). Frankfurt/Main: Suhrkamp 1991, S.121-132.
Deleuze,Gilles: Differenz und Widerholung. München: Fink 1992.
Deleuze,Gilles: Drei Gruppenprobleme, in: Guattari, Psychotherapie, Politik und die Aufgaben der institutionellen Analyse (a.a.O.), S.7-22.
Deleuze, Gilles: Foucault. Frankfurt/Main: Suhrkamp 1992.
Deleuze, Gilles: Kleine Schriften. Berlin: Merve 1980.
Deleuze, Gilles: Logique du sens. Paris: de Minuit 1969.
Deleuze, Gilles: Nietzsche – ein Lesebuch. Berlin: Merve 1979.
Deleuze, Gilles: Nietzsche und die Philosophie. Hamburg: eva 1991.
Deleuze, Gilles: Pierre Klossowski oder die Sprachen des Körpers. Berlin: Merve 1979.
Deleuze, Gilles: Proust und die Zeichen. Berlin: Merve 1993.
Deleuze, Gilles: Spinoza. Praktische Philosophie. Berlin: Merve 1988.
Deleuze, Gilles: Unterhandlungen 1972-1990. Frankfurt/Main: Suhrkamp 1993.
Deleuze, Gilles: Woran erkennt man den Strukturalismus?. Berlin: Merve 1992.
Deleuze, Gilles/Claire Parnet: Dialoge. Frankfurt/Main: Suhrkamp 1980.
Deleuze, Gilles/Félix Guattari: Anti-Ödipus. Kapitalismus und Schizophrenie 1. Frankfurt/Main: Suhrkamp 1977.
Deleuze, Gilles/Félix Guattari: Interview in La Quinzaine littéraire 143/1972.
Deleuze, Gilles/Félix Guattari: Kafka. Für eine kleine Literatur. Frankfurt/Main: Suhrkamp 1976.
Deleuze, Gilles/Félix Guattari: Qu'est-ce que la philosophie. Paris: de Minuit 1991.
Deleuze, Gilles/Félix Guattari: Rhizom. Berlin: Merve 1977.
Deleuze, Gilles/Félix Guattari: Tausend Plateaus. Kapitalismus und Schizophrenie 2. Berlin: Merve 1992.
Deleuze, Gilles/Michel Foucault. Der Faden ist gerissen. Berlin: Merve 1977.
Derrida, Jacques: Das andere Kap – Die vertagte Demokratie. Zwei Essays zu Europa. Frankfurt/Main: Suhrkamp 1992.
Derrida, Jacques: Die différance, in: Postmoderne und Dekonstruktion, a.a.O., S.76-113.
Derrida, Jacques: Die Schrift und die Differenz. Frankfurt/Main: Suhrkamp 1976.
Derrida, Jacques: Gesetzeskraft. Der mystische Grund der Autorität. Frankfurt/ Main: Suhrkamp 1991.
Derrida, Jacques: Grammatologie. Frankfurt/Main: Suhrkamp 1983.
Derrida, Jacques: Randgänge der Philosophie. Berlin/Frankfurt/Main: Ullstein 1976.
Derrida, Jacques: Semiologie und Grammatologie, in: Postmoderne und Dekonstruktion, a.a.O., S.140-164.

de Saussure, Ferdinand: Grundfragen der allgemeinen Sprachwissenschaft. Berlin: de Gruyter 1967.
Descombes, Vincent: Das Selbe und das Andere. Fünfundvierzig Jahre Philosophie. 1933-1978. Frankfurt/Main: Suhrkamp 1981.
Drei zu Eins. Amsterdam/Berlin: Edition ID-Archiv 1993.
Dreyfus, Hubert L./Paul Rabinow: Michel Foucault. Jenseits von Strukturalismus und Hermeneutik. Frankfurt/Main: Athenäum 1987.
Duerr, Hans Peter: Ni dieu – ni mêtre. Anarchische Bemerkungen zur Bewußtseins- und Erkenntnistheorie. Frankfurt/Main: Suhrkamp 1984.
Duerr, Hans Peter: Traumzeit. Über die Grenze zwischen Wildnis und Zivilisation. Frankfurt/Main: Suhrkamp 1985.
Eribon, Didier: Michel Foucault. Eine Biographie. Frankfurt/Main: Suhrkamp 1991.
Feminist Philosophies (ed. Janet A. Kourany/James P. Sterba/Rosemarie Tong). Englewood Cliffs: Prentice Hall 1992.
Feminists Theorize the Political (ed. Judith Butler/Joan W. Scott). New York/London: Routledge 1992.
Ferry, Luc/Alain Renaut: Antihumanistisches Denken. Gegen die französischen Meisterphilosophen. München/Wien: Hanser 1987.
Fink-Eitel, Hinrich: Foucault zur Einführung. Hamburg: Junius 1989.
Foucault, Michel: Archäologie des Wissens. Frankfurt/Main: Suhrkamp 1981.
Foucault, Michel: Das Subjekt und die Macht, in: Dreyfus/Rabinow, a.a.O., S.243-261.
Foucault, Michel: Der Gebrauch der Lüste. Sexualität und Wahrheit 2. Frankfurt/Main: Suhrkamp 1989.
Foucault, Michel: Der Wille zum Wissen. Sexualität und Wahrheit 1. Frankfurt/Main: Suhrkamp 1983.
Foucault, Michel: Die Ordnung der Dinge. Frankfurt/Main: Suhrkamp 1974.
Foucault, Michel: Die Ordnung des Diskurses. Frankfurt/Main: Fischer 1987.
Foucault, Michel: Dispositive der Macht. Über Sexualität, Wissen und Wahrheit. Berlin: Merve 1978.
Foucault, Michel: Freiheit und Selbstsorge. Frankfurt/Main: Materialis 1985.
Foucault, Michel: Genealogie der Ethik, in: Dreyfus/Rabinow, a.a.O., S.265-292.
Foucault, Michel: Mikrophysik der Macht. Über Strafjustiz, Psychiatrie und Medizin. Berlin: Merve 1976.
Foucault, Michel: Überwachen und Strafen. Die Geburt des Gefängnisses. Frankfurt/Main: Suhrkamp 1977.
Foucault, Michel: Vom Licht des Krieges zur Geburt der Geschichte. Berlin: Merve 1986.
Foucault, Michel: Von der Freundschaft. Berlin: Merve o.J.
Foucault, Michel: Von der Subversion des Wissens. Frankfurt/Main: Fischer 1987.
Geronimo: Feuer und Flamme. Zur Geschichte und Gegenwart der Autonomen. Amsterdam/Berlin: Edition ID-Archiv 1990.
Geronimo u.a.: Feuer und Flamme 2. Kritiken, Reflexionen und Anmerkungen zur Lage der Autonomen. Amsterdam/Berlin: Edition ID-Archiv 1992.
Guattari, Félix: La révolution moléculaire. Fontenay-sous-Bois: Recherches 1977.
Guattari, Félix: L´impasse post-moderne, in: La Quinzaine littéraire 456/1986.

Guattari, Félix: l´inconscient machinique. essais de schizo-analyse. Fontenay-sous-Bois: Recherches 1979.
Guattari, Félix: Wunsch und Revolution. Heidelberg: Das Wunderhorn 1978.
Guattari, Félix/Negri, Toni: Les nouveaux espaces de liberté. Gourdon: Bedou, 1985.
Häuptling Büffelkind Langspeer erzählt sein Leben. Bornheim-Merten: Lamuv 1987.
Hobsbawm, Eric J.: Revolution und Revolte: Aufsätze zum Kommunismus, Anarchismus und Umsturz im 20. Jahrhundert. Frankfurt/Main: Suhrkamp 1977.
Irigaray, Luce: Das Geschlecht das nicht eins ist. Berlin: Merve 1979.
Irigaray, Luce: Die Zeit der Differenz. Für eine friedliche Revolution. Frankfurt/Main: Campus 1991.
Irigaray, Luce: Ethik der sexuellen Differenz. Frankfurt/Main: Suhrkamp 1991.
Irigaray, Luce: Genealogie der Geschlechter. Freiburg: Kore 1989.
Irigaray, Luce: Speculum. Spiegel des anderen Geschlechts. Frankfurt/Main: Suhrkamp 1980.
Ivekovic, Rada; Die Postmoderne und das Weibliche in der Philosophie, in: Feministische Philosophie (hrsg. v. Herta Nagl-Docekal). München/Wien: Oldenbourg 1990, S.123-135.
Kimmerle, Heinz: Derrida zur Einführung. Hamburg: Junius 1988.
Kristeva, Julia: Fremde sind wir uns selbst. Frankfurt/Main: Suhrkamp 1990.
Kristeva, Julia: Die Revolution der poetischen Sprache. Frankfurt/Main: Suhrkamp 1978.
La Quinzaine littéraire 143/1972
Lyotard, Jean-François: Apathie in der Theorie. Berlin: Merve 1979.
Lyotard, Jean-François: Beantwortung der Frage: Was ist postmodern?, in: Postmoderne und Dekonstruktion, a.a.O., S.33-48.
Lyotard, Jean-François: Das Inhumane. Plaudereien über die Zeit. Wien: Böhlau/Passagen 1989.
Lyotard, Jean-François: Das Postmoderne Wissen. Ein Bericht. Graz/Wien: Böhlau/Passagen 1986.
Lyotard, Jean-François: Der Widerstreit. München: Fink 1989.
Lyotard, Jean-François: Die Aufklärung, das Erhabene, Philosophie, Ästhetik, in: Reese-Schäfer, Walter: Lyotard zur Einführung. Hamburg: Junius 1989, S.111-155.
Lyotard, Jean-Francois: Die Mauer, der Golf und die Sonne. Eine Fabel. Wien: Passagen 1991.
Lyotard, Jean-François: Essays zu einer affirmativen Ästhetik. Berlin: Merve 1982.
Lyotard, Jean-François: Grabmal des Intellektuellen. Graz/Wien: Böhlau/Passagen 1985.
Lyotard, Jean-François: Intensitäten. Berlin: Merve 1978.
Lyotard, Jean-François: Ökonomie des Wunsches. Bremen: Impuls 1984.
Lyotard, Jean-François: Patchwork der Minderheiten. Berlin: Merve 1977.
Lyotard, Jean-François: Philosophie und Malerei im Zeitalter ihres Experimentierens. Berlin: Merve 1986.
Lyotard, Jean-François: Postmoderne für Kinder. Briefe aus den Jahren 1982-1985. Wien: Passagen 1987.
Lyotard, Jean-François: Streifzüge. Gesetz, Form, Ereignis. Wien: Passagen 1989.
Lyotard, Jean-François u.a.: Immaterialität und Postmoderne. Berlin: Merve 1985.

Mao Tse-Tung: Über die Praxis, in: ders.: Ausgewählte Werke. Band 1. Üeking: Verlag für fremdsprachige Literatur 1968, S.347-364.

Marti, Urs: Michel Foucault. München: Beck 1988.

Menke, Bettine: Verstellt: der Ort der ›Frau‹ – ein Nachwort, in: Dekonstruktiver Feminismus, a.a.O., S.436-476.

Metzler Philosophen Lexikon. Stuttgart: Metzler 1988.

Mitterer, Josef: Das Jenseits der Philosophie. Wien: Passagen 1992.

Moi, Toril: Sexus Text Herrschaft. Bremen: Zeichen und Spuren 1989.

Munich, Adrienne: Bekannt, allzubekannt: feministische Literaturwissenschaft und literarische Tradition, in: Dekonstruktiver Feminismus, a.a.O., S.360-385.

Neubaur, Caroline: Verwünschter Wunsch, in: Wege des Anti-Ödipus (hrsg. v. Janine Chasseguet-Smirgel). Frankfurt/Main: Syndikat/eva 1985, S.136-185.

Nietzsche, Friedrich: Zur Genealogie der Moral. Eine Streitschrift. München: Goldmann 1988.

Paas, Dieter: Frankreich: der integrierte Linksradikalismus, in: Angriff auf das Herz des Staates. Band 2. Frankfurt/Main: Suhrkamp 1988.

Pariser Gespräche. Berlin: Merve 1989.

Philosophien. Graz/Wien: Böhlau/Passagen 1985.

Postl, Gertrude: Weibliches Sprechen. Feministische Entwürfe zu Sprache&Geschlecht. Wien: Passagen 1991.

Postmoderne und Dekonstruktion. Stuttgart: Reclam 1990.

Russell, Bertrand: Philosophie. Die Entwicklung meines Denkens. Frankfurt/Main: Fischer 1988.

Schenk, Heinz: Die Autonomen machen keine Fehler, sie sind der Fehler!!!, in: Geronimo u.a., a.a.O., S.169-180.

Schiwy, Günther: Der französische Strukturalismus. Mode – Methode – Ideologie. Reinbek: Rowohlt 1970.

Schiwy, Günther: Kulturrevolution und ›Neue Philosophen‹. Reinbek: Rowohlt 1978.

Schlichtmeier, Verena: Weibliche Wege in *seiner* Geschichte: Imaginationen des Nichts. Zur Geschlechterdifferenz bei Luce Irigaray. Innsbruck: Diplomarbeit 1995.

Taureck, Bernhard: Französische Philosophie im 20. Jahrhundert. Analysen, Texte, Kommentare. Hamburg: Rowohlt 1988.

Tepe, Peter: Postmoderne Poststrukturalismus. Wien: Passagen 1992.

Tilg, Bernhard: Bemerkungen zum vermeintlichen Ende des Sozialismus und dem aktuellen Stand des Kapitalismus. Innsbruck: Unveröffentlichtes Manuskript 1993.

VAL, Liebe, Krieg und Alltag, in: Geronimo u.a., a.a.O.

Viehmann, Klaus und GenossInnen: Klassenwiderspruch, Rassismus und Sexismus, in: Drei zu Eins. Amsterdam/Berlin: Edition ID-Archiv 1993, S.25-82.

Vinken, Barbara: Dekonstruktiver Feminismus – eine Einleitung, in: Dekonstruktiver Feminismus, a.a.O., S.7-29.

Weedon, Chris: Wissen und Erfahrung. Feministische Praxis und poststrukturalistische Theorie. Zürich eFeF 1990.

Welsch, Wolfgang: Postmoderne – Pluralität als ethischer und politischer Wert. Köln: Wirtschaftsverlag Bachem 1988.

H. Steyerl, E. Gutiérrez Rodríguez (Hg.)

Spricht die Subalterne deutsch?

Migration und postkoloniale Kritik

304 S.., 12. Abb., ISBN: 3-89771-425-6 18 EUR [D]

Zeitgenössische Diagnosen und Kritiken auf dem Hintergrund der kolonialen Geschichte Europas und der aktuellen Migrationsregime.
Mit Beiträgen von:Kien Nghi Ha, Berlin - Fatima el Tayeb, Amsterdam - Cathy Gelbin, Manchester - Tanya Ury, Köln - Shirley Tate, Lancaster - Anil K. Jain, München - Erdal Kaynar, Berlin - Sedef Gümen, Hildesheim - Maria do Mar Castro Varela, Gießen - Nikita Dhawan, Bochum - Patricia T. Alleyne-Dettmers, Hamburg, sowei Luzenir Caixeta und Grada Ferreira

Bini Adamczak

Kommunismus

Kleine Geschichte, wie endlich alles anders wird.

80 S., kl. Taschenbuch, ISBN 3-89771-430-2, 8 EUR [D]

Wie lässt es sich – jetzt! – fünfzehn Jahre nach dem Ende der Geschichte über das Ende der Vorgeschichte, über Kommunismus schreiben, ohne der Lächerlichkeit eines ohnmächtigen Pathos zu verfallen? Es bedarf einer kinderleichten Sprache um ein kommunistisches Begehren zu erfinden. »Den Kommunismus machen: das kann ja wohl nicht so schwer sein.«

Jens Kastner

Politik und Postmoderne

Libertäre Aspekte in der Soziologie Zygmunt Baumans

318 Seiten, ISBN 3-89771-403-5 30 EUR [D]

Bauman ist einer der meistzitierten Soziologen der Gegenwart. Politik und Postmoderne ist die erste umfassende Darstellung von Baumans Theorieansatz in deutscher Sprache. Jens Kastner leistet in seiner Auseinandersetzung mit Bauman einen Beitrag zur längst überfälligen Selbstreflexion der Soziologie. In seiner Diskussion rassismustheoretischer, identitätspolitischer und ethisch-moralischer Aspekte postmoderner Theorie macht er darüber hinaus deutlich, wo die Stärken und Schwächen postmoderner Ansätze für emanzipatorische Politik liegen.